Linguistische
Arbeiten   335

Herausgegeben von Hans Altmann, Peter Blumenthal, Herbert E. Brekle,
Gerhard Helbig, Hans Jürgen Heringer, Heinz Vater und Richard Wiese

Ingrid Kaufmann

Konzeptuelle Grundlagen semantischer Dekompositionsstrukturen

Die Kombinatorik lokaler Verben und prädikativer Komplemente

Max Niemeyer Verlag
Tübingen 1995

Für meine Eltern

D 61

Die Deutsche Bibliothek – CIP-Einheitsaufnahme

Kaufmann, Ingrid: Konzeptuelle Grundlagen semantischer Dekompositionsstrukturen : die Kombinatorik lokaler Verben und prädikativer Komplemente / Ingrid Kaufmann. – Tübingen : Niemeyer, 1995
  (Linguistische Arbeiten ; 335)
NE: GT

ISBN 3-484-30335-2   ISSN 0344-6727

© Max Niemeyer Verlag GmbH & Co. KG, Tübingen 1995
Das Werk einschließlich aller seiner Teile ist urheberrechtlich geschützt. Jede Verwertung außerhalb der engen Grenzen des Urheberrechtsgesetzes ist ohne Zustimmung des Verlages unzulässig und strafbar. Das gilt insbesondere für Vervielfältigungen, Übersetzungen, Mikroverfilmungen und die Einspeicherung und Verarbeitung in elektronischen Systemen. Printed in Germany.
Druck: Weihert-Druck GmbH, Darmstadt
Einband: Hugo Nädele, Nehren

Inhaltsverzeichnis

0. Einleitung 1

Teil I: Die Kombinatorik lokaler Verben und prädikativer Komplemente

1. Der theoretische Hintergrund 4
1.1. Das Zwei-Stufen Modell 4
1.2. Das Repräsentationsformat 7
1.3. Die Schnittstellenfunktion des Θ-Rasters 11
1.4. Weitere Mechanismen zur Sättigung von Θ-Rollen 14

2. Das Funktionsspektrum der lokalen PPs und Vorschläge zu seiner Behandlung 18
2.1. Wunderlich/Herweg (1986): Typenanpassung und Prädikatsunifikation ... 18
2.2. Bierwisch (1988): PPs als Prädikate 20
2.3. Zwarts: Die Aufspaltung von referentiellem und externem Argument ... 25
2.4. Die Behandlung der Modifikation 30
2.5. Fazit 33

3. Die Klassifizierung der lokalen Präpositionen 35
3.1. Die konzeptuelle Raumstruktur 35
3.2. Einteilung der Präpositionen 37
3.3. Die Lokalisierungsinformation der dynamischen lokalen Verben ... 43
   3.3.1. Bewegungsverben 43
   3.3.2. Kausative Positionsverben 47
3.4. Wegeigenschaften 49
   3.4.1. Wegkonzepte 49
   3.4.2. Die für die Präpositionen relevanten Wegeigenschaften ... 51
3.5. Der Status der Wegeigenschaften 54
3.6. Der Wegparameter $D(x)$ 57
   3.6.1. Die Abhängigkeit des Parameters vom externen Argument der Präposition ... 57
   3.6.2. Die Belegung von $D(x)$ 59

4. Die Repräsentation der wegbezogenen Präpositionen 64
4.1. Die direktionalen Präpositionen (P[+Dir]) 64
4.2. *von* und *zu* 69
   4.2.1. Die Kompositionseigenschaften von *zu* 69
   4.2.2. Die Kompositionseigenschaften von *von* 72
4.3. 'Path'- und 'Route'-Präpositionen 74
   4.3.1. *durch* und *über* 75
   4.3.2. *um* und *längs* 79
4.4. Probleme bei der Festlegung von Subkategorisierungsmerkmalen ... 82

5.	Der Status prädikativer Komplemente	85
5.1.	Prädikative Komplemente und sekundäre Prädikate	85
5.2.	Die semantische Funktion prädikativer Komplemente	88
5.3.	Die Fakultativität des prädikativen Komplements	89
5.4.	Fokusprojektion: Evidenz für nicht-lokale Komplemente?	92
5.5.	Interpretation der Akzentuierungsdaten	94
6.	Verben der statischen Lokalisierung	98
6.1.	Verben des Lokalisierungsmediums	98
6.2.	Positionsverben	101
6.2.1.	Verben der Körperhaltung	102
6.2.2.	Objektschemata	104
6.2.3.	Zugriff auf die Objektschemata durch die Positionsverben	107
6.2.4.	Die Kombinatorik der Positionsverben mit den lokalen Präpositionen	110
6.3.	*ragen*	113
6.4.	Kontaktverben	115
6.5.	*wohnen*	119
6.6.	Fazit	120
7.	Kausative Positionsverben	121
7.1.	Subkategorisierungseigenschaften der kausativen Positionsverben	121
7.2.	Die Komposition von kausativen Positionsverben und PP[+Dir]	123
7.3.	Die Interaktion von CHANGE und BECOME	128
7.4.	Kausative Positionsverben und Ursprungspräpositionen	129

Teil II: Konzeptuelle Grundlagen semantischer Dekompositionsstrukturen

8.	Resultativkonstruktionen	135
8.1.	Überblick über die Resultativkonstruktionen	135
8.2.	Carrier/Randalls lexikalisch-konzeptuelle Analyse der Resultativkonstruktionen	137
8.3.	Resultativbildung durch lexikalische Templates	140
8.3.1.	Resultativkonstruktionen unakkusativer Verben	143
8.3.2.	Resultativkonstruktionen mit nullstelligen Basisverben	153
8.3.3.	Selektionsbeschränkungen bei Resultativkonstruktionen intransitiver Basisverben	160
9.	Agens- und Themaprädikate: Zur konzeptuellen Basis der Unakkusativ-Unergativ-Unterscheidung	163
9.1.	Zwei Typen von intransitiven Verben	163
9.2.	Klassifikationskriterien im Deutschen	164
9.2.1.	*er*-Nominalisierung	165
9.2.2.	Attributive Verwendung des Partizip 2	166
9.2.3.	*haben/sein*-Perfekt	167
9.2.4.	Unpersönliches Passiv	167

9.3.	Agens- und Themaprädikate	169
	9.3.1. Die konzeptuellen Grundlagen	170
	9.3.1.1. Objektdefinierende Eigenschaften und Themaprädikate	171
	9.3.1.2. Optionale Eigenschaften und Agensprädikate	174
	9.3.2. Agens- und Themaprädikate und die Testeigenschaften	175
9.4.	Agens- und Themarelationen	178
	9.4.1. Agensrelationen	178
	9.4.2. Themarelationen	180
9.5.	Aspektuelle Eigenschaften von Agens- und Themarelationen	182
9.6.	Konsequenzen aus der Festlegung der Agens- und Themaprädikate	183
	9.6.1. Intransitive Bewegungsverben	183
	9.6.2. Unakkusative Verben und Kontrolle von außen	185
	9.6.3. Interaktionen der Prädikate und ihrer Argumente	187
9.7.	Der Status der Prädikatstypen	188
9.8.	Tests zur Klassifizierung der unergativen und unakkusativen Verben in Grewendorf (1989)	191
10.	Konzeptuelle Beschränkungen der Situationsstruktur und ihr Niederschlag in der Dekompositionsstruktur	197
10.1.	Allgemeine Eigenschaften der von Verben kodierten Situationen	198
10.2.	Beschränkungen in SF	202
	10.2.1. Verbvarianten als Diagnostik für den Aufbau von Dekompositionsstrukturen	205
	10.2.2. Die Spezifizierung aktivierter Eigenschaften als Beschränkung über Dekompositionsstrukturen	209
	10.2.3. Konsequenzen aus der Beschränkung der Dekompositionsstrukturen	213
10.3.	Der Status von CAUSE	219
11.	Bewegungsverben: Der Aufbau der Ereignisstruktur	224
11.1.	Die zeitliche Interpretation von Dekompositionsstrukturen	224
11.2.	Intransitive Bewegungsverben	228
	11.2.1. Verben, die den Verlauf des Weges spezifizieren	229
	11.2.2. Verben, die das Lokalisierungsmedium spezifizieren	230
	11.2.3. Verben, die die Art der Bewegung spezifizieren	232
11.3.	Transitive Bewegungsverben	235
	11.3.1. Kausative Bewegungsverben	236
	11.3.2. Transitive Bewegungsverben mit Einwirkungsrelation	237
	11.3.2.1. Einwirkung mit Zustandscharakter	238
	11.3.2.2. Punktuelle Einwirkung	241
11.4.	Zeitadverbiale und Situationsstruktur	243
12.	Fazit und Ausblick	249
	Literatur	251

Vorwort

Allen, die am Zustandekommen dieser Arbeit beteiligt waren, möchte ich an dieser Stelle danken. Vor allem Dieter Wunderlich für intensive Betreuung, Anregung und Kritik und Ray Fabri für inhaltliche Diskussion und Ermunterungen in Krisenzeiten und tatkräftige Hilfe im letzten Statium der Arbeit. Für kontinuierlichen Austausch und Diskussion zu allem, was Lokalisierung betrifft danke ich vor allem Claudia Maienborn. Diskussionen mit Ralf Naumann, Barbara Stiebels, Albert Ortmann, Martina Urbas, Carola Eschenbach, Susanne Winkler und Sandra Joppen haben mir zu verschiedenen Teilen dieser Arbeit Anregungen gegeben und geholfen, Unklarheiten und Fehler zumindest zu reduzieren. Auch dafür noch einmal vielen Dank. Schließlich möchte ich noch Birgit Gerlach für die gründliche Durchsicht der Druckvorlage danken.

0. Einleitung: Aufbau und Zielsetzung der Arbeit

Die vorliegende Arbeit behandelt Fragen zur Verbrepräsentation, die sich im Zusammenhang mit dem Format zur Repräsentation von Lexikoneinträgen ergeben, das in Bierwisch (1983) entwickelt und in verschiedenen weiteren Arbeiten von M. Bierwisch, E. Lang und D. Wunderlich weiter ausgearbeitet wurde. Im Vordergrund des ersten Teils steht die Frage, wie prädikative Komplemente (vgl. Steinitz 1990) in komplexe semantische Strukturen eingehen. Ausgehend davon werden verschiedene damit verbundene Problembereiche angesprochen.

Der Aufbau der vorliegenden Arbeit spiegelt die Entwicklung der präsentierten Überlegungen: Den Ausgangspunkt bildet die Frage, wie die korrekte Kombinatorik von Verben der Lokalisierung und lokalen PPs im Rahmen der von Bierwisch (1988) vorgeschlagenen Analyse von PP-Komplementen als semantischen Prädikaten abgeleitet werden kann. Dabei liegt ein Schwerpunkt auf den Konsequenzen, die eine solche Annahme im Hinblick auf Subkategorisierungsbeschränkungen der Verben hat.

Um diese Frage zu klären, wird eine detaillierte Analyse der Kombinatorik verschiedener lokaler Verbklassen mit den unterschiedlichen PPs vorgenommen. Bei dieser Analyse zeigt sich, daß die häufig vorgenommene Klassifizierung der Präpositionen über morphologische Merkmale oder thematische Rollen nicht ausreicht, um die beobachtbare Distribution korrekt über Subkategorisierungsbeschränkungen abzuleiten. Als Alternative wird ein Vorschlag zur Behandlung der Weg-Präpositionen präsentiert, der die Möglichkeiten der zweistufigen Bedeutungsrepräsentation nutzt, indem ein Wegparameter in der semantischen Repräsentation angesetzt wird, der über das Verb zu belegen ist. Aus den jeweiligen Repräsentationen der Präpositionen ergeben sich unterschiedliche Anforderungen in bezug auf die Strukturierung des Weges, der zur Parameterbelegung herangezogen werden kann. Da die verschiedenen Verbklassen ihrerseits Information über unterschiedlich strukturierte Wege beinhalten, läßt sich die Kombinatorik von Verben und PPs unter Berücksichtigung der konzeptuellen Information bei der Belegung des Wegparameters ableiten.

Um diese Analyse zu stützen, wird gezeigt, daß der Zugriff auf konzeptuelle Information notwendig ist, damit die Kombinatorik korrekt erfaßt werden kann. Diese Diskussion zur Relevanz konzeptueller Information für die Einbindung prädikativer Komplemente wird im zweiten Teil der Arbeit ausgeweitet, in dem auch Resultativkonstruktionen betrachtet werden, die ebenfalls über prädikative Komplemente verfügen.

In diesem Zusammenhang wird eine zweite Fragestellung eingeführt, die in dem verwendeten Ansatz zur Verbrepräsentation behandelt werden muß: Sie betrifft den unterschiedlichen Status der Argumente intransitiver Verben, der sich auch bei der Bildung von Resultativkonstruktionen niederschlägt. Da sich der Status der Argumente der sogenannten 'unergativen' und 'unakkusativen' Verben in dem hier verwendeten Ansatz nur aus ihren Positionen in der Argumentstruktur ergibt, die wiederum aus der Einbettungstiefe der Variablen in der semantischen Form abgeleitet werden, ist ein unterschiedlicher syntaktischer Status der Argumente intransitiver Verben nicht ableitbar, sondern müßte postuliert werden.

Deshalb wird im folgenden ein Vorschlag präsentiert, wie das unterschiedliche Verhalten der Argumente, das sonst über ihre Klassifizierung als extern oder intern begründet wird, unter der Annahme von zwei Typen von Dekompositionsprädikaten aus der semantischen Struktur abgeleitet werden kann. Die beiden Prädikatstypen ('Agens-' und 'Themaprädikate') ergeben sich aus der unterschiedlichen Konzeptualisierung der charakterisierten Eigenschaften. Aufgrund der konzeptuellen Fundierung der Prädikatsklassen ist sowohl im Sprachvergleich als auch innerhalb einer Sprache in einem gewissen Umfang mit Grauzonen zu rechnen, die sich in der Möglichkeit zur Doppelklassifikation niederschlagen.

Die Effekte, die sich in bezug auf unergative und unakkusative Verben ergeben, werden auf Eigenschaften der Prädikatsklassen zurückgeführt. Da auch ereignisstrukturelle, bzw. 'aspektuelle' Eigenschaften von Verben mit der Argumentstruktur in Verbindung gebracht werden, indem bestimmten Argumentpositionen Eigenschaften zugeschrieben werden, die sich in der Ereignis- oder Aspektstruktur niederschlagen (vgl. z.B. Tenny 1987), wird weiter versucht, über die Eigenschaften der Prädikate Bedingungen zur Wohlgeformtheit von Dekompositionsstrukturen abzuleiten, aus denen sich die entsprechenden Eigenschaften der Argumente ergeben.

Das Ziel der Arbeit ist es, zu zeigen, daß in dem verwendeten Repräsentationsformat viele der in Zusammenhang mit der Verbsemantik und der Argumentstruktur beobachteten Phänomene erfaßt werden können, ohne daß dafür zusätzliche Repräsentationsebenen bemüht werden müssen. Vor allem im zweiten Teil liegt der Schwerpunkt darauf, Beschränkungen über die Argumentstruktur und die Ereignisstruktur aus den angesetzten Dekompositionsstrukturen abzuleiten. Die Überlegungen werden am Beispiel der lokalen Verben des Deutschen ausgearbeitet, wobei die Verbklassen (Verben der statischen Lokalisierung, kausative Positionsverben und Bewegungsverben) zur Illustration unterschiedlicher Phänomene herangezogen werden. Es wird daher keine erschöpfende Analyse der lokalen Verben vorgenommen, sondern jeweils exemplarische Analysen zu bestimmten vorher behandelten Phänomenen.

Die Arbeit ist folgendermaßen aufgebaut: Kapitel 1 führt in den allgemeinen theoretischen Rahmen und das verwendete Repräsentationsformat ein. In Kapitel 2 wird der Status des lokalen Komplements diskutiert, wobei die Frage, ob lokale PPs referentiell sein können, im Mittelpunkt steht. In Kapitel 3 wird die Kombinatorik von Verben und Präpositionen dargestellt, in Kapitel 4 die für die Präpositionen anzusetzenden semantischen Repräsentationen. Kapitel 5 beschäftigt sich mit der Frage, wie prädikative Komplemente von Adjunkten abgegrenzt werden können. Die Kapitel 6 und 7 zeigen, wie die bis dahin entwickelten Überlegungen praktisch umzusetzen sind: In Kapitel 6 werden die Verben der statischen Lokalisierung herangezogen, um die Relevanz der konzeptuellen Information bei der Sättigung des prädikativen Komplements durch eine PP zu demonstrieren, in Kapitel 7 wird am Beispiel der kausativen Positionsverben die Sättigung des Wegparameters illustriert. Mit Kapitel 8 beginnt der zweite Teil der Arbeit mit der Diskussion der Resultativkonstruktionen. Kapitel 9 führt die Unterscheidung von Agens- und

Themaprädikaten ein, die die Grundlage für die in Kapitel 10 diskutierten Beschränkungen für den Aufbau der Dekompositionsstruktur bilden. Die in diesem Zusammenhang angestellten Überlegungen zur zeitlichen Interpretation von Dekompositionsstrukturen werden in Kapitel 11 am Beispiel der Bewegungsverben ausgeführt. Kapitel 12 liefert abschließend ein kurzes Fazit.

Teil I: Die Kombinatorik lokaler Verben und prädikativer Komplemente

1. Der theoretische Hintergrund

1.1. Das Zwei-Stufen Modell

Das hier zugrundegelegte Modell der zweistufig konzipierten Bedeutung geht auf Arbeiten von M. Bierwisch und E. Lang zurück (vgl. Bierwisch 1982, 1983, 1987a, Lang 1987, Bierwisch/Lang 1987b). Unterschieden wird zwischen der Ebene der semantischen Repräsentation (Semantische Form, SF) und der Ebene der konzeptuellen Repräsentation (Konzeptuelle Struktur, CS). Die beiden Ebenen sind als unabhängig organisierte Module konzipiert, die aber miteinander interagieren. Die Konstanten und Variablen, die die primitiven Einheiten der als Dekompositionsstrukturen aufgebauten semantischen Repräsentationen bilden, sind konzeptuell fundiert; die komplexen semantischen Strukturen sind im jeweiligen Kontext unter Rückgriff auf konzeptuelle Information zu interpretieren. Anders als die Konzeptuelle Struktur ist die Semantische Form als Bestandteil des Sprachsystems zu betrachten, so daß semantische Repräsentationen durch die Bedingungen der Grammatik bestimmt sind. Konzeptuelle Repräsentationen werden dagegen vom konzeptuellen System bestimmt, dessen Organisation biologisch fundiert ist.

Bierwisch (1983) motiviert die Interaktion von semantischer und konzeptueller Information beim Aufbau der kontextspezifischen Bedeutung lexikalischer Audrücke mit solchen Mehrdeutigkeiten von Lexemen, die nicht als Homonyme zu betrachten sind, da jeweils ein gemeinsamer Bedeutungskern feststellbar ist. Er unterscheidet zwischen zwei Typen von konzeptuellen Operationen, aus denen sich diese Mehrdeutigkeiten ergeben: Konzeptuelle Verschiebung einerseits, die für die in (1b) - (d) aufgeführten unterschiedlichen Interpretationen des Eigennamens *Faulkner* in einem Satz wie (1a) relevant ist, und konzeptuelle Differenzierung andererseits, die bei den unterschiedlichen Interpretationen des Verbs *verstehen* im gleichen Satz eine Rolle spielen. Die konzeptuelle Differenzierung von *verstehen* ergibt sich jeweils in Abhängigkeit von der gewählten Interpretation des Eigennamens (vgl. Bierwisch 1983, 76f).

(1) a. Faulkner ist schwer zu verstehen
    b. Faulkners Aussprache ist schwer zu verstehen
    c. Faulkners Handlungsweise ist schwer zu verstehen
    d. Faulkners Bücher sind schwer zu verstehen

Sofern man die gemeinsame Kernbedeutung bei Polysemen als Hinweis auf das Vorliegen eines Lexems versteht, können diese Unterschiede in der Interpretation von *Faulkner* und *verstehen* nicht in der semantischen Repräsentation der Ausdrücke selbst festgelegt sein. Daher muß der Kontext berücksichtigt werden, in dem die endgültige Interpretation festgelegt wird. Bierwisch behandelt die Bedeutungsvarianten der Nomen, die sich durch konzeptuelle Verschiebung ergeben, indem er Konzeptfamilien von auseinander ableitbaren Interpretationen aufbaut. Jede in einem Kontext mögliche Interpretation entspricht einem Konzept aus der Konzeptfamilie. In die semantische Repräsentation der Ausdrücke wird nur der Teil der Bedeutung aufgenommen, der allen Varianten gemeinsam ist und so die Kerninformation ausmacht. Diese invariante Kernbedeutung kann nun durch konzeptuelle Schemata, die die spezifische Information der einzelnen Konzepte beinhalten, erweitert werden und dadurch im Kontext in ein vollständig spezifiziertes Konzept aus der Konzeptfamilie überführt werden. Illustriert werden soll eine solche Repräsentation und die zur Verfügung stehenden konzeptuellen Schemata an dem ebenfalls aus Bierwisch (1983) übernommenen Beispiel *Schule*. Unter (2a) sind vier Beispielsätze angegeben, die unterschiedliche Konzepte von *Schule* beinhalten. Unter (2b) sind die spezifischen Lesarten dem jeweiligen Konzept in der Konzeptfamilie zugeordnet, unter (2c) ist der zur SF gehörige Bedeutungsanteil (SEM) aufgeführt. Die zur Ableitung der Lesarten relevanten konzeptuellen Schemata finden sich unter (2d). Unter (2e) ist schließlich das Ergebnis dieser Erweiterung der semantischen Information zu einem spezifizierten Konzept aufgeführt.

(2) a. (i) Die Schule spendete einen größeren Betrag
  (ii) Die Schule hat ein Flachdach
  (iii) Die Schule macht ihm großen Spaß
  (iv) Die Schule ist eine der Grundlagen der Zivilisation

 b. (i) $Schule_1 \subset$ Institution
  (ii) $Schule_2 \subset$ Gebäude
  (iii) $Schule_3 \subset$ Ensemble von Prozessen
  (iv) $Schule_4 \subset$ Institution als Prinzip

 c. semantische Information:
  SEM: λx [ZWECK x W], W = LEHR- UND LERNPROZESSE

 d. konzeptuelle Schemata:
  (i) λx [INSTITUTION x & SEM x]
  (ii) λx [GEBÄUDE x & SEM x]
  (iii) λx [PROZESS x & SEM x]
  (iv) λx [PRINZIP x & SEM x]

 e. (i) λx [INSTITUTION x & ZWECK x W]
  (ii) λx [GEBÄUDE x & ZWECK x W]   W = LEHR- UND LERN-
  (iii) λx [PROZESS x & ZWECK x W]   PROZESSE
  (iv) λx [PRINZIP x & ZWECK x W]

 (Bierwisch 1983: 81f)

Die spezifische Information von *Schule* ist durch die Festlegung von W auf 'Lehr- und Lernprozesse' gegeben. Bei anderen Nomen, die mit *Schule* die anwendbaren konzeptuellen Schemata teilen, ist W entsprechend auf einen anderen Wert festgelegt. So weisen *Parlament, Museum, Oper* etc. die gleiche semantische Information [ZWECK x W] auf und sind entsprechend auch durch die gleiche Menge von konzeptuellen Schemata zu erweitern. Sie unterscheiden sich lediglich in der Festlegung von W. Läßt ein Nomen nur einen Teil der konzeptuellen Erweiterungen zu, wie z.B. *Regierung*, das auf die Institutionslesart festgelegt ist, dann ist die semantische Information so zu spezifizieren, daß diese Beschränkung daraus hervorgeht. Sobald eine Lesart durch den Kontext selegiert ist, sind die übrigen Lesarten nicht mehr aktivierbar. Das zeigt sich darin, daß Koordinationen von VPs, die unterschiedliche Konzepte selegieren, abweichend sind (vgl. (3)). (Mit § sind im folgenden semantisch abweichende Sätze markiert, mit * ungrammatische.)

(3) a. §Die Schule hat ein Flachdach und einen größeren Betrag gespendet
    b. §Die Schule steht am See und ist eine der Grundlagen der Zivilisation

Die Fälle von konzeptueller Differenzierung lassen sich behandeln, indem in der SF des entsprechenden Ausdrucks eine nicht spezifizierte Variable (ein Parameter) angesetzt wird, die erst im jeweiligen Kontext durch einen spezifischen Wert belegt wird. Bierwisch (1983) illustriert die Notwendigkeit der konzeptuellen Differenzierung am Beispiel von *haben*, das in seiner semantischen Repräsentation lediglich eine unspezifizierte Relation aufweist, die je nach dem semantischen Gehalt der Argumente zur Possessor-Relation oder Teil-von-Relation spezifiziert werden kann, oder aber auf eine in der Bedeutung eines Arguments vorhandene Relation festgelegt werden kann (z.B. im Fall von *Peter hat eine Schwester*). Die Kontextabhängigkeit von *haben* kann nur dann erfaßt werden, wenn man von nicht vollständig spezifizierten semantischen Repräsentationen ausgeht, die erst im Kontext unter Zugriff auf die dort vorhandene Information festgelegt werden.

Die Annahme von zwei unabhängig strukturierten, interagierenden Ebenen, die gemeinsam zum Aufbau komplexer Interpretation beitragen, erlaubt es, Bedeutungsdifferenzierungen zu erfassen, ohne die lexikalischen Repräsentationen zu überlasten. Dieser Vorteil zeigt sich auch in der Untersuchung der Dimensionsadjektive in Bierwisch/Lang (1987a) in der die Erkenntnisse zur Interaktion von semantischer und konzeptueller Information vertieft werden. Wie Lang (1987) aufzeigt, sind an der Interpretation der Dimensionsadjektive zwei unabhängig begründete konzeptuelle Komponenten beteiligt: die Dimensionsauszeichnung räumlicher Objekte einerseits und das Grundschema des Vergleichens andererseits. Die Dimensionsadjektive vermitteln den Bezug dieser konzeptuellen Komponente auf die durch grammatische Bedingungen strukturierte sprachliche Konstruktion. Bierwisch (1987a) schlägt die unter (4) aufgeführten schematischen Repräsentationen für Dimensionsadjektive wie z.B. *lang* und *kurz* vor. Darin ist der Funktor QUANT ein semantisches Primitiv, das die Skalierungsoperation kodiert, die einem Objekt x einen Skalenwert relativ zu einer Dimension (DIM) zuweist, der sich über die Verknüpfung eines Vergleichswerts v und eines Differenzwerts c ergibt.

(4) a. positiv polare Dimensionsadjektive: $\lambda c\, \lambda x\, [(\text{QUANT DIM x}) \subset (v + c)]$
    b. negativ polare Dimensionsadjektive: $\lambda c\, \lambda x\, [(\text{QUANT DIM x}) \subset (v - c)]$

Während c durch Maßphrasen syntaktisch gesättigt werden kann, ist v als Parameter nur konzeptuell zu fixieren. Diese Fixierung (oder Belegung) geschieht über allgemeine Bedingungen, die den Konstruktionstyp berücksichtigen, in dem das Dimensionsadjektiv auftritt. Mögliche Werte für v sind 0 als Defaultwert und N_C, ein relativ zu einer Vergleichsklasse C festgelegter Normwert. Welcher Wert gewählt wird, hängt von der Belegung von c ab. Die für die Vergleichsoperation relevante Skala ist ihrerseits durch eine andere konzeptuelle Komponente bestimmt, nämlich die der Dimensionsauszeichnung. Die Arbeiten von Lang zur Dimensionsauszeichnung von Objekten (vgl. Lang 1987, 1988, Lang/Carstensen 1989), auf die bei der Interpretation von Dimensionsadjektiven zugegriffen wird, demonstrieren die Notwendigkeit, Bestandteile der semantischen Form unter Zugriff auf konzeptuelles Wissen zu interpretieren (im Fall der Dimensionsadjektive Gestalt- und Lageeigenschaften von Objekten). Erst durch Zugriff auf diese Information kann erfaßt werden, daß Dimensionsadjektive nicht auf eine eindeutig bestimmte Objektachse festgelegt sind, sondern die Charakterisierung der Achsen sowohl von den Lageeigenschaften des Objekts bestimmt sein kann, als auch davon, wie andere Achsen des Objekts charakterisiert sind.

Nach diesem Einblick in die Grundannahmen des Modells soll nun das Repräsentationsformat semantischer Strukturen vorgestellt werden.

1.2. Das Repräsentationsformat

In dem hier vertretenen Ansatz sind Lexikoneinträge als Quadrupel ⟨PF, GF, AS, SF⟩ repräsentiert, wobei PF für die phonologische Form, GF für die grammatischen Merkmale, AS für die Argumentstruktur (bzw. das Θ-Raster) und SF für die semantische Form des Ausdrucks steht (vgl. Bierwisch 1988). Ein Beispiel für einen solchen Lexikoneintrag ist unter (5) aufgeführt.

(5) Tisch: /tiʃ/;   [+N, -V];   λx [TISCH(x)]
         PF   GF   AS   SF

Phonologische Form und grammatische Merkmale werden im folgenden nicht weiter berücksichtigt.

Die semantische Form von lexikalischen Einträgen ist als Dekompositionsstruktur in einem den Anforderungen angepaßten kategorialgrammatischen Format konzipiert. Die Ausdrücke der semantischen Repräsentation sind von einer festgelegten Kategorie (einem Typ), die ihre Kombinatorik mit den anderen Ausdrücken bestimmt. Basiskategorien sind 0 (Propositionen) und 1 (Individuen). Dekompositionsstrukturen setzen sich zusammen aus einem Basisinventar an SF-Prädikaten unterschiedlicher Stelligkeit und deren Argumenten. Solche SF-Prädikate sind damit Funktorkategorien unterschiedlichen Typs im Sinne der Kategorialgrammatik. Zugelassen sind nur Funktorkategorien der Form α/β, wobei α und β selbst Kategorien sind. Relevant ist dabei nicht die Stellung des Arguments zum Funktor[1], sondern die Forderung nach binären Strukturen, die Funktoren mit Typen wie z.B. 0/11 ausschließt. Beispiele für einige Funktorkategorien und semantische Prädikate des entsprechenden Typs sind unter (6) aufgeführt.

(6) 0/1:   TISCH
     0/0:   BECOME, ~ (Negation)
     (0/1)/1: POSS
     (0/1)/0: CAUSE
     (0/0)/0: & (Konjunktion)

In Zusammenhang mit dem Prinzip der funktionalen Applikation unter (7a), das die Argumentsättigung regelt, ergibt sich ein strikt hierarchischer Aufbau der Funktor-Argument-Beziehung wie unter (7b).

(7) a. $\alpha/\beta \ \beta \ \rightarrow \ \alpha$
    b.   BECOME   ~   ALIVE x
          0/0   0/0   0/1   1
                         _/
                          0
                   _____/
                      0
            _____/
                0

Neben der funktionalen Applikation steht ein weiteres Prinzip zur Kombination von Kategorien zur Verfügung: die funktionale Komposition unter (8).

(8) $\alpha/\beta \quad \beta/\gamma \ \rightarrow \ \alpha/\gamma$

Die funktionale Komposition kann charakterisiert werden als Sättigung einer Argumentposition durch einen Ausdruck, der selbst noch offene Argumentpositionen enthält. Dabei vererben sich die offenen Argumentstellen des Ausdrucks, der die Argumentstelle sättigt, an seinen Funktor.
  Ein Beispiel für funktionale Komposition ist die *un*-Präfigierung unter (9).

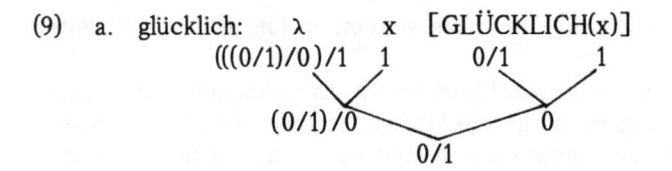

(9) a. glücklich: λ   x   [GLÜCKLICH(x)]
         (((0/1)/0)/1 1   0/1   1
                   __/   _____/
                 (0/1)/0   0
                       _____/
                              0/1

---

[1] Damit die Einbettungstiefe der Argumente zweistelliger Relationen korrekt abgelesen werden kann (s.u.), verwendet Bierwisch die Kategorie $(\beta\backslash\alpha)/\gamma$. Da die Stellung der Argumente zu den Funktoren anders als in Kategorialgrammatiken, die zur syntaktischen Repräsentation dienen, für die semantische Struktur keine Rolle spielen, kann dieser Punkt vernachlässigt werden. Ich werde Relationen generell in Anlehnung an die prädikatenlogische Notation als REL(x,y) notieren, was als x REL y mit der Kategorie $(1\backslash0)/1$ oder als REL(y)(x) mit der Kategorie $(0/1)/1$ zu lesen ist.

b. un-:   λ   p   [~ p]
   ((0/0)/0)/0   0   0/0 0
          (0/0)/0   0
                 0/0

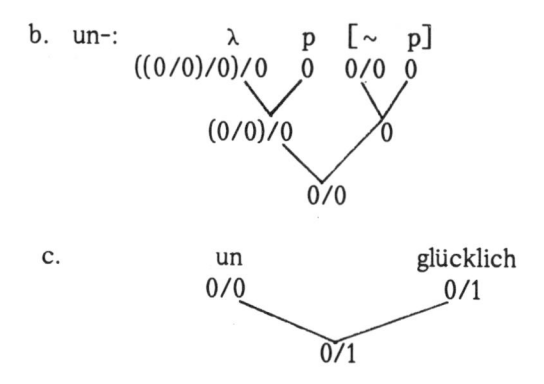

c.   un   glücklich
         0/0   0/1
              _____/
                   0/1

Die SF lexikalischer Einheiten ist immer eine offene Formel vom Typ 0. Durch λ-Abstraktoren, die die Argumente in der SF binden, entstehen daraus Prädikate, deren Typ erneut von Anzahl und Typ der gebundenen Argumente abhängt. Die λ-Abstraktion erfolgt nach einer Konvention, die dazu beiträgt, die Mächtigkeit des λ-Kalküls den Gegebenheiten der natürlichen Sprache entsprechend zu beschränken: Die Reihenfolge der Abstraktoren muß die Einbettungstiefe der gebundenen Variablen in der SF wiederspiegeln (vgl. Bierwisch 1989b). Der Grund für diese Beschränkung ergibt sich aus der Schnittstellenfunktion, die den Abstraktoren zugeordnet ist: Die Abstraktoren dienen nicht nur als Binder der Variablen in der semantischen Form, sondern stellen darüber hinaus die Θ-Rollen des lexikalischen Ausdrucks dar, d.h. sie binden diejenigen semantischen Argumente, die syntaktisch als Komplemente zu realisieren sind. Die Konvention zur Reihenfolge der Abstraktoren ist damit eine Konvention zum Linking der semantischen Argumente an die Argument-Positionen. Damit ergibt sich eine strikt geordnete Argumentstruktur, das Θ-Raster.

Die Möglichkeit, die Einbettungstiefe eines jeden Elements eindeutig festzulegen, ergibt sich daraus, daß die Struktur strikt binär ist, also in jedem Teilbaum aus einem Funktor und einem Argument besteht. Prinzipiell sind verschiedene Möglichkeiten der Rangfestlegung denkbar, ich möchte hier die folgende vorschlagen:

(10) In einem lokalen Baum, bestehend aus einem Funktor F, einem Argument A und dem beide dominierenden Knoten D, ist Rang(D) < Rang(A) < Rang(F).

Mit dieser Festlegung erhält das in der Θ-Hierarchie als höchstes zu realisierende Argument in der SF den niedrigsten Rang; entsprechend trägt ein hierarchiehöherer Funktor einen niedrigeren Rang als ein hierarchieniedrigerer. Die Rangzuweisung erfolgt vom maximalen Knoten aus absteigend. Als Ausgangswert ergibt sich dadurch immer Rang(D), danach ist Rang(A) zu bestimmen und schließlich Rang(F). Diese Festlegung der Einbettungstiefe ergibt sich aus der Beobachtung, daß ein Argument, je tiefer es eingebettet ist, durch um so mehr verzweigende Knoten vom Wurzelknoten getrennt ist. (In der Argumentstruktur werden wie in der semantischen Form Großbuchstaben (P, Q) zur Kennzeichnung von Prädikatsvariablen und Kleinbuchstaben zur Kennzeichnung von Individuenvariablen (u, v, x, y, z) oder Variablen für Propositionen (p, q) gewählt. s ist stets die Situationsvariable.)

(11) a. Ray nimmt einen Stift aus dem Schrank
b. nehmen:
λ P λy λx λs [s INST [x CAUSE (BECOME ((x POSS y) & P (y)))]]

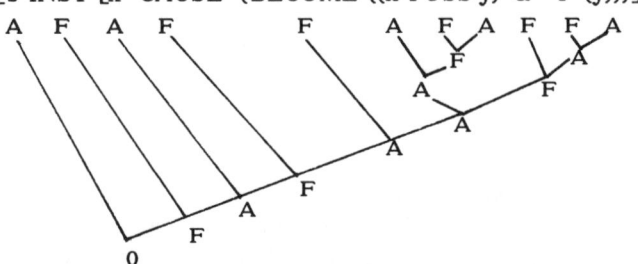

Damit läßt sich sowohl die Abstraktionsreihenfolge als auch die Funktorhierarchie ableiten.

Für die Bestimmung der Einbettungstiefe spielt die asymmetrische Festlegung der Konjunktion eine wichtige Rolle, da nur so auch Konjunkten ein eindeutiger Rang zugewiesen werden kann. In diesem Zusammenhang stellt sich die Frage, ob es sich um eine willkürliche Festlegung handelt, die lediglich die Funktion hat, die Binarität der Struktur zu gewährleisten, oder ob sich die Asymmetrie auch in der Interpretation niederschlägt. Bierwisch (1988) verwendet in Zusammenhang mit der Anbindung von Modifikatoren statt dem üblichen Symbol der logischen Konjunktion einen Doppelpunkt ':', dem er informell die Interpretation 'such that' zuweist. In Bierwisch (1989a) wird das Vorderglied eines solchen asymmetrischen Konjunkts als Vorbedingung für das Hinterglied bezeichnet, die erfüllt sein muß, damit das Hinterglied anwendbar ist. Im Zusammenhang mit der Festlegung der Einbettungstiefe hat die asymmetrische Konjunktion also zur Folge, daß die hierarchiehöheren Propositionen innerhalb der SF die Voraussetzungen für die hierarchieniedrigeren einbringen. Diese Tatsache wird eine wichtige Rolle für die in Kapitel 10 präsentierten Überlegungen zum Aufbau von Dekompositionsstrukturen spielen.

---

[2] In der Repräsentation in (10b) ist für die Einbindung der Situationsvariable in die SF die von M. Bierwisch gewählte Notation verwendet, bei der s erstes Argument einer Relation INST ('s instantiiert die Proposition ...') ist. D. Wunderlich setzt stattdessen eine Notation an, bei der die Situationsvariable als höchstes Argument des Verbs fungiert. Der zur Bestimmung der Einbettungstiefe relevante Teil des Baumes wäre demnach folgendermaßen strukturiert:

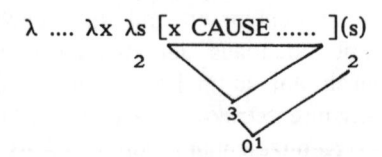

λ .... λx λs [x CAUSE ......](s)

Auch in bezug auf die Einbindung der Prädikatsvariablen in die SF läßt sich zeigen, daß die hierarchieniedrigen Prädikate in Abhängigkeit von der Information zu interpretieren sind, die durch die hierarchiehöheren Prädikate eingebracht wurden: Die Belegung von Prädikatsvariablen in einer SF ist stets inhaltlich beschränkt auf solche Eigenschaften ihrer Argumente, die in den hierarchiehöheren SF-Prädikaten schon aktiviert wurden, d.h. die höheren Prädikate legen Beschränkungen für die sortalen Eigenschaften der Argumente fest, die durch den Ausdruck spezifiziert werden dürfen, der die Prädikatsvariable sättigt (vgl. die Diskussion zu den Resultativkonstruktionen in Kapitel 8). Das Auftreten der Prädikatsvariablen in einem anderen als dem tiefsten Konjunkt (also über einem inhaltlich gefüllten Prädikat) kann ausgeschlossen werden, da in diesem Fall das niedrigere Prädikat eine unbekannte Information weiter spezifizieren müßte. Prädikatsvariablen dürfen demnach nur im niedrigsten Konjunkt auftreten. Durch den gewählten Mechanismus zur Festlegung der Einbettungstiefe ergibt sich dann, daß prädikative Komplemente stets die hierarchieniedrigste Position im Θ-Raster einnehmen müssen: Da sie als Funktor einen höheren Rang aufweisen als ihre Argumente, sind sie das Komplement mit dem höchsten semantischen Rang. Ihr syntaktischer Status als verbnächstes Komplement (vgl. Kap. 5) läßt sich so durch ihre Position in SF begründen.

1.3. Die Schnittstellenfunktion des Θ-Rasters

Die zusätzliche Funktion der λ-Abstraktoren als Schnittstelle zwischen Semantik und Syntax eröffnet eine Möglichkeit, in bezug auf die das Repräsentationsformat den Rahmen des λ-Kalküls verläßt. Da nur syntaktisch zu realisierende Argumente in das Θ-Raster aufgenommen werden, können in der SF ungebundene Variablen verbleiben. Diese ungebundenen Variablen haben die Funktion von Parametern, die unter Zugriff auf konzeptuelle Information kontextabhängig zu belegen sind. Hier setzt die in Abschnitt 1.1. erwähnte konzeptuelle Differenzierung an, die eine variable Interpretation bestimmter kontextsensitiver Ausdrücke ermöglicht.

Aus dem Schnittstellenstatus der Argumentstruktur ergibt sich auch für die Argumentsättigung ein Status, der über die rein semantische Variablensubstitution hinausgeht. Da Θ-Positionen syntaktisch zu realisierende Argumente binden, ist ihre Sättigung über die Prinzipien zur Θ-Rollensättigung geregelt (vgl. Abschnitt 1.4.). λ-Konversion in bezug auf die semantische Struktur, wie sie bei funktionaler Applikation des Funktors auf sein Argument erfolgt, entspricht auf syntaktischer Ebene der Sättigung eines Komplements. Bei funktionaler Komposition besteht die Möglichkeit, noch ungesättigte Argumente des Ausdrucks, der ein Argument sättigt, an den Funktor zu vererben, so daß ein Mechanismus zur Verfügung steht, über den Argumentstrukturen erweitert werden können. Da die Veränderung von Argumentstrukturen typischerweise bei lexikalischen Prozessen wie der Ableitung neuer Lexikoneinträge durch Affigierung auftritt, gilt die funktionale Komposition als der für lexikalische Prozesse charakteristische Argumentsättigungsmechanismus, während die funktionale Applikation die typische Form der syntaktischen Argumentsättigung ist (vgl. Bierwisch 1989a).

Das Θ-Raster erhält seinen Interface-Charakter dadurch, daß seine Positionen sowohl mit den semantischen Variablen in der SF als auch mit den syntaktischen Komplementen in einer systematischen Beziehung stehen. Die Beziehung zwischen den semantischen Variablen und den Θ-Positionen ergibt sich wie oben beschrieben über die Einbettungstiefe der Variablen in der SF. Das Linking der Θ-Rollen an die syntaktischen Konstituenten ist komplexer, da verschiedene Mechanismen zur Verfügung stehen, um die Funktion der Konstituenten zu markieren. Kiparsky (1989a) geht von drei Linking-Mechanismen aus: a) Linking durch Kongruenz, b) Linking durch Position und c) Linking durch Kasus. Das Deutsche weist in jedem Fall Kasuslinking auf, möglicherweise auch Linking durch Kongruenz für die Subjekt-Position.

Um das Linking der Θ-Positionen zu ermöglichen, müssen die Positionen des Θ-Rasters verbunabhängig identifizierbar sein. Kiparsky (1992) schlägt dafür eine Spezifizierung der Θ-Positionen mithilfe einer Merkmalskombination αHR, αLR vor, wobei HR und LR für 'höchste Rolle' und 'niedrigste Rolle' stehen und α auf die Werte + oder - festgelegt sein kann. In der von D.Wunderlich vertretenen Variante dieser Linking-Theorie wird eine relationale Interpretation mit +/-hr als 'es gibt eine/keine höhere Rolle im Θ-Raster' und +/-lr als 'es gibt eine/keine niedrigere Rolle im Θ-Raster' angesetzt. Damit soll erfaßt werden, daß ein mit dem Dativ zu linkendes mittleres Argument im Θ-Raster aufgrund seiner +hr, +lr Auszeichnung das markierteste Argument ist, während das einzige Argument eines intransitiven Verbs mit der Auszeichnung -hr, -lr maximal unmarkiert ist.

Nach Kiparsky (1992) lassen sich die morphologischen Kasus durch dieselben Merkmale wie die Θ-Positionen charakterisieren, so daß sich das Linking korrekt ergibt. Das in den verschiedenen Sprachen vorhandene Inventar an strukturellen Kasus kann demnach mithilfe der folgenden Merkmalsverteilung erfaßt werden (vgl. Wunderlich 1992a: 21):

(12) Akkusativ   [+hr]
      Dativ   [+hr, +lr]
      generalisierter Ergativ [+lr]
      beschränkter Ergativ   [+lr, -hr]
      markierter Nominativ   [-hr]
      Nominativ/Absolutiv   [ ]

Für das Deutsche sind die Festlegungen für Nominativ, Akkusativ und Dativ relevant (13a). Nach dieser Klassifizierung ist der Dativ der markierteste Kasus, der Nominativ der Default-Kasus. Unter (13b) findet sich die jeweilige Charakterisierung der Argumentpositionen bei ein-, zwei- und dreistelligen Verben. Unter Berücksichtigung der Bedingung, daß jeder Kasus nur einmal auftreten darf, ergibt sich die korrekte Kasusverteilung unter (13c (i) - (iii)).

(13) a. Dativ: [+hr, +lr]
          Akkusativ: [+hr]
          Nominativ: [ ]

b. (i) λx   (ii) λy λx   (iii) λz λy λx   (iv) λz λy λu λx
     -hr   +hr -hr   +hr +hr -hr   +hr +hr +hr -hr
     -lr   -lr +lr   -lr +lr +lr   -lr +lr +lr +lr

c. (i) λx   (ii) λy λx   (iii) λz λy λx   (iv) λz λy λu λx
    Nom   Akk Nom   Akk Dat Nom   Akk   Dat Nom

Weist ein Verb mehr als drei Θ-Positionen auf, so sind alle mittleren durch die Merkmalskombination +hr, +lr spezifiziert. In diesem Fall kann nur die höchste davon strukturellen Kasus erhalten, da kein weiterer struktureller Kasus zur Verfügung steht, vgl. (13c (iv)).

Der Dativ scheint im Deutschen einen Zwitterstatus zwischen strukturellem und semantischem Kasus zu haben. Während z.B. die als *bekommen/kriegen*-Passiv bezeichnete Diathese auf einen strukturellen Kasus hinweist, deutet die Gebundenheit an eine semantische Klasse (belebte Objekte) und die Alternation mit Präpositionalphrasen bei Verben wie *geben, bringen, schicken* (vgl. (14)) zumindest auf eine semantische Steuerung des Dativs hin. Um diese semantischen Einschränkungen zu erfassen, muß man in jedem Fall annehmen, daß der Dativ als struktureller Kasus semantisch lizensiert ist.

(14) a. Peter schickte das Buch seiner Tante
     b. Peter schickte das Buch an die Bücherei
     c. Elisabeth gab den Hund ihrer Mutter
     d. Elisabeth gab den Hund ins Tierheim
     e. Frank brachte mir den Kuchen
     f. Frank brachte den Kuchen ins Büro

Die Spezifizierung der Argumentpositionen durch die Merkmale hr/lr ist nur für Individuenargumente mit nicht lexikalisch zugewiesenem Kasus relevant. Erhält ein Argument lexikalischen Kasus, wird diese Position bei der Spezifizierung ignoriert (vgl. 15a). Ebenfalls ignoriert werden Positionen, die von Prädikativen (Komplementen vom semantischen Typ 0/1) besetzt sind, sowie das bisher vernachlässigte referentielle Argument der Verben, die Situationsvariable (15b).

(15) a.   λy   λx   b. λP λy   λx
         -hr obl   +hr -hr
         -lr   -lr +lr

Die Sättigung der Individuen-Θ-Rollen durch funktionale Applikation geht also einher mit der Realisierung einer Komplement-NP, die den entsprechenden durch die Argumentposition vorgegebenen Kasus trägt. Der hier beschriebene Mechanismus der Argumentsättigung entspricht der 'Θ-Markierung' in dem von Higginbotham (1985) formulierten Katalog von Sättigungsmechanismen für Θ-Rollen. Die übrigen Mechanismen sollen im folgenden Abschnitt vorgestellt werden.

1.4. Weitere Mechanismen zur Sättigung von Θ-Rollen

Neben der Θ-Markierung sind die Θ-Identifizierung und die Θ-Bindung für die Sättigung von Θ-Rollen relevant. Für die Frage, welcher Mechanismus anzuwenden ist, ist einerseits von Bedeutung, um was für ein Argument es sich handelt, und andererseits, welche Funktion der Ausdruck übernimmt, dessen Argument gesättigt wird.

Generell unterscheidet man referentielle, externe und interne Argumente. Die Unterscheidung von externen und internen Argumenten geht zurück auf Williams (1980) und bezeichnet ursprünglich die unterschiedliche syntaktische Konfiguration, in der die Θ-Rollen-Zuweisung stattfindet: Θ-Rollen interner Argumente werden unter Rektion zugewiesen, also innerhalb der maximalen Projektion ihres Funktors, und Θ-Rollen externer Argumente unter Prädikation, d.h. in einer Position, in der das Argument Schwester der maximalen Projektion ist. Jeder lexikalische Ausdruck kann nur ein externes Argument haben, aber mehr als ein internes. Die Unterscheidung von externen und internen Argumenten hat sich als nützlich erwiesen bei der Erfassung verschiedener lexikalischer Operationen, die auf die Argumentstruktur zugreifen. Er wird daher von den meisten Autoren weiterhin verwendet, obwohl inzwischen häufig die von Williams als Motivation angesetzte Konfiguration bei den verwendeten Analysen nicht mehr angenommen wird. Konsequenterweise liegt mit Grimshaw (1990) ein Versuch vor, eine Definition für externe Argumente zu finden, die nicht von syntaktischen Überlegungen ausgeht, sondern die Auszeichnung des Arguments aus der semantischen Struktur ableitet. In dem oben vorgestellten Repräsentationsformat kann das Argument mit dem Merkmal -hr als das gegenüber den übrigen Argumenten ausgezeichnete betrachtet werden.

Die Annahme eines referentiellen Arguments bei Verben geht zurück auf Davidson (1967), der die semantische Funktion von Satzadverbialen dadurch erfaßt, daß er dem Verb eine Ereignisvariable zuspricht, über die die Adverbiale prädizieren. Diese von Davidson nur für Handlungsverben angenommene Ereignisvariable wird inzwischen für alle Verben angesetzt (vgl. Higginbotham 1985). Ich werde im folgenden eine Situationsvariable s als referentielles Argument von Verben annehmen, die als Argument der gesamten Verbrepräsentation gilt. Bis zur Diskussion der Ereignisstruktur und der Funktion der Situationsvariable in Kapitel 11 wird die Situationsvariable in den Verbrepräsentationen allerdings nicht weiter berücksichtigt.

Williams (1981) überträgt die Unterscheidung von internen und externen Argumenten auf die Argumentstruktur von Nomen. Anders als bei den Verben, die ein Situationsargument zusätzlich zum externen Argument aufweisen, fällt beim Nomen das referentielle Argument mit dem externen Argument zusammen. Damit ist das gleiche Argument, das bei der prädikativen Verwendung von NPs die Funktion des externen Arguments übernimmt, auch für die referentielle Verwendung relevant. Ein Beispiel für die prädikative Verwendung einer NP findet sich unter (16a), die referentielle Verwendung als Komplement ist unter (16b) illustriert.

(16) a. Peter ist ein Clown
     b. Der Clown weint

Die Sättigung der Individuen-θ-Rolle in Kopulakonstruktionen geschieht durch einen Sonderfall der θ-Markierung, durch indirekte θ-Markierung (vgl. Bierwisch 1988). Da die Kopula selbst keine inhaltlich spezifizierte θ-Rolle an ihr externes Argument zuweisen kann, dient sie als Vermittler, indem sie durch ihre SF eine Prädikationsbeziehung zwischen dem Prädikativum und ihrem externen Argument herstellt. Die θ-Markierung des externen Arguments der Kopula geschieht über das Prädikat, da bei funktionaler Applikation die Prädikatsvariable durch dessen Repräsentation ersetzt wird, und das vom Prädikat eingebrachte Argument über λ-Konversion durch das externe Argument der Kopula ersetzt wird. In (17) ist das für *doof sein* illustriert.

(17) a. *doof:* λy [DOOF (y)]
     b. *sein:* λP λx λs [s INST P(x)]
     c. λx λs [s INST λy DOOF (y)(x)]
     d. λx λs [s INST DOOF (x)]

Bierwisch (1988) spricht bei dieser Form der vermittelten Prädikation von 'joint-θ-marking', da die Kopula die Konfiguration bereitstellt, in der die θ-Markierung ihres externen Arguments durch die NP erst stattfinden kann. Eine alternative Analyse der Kopula, bei der die Übernahme der θ-Rolle des Prädikatskomplements nicht nur durch die fehlende inhaltliche Spezifizierung der Individuen-θ-Rolle begründet ist, sondern sich aus dem Fehlen einer solchen θ-Rolle bei der Kopula selbst ergibt, ist unter der Annahme möglich, daß Auxiliare und Modale affixalen Charakter haben (vgl. Bierwisch 1990). Bei dieser Analyse weist die Kopula lediglich eine propositionale θ-Rolle auf, durch Funktionskomposition wird dann das Argument des Prädikats vererbt (vgl. (18)). Zur Diskussion der beiden Varianten vgl. Fabri (1993), Urbas (1993).

(18) λp λs [s INST p](λx [DOOF(x)]) -> λx λs [s INST DOOF(x)]

Die Sättigung referentieller θ-Rollen geschieht nach Williams über Abbindung durch den Spezifizierer.[3] Das referentielle Argument von Nomen wird durch den Determiner gebunden. Semantisch entspricht dieser Kombination mit dem Determiner die Abbindung des Arguments durch den entsprechenden Operator: des

---

[3] Es besteht Uneinigkeit darüber, ob bei indefiniten Nominalphrasen ebenfalls eine Abbindung des referentiellen Arguments vorliegt. Löbner (1990) argumentiert dafür, indefinite NPs weiterhin als Prädikate zu betrachten. In aktuellen syntaktischen Theorien, die Determiner nicht mehr in der Spezifiziererposition der NP ansetzen, sondern als funktionale Kategorien auffassen, die selbst Projektionen lexikalischer Kategorien selegieren, und deren Kopf dann das referentielle Argument bindet, korrespondiert mit dieser Sicht die Annahme, daß der indefinite Artikel nicht zur Kategorie D gehört und dementsprechend auch keine die NP dominierende DP anzusetzen ist. Bei indefiniten NPs in Komplementpositionen ist dementsprechend ein type-shift nötig, damit die θ-Rolle durch funktionale Applikation gesättigt werden kann.

Existenzquantors im Fall des indefiniten Artikels, des Jota-Operators im Fall des definiten. Higginbotham (1985) bezeichnet diesen Typ der Θ-Rollen-Sättigung als Θ-Bindung und überträgt ihn auch auf das referentielle Argument von Verben, indem er die von Davidson vorgenommene existentielle Bindung der Ereignisvariable als eine Form der Θ-Bindung des referentiellen Arguments durch Infl interpretiert. Θ-Bindung läßt sich als eine Form der Θ-Markierung betrachten, wenn man z.B. den bestimmten Artikel als Funktor λN [ιx N(x)] analysiert, dessen Argument durch die NP-Repräsentation gesättigt wird (vgl. Fabri 1993, Wunderlich 1992b).

Als dritter Typ der Θ-Rollen-Sättigung wurde von Higginbotham (1985) die Θ-Identifizierung eingeführt. Sie findet in Kontexten statt, in denen ein Prädikat ein anderes modifiziert. Higginbotham zieht eine Parallele zwischen der Behandlung von Ausdrücken wie *blaue Blume* und den von Davidson betrachteten Modifikationen wie *schnell laufen*. Parallel zu Davidsons Vorschlag, Adverbiale als Prädikate über die Ereignisvariable zu repräsentieren und mit der Verbrepräsentation zu konjugieren (vgl. (19a)), schlägt er vor, Modifikation generell als eine Konjunktion der Prädikate zu behandeln bei gleichzeitiger Identifizierung des Arguments des Modifikators mit dem Argument des Modifikanden (vgl. (19b)). Wunderlich (1986b, 1987b) führt die gleiche Operation unter dem Begriff der funktionalen Unifikation ein.

(19) a. Hans lief schnell
       ∃e [LIEF(Hans, e) & SCHNELL(e)]
    b. blaue Blume
       λx [BLUME(x)]
       λy [BLAU(y)]
       λx [BLUME(x) & BLAU(x)]

Higginbotham (1985) geht in diesem Zusammenhang nicht auf die Unterscheidung von referentiellem und externem Argument ein. Die Bedingung zur Θ-Identifizierung ist lediglich das Vorhandensein von ungesättigten Argumenten, die identifiziert werden können. Bierwisch (1988) formuliert Θ-Identifizierung zunächst als Identifizierung des externen Arguments des Modifikators mit dem referentiellen Argument des Modifikanden bei gleichzeitiger Konjunktion der Prädikate (Bierwisch 1988, 5), später allerdings als Identifizierung zweier referentieller Argumente (Bierwisch 1988, 43). Die Festlegung des Argumenttyps hat Konsequenzen dafür, welche lexikalischen Kategorien als Köpfe von modifizierenden Phrasen auftreten dürfen und welche Kategorien modifizierbar sind. Dabei spielt die Entscheidung, welche Θ-Rollen die verschiedenen Kategorien aufweisen, eine zentrale Rolle (vgl. dazu die Diskussion in Abschnitt 2.4.).

Während weitgehend Einigkeit über die Argumentstrukturen von Verben und Nomen besteht, ist es umstritten, ob für Adjektive und Präpositionen ein referentielles Argument anzusetzen ist. Da der Status des referentiellen Arguments unterschiedlich sein kann (das referentielle Argument von Nomen ist mit dem externen identisch, das von Verben nicht), gibt es prinzipiell drei Möglichkeiten, wie die Argumentstrukturen von Präpositionen und Adjektiven aussehen könnten:

1. Sie weisen kein referentielles Argument auf.
2. Sie weisen parallel zum Nomen ein referentielles Argument auf, das mit dem externen Argument identisch ist.
3. Sie weisen parallel zum Verb ein referentielles Argument auf, das vom externen Argument unterschieden ist.

Aufgrund des Interface-Status des θ-Rasters sind mit der Entscheidung für eine dieser drei Möglichkeiten jeweils semantische und syntaktische Konsequenzen verbunden. In bezug auf die Semantik ist zu klären, auf welche Objekte Kategorien referieren, die ein referentielles Argument aufweisen. In bezug auf die Syntax ergeben sich Konsequenzen für die Formulierung der Sättigungsbedingungen, die die korrekten Konstruktionen erfassen sollen. Da die Entscheidung über die für Präpositionen anzunehmende Argumentstruktur Konsequenzen für die Behandlung der PP als Verbkomplement hat, sollen im nächsten Kapitel die syntaktischen Konstruktionen betrachtet werden, in denen PPs auftreten, und Behandlungsvorschläge diskutiert werden.

2. Das Funktionsspektrum der lokalen PPs und Vorschläge zu seiner Behandlung

Lokale PPs können prädikativ verwendet werden (1a), als Modifikatoren auftreten (1b, c) und als Komplemente lokaler Verben fungieren (1d):

(1) a. Ray ist im Wald
    b. die Lichtung im Wald
    c. Beate spielt am Bach Gitarre
    d. Martina sitzt auf einem Baumstumpf

Die Repräsentation der Kopula in Kapitel 1 unter (17) setzt voraus, daß die PP unter (1a) Prädikatstatus hat. Ebenso müssen die PPs unter (1b) und (1c) als Prädikate mit einer offenen Argumentposition betrachtet werden, damit Θ-Identifikation stattfinden kann. Verwendungen wie (1d) hingegen haben Autoren wie Jackendoff (1983) dazu gebracht, PPs als referierende Ausdrücke zu betrachten. Nach der Vorstellung von Jackendoff (1983) verfügen Präpositionen über eine Argumentposition, die durch die NP besetzt wird, die das Bezugsobjekt bezeichnet. Die PP denotiert dann die Region, die relativ zum Bezugsobjekt bestimmt wird. In der Repräsentation des Verbs, dessen Komplement sie ist, sättigt die PP dann wie NPs eine Individuenvariable. Da PPs in ihrer Basislesart auf Orte referieren, muß Jackendoff zur Behandlung der prädikativen Verwendung bei dieser Analyse eine spezielle lokale Variante der Kopula annehmen, die eine Lokalisierungsrelation zwischen einem Individuum und dem von der PP bezeichneten Ort herstellt. Für die Behandlung der Modifikation sind ebenfalls zusätzliche Mechanismen nötig. Da diese Analyse lediglich für die PPs in Komplementposition eine adäquate Behandlung ermöglicht, für die prädikative und attributive Verwendung aber jeweils PP-spezifische Zusatzannahmen erfordert, möchte ich sie nicht weiter verfolgen.

2.1. Wunderlich/Herweg (1986): Typanpassung und Prädikatsunifikation

Anders als Jackendoff argumentieren Wunderlich/Herweg (1986)[1] für eine Repräsentation von Präpositionen als zweistellige Relationen zwischen Individuen, um eine einheitliche Repräsentation zu gewährleisten. Eine schematische Repräsentation ist unter (2) aufgeführt.

---

[1] Bei Wunderlich/Herweg (1986) handelt es sich um eine frühere Version von Wunderlich/Herweg (1991). Ich beziehe mich im folgenden auf die ältere Version, da die dort präsentierten Analysen in vielen Arbeiten zur Präpositionensemantik aufgegriffen wurden und so die Basis zu weiterführenden Analysen bilden. Die Analyse in Wunderlich/Herweg (1991) integriert die Möglichkeit der Θ-Identifikation bei der Behandlung der Modifikation und setzt, Bierwisch folgend, als Komplement der lokalen Verben eine Prädikatsvariable an.

(2)   Präp: λy λx [LOC (x, PRÄP (y))]

LOC ist eine Relation vom Typ 0/1/1, die die Lokalisierung des lokalisierten Objekts x in einer (über die präpositionsspezifische Funktion PRÄP bestimmten) Nachbarschaftsregion des Bezugsobjekts y erfaßt. Die konzeptuelle Interpretation von LOC ist die räumliche Inklusion. Bei Sättigung des internen Arguments ergibt sich ein einstelliges Prädikat (ι in (3b) und (c) ist der Definitheitsoperator):

(3) a. *auf:*   λy λx [LOC (x, AUF (y))]
    b. *der Balkon:*   [ιz BALKON(z)]
    c. *auf dem Balkon:* λx [LOC (x, AUF (ιz BALKON(z)))]

Wunderlich/Herweg (1986) nehmen zur Behandlung von modifizierenden PPs an, daß der Typ der PP so geändert wird, daß sie als Funktor über N-, V- oder P-Bedeutungen operiert. In dem aus Wunderlich/Herweg (1986) übernommen Beispiel in (4) ist die Relation AUF als äquivalent mit der durch die spezifische Nachbarschaftsfunktion ergänzte Lokalisierungsrelation zu betrachten. Das unterstrichene Argument ist das externe.

(4) a. auf dem Balkon
        λQ λ<u>x</u> (AUF (z,B) & Qx))   mit Q = N, V oder P-Prädikat
    b. [Frau] auf dem Balkon
        λ<u>x</u> (AUF (x,B) & FRAU (x))
        (Wunderlich/Herweg 1986, 28)

Behandelt man Modifikation mithilfe von Θ-Identifizierung, dann erübrigt sich eine solche Operation, da der Modifikator nicht als Funktor über den Modifikanden betrachtet werden muß (vgl. dazu Wunderlich/Herweg 1991).
   Für die Behandlung der PP in Komplementposition spielt es eine Rolle, welche Verbrepräsentation angesetzt wird. Wunderlich/Herweg (1986) gehen davon aus, daß die Eigenschaft von Verben, lokale PPs zu subkategorisieren mit einer Lokalisierungskomponente in der semantischen Repräsentation zu begründen ist. Sie setzen für Verben, die eine Orts-PP subkategorisieren, die Lokalisierungsrelation an, die auch in das Präpositionsschema unter (2) eingeht. Bewegungsverben, die Weg-PPs subkategorisieren, beinhalten entsprechend eine Bewegungsrelation zwischen einem Individuum und einem Weg.

(5) a. *stehen:*   λp λx [LOC (x,p) & STEH(x)]
    b. *gehen:*   λw λx [MOVE (x,w) & GEH(x)]

Bei der Sättigung des lokalen Arguments durch Komplement-PPs stellt sich nun das Problem, wie der Typ der PP an die generell für Orts- und Wegargumente angesetzten Variablen angepaßt werden kann. Wunderlich/Herweg (1986) gehen in diesem Fall nicht von einer Typveränderung der PP aus, sondern schlagen vor, eine Prädikatsunifikation zwischen den Lokalisierungskomponenten von Verb und PP vorzunehmen (vgl. aber auch hierzu die Diskussion in Wunderlich/Herweg (1991)):

(6) $\quad$ [LOC (x, AUF (ιz BALKON(z)))]
$\qquad\qquad\quad$ | ├ |
$\quad\lambda$p λx [LOC (x, p) & STEH(x)]

Bierwisch (1988) schlägt eine alternative Behandlung vor, deren Ziel es ist, einen einheitlichen Typ für die PP in allen Konstruktionen beizubehalten, trotzdem aber PP-Komplemente über funktionale Applikation zu sättigen. Ausgangspunkt seiner Überlegungen ist die Beobachtung, daß sich trotz des syntaktisch unterschiedlichen Status der PP in den Konstruktionen unter (1) in bezug auf die Interpretation der PP kein Unterschied ergibt. Zur Illustration dienen die Sätze unter (7): (7a) beinhaltet ein Verb mit lokalem Komplement, (7b) lediglich ein lokales Adjunkt und (7c) ein lokales Prädikat, trotzdem ergibt sich kein Bedeutungsunterschied.

(7) a. Ray liegt in seinem neuen Bett
$\quad$ b. Ray schläft in seinem neuen Bett
$\quad$ c. Ray ist in seinem neuen Bett

Um diese Parallele zu erfassen, schlägt Bierwisch vor, auch für das lokale Argument von Bewegungs- und Positionsverben eine Prädikatsvariable statt einer referierenden Ortsvariable anzusetzen. Wie Bierwischs Behandlung der PP in ihren verschiedenen Verwendungsweisen aussieht, wird im nächsten Abschnitt dargestellt.

2.2. Bierwisch (1988): PPs als Prädikate

Bierwisch (1988) geht davon aus, daß bei Präpositionen und Adjektiven wie bei Nomen referentielles und externes Argument zusammenfallen, so daß alle lexikalischen Kategorien prinzipiell über ein referentielles und ein externes Argument verfügen. Trotzdem plädiert er aber für eine einheitliche Behandlung der PP als Prädikat und versucht zu zeigen, daß auch PPs in Komplementposition nicht referentiell sind. Sein Argument gegen den referentiellen Status der PP baut auf der Annahme auf, daß die Sättigung des referentiellen Arguments, wie in Kapitel 1 ausgeführt, über die Θ-Bindung durch den Spezifizierer erfolgt. Wie bei der NP kann die referentielle Lesart einer PP aktiviert werden, wenn ein Spezifizierer zur Verfügung steht, der die Rolle bindet. Bierwisch zeigt nun, daß es sich bei den generell als Spezifizierer betrachteten Ausdrücken entweder um Modifikatoren handelt (vgl. (8a,b)) oder um Argumente der Präposition, (vgl. (8c)).

(8) a. sehr weit vor der Tür
$\quad$ b. hoch oben über der Tür
$\quad$ c. vier Meter hinter der Tür

Ist also kein Spezifizierer vorhanden, um das referentielle Argument zu binden, kann man entweder für das Vorliegen eines leeren Spezifizierers argumentieren, der die Position sättigt und die Bindung vornimmt, oder annehmen, daß es keinen Spezifizierer gibt und damit auch keine Möglichkeit besteht, das referentielle Argument zu binden. Bierwisch (1988) entscheidet sich für die zweite Möglichkeit, da sich daraus ein einheitlicheres Bild für die Behandlung der PP ergibt. Dafür nimmt er explizit in Kauf, daß die Einheitlichkeit der zweistufigen X-bar-Projektionen im Fall der PP verletzt wird.

Im Zuge der Entwicklung der Theorie der funktionalen Kategorien ergibt sich aus dieser Entscheidung inzwischen eine andere Konsequenz: Die Einführung der DP führte dazu, daß man inzwischen von einer Bindung des referentiellen Arguments über den Kopf der die NP selegierenden funktionalen Kategorie ausgehen muß. Da die funktionalen Kategorien früher als Spezifikatoren der lexikalischen Kategorien angesehen wurden, ist Bierwischs Annahme nun so zu interpretieren, daß es keine funktionale Kategorie gibt, die die PP selegiert. Entsprechend geht Bierwisch (1989a) davon aus, daß lediglich die referierenden Kategorien Nomen und Verb über funktionale Projektionen verfügen, während die nicht referentiellen Adjektive und Präpositionen nur lexikalische Projektionen aufweisen.

Bierwisch (1988) setzt für statische lokale Präpositionen eine leicht modifizierte Version der unter (2) vorgestellten Repräsentation an, wie unter (9a) für *über* angegeben. Über λ-Konversion wird das interne Argument gesättigt, so daß sich für die PP die Repräsentation unter (9b) ergibt. Bierwisch verwendet statt der Lokalisierungsrelation eine Funktion vom Typ 1/1, die Individuen die von ihnen eingenommene Region zuweist. Die beiden so gewonnenen Regionen werden dann durch die Inklusionsrelation ⊂ in Beziehung gesetzt. Ich werde diese Lokalisierungsfunktion im folgenden mit L notieren. ABOVE spezifiziert die für *über* charakteristische Nachbarschaftsregion.

(9) a. *über:*   λy λx [L x ⊂ ABOVE L y]
    b. *über Berlin:*   λx [L x ⊂ ABOVE L BERLIN]

Zur Sättigung des externen Arguments stehen nach dem Ausfall der Θ-Bindung nur noch die Θ-Identifizierung und die indirekte Θ-Markierung zur Verfügung. Modifikation von NPs und PPs erfolgt wie oben beschrieben als Θ-Identifizierung. Unter (10) ist die Modifikation eines lokalen Adverbs durch eine PP aufgeführt. Adverbien wie *unten* werden als intransitive Präpositionen betrachtet, deren internes Argument lexikalisch fixiert ist (vgl. 10a). Die für *in* spezifische Nachbarschaftsregion erfaßt Bierwisch direkt durch die Inklusionsbeziehung (vgl. (10b)). Der Doppelpunkt in (c) symbolisiert die asymmetrische Konjunktion (vgl. Abschnitt 1.2.).

(10) a. *unten:*   λx [L x ⊂ PROX GROUND]
     b. *in der Schule:*   λy [L x ⊂ L [ιz SCHOOL z]]
     c. *unten in der Schule:*
        λx [[L x ⊂ PROX GROUND] : [L x ⊂ L [ιz SCHOOL z]]

Entsprechend geschieht die indirekte Θ-Markierung des externen Arguments mithilfe der Kopula parallel zu der Darstellung unter (17) in Kapitel 1. Anders als Higginbotham (1985) geht Bierwisch (1988) davon aus, daß das referentielle Argument s vom Komplementierer gebunden wird. Das Merkmal [-Dir] an der prädikativen Θ-Rolle stellt eine Subkategorisierungsinformation dar: Die Kopula ist nur mit nicht direktionalen Prädikaten kombinierbar.

(11) a. *sein:*   λP λx λs [s INST [P x]]
       [-Dir]
    b. *unten:*   λx [L x ⊂ PROX GROUND]
    c. *Hans ist unten:* λs [s INST [L HANS ⊂ PROX GROUND]]

Auch PPs, die als Satzadverbiale fungieren, fügen sich problemlos in das bisherige Bild ein. Das externe Argument der PP wird mit dem referentiellen Argument des Verbs identifiziert und damit gesättigt.

(12)   *Hans arbeitet in Berlin:*
      λs [[s INST [WORK HANS]] : [L s ⊂ L BERLIN]]

Damit Komplement-PPs als Prädikate behandelt werden und über funktionale Applikation gesättigt werden können, muß eine andere Repräsentation lokaler Verben angesetzt werden als unter (5) vorgesehen. Für die Behandlung von PPs mit Komplementstatus schlägt Bierwisch deshalb ein Vorgehen parallel zur indirekten Θ-Markierung bei der Kopula vor: Das Verb subkategorisiert ein Prädikat (die PP), das über eines der übrigen Argumente prädiziert. Statt der Lokalisierungskomponente beinhalten die entsprechenden Verben dann lediglich eine Prädikatsvariable. Erst mit der Sättigung der Variable durch eine PP wird die Lokalisierungsinformation eingebracht. Bierwisch geht davon aus, daß es sich bei diesem Argument wie bei der Modifikation um das referentielle Argument des Verbs, also die Ereignisvariable handelt. Auch hier wird der korrekte PP-Typ über das morphologische Subkategorisierungsmerkmal αDir festgelegt. Beispiele für zwei Verben mit PP-Komplementen finden sich unter (13).

(13) a. *wohnen:* [+V, -N]; λP λx λs [[s INST [RESIDE x]] : [P s]]
             [-Dir]
    b. *blicken:* [+V, -N]; λP λx λs [[s INST [LOOK x]] : [P s]]
            [+Dir]

Die Strukturen unter (14) zeigen, daß bei Einsetzung der PP genau die gleichen semantischen Strukturen zustandekommen wie bei PP-Modifikation. Damit begründet Bierwisch die Schwierigkeit, eine eindeutige Unterscheidung zwischen PP-Komplementen und PP-Adjunkten zu treffen: In der SF ergibt sich kein Unterschied. (FIN in der Repräsentation von *über* ist ein Operator, der das Ende eines Weges herausgreift, vgl. Abschnitt 3.6.1.)

(14) a. *in Berlin wohnen:*
λx̲ λs [[s INST [RESIDE x]] : [L s ⊂ L BERLIN]]
b. *über den Tisch blicken:*
λx̲ λs [[s INST [LOOK x]] : [FIN L s ⊂ ABOVE L TISCH]]

Einen anderen Fall stellen nach Bierwisch die Positionsverben *stehen, sitzen* und *liegen* dar. Während im Fall von *arbeiten* offensichtlich ist, daß nicht das externe Argument, sondern das Ereignisargument dem Lokalisierungsprädikat unterliegt, wird im Fall der Positionsverben wie bei der Kopula das Individuum selbst lokalisiert. Bierwisch erfaßt diese Information dadurch, daß er hier eine Prädikation über das entsprechende Individuenargument ansetzt:

(15) *stehen*: [+V, +N]; λP λx λs [[s INST [STAND x]] : [P x]]
[-Dir]

Entsprechend werden auch die Bewegungsverben analysiert, die eine Bewegung eines ihrer Partizipanten erfassen: Im Fall eines intransitiven Bewegungsverbs wie *gehen* wird das externe Argument des Verbs indirekt von der PP θ-markiert, wobei ihm ein Weg zugewiesen wird. Bierwisch (1988) führt nicht weiter aus, wie eine solche Analyse aussehen könnte, ein Vorschlag dazu soll in dieser Arbeit entwickelt werden.

Die Auslagerung der Lokalisierungsinformation aus der SF der lokalen Verben erlaubt eine einheitliche Sättigung von Komplementen durch Funktionale Applikation und hat darüberhinaus gegenüber den Repräsentationen unter (5) den Vorteil, daß keine Redundanz entsteht. Während bei den Repräsentationen unter (5) sowohl Verb als auch PP die Lokalisierungsinformation aufweisen, ist es bei Repräsentationen wie unter (14) und (15) allein die PP, die die Lokalisierungsrelation beisteuert. Allerdings ergibt sich gerade daraus auch eine Konsequenz, die Maienborn (1990) kritisiert: Der Status dieser Verben als Lokalisierungsverben ergibt sich nicht mehr aus ihrer semantischen Form, sondern nur dadurch, daß sie ein lokales Prädikat subkategorisieren. Eine Motivation dafür, daß die Prädikatsvariable durch ein lokales Prädikat zu sättigen ist, läßt sich aber nicht aus der Bedeutung ableiten, da die Verben zu 'Kopulaverben' reduziert sind. Entsprechend erlaubt Bierwisch in seiner Analyse auch eine Sättigung der Prädikatsvariable durch andere Adverbiale, was er im Fall von *wohnen* dadurch motiviert, daß das Verb ohne realisiertes Prädikativ ungrammatisch ist, mit realisiertem Modaladverbial jedoch grammatisch:

(16) a. Monika wohnt auf dem Dorf
b. *Monika wohnt
c. Monika wohnt sehr idyllisch

Beschränkt ist die Sättigung der Prädikatsvariable nur durch die Forderung, die durch das Merkmal [-Dir] bei den Positionsverben gegeben ist. Dadurch wird Modaladverbialen wie *aufrecht, bequem* etc. der gleiche Status eingeräumt wie den lokalen PPs. Maienborn argumentiert nun, daß gerade die Sättigung der Prädikatsvariable durch die Modaladverbiale in verschiedener Hinsicht zu Problemen führt. Ein Problem ergibt sich aus Bierwischs Entscheidung, die Prädikatsvariable der Bewegungsverben nicht auf [+Dir]-Prädikate zu beschränken, um auch statische PPs zuzulassen. Damit ist es nicht mehr möglich, bestimmte Modaladverbiale, die aufgrund ihrer Kombinierbarkeit mit den Positionsverben als [-Dir] klassifiziert sind, von der Kombination mit Bewegungsverben auszuschließen. Dieses Problem betrifft z.B. *bequem* unter (17b).

(17) a. Peter sitzt bequem
 b. *Peter geht bequem

Das zweite Problem betrifft die Festlegung des Arguments, das durch die Prädikatsvariable eingebettet wird, dem also bei Realisierung einer lokalen PP die Lokalisierungseigenschaft zugewiesen wird. Dabei kann es sich je nach Verb um die Situationsvariable handeln (*wohnen*) oder um das externe (*stehen*) oder interne Argument (*stellen*). Im Fall von *stehen* ergibt sich nun dadurch, daß alle Modaladverbien als [-Dir] klassifizierbar sind, daß sie immer als Prädikate über das externe Argument in die SF aufgenommen werden können. Nicht alle Modaladverbien sind nach Maienborn aber sinnvoll als Prädikate über Individuen zu interpretieren. So ist *bequem* eher auf den Lokalisierungsmodus des Verbs zu beziehen und sollte deshalb über die Situationsvariable prädizieren. Nach der Repräsentation der Positionsverben unter (15) ergibt sich jedoch eine Prädikation über das externe Argument. Daß Modaladverbiale auf unterschiedliche Bestandteile der Verbbedeutung bzw. auf unterschiedliche Argumente bezogen sein können, wertet Maienborn als einen Hinweis darauf, daß es sich um Modifikatoren und nicht um Argumente handelt. Als Modifikatoren würden sie stets als Prädikate über die Situationsvariable fungieren, so daß ihr Bezug zu den Situationspartizipanten erst konzeptuell hergestellt wird.

Obwohl m.E. Zweifel darüber angebracht sind, ob Prädikate wie *aufrecht* als Prädikate über Situationen zu betrachten sind, zeigt Maienborns Kritik doch Probleme auf, denen sich eine Analyse der lokalen Verben nach Bierwischs Vorbild stellen muß. Die zentrale Frage ist, welche Möglichkeiten bestehen, nicht nur über Subkategorisierungsmerkmale, sondern auch über semantische Information die Kombinatorik von Verben und Prädikativen so zu steuern, daß die korrekten Konstruktionen abgeleitet werden können. Ich möchte in Kapitel 5 dafür argumentieren, daß es entgegen Maienborns Einschätzung der Adverbiale durchaus Gründe gibt, in bestimmten Fällen von einer Prädikation über Individuenargumente auszugehen. Zu klären bleibt, ob dabei die Prädikatsvariable gesättigt wird. Zunächst soll aber noch ein zweiter Ansatz betrachtet werden, der ebenfalls eine einheitliche Behandlung der PPs anstrebt, diesmal allerdings unter der Annahme, daß Präpositionen generell ein referentielles Argument aufweisen. Im Zusammenhang mit diesem Ansatz soll die Berechtigung eines referentiellen Arguments bei Adjektiven und Präpositionen aus semantischer Sicht diskutiert werden.

2.3. Zwarts: Die Aufspaltung von referentiellem und externem Argument

Zwarts (1991, 1992) geht davon aus, daß alle lexikalischen Kategorien über referentielle Θ-Rollen verfügen (vgl. zu einem ähnlichen Ansatz auch Haumann 1992). Dabei vertritt er den Standpunkt, daß es sich bei allen Kategorien außer dem Nomen um vom externen Argument verschiedene Argumente handelt. In dem hier vorgestellten Rahmen, in dem das Nebeneinander von referentiellem und externem Argument bei Verben dadurch gerechtfertigt ist, daß die Sättigung des externen Arguments stets durch eine Komplementphrase erfolgt, während das referentielle Argument unabhängig gesättigt werden muß, hat eine Übertragung einer solchen Argumentstruktur auf Präpositionen und Adjektive allerdings wenig Sinn.

Zwarts bewegt sich dementsprechend auch nicht in dem von Higginbotham (1985) eingeführten Rahmen, sondern folgt der von Williams (1989) vorgestellten Sicht von Θ-Rollen als Anaphern. Williams betrachtet die Θ-Rollen-Zuweisung als einen Bestandteil der Bindungstheorie: Θ-Rollen-Zuweisung besteht dabei nicht in der Sättigung des Arguments eines Funktors, sondern in der Einführung einer anaphorischen Beziehung zwischen einer Θ-Rolle des Funktors und einer des Komplements. Statt Argumentsättigung erfolgt Argumentkoindizierung (bzw. Argumentlinking, ein Terminus, den Williams verwendet, um die Asymmetrie der Beziehung anzudeuten).

Zwarts versucht, den von Williams für NPs entwickelten Ansatz auch auf die übrigen Kategorien zu übertragen. Er führt in diesem Zusammenhang drei Gründe für die Notwendigkeit der 'Aufspaltung' des externen Arguments in ein externes und ein referentielles an, deren Motivation vor allem in einer einheitlichen Behandlung der lexikalischen Kategorien liegt.

1) Unter der Annahme, daß die lexikalischen Kategorien N, V und A von den funktionalen Kategorien D, I und Deg(ree) selegiert werden, muß ein einheitlicher Argumenttyp gefunden werden, der durch Θ-Bindung von der funktionalen Kategorie gebunden wird. Dabei soll es sich um das referentielle Argument handeln. Durch diese Annahme wird das prinzipielle Vorhandensein eines referentiellen Arguments begründet.

2) Zwarts nimmt an, daß Modifikatoren von Adjektiven (zu denen er z.B. *sehr* rechnet) nicht auf Individuen, sondern auf Grade bzw. Raumentitäten referieren. Da das externe Argument von Adjektiven und Präpositionen ein Individuum ist, ist unter dieser Annahme ein zusätzliches referentielles Argument nötig, um Modifikation zu behandeln.

3) Der dritte Punkt bezieht sich auf Williams Theorie der Argumentstruktur, nach der Verben ihre Argument-NPs Θ-markieren, indem eine der Θ-Rollen mit dem externen/referentiellen Argument der NP koindiziert wird. Damit diese Sicht auf VPs und PPs übertragen werden kann, ist nach Zwarts ein Ereignisargument bei Verben zur Erfassung von Konstruktionen wie *John saw Mary leave* nötig, bzw. ein Weg-Argument bei Präpositionen zur Erfassung von Konstruktionen wie *John travelled to Spain.*

Zwarts nimmt dementsprechend für alle lexikalischen Kategorien eine Argument-Struktur der Form (X: T_1... T_n) an, wobei X das referentielle Argument ist, und T_1....T_n die traditionellen Θ-Rollen sind, von denen eine als prädikatives (=externes) Argument ausgezeichnet sein kann. Den lexikalischen Kategorien weist Zwarts die folgenden referentiellen Argumente zu:

(18)   V: E(vent)   N: R(eference)   A: D(egree)   P: S(pace)

Beispiele für Argumentstrukturen verschiedener Kategorien finden sich unter (19), das als extern ausgezeichnete Argument ist unterstrichen:

(19) a. N: man (R:)   husband (R: Th)
     b. V: walk (E: Ag)   break (E: Th)   eat (E: Ag, Th)
     c. A: tall (D: Th)   afraid (D: Exp, Th)
     d. P: in   (S: Th, G)

Auf dieser Basis legt Zwarts Θ-Bindung, Modifikation und Θ-Markierung folgendermaßen fest (vgl. Zwarts 1991).

Θ-Bindung:
A functional head F *Θ-binds* a lexical projection LP iff (i) F and LP are sisters, (ii) F and the referential argument of L are coindexed.

Modifikation:
A lexical head L is *modified* by a phrase XP iff (i) L governs XP, (ii) the predicative argument of XP is coindexed with the referential argument of L.

Θ-Markierung:
A lexical head L *Θ-marks* a phrase XP iff (i) L governs XP, (ii) the referential argument of XP is coindexed with a thematic argument of L.

Zwarts setzt die von Williams (1989) umformulierte Version des Θ-Kriteriums an, nach der nur das externe Argument jeder erweiterten Projektion (Projektion von lexikalischer und funktionaler Kategorie) eindeutig zugewiesen werden muß. Die Annahme, daß Modifikation zwischen externem und referentiellem Argument stattfindet, steht in Zusammenhang mit der allgemeineren Beschränkung, daß nur Argumente verschiedenen Typs koindizierbar sind. Das hat allerdings zur Folge, daß eine prädikative Verwendung von NPs ausgeschlossen ist. Da Nomen nur einen Typ von Argument besitzen (ein referentielles), können zwei NPs nicht koindiziert sein. Zwarts ist daher gezwungen, für Sätze wie unter (20) eine identifizierende Kopula anzunehmen.

(20)   Dieser Mann ist ein Arzt

Zwarts (1992) geht davon aus, daß man mit der Anpassung der Argumentstruktur von Adjektiven und Präpositionen an die Argumentstruktur von Verben auch die semantische Repräsentation von Verben übernehmen kann, so daß er auf der von Davidson (1967) vorgeschlagenen Repräsentation aufbauend auch die thematischen Relationen als Konjunkte in die Verbbedeutung aufnimmt. Danach besteht die semantische Repräsentation nicht mehr aus inhaltlichen Relationen zwischen den Argumenten, sondern aus einem (einstelligen) Prädikat über das referentielle Argument, das den deskriptiven Gehalt des Ausdrucks erfaßt, sowie einer Reihe von thematischen Relationen zwischen dem referentiellen und den thematischen Argumenten. Unter (21a) ist die entsprechende Repräsentation einer Verbstruktur aufgeführt, unter (21b) Zwarts Vorschlag zu einer parallelen Repräsentation der Präpositionen.

(21) a. küssen: ∃e (kiss'(e) & Ag(e,x) & Th(e,y))
     b. in: ∃s (in'(s) & Th(s,x) & G(s,y))

In bezug auf diese Repräsentation der Präpositionen ergibt sich m.E. das folgende Problem: Da Präpositionen ihre Argumente nicht mehr über deskriptive Prädikate einbinden, sondern ausschließlich über thematische Relationen, ist unklar, wie der Zusammenhang zwischen dem Ort der Lokalisierung (auf den das referentielle Argument referieren soll) und dem Bezugsobjekt y zustande kommen kann. Anders als bei Ereignissen, die über Relationen zwischen den durch die Argumente realisierten Partizipanten charakterisiert sind, so daß das Prädikat verb(e) als die abstrakte Relation zwischen den Partizipanten zu verstehen ist, 'beinhaltet' das referentielle Argument von Präpositionen die übrigen Partizipanten nicht. Es bezieht sich in der räumlichen Konfiguration selbst auf einen Partizipanten, nämlich den relativ zum internen Argument festgelegten Ort, an dem das Thema zu lokalisieren ist. Insofern ist völlig unklar, in welcher Art von thematischer Relation die beiden realisierten Argumente in bezug auf das referentielle Argument stehen sollen.

Damit die Repräsentation unter (21b) Sinn hat, muß Th im Fall der statischen Präpositionen als eine Lokalisierungsrelation LOC (x,s) gedeutet werden, im Fall der direktionalen möglicherweise als Bewegungsrelation MOVE (x,w). G ist bei den statischen Präpositionen entsprechend als die Nachbarschaftsfunktion im Sinne von Wunderlich (1982) zu interpretieren, durch die der durch das referentielle Argument bezeichnete Ort relativ zum Bezugsobjekt bestimmt wird (z.B. IN(y) = s). Da die jeweilige Nachbarschaftsregion aber individuell für jede Präposition festgelegt wird, hätte das zur Folge, daß jede Präposition eine eigene thematische Relation aufweist. Im Fall der direktionalen Präpositionen wäre hier zusätzlich noch zu spezifizieren, ob es sich um Ziel, Ursprung oder Route handelt. Offensichtlich geht also mit dem Versuch der Vereinheitlichung der Argumentstruktur eine Idiosynkratisierung der thematischen Relationen einher, die deren angestrebtem universalen Charakter widerspricht. Das nährt den Verdacht, daß ein Ansatz wie der von Zwarts lediglich eine Verlagerung der semantischen Information der lexikalischen Einheiten in die Argumentstruktur darstellt. Der Versuch, die inhaltlichen Beziehungen der lexikalischen Einheiten in der Argumentstruktur festzuhalten, führt dazu, daß ein wesentlich größerer Apparat zur Charakterisierung der Argumente und ihrer Relationen nötig ist.

Diese Probleme zeigen, daß es sich im Fall der von Präpositionen erfaßten Konfigurationen um prinzipiell andere handelt als bei den von Verben erfaßten. Da das referentielle Argument nicht auf die gesamte Konfiguration referieren soll, hat es einen anderen Status als das Ereignisargument. Die von Zwarts (1992) angestrebte Vereinheitlichung der Argumentstruktur kann daher nur über syntaktische Prinzipien, nicht über semantische motiviert werden. Ich möchte daher nun Zwarts Grundannahmen prüfen, die ihn zu dem Schluß führen, daß referentielle Argumente notwendig sind.

Zwarts erste Annahme, daß ein referentielles Argument erforderlich ist, damit einheitlich festgelegt werden kann, welches Argument durch funktionale Kategorien gebunden wird, ist in der Annahme begründet, daß zu allen lexikalischen Kategorien funktionale Projektionen existieren, deren Kopf das referentielle Argument binden kann. Diese Annahme ist in bezug auf Nomen und Verben inzwischen wohl unbestritten, fraglich ist allerdings, ob sie auch für Adjektive und Präpositionen aufrecht erhalten werden kann.

Die Annahme einer Gradphrase als funktionale Projektion für Adjektive erscheint zunächst sinnvoll, wenn man die von Zwarts angegebene Modifikation *sehr alt* betrachtet. Als Kandidaten für ein Deg^0-Element als funktionalen Kopf nennt Zwarts *zu* (*zu groß*) sowie das Komparativ-Morphem *-er* (*größer*). Allerdings ist die Annahme eines referentiellen Gradarguments keineswegs notwendig, wie die Analyse der Dimensionsadjektive in Bierwisch (1987a) zeigt, wo das Gradargument als internes Argument behandelt wird. Bei Zwarts Analyse stellt sich die Frage, welchen Status Adjektive wie *verheiratet, weiblich* etc. haben, die nicht graduierbar sind. Aufgrund dieser Adjektive sind Zweifel an der Hypothese angebracht, daß APs generell von einer DegP selegiert werden. Völlig unklar ist, worauf diese nicht graduierbaren Adjektive referieren sollen.

Aber auch für die anderen Adjektive stellt die Annahme, daß es ein referentielles Argument gibt, das durch den funktionalen Kopf gebunden werden kann, ein Problem dar. Bei Nomen ist die Annahme einer Bindung des referentiellen Arguments dadurch motiviert, daß NPs in Argumentposition referentiell sind. APs dagegen treten nie referentiell auf, sie werden grundsätzlich prädikativ verwendet. Das zeigen u.a. die ungrammatischen Kopula-Konstruktionen unter (22a-c). Zwar erscheint der Satz unter (c) weniger schlecht als die beiden anderen, das läßt sich aber dadurch erklären, daß die AP als Ellipse zu der entsprechenden VP unter (22d) verstanden wird.

(22) a. *Sehr dunkel ist schlecht für die Augen
 b. *Verheiratet ist wohlangesehen
 c. ?Größer/?zu groß ist schlecht für einen Jockey
 d. Größer/zu groß zu sein ist schlecht für einen Jockey

Auch im Fall der PPs, deren Vorkommen in Konstruktionen wie (23a) oft als Evidenz für ihren referentiellen Status gewertet wird, ist davon auszugehen, daß sie nicht als Argument eines Prädikats möglich sind, wenn man (23b) und (c) betrachtet.

(23) a. ?Unter dem Baum ist ein guter Platz zum Schlafen
    b. *Im Tal ist bewaldet
    c. Unter dem Baum ist bequem
    d. *Auf dem Berg ist hoch

Offensichtlich sind diese Konstruktionen nur möglich, wenn eine NP beteiligt ist. Unter dieser Bedingung sind auch APs in Kopula-Konstruktionen möglich (24a). Der Schluß, daß es sich um eine referentielle Verwendung handelt, geht auf die entsprechenden Konstruktionen im Englischen zurück, wo das Subjekt aufgrund seiner Position identifiziert wird (24b). Auch im Englischen muß aber eine NP an der entsprechenden Konstruktion beteiligt sein (24c). Ich gehe deshalb davon aus, daß es sich bei diesen Konstruktionen nicht um eine referentielle Verwendung von APs oder PPs handelt, sondern lediglich um ein topikalisiertes Prädikativ.

(24) a. ?Sehr rot ist eine schöne Farbe für dieses Zimmer
    b. Under the tree is a beautiful place to sleep
    c. *Under the tree is comfortable
    d. *On the hill is high

Damit sprechen die Kopula-Konstruktionen gegen den referentiellen Gebrauch sowohl von APs als auch von PPs. Im Fall der Adjektive spricht also aus semantischer Sicht nichts dafür, ein referentielles Argument anzusetzen. Für die PP stellt sich das Problem etwas anders dar, da es Verwendungen in Komplementposition gibt, bei denen man von einem referentiellen Status der PP ausgehen könnte. Allerdings ist in diesem Fall unklar, welche funktionale Kategorie das referentielle Argument binden soll. Gegen eine referentielle Verwendung im Deutschen sprechen auch die Kopula-Daten unter (23). Diese Beobachtungen erscheinen mir ausreichend Evidenz gegen die Annahme eines unabhängigen referentiellen Arguments der PP im Deutschen zu sein.

Da im Fall der PP anders als bei der AP aber Sprachen existieren, für die eine referentielle Verwendung zur Verfügung zu stehen scheint[2], könnte man argumentieren, daß Präpositionen wie Nomen prinzipiell über ein mit dem externen Argument identisches referentielles Argument verfügen. (Das ist die Annahme in Bierwisch 1988.) Wenn für die AP jedoch kein referentielles Argument anzusetzen ist, kann man sowieso nicht von einer universal einheitlichen Argumentstruktur für alle lexikalischen Kategorien ausgehen. Unter diesen Umständen erscheint mir auch die universale Annahme eines referentiellen Arguments für die Präpositionen nicht notwendig.

---

[2] Dabei handelt es sich um Sprachen wie das Maltesische, in denen z.B. das Ziel einer Bewegung sowohl durch eine PP als auch durch eine NP bezeichnet werden kann, vgl. Fabri (1993).

   a. Pawlu mar id-dar   b. Pawlu daħal fi-d-dar
      Pawlu ging df-Haus   Pawlu ging rein in-df-Haus
      'Paul ging nach Hause'   'Paul geht in das Haus rein'

Nachdem die Existenz von funktionalen Projektionen für Adjektive und Präpositionen schon angezweifelt wurde, bleiben noch zwei weitere Argumente von Zwarts: Das referentielle Argument wird benötigt zur korrekten Interpretation der Modifikation einerseits und zur Erklärung der PP- und VP-Selektion andererseits. Wie die PP-Selektion zu behandeln ist, wird im Laufe dieser Arbeit zur Sprache kommen, hier soll abschließend nur noch die Modifikation betrachtet werden, die ja auch bei der von Maienborn aufgeworfenen Frage, wie die Modaladverbiale auf die Verbbedeutung zu beziehen sind eine Rolle spielt.

2.4. Die Behandlung der Modifikation

Zwarts argumentiert, daß der Zugriff auf ein referentielles Argument bei der Modifikation der APs und PPs nötig ist, da in den unter (25) angegebenen Konstruktionen nicht zwei konjugierte Prädikationen über das Individuenargument vorliegen, sondern in (25a) ein Grad spezifiziert wird und in (25b) ein Ort.

(25) a. sehr alt, extrem heiß, größer als John
b. unten im Keller, zwei Kilometer weit hinter der Front

Nach der Analyse von Bierwisch (1987a) sind die Konstruktionen unter (a) nicht als Fälle von Modifikation zu betrachten und brauchen deshalb nicht berücksichtigt zu werden. Die Modifikation von PPs durch PPs kann als Konjunktion der Prädikate analysiert werden (vgl. zu diesem und den folgenden Punkten Wunderlich/Herweg 1991): Da Individuen zu einer Zeit nur einen Ort einnehmen können, muß die von der Modifikator-PP eingebrachte Region relativ zu der anderen Region verankert werden. Das gleiche gilt für die Modifikation von PPs durch Distanz-APs wie *zwei Kilometer weit*, wo die Distanzangabe als zusätzliche Information über die dem externen Argument zugesprochene Lokalisierung interpretierbar ist (vgl. auch Wunderlich/Kaufmann (1990).

Daß nicht beliebige Kombinationen von APs und PPs möglich sind, muß nicht auf das Vorliegen eines referentiellen Arguments zurückgeführt werden, sondern kann damit erklärt werden, daß auch bei der Identifikation zweier nicht-referentieller Argumente Beschränkungen bestehen, die den Inhalt der Information über das Argument betreffen. Betrachtet man den Effekt des semantischen Beitrags von Prädikaten in bezug auf ihre Argumente als eine sortale Beschränkung der möglichen Referenten des Arguments, dann liegt es nahe, nur solche Prädikatskonjunktionen zuzulassen, die den Referenten auf eine 'natürliche' Sorte festlegen. Während bei der Modifikation eines Ausdrucks, der über ein referentielles Argument verfügt, die sortalen Eigenschaften des Referenten vorgegeben sind und vom Modifikator spezifiziert werden, beinhalten Ausdrücke ohne referentielles Argument nur sortale Einschränkungen über einen noch nicht identifizierten Referenten. Werden zwei solche Ausdrücke konjugiert, muß durch die Konjunktion der SF-Prädikate eine Struktur entstehen, die eine verträgliche Kombination von sortalen Eigenschaften über das gemeinsame Argument beinhaltet. Konstruktionen wie *über dem Berg golden* können keine wohlgeformten Modifikationen sein, da die sortale Klassifizierung der PP räumliche Aspekte des Objekts betrifft, während das Adjektiv Farbeigenschaften spezifiziert. Bei den semantisch relevanten Sorten spielen aber solche, die gerade durch diese Kombination charakterisierbar sind, keine Rolle. Aus dem gleichen Grund kann Modifikation nicht zwischen APs, sondern nur in bezug auf eine durch eine AP modifizierte NP stattfinden. Da durch die NP die sortalen Eigenschaften des Objekts vorgegeben sind, kann das referentielle Argument selbst in bezug auf diese Eigenschaften beliebig spezifiziert werden. Anders ist die Situation bei der Modifikation von PPs durch Maß-APs, wie in *20cm weit über der Tür*: Hier bringt auch die AP nur räumliche Information über ihr externes Argument ein und ist damit mit der sortalen Information der PP kompatibel.

Damit ist also die Einbeziehung des referentiellen Arguments des Modifikanden bei der Behandlung der Modifikation nicht nötig. Allerdings gibt es Fälle, in denen doch eine Modifikation einer AP durch eine PP vorliegt, die scheinbar ein Gegenbeispiel für die Annahme darstellen, daß die Information der Prädikate sortal kompatibel sein muß:

(26) a. Der Schrank ist unten/an der Seite blau
     b. Du bist blaß im Gesicht
     c. Das Zimmer ist in der Ecke schmutzig

Daß hier tatsächlich eine AP-Modifikation vorliegt, zeigt die Möglichkeit der attributiven Verwendung unter (27). Eine Analyse als Ereignislokalisierung, mit der die Annahme einer AP-Modifikation vermieden werden könnte, würde zu einer falschen Interpretation führen, wie die Repräsentation unter (28) zeigt.

(27) a. der an der Seite blaue Schrank
     b. das im Gesicht blasse Kind
     c. das in der Ecke schmutzige Zimmer

(28) $§\lambda s$ [SCHMUTZIG (ιx ZIMMER(x))(s) & LOC (s, IN (ιy ECKE(y)))]

Daß es sich jedoch nur um scheinbare Gegenbeispiele handelt, zeigt sich daran, daß auch die Interpretation, die sich bei Annahme der üblichen Modifikationsstruktur ergibt, nicht korrekt ist.

(29) $§\lambda x$ [SCHMUTZIG (x) & LOC (x, IN (ιy ECKE(y)))]

Für die Beurteilung dieser Konstruktion ist es wichtig, daß sie nur möglich ist, wenn in der PP ein relationales Nomen vorkommt, als dessen Argument das Subjekt des Satzes interpretiert werden kann. Bei der Relation zwischen den Argumenten handelt es sich immer um eine Teil-Ganzes-Beziehung. Liegt keine solche Beziehung vor, ist die Konstruktion ungrammatisch, wie die Beispiele unter (30) zeigen.

(30) a. Die Sonne ist am Himmel golden
 b. *Der Bleistift ist in der Dose kurz

Offensichtlich spezifiziert die PP den Teil des Subjekt-Referenten, der unter das Adjektiv-Prädikat fällt. Eine angemessene Repräsentation müßte also wie unter (31) aussehen:

(31)   [ECKE (x, ZIMMER) & SCHMUTZIG (ECKE)]

Die AP prädiziert demnach über das interne Argument der PP, nicht über das Subjekt, das selbst nur als Argument dieser NP interpretiert wird. Die Funktion der PP scheint nur darin zu bestehen, (über ihr externes Argument) die Teil-von-Relation zu etablieren, durch die die Prädikation auf einen Teil des Subjekt-Referenten eingeschränkt wird. Da die PP Lokalisierungsinformation beinhaltet, kann die Repräsentation unter (31) nicht kompositional abgeleitet werden. Eine Möglichkeit, wie eine der Repräsentation unter (31) entsprechende Interpretation zustandekommen könnte, ist die folgende:

Bei der Modifikation der AP durch die PP findet nicht eine Identifizierung der externen Argumente statt, sondern eine Identifizierung des schon gesättigten internen Arguments der PP mit dem Argument des Adjektivs. Das Argument des Adjektivs ist damit semantisch schon an einen Referenten gebunden. Dadurch erklärt sich, warum die NP, die das Argument letztendlich sättigt, in einer Teil-Ganzes-Relation zu dem internen Argument der PP stehen muß: Nur auf ein Objekt, das das andere umfaßt, kann sich die Eigenschaft vererben. Obwohl das externe Argument der PP an der Identifizierung nicht beteiligt ist, wird es offensichtlich dabei abgebunden. Es geht in die Interpretation nicht ein, da es nicht über ein realisiertes Argument verankert ist.

(32) a. $\lambda z\,[\mathrm{LOC}\,(z,\,\mathrm{IN}\,(\iota x\,\mathrm{ECKE}\,(x,\,\mathrm{ZIMMER})))]$
 b. $\lambda u\,[\mathrm{SCHMUTZIG}\,(u)]$
 c. $\lambda u\,\exists z\,[\mathrm{LOC}\,(z,\,\mathrm{IN}\,(\iota x\,\mathrm{ECKE}\,(x_i,\,\mathrm{ZIMMER})))\,\&\,\mathrm{SCHMUTZIG}\,(u_i)]$
 d. $\lambda s\,\exists z\,[s\,\mathrm{INST}\,(\mathrm{LOC}\,(z,\,\mathrm{IN}\,(\iota x\,\mathrm{ECKE}\,(x_i,\,\mathrm{ZIMMER})))\,\&$
         $\mathrm{SCHMUTZIG}\,(\iota u\,\mathrm{ZIMMER}\,u_i))]$

Bierwisch (1989b) stellt eine liberalere Version der Modifikation vor, bei der nicht nur die Identifizierung des einzigen Arguments des Modifikators mit einem referentiellen oder externen Argument des Modifikanden vorgesehen ist, sondern auch die mit internen. Die hier vorliegende Konstruktion, bei der die Identifizierung mit einem internen Argument vorliegt, scheint auf den ersten Blick mit dem Vorschlag von Bierwisch verträglich zu sein. Die attributive Verwendung zeigt jedoch, daß nicht die PP modifiziert wird, sondern die AP. Der Grund für die Möglichkeit, daß nicht nur das hierarchiehöchste Argument des Modifikanden mit dem des Modifikators identifiziert werden kann, besteht nach Bierwisch auch gerade darin, daß kein Argument des Modifikanden durch die Identifizierung gesättigt wird. Um die Interpretation der hier diskutierten Strukturen zu erklären, muß man jedoch davon ausgehen, daß bei der Identifizierung des internen Arguments das einzige Argument der PP gesättigt wird.

Auch wenn der unklare Status der Konstruktionen unter (26) mit dieser Ausweitung der Θ-Identifizierung bleibt, bietet die von Bierwisch (1989b) vorgeschlagene Verallgemeinerung aber eine Möglichkeit, mit den von Maienborn angesprochenen Problemen bei der Behandlung der Modaladverbiale umzugehen. Sofern eine Möglichkeit gefunden wird, die Sättigung der Prädikatsvariable durch beliebige Adverbien auszuschließen, ließe sich die Identifizierung des Modifikatorarguments mit einem anderen als dem höchsten Argument des Modifikanden für solche Fälle heranziehen, in denen die Identifizierung mit der Situationsvariable nicht angemessen erscheint. Ob die Modaladverbien mit einer solchen Version der Θ-Identifizierung sinnvoll behandelt werden kann, soll in Kapitel 5 diskutiert werden.

2.5. Fazit

Nach der Diskussion der beiden Vorschläge zur einheitlichen Behandlung der PPs erscheint mir der Verzicht auf ein referentielles Argument aus semantischen Erwägungen sinnvoll. Ich werde daher im folgenden davon ausgehen, daß PPs im Deutschen generell in prädikativer Verwendung auftreten. Ich nehme an, daß weder Präpositionen noch Adjektive über ein referentielles Argument verfügen und dementsprechend auch keine funktionale Kategorie existiert, die das entsprechende Argument binden könnte. Da Präpositionen keine referentiellen Argumente haben, kann ihr Argument nur über (indirekte) Θ-Markierung und Θ-Identifizierung gesättigt werden. Die Konsequenzen, die sich aus diesen Annahmen für die Semantik lokaler Verben und ihre Komposition mit den lokalen PPs ergeben, sollen in den nächsten Kapiteln behandelt werden. Dabei sind die folgenden Fragen zu beantworten:

1. Wie kann im Fall der direktionalen Präpositionen die Bedeutung der PPs, die auf einen Weg Bezug nehmen, in die Verbinformation eingebunden werden? (Diese Frage betrifft Zwarts dritte Annahme, daß PP-Selektion nur bei Vorliegen eines referentiellen Arguments behandelt werden kann.)

2. Wie kann bei der Auslagerung der Lokalisierungsinformation aus der Verbsemantik der Status der PP als Komplement gegenüber dem anderer Prädikate abgegrenzt werden? (Diese Frage betrifft den Einwand von Maienborn gegen die entsprechende Analyse von Bierwisch.)

3. Wie kann die korrekte Kombinatorik von Verben und PPs abgeleitet werden, speziell vor dem Hintergrund der ausgelagerten Lokalisierungsinformation im Fall der Positionsverben?

4. Wodurch wird bestimmt, über welches Argument die PP prädiziert? (Diese Frage steht unter anderem in Zusammenhang mit den von Tenny (1987) ange-

stellten Überlegungen zum besonderen 'aspektuellen' Charakter des direkten internen Arguments.)

Mit diesen Fragen wird sich der erste Teil der vorliegenden Arbeit beschäftigen. Wie sich zeigen wird, haben die Antworten auf diese Fragen unterschiedliche Konsequenzen auch über die Behandlung der PPs und lokalen Verben hinaus. In den beiden nächsten Kapiteln werde ich zunächst die lokalen Präpositionen etwas genauer betrachten und einen Vorschlag zu ihrer semantischen Repräsentation machen, der ihre Kombination mit den lokalen Verben erfaßt.

3. Die Klassifizierung der lokalen Präpositionen

Jede semantische Klassifizierung lexikalischer Einheiten geschieht im Hinblick auf die Kombinatorik mit anderen sprachlichen Ausdrücken. Generell wird als Klassifikationskriterium für die lokalen Verben ihre Kombinatorik mit den verschiedenen Typen von lokalen PPs herangezogen. Genauso ist aber die Kombinatorik mit den Verben eines der Kriterien für die Klassifizierung der Präpositionen. Deshalb kann ein sinnvolles Vorgehen nur darin bestehen, Schritt für Schritt aus den wechselseitigen Kombinationsmöglichkeiten und -beschränkungen auf Eigenschaften der einen oder anderen Klasse zu schließen. Dieses Kapitel ist daher folgendermaßen aufgebaut: Nach einer kurzen Darstellung einiger Hintergrundannahmen zur konzeptuellen Raumstruktur in Abschnitt 3.1., die die Voraussetzung für die semantische Analyse lokaler Ausdrücke bildet, erfolgt in Abschnitt 3.2. eine grobe Klassifizierung der Präpositionen, die auf der Kombinierbarkeit mit den drei Klassen der lokalen Verben beruht, aber noch keine semantische Analyse beinhaltet. Bei den relevanten Verbklassen handelt es sich um die Positionsverben (*stehen, sitzen, liegen* etc.), die kausativen Positionsverben (*stellen, setzen, legen* etc.) und die Bewegungsverben (*gehen, laufen, fahren* etc.). Für die Positionsverben setze ich die in Bierwisch (1988) vorgeschlagene Analyse an, d.h. ich gehe davon aus, daß die Lokalisierungsinformation aus dem Verb ausgelagert ist und erst durch die PP eingebracht wird. Die Eigenschaften der Bewegungsverben und der kausativen Positionsverben, die für die semantische Struktur der Präpositionen eine Rolle spielen, werden in den Abschnitten 3.3.2. und 3.3.3. kurz diskutiert, bevor auf dieser Basis die Wegeigenschaften betrachtet werden, die für die unterschiedlichen Präpositionsklassen eine Rolle spielen. Die Diskussion über den Status der Wegeigenschaften in Abschnitt 3.5. führt zur Einführung eines konzeptuell zu belegenden Wegparameters. In Kapitel 4 wird dann diskutiert, wie dieser Wegparameter jeweils in die semantischen Repräsentationen eingebunden werden kann, um die unterschiedliche Kombinatorik der Präpositionenklassen abzuleiten.

3.1. Die konzeptuelle Raumstruktur

Raum ist im Gegensatz zur linear strukturierten Zeit dreidimensional, wobei die Dimensionen aufgrund der biologischen Beschaffenheit des Menschen einen unterschiedlichen Status haben (vgl. Lang 1987). Aufgrund der Schwerkraft nimmt die Vertikale eine besondere Stellung ein, sie ist eindeutig festgelegt und inhärent gerichtet. Die Richtung ergibt sich aus der Festlegung des Fußpunkts auf die Erdoberfläche, die den Anfang der Achse definiert. Die Vertikale spielt u.a. für die Bestimmung der Nachbarschaftsregionen bei *über, unter* und *auf* (vgl. Lang 1988) und für die Positionskomponente der Positionsverben *stehen, liegen* und *hängen* (vgl. Kaufmann 1994a) eine Rolle. Die Horizontale ist orthogonal zur Vertikalen orientiert und nicht gerichtet. Die dritte konzeptuell relevante Raumachse ist durch die Blickrichtung gegeben, die bei Normalposition des Betrachters ebenfalls orthogonal zur Vertikalen verläuft, anders als die beiden anderen Achsen jedoch flexibel ist. Ihr Anfang liegt immer beim Betrachter, ihre Richtung ist durch dessen Ausrichtung im Raum bestimmt (vgl. Lang 1987).

Während die den Raum bestimmenden Achsen für sprachliche Ausdrücke relevant sind, die auf die Lageeigenschaften von Objekten bezogen sind (wie z.B. die Positionsverben), spielen für Lokalisierung und Bewegung Regionen und ihre Eigenschaften eine Rolle. Regionen sind die Basiseinheiten des Raumes und bilden damit eine ontologische Domäne. Nach Bierwisch (1988) ist die 'Domäne der Lokationen' ($\underline{L}$) eine der ontologischen Domänen neben der Domäne der Objekte ($\underline{A}$), der Domäne der Substanzen ($\underline{M}$), der Domäne der Zeitintervalle ($\underline{T}$) und der Domäne der Ereignisse ($\underline{E}$). Auf diesem System von Domänen basiert die CS. Sowohl die interne Strukturierung der Domänen als auch die Beziehung zwischen den Domänen ist nach Bierwisch durch ein System konzeptueller Bedingungen bestimmt. Diese Bedingungen sind als Prädikate bzw. Relationen konzipiert, deren Argumente auf die Elemente der Domänen bezogen sind. CS-Repräsentationen bestehen aus den Propositionen, die sich bei Sättigung der Argumente dieser Prädikate/Relationen ergeben. Ich möchte im folgenden diejenigen der in Bierwisch (1988) angegebenen Bedingungen, die für die Domäne des Raumes relevant sind, kurz skizzieren.

Als Repräsentationsformat für CS-Repräsentationen setzt Bierwisch (zumindest unter dem vorläufigen Kenntnisstand) die Prädikatenlogik erster Stufe mit Domänen unterschiedlicher Sorten an. Dementsprechend kann auch die interne Struktur der Domänen mithilfe logischer Relationen erfaßt werden.

Die Elemente aller Domänen fallen unter die 'relation of (improper) inclusion' (vgl. (1)), die gewährleisten soll, daß die Elemente einer Domäne Fusionen ihrer Teile sind, die ebenfalls Elemente dieser Domäne sind.

(1) Let x,y,z be in $\underline{X}$. Then:
$x \sqsupseteq y$ iff $y \sqsupseteq z$ implies $x \sqsupseteq z$
(Bierwisch 1988: 18)

Mithilfe der unechten Inklusion werden eine Reihe von weiteren Relationen wie folgt definiert:

(2) a. $x = y$ $=_{def}$ $x \sqsupseteq y \wedge y \sqsupseteq x$ (identity)
b. $x \sqsupset y$ $=_{def}$ $x \sqsupseteq y \wedge \sim (x = y)$ (proper inclusion)
c. $x \mid y$ $=_{def}$ $\sim \exists z (x \sqsupseteq z \wedge y \sqsupseteq z)$ (exclusion)
d. $x \setminus y = z$ $=_{def}$ $\forall u (z \sqsupseteq u \leftrightarrow x \sqsupseteq u \wedge \sim (y \sqsupseteq u))$ (difference)
e. $x \sqcap y = z$ $=_{def}$ $\forall u (z \sqsupseteq u \leftrightarrow x \sqsupseteq u \wedge y \sqsupseteq u)$ (intersection)
f. $x \sqcup y = z$ $=_{def}$ $\forall u (z \sqsupseteq u \leftrightarrow x \sqsupseteq u \vee y \sqsupseteq u)$ (fusion)
(Bierwisch 1988: 19)

Bierwisch weist darauf hin, daß es sich anders als bei mengentheoretischen Definitionen bei den Variablen in den Definitionen unter (2) nicht nur um Mengen sondern auch um Elemente der Domänen handeln kann. Während die bisher angeführten Relationen in allen Domänen gelten, betrifft die Funktion loc die Beziehung zwischen der Objekt-, Substanz-, Lokations- und Ereignisdomäne und der Lokationsdomäne. Auf der SF entspricht der CS-Funktion loc die in Kapitel 2 eingeführte Funktion L (bei Bierwisch LOC), deren konzeptuelle Interpretation l (bei Bierwisch loc) ist.

(3) l: A̲, M̲, L̲, E̲ —> L̲ is a mapping such that
    a. l(x) = 1 for x element of A̲, M̲, E̲;
    b. l(l_i) = l_i for every element l_i of L̲.
(Bierwisch 1988, 20)

Objekte, Massen und Ereignisse nehmen also Raumregionen ein, im Fall von Objekten und Ereignissen werden so Regionen ausgegrenzt. Massen können nur dann Regionen ausgrenzen, wenn sie portioniert sind und dadurch Individuenstatus haben. Grenzen von Regionen sind üblicherweise durch die Begrenztheit der Objekte gegeben, die die Regionen ausgrenzen. Die Grenze eines n-dimensionalen Objekts ist n-1-dimensional (vgl. Wunderlich 1988). Innerhalb der Domäne der Regionen ist demnach zu unterscheiden zwischen ein-, zwei-, und dreidimensionalen Regionen. (Nulldimensionale Punkte zählen nicht zu den Regionen und werden auch nicht als Regionen konstituierende Basiseinheiten verstanden, vgl. Wunderlich 1988.) Die Unterscheidung verschieden-dimensionaler Regionen ergibt sich allerdings nicht nur im Zusammenhang mit Grenzen, sondern vor allem daraus, daß Objekte auch als zwei- oder eindimensional charakterisiert sein können (vgl. Lang 1987), und damit auch zwei- oder eindimensionale Regionen ausgrenzen.

Neben den Regionen spielen in der Semantik der Raumausdrücke auch komplexere Entitäten eine Rolle, nämlich die Wege, die für die Präpositionensemantik zentral sind. Ich möchte die Diskussion der Wege aber noch zurückstellen und zunächst in Zusammenhang mit der Klassifikation der lokalen Präpositionen anhand ihrer Distribution demonstrieren, daß es verschiedene 'Typen' von Wegen gibt. Die Wegeigenschaften werden dann in Abschnitt 3.5. nach der Präsentation der verschiedenen Klassen von lokalen Verben diskutiert.

3.2. Einteilung der Präpositionen

Die lokalen Präpositionen des Deutschen scheinen sich aufgrund ihrer Kombinationsmöglichkeiten mit den verschiedenen Typen lokaler Verben zunächst in zwei Gruppen zu unterteilen (vgl. (4)). "Statische Präpositionen" sind kombinierbar mit Positionsverben (vgl. (4a)), können aber nicht als Zielangabe bei Bewegungsverben fungieren, sondern hier nur den Ort der Handlung angeben (vgl. (4b)); direktionale Präpositionen dagegen treten nur mit Bewegungsverben auf und nicht mit Positionsverben (vgl. (4c) und (d)). (Der Stern vor *läuft* in (4b) bezieht sich auf die Zielinterpretation.

(4) a. Der Hamster sitzt bei/in/an/auf/vor/hinter/unter/neben der Lokomotive
b.(*)Der Hamster läuft bei/in/an/auf/vor/hinter/unter/neben der Lokomotive
c. Der Hamster läuft in/an/auf/vor/hinter/unter/neben die/zu der Lokomotive
d. *Der Hamster sitzt in/an/auf/vor/hinter/unter/neben die/zu der Lokomotive

Beläßt man es bei dieser Einteilung, so fallen allerdings zwei Präpositionen aus der Klassifizierung heraus, da sie mit beiden Verbklassen kombinierbar sind: *um* und *längs* (vgl. (5)).

(5) Die Hamster {sitzen/laufen} {um die Lokomotive/längs der Schienen}

Daß die Unterscheidung von Bewegung und statischer Lokalisierung nicht das relevante Kriterium zur Klassifizierung der Präpositionen sein kann, zeigt sich auch, wenn man attributive Verwendungen von Präpositionalphrasen betrachtet: Präpositionen wie *durch* und *in*[Akk][1], die nicht mit statischen Verben vorkommen können, sind hier auch zur Lokalisierung statischer Objekte verwendbar (vgl. (6)).

(6) a. die Mauer durch den Wald
b. die Treppe in den Keller

Wenn man diese Fälle nicht unberücksichtigt lassen will, reicht die Klassifizierung der Präpositionen nach ihrem Verhalten in bezug auf die statischen und dynamischen Verben also nicht aus. Sinnvoller erscheint deshalb eine allgemeinere Unterteilung in solche Präpositionen, die einfache Lokalisierungen in bestimmten Regionen vornehmen, und in solche, die Lokalisierungen unter Einbeziehung von Wegen vornehmen. Ich werde im folgenden zur Unterscheidung dieser beiden Klassen von 'einfach lokalisierenden' und 'wegbezogenen' Präpositionen sprechen.

Die lokalen Präpositionen lassen sich unter verschiedenen Gesichtspunkten weiter klassifizieren. Bei den einfach lokalisierenden bietet sich eine Unterteilung relativ zu den von ihnen bezeichneten Nachbarschaftsregionen an. Danach ergeben sich zunächst zwei Gruppen: die topologischen Präpositionen *in*[Dat], *außerhalb*, *bei*, *an*[Dat], *auf*[Dat] und die projektiven *neben*[Dat], *vor*[Dat], *hinter*[Dat], *unter*[Dat] und *über*[Dat][2]. Die topologischen Präpositionen lassen sich weiter danach untergliedern, ob sie eine Kontaktinformation beinhalten (*auf*, *an*) oder nicht (*in*, *bei*, *außerhalb*). Diese Kontaktinformation ist auch für *gegen* anzusetzen, das aufgrund der Richtungsinformation aber eher zu den wegbezogenen Präpositionen zu rechnen ist (vgl. (7)). Ich möchte mich in dieser Arbeit jedoch nicht mit dem

---

[1] Ich kennzeichne nur die Präpositionen mit Kasusmerkmal, bei denen eine Kasusalternation zwischen Dativ und Akkusativ auftritt (s.u.).
[2] Die Einteilung in topologische und projektive Präpositionen basiert auf Herskovits (1986), die allerdings *unter* und *über* einer anderen Klasse (geometrische Präpositionen) zuordnet.

Aspekt der Präpositionsbedeutung beschäftigen, der die Festlegung der Nachbarschaftsregionen betrifft.

(7) a. *Der Schrank steht gegen die Wand
    b. Jeanne rennt gegen die Wand

Die komplexeren wegbezogenen Präpositionen weisen verschiedene Bedeutungsaspekte auf, die zur Klassifizierung herangezogen werden könnten. Der offensichtlichste betrifft den Teilweg, der durch die Präpositionen spezifiziert wird. Ansätze, die mit thematischen Rollen arbeiten, gelangen danach zu der folgenden Klassifizierung:

(8) Goal: *unter, über, in, an, vor, ...* [Akk], *zu*
    Source: *aus, von*
    Path: *durch, über*
    Route: *um, längs*

Ich werde dieser Klassifizierung nicht folgen, unter anderem weil ich es für überflüssig halte, thematische Rollen als semantische Basiseinheiten anzunehmen, da sie aus der semantischen Repräsentation ableitbar sind (siehe dazu auch Kapitel 9). Wenn ich im folgenden von Path- oder Zielpräpositionen etc. spreche, geschieht das also nur aufgrund der terminologischen Einfachheit.

Da in dieser Arbeit die Kombination von Präpositionen und Verben im Vordergrund steht, ist hier vor allem die Klassifizierung interessant, die sich aus der Kombinatorik mit den verschiedenen Verbklassen ergibt. Diese Kombinatorik legt nahe, daß eine weitere Unterteilung der Ziel- und Ursprungspräpositionen vorgenommen werden muß, die sich aus der Kombinierbarkeit mit den kausativen Positionsverben ergibt.

Die kausativen Positionsverben beinhalten Lokalisierungen in Zielregionen und sind deshalb mit Wegpräpositionen wie *durch*, die den zurückgelegten Weg spezifizieren, nicht kombinierbar (vgl. (9a)). Weniger offensichtlich ist, warum sie mit der Zielpräposition *zu* ebenfalls nicht kombinierbar sind, vgl. (9c). *auf* in (9b) steht stellvertretend für alle Zielpräpositionen, die über eine entsprechende statische Variante verfügen. Offensichtlich sind nur diese Präpositionen als Komplemente der kausativen Positionsverben möglich.

(9) a. *Martina stellt den Picknickkorb durch die Küche
    b. Klaus stellt die Gläser auf den Tisch
    c. *Helgard stellt die Thermoskanne zur Terrasse[3]

Bierwisch (1988) erfaßt den Unterschied zwischen einfach lokalisierenden und wegbezogenen Präpositionen mithilfe des morphologischen Merkmals [αDir]. Im Fall der alternierenden Präpositionen, die sich nur durch die Kasuszuweisung an

---

[3] Zu einer Variante von *zu*, die auch mit kausativen Positionsverben kombinierbar ist, vgl. Abschnitt 4.2.1.

das interne Argument (Dativ oder Akkusativ) unterscheiden, sind mit [+Dir] die Zielpräpositionen kategorisiert, mit [-Dir] die einfach lokalisierenden. Um den Zusammenhang zwischen den alternierenden Präpositionen zu erfassen, nimmt Bierwisch nur einen Lexikoneintrag an, der die Information beider Varianten umfaßt. Der Zusammenhang zwischen Kasusrektion und der Interpretation als wegbezogen oder einfach lokalisierend wird durch eine Indizierung hergestellt, in die auch das Merkmal Dir einbezogen ist. Die Kasus werden von Bierwisch mithilfe der Merkmale Reg(iert), Obl(ique), Gen(itiv) charakterisiert:[4]

(10) Nominativ   [-Reg]
     Akkusativ   [+Reg, -Obl]
     Dativ   [+Reg, +Obl]
     Genitiv   [+Reg, +Obl, +Gen]

Dativ und Akkusativ unterscheiden sich bei dieser Klassifizierung in dem Wert des Merkmals Obl. Damit korreliert das Merkmal [-Dir] bei den Präpositionen mit dem Kasusmerkmal [+Obl] und [+Dir] mit [-Obl]. Um die einfach lokalisierende und die direktionale Variante der Präpositionen in einem Lexikoneintrag zu erfassen, können diese beiden Merkmale in Beziehung gesetzt werden, indem ihnen im Eintrag jeweils umgekehrte Werte zugewiesen werden: Damit ergibt sich bei Präpositionen mit dem morphologischen Merkmal [+Dir] die Kasusfestlegung [-Obl], also Akkusativ, bei Präpositionen mit dem Merkmal [-Dir] dagegen [+Obl], also Dativ. Um die semantische Unterscheidung zu erfassen, die mit dem morphologischen Merkmal Dir verbunden ist, bindet Bierwisch auch das Vorliegen des für die P[+Dir] relevanten semantischen Funktors FIN an die Merkmalsbelegung an. FIN ist ein Operator vom Typ 1/1, der die letzte Teilregion eines Weges herausgreift und damit dessen Zielregion bestimmt. Das Schema unter (11a) zeigt den Eintrag, der beide Varianten vereinigt. In (11b) und (11c) finden sich die beiden aus dem Schema ableitbaren Interpretationen der Präposition *auf*.

(11) a. [-V, -N, αDir];   λy   λ$\underline{x}$ [($_\alpha$FIN)(L x) ⊂ PRÄP L y]
        [-αObl]

     b. [-V, -N, -Dir];   λy   λ$\underline{x}$ [L x ⊂ AUF L y]
        [+Obl]

     c. [-V, -N, +Dir];   λy   λ$\underline{x}$ [FIN (L x) ⊂ AUF L y]
        [-Obl]

In Anlehnung an Bierwisch werde ich die den Dativ regierenden Präpositionen, die statische Lokalisierungen vornehmen, als P[-Dir] bezeichnen. Unter die P[+Dir] möchte ich allerdings anders als Bierwisch, der alle wegbezogenen

---

[4] Diese Charakterisierung ist durch die Rolle der Kasus bei Verbargumenten bestimmt. Unter Annahme der in Abschnitt 1.3., Bsp. (12) eingeführten Merkmale +hr, +lr zur Kasusspezifizierung erübrigt sich diese Charakterisierung.

Präpositionen als P[+Dir] klassifiziert, nur diejenigen fassen, die mit den P[-Dir] durch Kasusalternation korrelieren. Relevant für die Zugehörigkeit zur Klasse der P[+Dir] ist die Kombinierbarkeit mit den kausativen Positionsverben. Damit lassen sich die von den kausativen Positionsverben geforderten Präpositionen über das Merkmal [+Dir] einheitlich klassifizieren. Diese Einschränkung scheint mir auch deshalb plausibler, weil die Koppelung des Merkmals an die Kasusrektion und den semantischen Operator fast durchgängig aufrecht erhalten werden kann. Die einzige Ausnahme dabei ist das Paar *aus* [+Dir]/*außerhalb* [-Dir] mit Dativ- bzw. Genitivrektion, bei dem allerdings auch die einfach lokalisierende Variante morphologisch komplexer ist als die wegbezogene. Für diese beiden Präpositionen muß deshalb jeweils ein eigener Lexikoneintrag angesetzt werden. Mit dieser Änderung ist [+Dir] nicht mehr die morphologische Kodierung für Direktionalität allgemein, sondern eine Kategorie, durch die eine Unterklasse der wegbezogenen Präpositionen spezifiziert wird.

Durch die Einführung des Merkmals [αDir] ergeben sich drei Gruppen von Präpositionen: die einfach lokalisierenden P[-Dir], die damit alternierenden direktionalen P[+Dir], die fast ausschließlich Zielpräpositionen sind (einzige Ausnahme: *aus*), und die übrigen, noch nicht weiter spezifizierten wegbezogenen Präpositionen. Diese Präpositionen sollen jetzt noch kurz betrachtet und klassifiziert werden. Zwei dieser Präpositionen sind Ursprungspräpositionen (*aus* und *von*). Sie bilden nach ihrer Kombinatorik jeweils ein Paar mit einer Zielpräposition (vgl. (12)).

(12) a. Daphne lief aus dem Haus in den Garten
b. Marco hüpfte von der Haustür zur Terassentür

Anders als *aus* kann *von* wie *zu* nicht als Komplement eines kausativen Positionsverbs auftreten, wie (13) zeigt. (Vgl. dazu aber auch die Diskussion der Varianten von *von* und *zu* in Abschnitt 4.2.)

(13) a. Jeanne stellt die Schuhe aus der Pfütze
b. *Aline stellt die Schuhe von der Pfütze zum Rucksack

Die Zugehörigkeit von *in*[Akk] und *aus* zu den P[+Dir] wird durch die alternierenden einfach lokalisierenden Präpositionen *in*[Dat] und *außerhalb* bestätigt. Zu *zu* und *von* existieren dagegen keine entsprechenden einfach lokalisierenden Varianten, so daß hier eine eigene Klasse angesetzt werden muß.

Eine eigene Klasse bilden die gestaltbezogenen Präpositionen *um* und *längs*, die sich dadurch auszeichnen, daß sie mit Bewegungsverben und Positionsverben kombinierbar sind. *um* erlaubt zusätzlich noch die Kombination mit kausativen Positionsverben, die für *längs* abweichend ist, wenn keine direktionale Partikel realisiert wird (vgl. (14)).

(14) a. Die Jogger laufen um den Park/längs des Flusses
b. Die Menge steht gaffend um den Unfallort/längs der Rennstrecke
c. Albert stellt die Stühle ordentlich um den Tisch/längs der Wand *(auf)

Die letzte anzusetzende Klasse umfaßt die path-Präpositionen *über* und *durch*, die Wegabschnitte in Regionen lokalisieren. Diese Präpositionen erlauben nur die Kombination mit Bewegungsverben, lassen aber anders als die P[+Dir] eine Kombination mit Nomen zu, die keine Richtungsinformation beinhalten. Dabei handelt es sich um Nomen, die 'abgrenzende' Objekte bezeichnen (vgl. Kaufmann 1991).

(15) a. der Zaun über die Weide/durch den Wald
 b. *der Zaun in den Bach

Unter (16) findet sich eine schematische Darstellung der hier angesetzten Klassifizierung der lokalen Präpositionen.

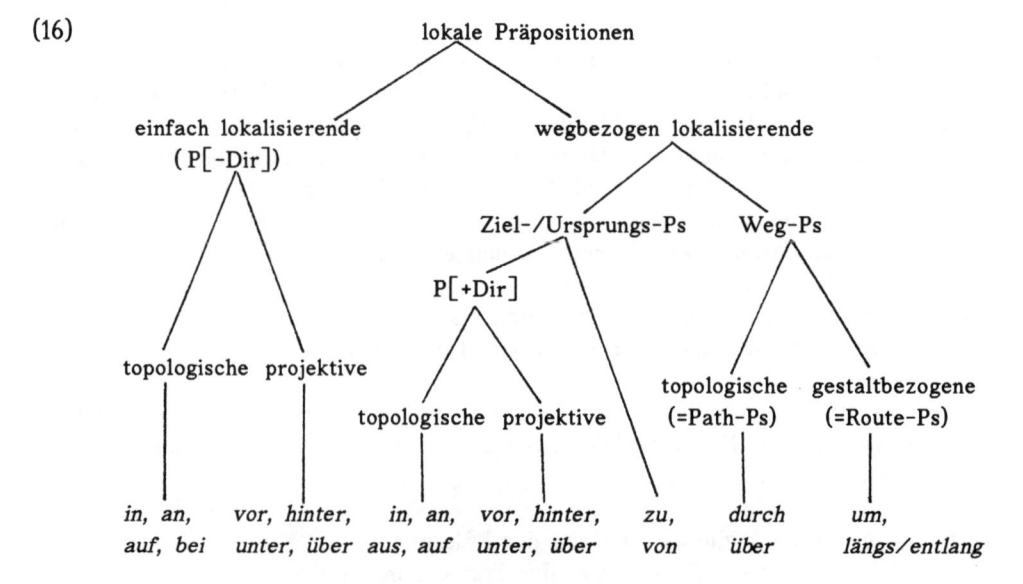

(16)
```
                           lokale Präpositionen
                          /                    \
              einfach lokalisierende      wegbezogen lokalisierende
                   (P[-Dir])              /                      \
                                   Ziel-/Ursprungs-Ps          Weg-Ps
                                        P[+Dir]              /       \
                                                      topologische  gestaltbezogene
             topologische  projektive                   (=Path-Ps)   (=Route-Ps)
                                   topologische  projektive
                |         |             |        |         |      |        |
              in, an,   vor, hinter,  in, an,  vor, hinter, zu,  durch     um,
              auf, bei  unter, über   aus, auf unter, über  von  über      längs/entlang
```

Damit das Verhalten der Präpositionsklassen interpretierbar wird, muß als nächstes geprüft werden, über welche Art von Lokalisierungsinformation die zur Klassifizierung herangezogenen Verben und Nomen verfügen. Im folgenden sollen deshalb die für die Lokalisierungsinformation zentralen Eigenschaften der dynamischen Verbklassen vorgestellt werden, damit das unterschiedliche Verhalten der Präpositionen damit in Beziehung gesetzt werden kann.

3.3. Die Lokalisierungsinformation der dynamischen lokalen Verben

3.3.1. Bewegungsverben

Bewegungsverben (eigentlich Fortbewegungsverben, im folgenden BV) sind die Verben, die prototypisch sind für die Kombination mit Weg-Präpositionen. Unter die BV fallen überwiegend Prozeßverben, wie *laufen, gehen, fahren, fliegen, steigen, rollen* etc. Das Kriterium zur Klassifizierung eines Verbs als Prozeß- oder Zustandsverb ist die Modifizierbarkeit mit Zeitdaueradverbialen wie *stundenlang*, während Verben, die zeitlich ausgedehnte, aber begrenzte Situationen bezeichnen (Accomplishments nach der Klassifikation von Vendler 1967) mit Zeitrahmenadverbialen wie *in x Stunden/Tagen* kombinierbar sind (vgl. auch Kapitel 11). Verben, die weder mit Zeitdauer- noch mit Zeitrahmenadverbialen kompatibel sind, bezeichnen zeitlich nicht ausgedehnte, also punktuelle Situationen. Nur wenige Simplex-BV wie z.B. *kommen* gehören nicht in die Klasse der Prozeßverben. Bei diesen Verben ist das Ziel, das den Weg begrenzt, schon in der Verbsemantik enthalten, dadurch ist auch die Situation begrenzt. Die Inkompatibilität mit dem Zeitrahmenadverbial in (17b) zeigt, daß *kommen* punktuell ist, während *rennen* in (17a) ein Prozeßverb ist.

(17) a. Sandra rennt stundenlang/*in einer Stunde
     b. Beate kommt *stundenlang/*in(nerhalb) einer Stunde

In einem Ansatz, der mit Dekompositionsstrukturen arbeitet, sollen sich die semantischen Eigenschaften der lexikalischen Einheiten, also ihre Bedeutung und ihr Kombinationsverhalten, aus den Dekompositionsprädikaten ergeben. Dementsprechend gehe ich davon aus, daß die Zugehörigkeit der BV zu den Prozeßverben nicht zufällig ist, sondern sich aus den Eigenschaften des allen Bewegungsverben gemeinsamen Dekompositionsprädikats MOVE ergibt.

Prozesse sind wie Zustände homogen und zeitlich nicht begrenzt, beinhalten aber im Unterschied zu Zuständen eine interne Struktur, die sich darin niederschlägt, daß sie anders als Zustände nicht relativ zu beliebig kleinen Zeiteinheiten bewertet werden können: Während ein Lokalisierungszustand auch relativ zu Zeitpunkten als solcher charakterisierbar ist, kann Bewegung nur relativ zu Zeitintervallen festgestellt werden, da die darin enthaltene Veränderung sich mit der Zeit vollzieht. Da Prozesse eine Veränderung beinhalten, können sie durch monotone Funktionen aus der Zeit in eine verbspezifische Dimension charakterisiert werden, an der sich die Veränderung manifestiert. Diese 'verbspezifische Dimension' kann unterschiedlichen Charakter haben: Bei Verben wie *essen*, bei denen der Vorgang eine Abarbeitung des vom Objekt bezeichneten Thema-Arguments beinhaltet, stellt das Objekt, das auf diese spezifische Weise abgearbeitet wird, die Dimension. Bei Verben wie *schneien* ist die Dimension durch die ständig wachsende Menge des gefallenen Schnees gegeben, bei *erzählen* durch die anwachsende Informationsmenge. Das Beispiel *schneien* zeigt, daß die Dimension nicht unbedingt durch ein Verbargument realisiert werden muß. Im Fall der BV liefert diese in MOVE kodierte Abbildung den im Raum zurückgelegten Weg: Zu unterschiedlichen Zeitpunkten nimmt das sich bewegende Objekt unterschiedliche Regionen ein, die den zurückgelegten Weg konstituieren.

Die konzeptuelle Interpretation von MOVE muß also so angelegt sein, daß durch die Fortbewegung eines Individuums ein stetig anwachsender Weg aufgebaut wird. Die folgenden Aspekte von Bewegung sind für die Bewegungsverben (und damit für MOVE) relevant:

- Bewegung ist kontinuierlich in dem Sinne, daß sie weder Sprünge im Raum zuläßt (die begangenen Regionen müssen jeweils benachbart sein), noch Sprünge in der Zeit. (Das Problem, daß jemand eine Stunde gelaufen sein kann, obwohl er ab und zu Pausen eingelegt hat, lasse ich hier außer acht, da ich nicht glaube, daß es ein Problem der Verbsemantik ist.)

- Bewegung beinhaltet, daß das bewegte Objekt zu unmittelbar aufeinander folgenden Zeiten unterschiedliche Regionen einnimmt, sie schließt aber nicht aus, daß Regionen mehrfach durchlaufen werden können. Das bedeutet, daß die Richtung der Bewegung immer nur lokal auf benachbarte Regionen festgelegt ist.

Der Beobachtung, daß Bewegungsverben wie *laufen* in Kombination mit der PP *auf der Stelle* keine echte Fortbewegung implizieren müssen, kann dadurch entsprochen werden, daß die zusätzlich eingebrachte Information ('auf der Stelle') die Bedingung, daß unterschiedliche Regionen betroffen sein müssen, aufhebt. Als einfach lokalisierende PP nimmt *auf der Stelle* die Lokalisierung der gesamten Handlung vor und spezifiziert nicht wie die wegbezogenen Präpositionen den zurückgelegten Weg. In diesem Zusammenhang ist interessant, daß nur solche Verben diese Interpretation erlauben, die durch ihren Bewegungsmodus eine gewisse Körnigkeit einbringen, so daß das Betreten einer neuen Region an eine atomare Einheit des Bewegungsmodus gekoppelt werden kann, so z.B. bei *laufen* = Schritt; *schwimmen* = Zug; *flattern* = Flügelschlag. Verben, die diese Körnigkeit im Bewegungsmodus nicht aufweisen, verbieten eine Interpretation, die keine Fortbewegung beinhaltet (vgl. *auf der Stelle fahren*, *auf der Stelle gleiten*, *auf der Stelle steigen*). Diese Möglichkeit der Interpretation soll sich entsprechend nicht aus MOVE ableiten lassen (vgl. auch Abschnitt 11.2.3.).

- Bewegungsverben sind mit Maßausdrücken wie *100m weit* kombinierbar, die die Distanz der zurückgelegten Bewegung messen. Der Output der das Prädikat MOVE interpretierenden Funktion soll also ein Objekt bereitstellen, das in diesem Sinne meßbar ist.

Das sprachlich relevante Bewegungskonzept bezieht damit zwei unterschiedliche Aspekte räumlicher Struktur ein: Zum einen ist die Folge der von einem Individuum zu verschiedenen Zeiten eingenommenen Regionen relevant, damit das Individuum relativ zum Weg lokalisiert werden kann, zum anderen die durch die Bewegung wachsende Distanz zum Ausgangspunkt, die durch APs wie *200m weit* meßbar ist. Ein Wegkonzept, das dazu dienen soll, den durch eine Bewegung aufgebauten Weg zu erfassen, muß diese beiden Aspekte integrieren: Der Weg muß einerseits als zurückgelegte Distanz, und andererseits als eine Folge von Regionen rekonstruierbar sein. Gleichzeitig muß die konzeptuelle Interpretation des semantischen Prädikats MOVE derart sein, daß ein solcher Weg damit aufgebaut werden kann.

Ein Wegkonzept, das die beiden relevanten Aspekte integriert, bietet Bierwischs durch eine Funktion π erzeugte Menge von geschachtelten Lokationen (vgl. Bierwisch 1988). Allerdings geht Bierwisch davon aus, daß eine schon vorgegebene Region durch die Funktion π strukturiert wird. Bewegung wird dann als eine Folge von Lokalisierungsereignissen in den Teilregionen des Weges definiert. Da meines Erachtens Wegstrukturen keine unabhängige ontologische Existenz haben, sondern erst im Zusammenhang mit bestimmten den Raum strukturierenden Handlungen aufgebaut werden, möchte ich hier anders vorgehen und eine Funktion *move* ansetzen, über die ein entsprechend strukturierter Weg aufgebaut wird. Das angestrebte Wegkonzept entspricht jedoch dem von Bierwisch. (Im folgenden sind Begriffe, die sich auf CS beziehen, klein und kursiv gedruckt. MOVE ist also das semantische Primitiv, *move* die zugrundeliegende Bewegungsfunktion.)

move soll festgelegt sein als eine stetige Abbildung T —> R, wobei T die Menge der Zeit(period)en ist, die die jeweilige Bewegungssituation umfaßt, und R die Menge der Raumregionen. Die von der gesamten Situation eingenommene Region ist dann die von x zurückgelegte Distanz d_n, die alle von x im Situationsverlauf eingenommenen Regionen umfaßt. Der Weg selbst ist festgelegt als eine strukturierte Teilmenge D von R, mit $move(t_0) = l_0(x)$ $(=d_0)$, $move(t_n) = move(t_{n-1}) \sqcup_R l_0(x)$ $(=d_n)$, wobei die Relation $\sqcup_R$ zwei Regionen zu der beide umfassenden Region vereinigt. $\sqcup_R$ ist festgelegt als Fusion, die im Gegensatz zu der Definition unter (2f) aber nur für aneinander grenzende Regionen definiert sein soll. Diese Bedingung wird durch Rückgriff auf die Überlappungsrelation o erfaßt (vgl. Herweg 1990, 95).

(18) Überlappung (o): $r_1 \circ r_2 =_{df} \exists r_3 (r_3 \sqsubseteq r_1 \wedge r_3 \sqsubseteq r_2)$
(19) Fusion ($\sqcup_R$): $r_1 \sqcup_R r_2 = r_3 =_{df} \sim \exists u \sqsubseteq r_3 (u \sqcap r_1 = \Phi \wedge u \sqcap r_2 = \Phi)$,
   wobei $r_3 \circ r_1$ und $r_2 \circ r_3$

Damit die Gerichtetheit des Weges gewährleistet ist, gilt zusätzlich die Bedingung, daß jeweils $l_i(x)$ und $l_{i+1}(x)$ benachbart sind.

Ein von *move* aufgebauter Weg D ist die Menge $\{d_0, d_1, ..., d_n\}$. d_0 ist die zu Beginn der Bewegung von x eingenommene Region ($l_0(x)$), d_1 die Fusion dieser Region mit der zur Zeit t_1 eingenommenen Region $l_1(x)$. d_n ist die Fusion aller durchquerten Regionen. Ich werde im folgenden die fusionierten Regionen, aus denen sich ein Weg zusammensetzt, als 'Distanzen' bezeichnen, um sie terminologisch abzuheben.

Mit dem Konzept von Wegen als geschachtelten Distanzen läßt sich zwar der Distanzcharakter des zurückgelegten Weges erfassen, aber noch nicht die Tatsache, daß der Weg mit der Lokalisierung des bewegten Individuums x in einer Zielregion endet. Bierwisch (1988) setzt Funktionen an, über die bestimmte Teilregionen des Weges herausgegriffen werden können. Ich werde in Anlehnung an diese Festlegungen eine Funktion fin: D —> R ansetzen, die einem Weg seine Zielregion zuweist, also die Region, in der das bewegte Objekt bei Beendigung der Bewegungssituation lokalisiert ist. Die Funktion *fin* greift das Teilstück einer Distanz d_i heraus, um das d_i die Distanz d_{i-1} überragt. Dieses Teilstück entspricht der Region, $l_i(x)$, die x zur Zeit t_i einnimmt.

(20) $fin(d_i) = d_i - d_{i-1}$ (= $l_i(x)$)

Mit den Distanzen d_i und den Teilstücken $fin(d_i)$, an denen das bewegte Objekt jeweils zur Zeit t_i lokalisiert ist, gehen nun beide für die Bewegung relevanten Aspekte in das Wegkonzept ein.

Neben der Funktion *move*, über die auf der konzeptuellen Ebene die Bewegungsinformation kodiert ist, sind weitere Funktionen z.B. für Wahrnehmungskonzepte anzusetzen, die ebenfalls einen in dieser Weise strukturierten 'Weg' aufbauen. Da *move* als die konzeptuelle Interpretation von MOVE zu betrachten ist, ist MOVE(x) wahr, wenn über die Veränderung der Lokalisierung des Individuums, auf das x referiert, ein Weg D durch *move* aufgebaut wird.

Der von den BV durch MOVE bereitgestellte, zunächst nicht begrenzte Weg wird durch die von den wegbezogenen Präpositionen eingebrachte Information in Beziehung zu einer Region gesetzt und so begrenzt. Durch die Information der Präposition wird der Wertebereich R der Funktion *move* beschränkt, so daß mit der Abarbeitung dieses beschränkten Wegs auch die Anwendbarkeit der Funktion beschränkt wird und darüber die zeitliche Dauer der Bewegung des Objekts. Dadurch ergibt sich abhängig von der semantischen Repräsentation der jeweiligen Präposition ein anderer Situationstyp. Da die BV eine Zeit-Raum-Abbildung beinhalten, bewirkt also eine Begrenzung der zurückgelegten Strecke durch eine Ziel- oder Maßangabe ebenso eine Situationsbegrenzung wie eine Begrenzung durch eine Zeitangabe. Im einen Fall wird der Wertebereich der Funktion eingeschränkt, im anderen der Argumentbereich.

Neben der Bewegungsinformation enthalten die deutschen BV wie schon erwähnt eine weitere Komponente, die im allgemeinen die Art der Bewegung spezifiziert (*gehen, laufen, schwimmen*), aber auch Informationen über die Ausrichtung der Bewegung im Raum tragen kann (*steigen, kommen*). Diese Komponenten werde ich im folgenden als 'Bewegungsmodus' bezeichnen. Der Bewegungsmodus wird in dem Repräsentationsschema unter (21) durch das Metaprädikat MOD kodiert. In der Repräsentation der einzelnen Verben steht der Verbname selbst als Modusprädikat (z.B. GEH für *gehen*). Da für die Klassifikation der Präpositionen lediglich die Bewegungskomponente der BV eine Rolle spielt, wird der Bewegungsmodus bis Kapitel 11 vernachlässigt.

Zur Diskussion der Präpositionsbedeutung werden der Einfachheit halber nur intransitive BV betrachtet. Als Schema für eine semantische Repräsentation der intransitiven BV wird zunächst die Repräsentation in (21) angesetzt:

(21)   λP λx [MOD(x) & MOVE(x) & P(x)]

Das x ist als hierarchiehöchstes Individuenargument das externe Argument, P ist eine Prädikatsvariable, die durch die wegbezogene PP zu sättigen ist. Das Situationsargument wird hier zunächst nicht berücksichtigt.

3.3.2. Kausative Positionsverben

Wie der Name schon sagt, handelt es sich bei den kausativen Positionsverben (KPV) (*stellen, setzen, legen, hängen* etc.) um kausative Gegenstücke der Positionsverben. Die Bezeichnung 'kausative' Verben ist, obwohl es im Deutschen keine produktive Kausativierung gibt, insofern angemessen, als im Gegensatz zu den anderen transitiven Verben keinerlei Spezifizierung der Handlung des Agens aus der Verbsemantik hervorgeht, sondern lediglich die Verursachung des Nachzustands durch einen Agens relevant ist. Diese Information ist typisch für kausativierte Verben. Der Nachzustand der KPV entspricht dem durch das korrespondierende Positionsverb (PV) bezeichneten Zustand. Anders als die transitiven Bewegungsverben weisen die KPV also keinerlei Information auf, die die Bewegungsphase der Situation näher spezifiziert; wie das lokalisierte Objekt in die relevante Position gebracht wird, ist also nicht Teil der Verbbedeutung.

Die Modusinformation der KPV entspricht damit der der Positionsverben: Sie betrifft die vom lokalisierten Argument im Nachzustand eingenommene Position. Für die Positionsverben nehme ich parallel zu dem Vorschlag von Bierwisch (1988) die Repräsentation unter (22) an: MOD ist hier als Metavariable für das die Position spezifizierende Prädikat zu verstehen. Die konzeptuelle Interpretation von MOD beinhaltet Information über die Ausrichtung des Objekts und Information darüber, welcher Teil des Objekts unterstützt wird. Über die Unterstützungsinformation ist die räumliche Information gegeben, die für die Lokalisierung relevant ist (vgl. Kapitel 6).

(22) $\lambda P \lambda \underline{x}$ [MOD(x) & P(x)]

Die semantische Form der KPV muß ein Argument mehr beinhalten, nämlich den Verursacher, und statt eines Zustands einen Wechsel in einen Zustand ausdrükken. Ich setze zunächst die Repräsentation unter (23) an, in die die PV-Repräsentation unter (22) als Argument von BECOME eingeht. Die so gebildete Proposition ist das zweite Argument der Verursachungsrelation CAUSE, das sich auf die verursachte Situation bezieht.

(23) $\lambda P \lambda y \lambda \underline{x}$ [CAUSE (x, BECOME (MOD (y) & P(y)))]
        [+Dir]

Als erstes Argument von CAUSE wird lediglich eine Individuenvariable angesetzt, nicht wie häufig angenommen eine Situationsvariable. Konzeptuell ist CAUSE allerdings als kausale Relation zwischen einer vom Agens ausgeführten Handlung und der dadurch ausgelösten Situation zu interpretieren. Ich folge damit der Auffassung von Wunderlich (1992a), daß in der SF lediglich die sprachlich relevante Information anzusetzen ist. Daß die KPV immer ein Individuenargument realisieren und keinerlei Information darüber bereitstellen, welcher Art die Handlung des Agens ist, nehme ich als Evidenz dafür, daß der Agens nur als verursachendes Individuum in die SF eingebunden ist.

BECOME ist wie CAUSE ein semantisches Primitiv. Die PV kodieren Zustände, die KPV einen (von einem Agens verursachten) Wechsel in einen Zustand. Die Interpretation von BECOME muß entsprechend diesen Wechsel in einen spezifizierten Zustand aus dessen Komplementärzustand leisten. Dowty (1979) gibt die folgende Definition von BECOME im Rahmen einer Intervallsemantik.

(24) [BECOME Φ] is true at (an interval) I iff (1) there is an interval J containing the initial bound of I such that $\sim\Phi$ is true at J, (2) there is an interval K containing the final bound of I such that Φ is true at K, and (3) there is no non-empty interval I' such that I' $\subset$ I and conditions (1) and (2) hold for I' as well as for I.
(Dowty 1979, 141)

Die von den KPV erfaßten BECOME-Ereignisse müssen den Wechsel vom Vorzustand zum Nachzustand umfassen. Nimmt man mit Galton (1984), Löbner (1988) und Herweg (1990) an, daß Zustände als Prädikate über Zeiten festgelegt sind, dann sind sie negierbar, der Vorzustand kann also als zum Zielzustand konträr festgelegt werden. Das Übergangsereignis soll nicht das gesamte Intervall umfassen, das die beiden Zustände einnehmen, sondern nur das minimale Intervall, das durch die 'letzte' Zeit, die in den Vorzustand fällt, und die 'erste', die in den Nachzustand fällt, begrenzt ist. BECOME muß entsprechend einen Zustandsausdruck, der als Prädikat über Zeiten interpretiert werden kann, einbetten und so ein Ereignis charakterisieren, das in diesem minimalen Intervall zeitlich lokalisiert ist. Hier stößt man allerdings in dem Galton-Ansatz auf ein Problem, das sich daraus ergibt, daß Ereignisse ontologisch von einem anderen Typ sind als Zustände. Die für das Übergangsereignis relevanten Zustandsphasen können deshalb nicht als Teile des Übergangsereignis festgelegt werden. Die Gleichzeitigkeit allein gewährleistet jedoch noch nicht, daß die interne Struktur des Ereignisses tatsächlich den Zustandswechsel beinhaltet, da auch voneinander unabhängige Vorgänge zeitgleich stattfinden können. Wie der Zusammenhang zwischen den Zuständen und dem Ereignis des Wechsels zu erfassen ist, soll hier offen bleiben. Ich möchte lediglich eine informelle Darstellung der Interpretation geben, die für die KPV konzeptuell anzusetzen ist.

Das Ereignis umfaßt zwei Zeiten t_1 und t_2, wobei [$\sim$mod(x)(t_1)] den Modus von x im Vorzustand charakterisiert und [mod(x)(t_2)] den im Nachzustand. Zwischen t_1 und t_2 liegen keine anderen Zeiten, die unter *mod* oder *$\sim$mod* fallen. Allerdings können Grauzonen zwischen den Zuständen liegen, die keinem der beiden Prädikate eindeutig zugeordnet werden können. In diesem Fall ist das Intervall [t_1 t_2] ausgedehnt. Damit wäre BECOME (MOD(x)) konzeptuell zu interpretieren wie in (25) angegeben. τ(e) ist die Ereigniszeit des komplexen Ereignisses, das durch die entsprechende Proposition bezeichnet wird. (Die konzeptuelle Ausdifferenzierung der semantischen Prädikate ist in (25) nicht vorgenommen, siehe dazu Kapitel 6.)

(25) $\exists t_1 \exists t_2 [\sim (\text{mod}(x))(t_1) \ \& \ \text{mod}(x)(t_2)] \ \& \ [t_1 \ t_2] = \tau(e)$

Die KPV weisen damit eine zweiphasige Struktur im Sinne der Zustandsphasen von Löbner (1990) auf. Der Agens verursacht, daß eine Phase, in der ein Objekt nicht unter das Modusprädikat fällt, in eine Phase übergeht, in der es unter das Prädikat fällt. Anders als bei den BV gibt es demnach keine Komponente, über die ein kontinuierlicher Weg bereitgestellt wird. Dieser Unterschied ist verantwortlich dafür, daß die Kombination der KPV mit Weg-Präpositionen ausgeschlossen ist.

Der Vergleich der Lokalisierungsinformation der KPV mit der der BV legt nahe, die verbspezifische Kombinatorik mit den lokalen Präpositionen aus den unterschiedlichen Eigenschaften der vom Verb bereitgestellten Lokalisierungsinformation abzuleiten. Das setzt voraus, daß die verschiedenen Klassen wegbezogener Präpositionen unterschiedliche Wegeigenschaften beinhalten. Zu klären ist deshalb, welche Eigenschaften diese Wege haben müssen, um mit den verschiedenen Verbinformationen kompatibel zu sein. Dieser Frage soll im nächsten Abschnitt nachgegangen werden.

3.4. Wegeigenschaften

3.4.1. Wegkonzepte

Der Status der Wegeigenschaften spielt eine wichtige Rolle bei der Frage, wie der Bezug auf Wege in der semantischen Repräsentation der Verben und Präpositionen kodiert sein soll. Da die Kombinatorik der Verben und Präpositionen zeigt, daß nicht alle miteinander kompatibel sind, muß geklärt werden, welche Wegeigenschaften jeweils relevant für welche Verbklassen und welche Präpositionenklassen sind. In Abschnitt 3.3.1. wurden schon die für die Bewegungsverben relevanten Wegeigenschaften eingeführt. Die KPV zeigen nun, daß diese Eigenschaften nicht für alle Verben gelten. Es stellt sich also die Frage, welche Wegeigenschaften überhaupt eine Rolle spielen, und welche davon als notwendige Eigenschaften von Wegen betrachtet werden können.

Um zunächst herauszufinden, welche Eigenschaften generell als relevant für Wege betrachtet werden, ist es sinnvoll, sich einige Wegdefinitionen anzusehen. In der Literatur existieren unterschiedliche Vorschläge zur Definition des Wegbegriffs, ich möchte hier drei davon kurz vorstellen.

Wunderlich/Herweg (1986) schlagen eine Definition vor, bei der sich der Weg aus der Bewegung eines Objektes konstituiert: Einem sich bewegenden Objekt wird zu jedem Teilintervall eines Zeitintervalls die von ihm eingenommene Region zugewiesen. Damit ergibt sich vermittelt über das sich bewegende Objekt eine stetige Abbildung der zeitlichen Struktur in den Raum, so daß ein linearer, gerichteter Weg entsteht. Dieses Wegkonzept liefert allerdings keine Möglichkeit, Verwendungen wie *Straße zum Bahnhof* und *Blick in den Wald* zu erklären, bei denen Bewegung keine Rolle spielt.

Bierwisch (1988), dessen Wegkonzept schon in Abschnitt 3.3.1. angesprochen wurde, entwirft als Reaktion auf Wunderlich/Herweg (1986) ein zeitunabhängiges Wegkonzept, bei dem eine Menge von geschachtelten Lokationen einen Weg bilden. Der Beginn des Weges ist durch das Infimum, die Gesamtausdehnung durch das Supremum des Weges festgelegt. Einzelne Wegabschnitte, wie z.B. das Wegende, sind durch die Differenz zweier Teilstrecken zu ermitteln. Da Wege nicht durch Bewegung aufgebaut werden, müssen zunächst Regionen vorliegen, die als Wege strukturiert werden. Objekte wie z.B. Straßen, nehmen Regionen ein, die dann als Wege strukturiert werden können. Im Fall der BV muß Bierwisch davon ausgehen, daß der von der Gesamtsituation eingenommenen Region die Wegstruktur zugewiesen wird.

Habel (1989) definiert unterschiedliche Abstraktionsebenen von Wegen, wobei er drei Stufen unterscheidet: 1. *parametrisierte Wege* sind definiert als stetige Abbildungen aus dem geschlossenen Einheitsintervall der reellen Zahlen [0,1] in eine Menge von Raumregionen; 2. *Wege* werden daraus abgeleitet durch Äquivalenzklassenbildung, behalten also die Dimensions- und Richtungseigenschaften bei, verlieren aber die Information über die Durchlaufungsgeschwindigkeit; 3. eine erneute Äquivalenzklassenbildung über Wegen führt zu den *Spuren*, bei denen auch von der Richtung abstrahiert ist.

Die drei hier vorgestellten Wegkonzepte zeigen die Eigenschaften auf, die allgemein als für Wege relevant angesehen werden: Wege sind eindimensionale (lineare), kontinuierliche (nicht unterbrochene) und gerichtete Objekte. Habels Wegkonzeption stellt deutlich heraus, was auch Bierwischs Definition schon enthält: nicht immer müssen alle drei Eigenschaften vorliegen. Das Konzept der Spur weist nur eine der Eigenschaften auf und steht für solche Fälle zur Verfügung, in denen Richtung keine Rolle spielt und nur eine bestimmte Weggestalt relevant ist. Ein derartiges Konzept ist sinnvoll zur Behandlung der Route-Präpositionen *entlang/längs* und *um*. Bierwisch läßt auch mehrdimensionale (gerichtete) Wege zu, er behandelt auch Linearität nicht als notwendige Wegeigenschaft.

Gerichtetheit, Linearität und Kontinuität sind demnach die Eigenschaften, die für Wege eine Rolle spielen können. Die Distribution der Präpositionen sollte sich nun daraus ableiten lassen, daß die für die unterschiedlichen Präpositionen relevanten Wege verschiedene Kombinationen dieser Eigenschaften beinhalten. Um den Status der einzelnen Wegeigenschaften in bezug auf ein allgemeines Wegkonzept einschätzen zu können, ist deshalb zu prüfen, welche Eigenschaften für welche Präpositionen eine Rolle spielen. Das Kriterium dafür, ob eine Wegeigenschaft für eine Präposition eine Rolle spielt oder nicht, ist erneut die Kombinatorik mit den lokalen Verben sowie die attributive Verwendung der PPs als Nomenmodifikatoren.

3.4.2. Die für die Präpositionen relevanten Wegeigenschaften

Die Lokalisierungsinformationen, die die verschiedenen Verbklassen bereitstellen, sind hier noch einmal zusammengestellt:[6]

1. **Positionsverben** nehmen *statische Lokalisierungen* in Regionen vor.
2. **Kausative Positionsverben** beinhalten den Übergang in einen Lokalisierungszustand aus einem nicht spezifizierten Vorzustand, sie beinhalten keine Information über eine kontinuierliche Bewegung des lokalisierten Objekts. Damit stellen sie auch *keinen kontinuierlichen Weg* zur Verfügung.
3. **Bewegungsverben** beinhalten die Information, daß eine kontinuierliche Bewegung stattfindet, sie haben Prozeßstruktur. Sie stellen über die konzeptuelle Ausdeutung des semantischen Basisprädikats MOVE einen *kontinuierlichen, gerichteten Weg* zur Verfügung.

Für die in Nomen kodierten Informationen spielen Gestalt- und Funktionseigenschaften von Artefakten eine Rolle, sowie bei Situationsnomen die Struktur des jeweiligen Ereignisses.

Die unter (26) - (28) angeführten Beispielsätze geben einen Überblick über die Kombinationsmöglichkeiten der Präpositionen mit den lokalen Verben. *in*[+Dir], *durch* und *um* stehen in den Sätzen unter (a), (b) und (c) jeweils stellvertretend für die P[+Dir], die path-Präpositionen und die route-Präpositionen. In einigen Fällen lassen sich auch Beispiele konstruieren, die akzeptabler sind (z.B. statt (27b) etwa *Die Schlange steht durch den Supermarkt*), dabei handelt es sich aber um Fälle von konzeptueller Verschiebung (vgl. Wunderlich/ Kaufmann 1990), die hier nicht zu berücksichtigen sind.

(26)   Bewegungsverben:
    a. Er lief in das Haus (*in 5 Min./*stundenlang)
    b. Er lief durch den Park (in 5 Min./stundenlang)
    c. Er lief um den Park (in 5 Min./stundenlang)
    d. Er lief zum Park (in 5 Min./*stundenlang)

Mit den Bewegungsverben (BV), die einen gerichteten, kontinuierlichen Weg bereitstellen, sind offensichtlich alle wegbezogenen Präpositionen kombinierbar. Allerdings unterscheiden sie sich hinsichtlich ihres Einflusses auf die resultierende Situationsstruktur. Kombiniert man die BV, die von sich aus Prozeßcharakter haben, mit einer P[+Dir], so ergibt sich immer eine zeitlich begrenzte Situation, bei der der Wechsel in die Zielregion im Vordergrund steht und die vorausgehende Bewegung vernachlässigt wird. Die zeitliche Ausdehnung der Situation ist damit nicht von der Gesamtlänge des Weges bestimmt, sondern

---

[6] Die Frage, wie die Lokalisierungsinformation in die Verbbedeutung integriert ist, wenn man davon ausgeht, daß die Lokalisierungskomponente selbst aus dem Verb ausgelagert ist, wird in Kapitel 6 aufgegriffen.

von der Strecke, die als Übergang in die Region betrachtet wird. Die Kombination mit *zu* führt zu einer Accomplishment-Interpretation, d.h. es wird eine zeitlich ausgedehnte Bewegungssituation bezeichnet, an deren Ende ein Ziel erreicht wird. *durch* und *um* lassen sowohl Accomplishment- als auch Prozeß-Lesart zu. *durch* erlaubt (ebenso wie *über*) Prozeßlesart, wenn das Bezugsobjekt als unbegrenzt konzeptualisiert wird, da das bewegte Objekt das Bezugsobjekt nicht verläßt; ist das Bezugsobjekt begrenzt, so ergibt sich auch eine begrenzte Situation, da mit dem Verlassen des Bezugsobjekts das Bewegungsereignis abgeschlossen ist. Damit *um* Prozeßlesart erlaubt, muß eine Situation angenommen werden, in der das Bezugsobjekt unbegrenzt oft umrundet wird. Die Prozeßlesart kommt bei der Kombination mit *um* also durch eine iterative Interpretation zustande. Einmalige Umrundung führt zu einer abgeschlossenen Accomplishment-Situation. Im Gegensatz zu *um* erlauben *entlang/längs* die Accomplishment-Lesart nicht. Ich denke, daß man dieses Verhalten damit in Verbindung bringen kann, daß *entlang/längs* in dieser Verwendung den Charakter von Richtungsadverbialen wie *hoch*, *runter* haben und damit eher die Bewegungsrichtung modifizieren als die Weggestalt (*Sie gehen die Mauer entlang - Sie klettern die Mauer hoch*).

Die Kombinatorik der wegbezogenen Präpositionen mit den Bewegungsverben läßt auf folgende Eigenschaften der verschiedenen Präpositionen schließen:

P[+Dir]: Eine Grenzüberschreitung in eine Region findet statt, daher kommt keine ausgedehnte, sondern eine auf den Übergang bezogene Situation zustande.

zu: Ein Weg wird zurückgelegt, dann ein Ziel erreicht; es kommt eine ausgedehnte, begrenzte Situation zustande.

um/durch: Ein ausgedehnter Weg wird zurückgelegt, ob dieser Weg begrenzt ist oder nicht, ist nicht von vornherein festgelegt.

(27) Positionsverben:
  a. *Die Leute stehen in den Wald
  b. *Die Leute stehen durch den Wald
  c. Die Leute stehen um den Baum
  d. *Die Leute stehen zum Bahnhof

Die Beispiele unter (27) zeigt, daß mit *um* (*entlang/längs*) auch statische Lokalisierungen vorgenommen werden können, mit den übrigen wegbezogenen Präpositionen jedoch nicht. Da Positionsverben (PV) Zustandscharakter haben, läßt sich schließen, daß die Gestalt-Präpositionen tatsächlich wie die einfach lokalisierenden Präpositionen Lokalisierungen in Regionen vornehmen. Anders als die statischen Präpositionen beinhalten sie aber nicht nur Information über die Lokalisierung eines Individuums in einer Nachbarschaftsregion des Bezugsobjekts, sondern stellen (bei der Kombination mit PV) bestimmte Gestaltanforderungen an das lokalisierte Objekt. Diese Gestaltanforderungen ergeben sich aus der Gestalt der Nachbarschaftsregion, in der das Individuum lokalisiert wird. Eine solche Anforderung besteht bei den P[-Dir] nicht. Die Inakzeptabilität der übrigen Wegpräpositionen als Komplement der PV weist darauf hin, daß für sie das

Bereitstellen einer linearen, kontinuierlichen Weggestalt durch das lokalisierte Objekt nicht ausreicht. Offensichtlich stellen sie weitere Anforderungen an die Wegstruktur, die von den Positionsverben nicht erfüllt werden können. Da als dritte relevante Wegeigenschaft die Gerichtetheit eine Rolle spielt, ist anzunehmen, daß diese Präpositionen einen gerichteten Weg fordern.

(28) Kausative Positionsverben:
    a. Er stellt die Flasche in die Kiste
    b. *Er stellt die Flasche durch den Flur
    c. Er stellt die Stühle um den Baum
    d. *Er stellt das Fahrrad zum Bahnhof

Mit den zweiphasigen kausativen Positionsverben sind nur die P[+Dir] und *um* kombinierbar. Um das Auftreten von *um* in diesen Kontexten zu erklären, scheint es sinnvoll anzunehmen, daß auch *um* eine [+Dir]-Variante realisiert. *entlang/ längs*, das sich generell wie *um* verhält, fordert in Kombination mit den KPV eine direktionale Partikel wie alle anderen nicht-direktionalen Adverbiale auch.

(29) a. Er stellt die Stühle entlang der Mauer *(hin)
    b. Er stellt die Flaschen aufrecht *(hin)

Nimmt man keine [+Dir] Variante für *um* an, dann wäre die Kombination mit *um* der einzige Fall, bei dem die KPV mit einer nicht durch das Merkmal [+Dir] markierten Phrase kombinierbar wären.

Warum lassen sich nun aber lediglich die P[+Dir] mit den KPV kombinieren? Wie schon erwähnt, ist für die KPV eine zweiphasige Struktur anzusetzen, über die kein kontinuierlicher Weg zur Verfügung gestellt wird. Die KPV können lediglich zwei über ihre zeitliche Struktur (Vor- und Nachzustand) geordnete Regionen als Lokalisierungsinformation beitragen. Dies reicht, um die Wegforderungen der P[+Dir] zu sättigen, da diese ebenfalls nur den Übergang von einer Region in eine andere thematisieren. Die übrigen Wegpräpositionen stellen offensichtlich spezifischere Anforderungen an den zur Interpretation notwendigen Weg: Er muß nicht nur über zwei Lokalisierungszustände erschließbar sein, sondern eine kontinuierliche Gestalt aufweisen.

Bisher verteilen sich die für die Präpositionen relevanten Wegeigenschaften wie in der Tabelle unter (30) aufgeführt: Der für eine Präposition relevante Weg wird als gerichtet klassifiziert, wenn die Kombination mit den Positionsverben nicht möglich ist, und als kontinuierlich, wenn die Kombination mit den kausativen Positionsverben scheitert. (Das eingeklammerte '-' bei *um/entlang* bezieht sich auf die eventuell anzusetzende [+Dir]-Variante von *um*.)

(30)	gerichtet (*PV)	kontinuierlich (*KPV)
P[+Dir]	+	−
durch, über	+	+
um, entlang	−	+(−)
zu	+	+

Wenn man nun noch die Möglichkeiten in Betracht zieht, die sich bei der Bildung von Attributivkonstruktionen ergeben, erhält man noch weitere Aufschlüsse über die Eigenschaften von *durch* und *um*:

(31)   a. die Mauer durch Berlin
      b. die Schlucht durch den Wald
      c. das Papier um das Geschenk
      d. der Garten um das Haus
      e. *die Wiese durch den Wald

durch ist offensichtlich auch dann verwendbar, wenn kein gerichteter Weg zur Verfügung steht, das zeigen die Beispiele (31a) und (b). Das steht allerdings in Widerspruch zu den Folgerungen, die daraus gezogen wurden, daß *durch* nicht mit den PV kombinierbar ist. Diese Beschränkung über *durch* kann jedoch aus speziellen Anforderungen der Präposition erklärt werden, die von den PV nicht erfüllt werden können (vgl. Kaufmann 1991 und Kapitel 4). Ich gehe deshalb davon aus, daß die Attributivkonstruktionen Evidenz dafür geben, daß im Fall von *durch* Richtung keine relevante Wegeigenschaft ist.

Die Beispiele in (31c) und (d) zeigen, daß *um* nicht nur für eindimensionale Weggestalten verwendbar ist, sondern auch für zweidimensionale (31d) und dreidimensionale (31c). Bei einem einzigen Lexikoneintrag für *um* darf der relevante Weg nicht Linearität als notwendige Eigenschaft aufweisen. (31e) zeigt, daß *durch* dagegen keine zweidimensionalen Wege erlaubt.

3.5. Der Status der Wegeigenschaften

Aufgrund der unterschiedlichen Relevanz der Linearität für *um* und *durch* stellt sich die Frage, welchen Status die Linearität als Wegeigenschaft im allgemeinen hat. Man könnte annehmen, daß es sich bei der Verwendung von *um* mit mehrdimensionalen Wegen um eine weitere Variante handelt, die nicht unter die Wegpräpositionen zu rechnen ist, und Linearität als generelle Wegeigenschaft beibehalten. Dagegen spricht jedoch, daß auch durch andere Präpositionen in bestimmten Kontexten nicht-lineare Wege spezifiziert werden können.

(32)   a. Die eingekesselten Demonstranten liefen auf die Polizisten zu
      b. Von allen Seiten flogen Vögel in den Baum/zum Baum

Betrachtet man diese Beispiele, so scheint es plausibel anzunehmen, daß die Linearität von Wegen eher ein Effekt daraus ist, daß das sich bewegende Objekt, das den Weg konstituiert, als 'punktuell' betrachtet wird, so daß sich über seine Bewegung nur ein eindimensionaler Weg ergibt. Wählt man aber Objekte, die mehrdimensionale Wege konstituieren können, ergibt sich auch ein mehrdimensionaler Weg.

Um das Postulat der Linearität von Wegen aufrechtzuerhalten, könnte man argumentieren, daß es sich bei den Beispielen unter (32) um pluralische Objekte handelt, die jeder individuell einen einzelnen linearen Weg zurücklegen (distributive Interpretation). Erst die Summe dieser Wege ist mehrdimensional. Diese Begründung erfaßt aber nicht die Beispiele unter (33), bei denen Massen beteiligt sind.

(33)   a.   Das verschüttete Wasser lief vom Tisch
           b.   Der Brei brodelte über den Topfrand auf die Herdplatte
           c.   Der Nebel kroch in alle Ritzen

Da sich bei den Beispielen unter (32) und (33) ein mehrdimensionaler Weg vor allem über die Charakterisierung der Ausgangs- und Zielregion ergibt, deren Verbindung den Weg herstellt, könnte man annehmen, daß Linearität aus der Richtungseigenschaft ableitbar ist: Je nach Struktur der Ausgangs- und Zielregion können ein- oder mehrdimensionale Wege gebildet werden, wenn die Gestalt des bewegten Objekts das zuläßt. Daß diese Rückführung der Linearität auf Richtung aber nicht immer ausreicht, zeigen die path-Präpositionen *durch/über*. Die Beobachtung, daß die Modifikation von Nomen nur dann möglich ist, wenn das bezeichnete Objekt linear ist (vgl. (31)), kann nicht mit Richtung in Verbindung gebracht werden, da der Weg hier nicht über Bewegung aufgebaut wird.

Auch die Ziel- und Ursprungspräpositionen fordern in Attributivkonstruktionen Linearität (vgl. (34)).

(34) a.   die Straße/*der Platz zum Rathaus
       b.   der Weg/*die Wiese auf den Hügel

Hier läßt sich aber wieder ein Zusammenhang zwischen Richtung und Linearität herstellen: Die Richtungsinformation der Nomen ergibt sich über ein Bewegungskonzept, das mit der Funktion des Objekts assoziiert ist. Die gerichtete Bewegung findet aber nur dann statt, wenn die Gestalt des Objekts die möglichen Wege beschränkt wie bei Straßen und Wegen. Plätze dienen aufgrund ihrer Form gerade dazu, daß keine festgelegte Bewegungsrichtung eingehalten wird, daher kann *Platz* auch nicht von einer direktionalen PP modifiziert werden.

Während man also bei den Ziel- und Ursprungspräpositionen einen Zusammenhang zwischen Gerichtetheit und Linearität herstellen kann, läßt sich bei den path-Präpositionen (*über* verhält sich hier wie *durch*) Linearität nicht auf Gerichtetheit zurückführen. Die drei Wegeigenschaften Linearität, Kontinuität und

Richtung spielen für die Präpositionen also unterschiedliche Rollen. Die folgende Tabelle soll das noch einmal verdeutlichen.

(35) Verteilung der Wegeigenschaften:

Wegeigen-schaft	P[+Dir]	durch über	um längs	zu
linear	+/-	+/-	-	+/-
gerichtet	+	-	-	+
kontinuierlich	-	+	+/-	+

Betrachtet man Wege als strukturierte Regionen, dann lassen sich diese Beobachtungen zu den Wegeigenschaften folgendermaßen interpretieren: Damit ein räumliches Objekt als Weg betrachtet werden kann, muß es irgendeine Art von Struktur aufweisen, durch die es sich von gewöhnlichen unstrukturierten Regionen unterscheidet. Struktur ist nur dann vorhanden, wenn zumindest zwei Teilregionen eine Rolle spielen. Diese Teilregionen können unterschiedlich zueinander in Beziehung stehen: Sind sie geordnet, ergibt sich eine Gerichtetheit des Weges, markieren sie die Endpunkte eines Objekts, ergibt sich über diese Verbindung die Linearität des Weges. Kontinuität besteht, wenn die den Weg konstituierenden Regionen benachbart sind.

Wegbezogene Lokalisierung ist damit als eine Form der Lokalisierung zu charakterisieren, an der mehr als eine Region beteiligt ist. Auf welche Art die beteiligten Regionen in Beziehung stehen, wird durch die Präpositionen individuell festgelegt. Daraus ergeben sich die unterschiedlichen Anforderungen an das Verb (oder das Nomen), das einen entsprechend strukturierten Weg zur Verfügung stellen muß.

Die Beobachtungen zu den Wegeigenschaften und ihre Interpretation führen zu Konsequenzen für die Einbindung von Wegen in die semantischen Repräsentationen: Der unterschiedliche Status der Eigenschaften für die verschiedenen Präpositionen spricht dagegen, Wege als Objektsorten in die Semantik aufzunehmen. Würde man eine Objektsorte Weg ansetzen, die in die Semantik der Präpositionen eingeht, dann müßte die Kombinatorik der unterschiedlichen Präpositionen darüber abgeleitet werden, daß die Prädikate in ihrer SF die jeweiligen Eigenschaften festlegen. Unter der Annahme, daß die Objektsorte Weg ein maximal spezifizierter Weg ist, der alle drei Eigenschaften aufweist, ist unklar, wie eine der Eigenschaften (z.B. Gerichtetheit bei der attributiven Verwendung von *durch*) außer Kraft gesetzt werden kann, da SF-Prädikate lediglich Information hinzufügen können, indem sie ihren Argumenten zusätzliche Eigenschaften zuweisen. Einen Weg anzusetzen, der nur eine der drei Eigenschaften aufweist, ist ebenfalls schwierig, da aus der in Tabelle (35) angeführten Verteilung der Eigenschaften nicht hervorgeht, welche zugrunde gelegt werden kann.

Nachdem in Kapitel 3 schon gegen die Annahme, daß PPs als referentielle Kategorien zu betrachten sind, argumentiert wurde, zeigt nun die Kombinatorik der PPs mit den verschiedenen Verben und Nomen, daß auch die Repräsentation von Wegen als semantisch relevante Sorten problematisch ist.

Betrachtet man Wege nicht als semantische Sorten, sondern als konzeptuelle Objekte, können die unterschiedlichen Forderungen der Präpositionen so behandelt werden, daß ein zunächst unspezifiziertes räumliches Objekt gemäß der durch die SF der Präpositionen vorgegebenen Anforderungen strukturiert wird. Um den Zugriff auf konzeptuelle Information zu ermöglichen, stehen im zweistufigen Repräsentationsformat Parameter zur Verfügung. Nimmt man an, daß Präpositionen nicht über eine Wegvariable, sondern über einen Parameter verfügen, der aus der konzeptuellen Information des Verbs (oder des Nomens) belegt wird, benötigt man keine Sortenunterscheidung. Ein in der Präpositionssemantik verankerter Wegparameter kann so interpretiert werden, daß im Kontext ein räumliches Objekt identifiziert werden muß, das die durch die Präposition spezifizierten Eigenschaften aufweist.

Nimmt man wie im Fall der BV an, daß über Handlungskonzepte entsprechende Wegstrukturen aufgebaut werden können, dann ergibt sich die Kombinatorik von Verben (bzw. Nomen) mit den wegbezogenen PPs daraus, ob ein entsprechend der Präpositionsbedeutung strukturiertes räumliches Objekt durch das Verb (Nomen) 'konstruiert' und so für die Interpretation bereitgestellt wird. Nachdem die Einführung eines Wegparameters motiviert wurde, ist im nächsten Abschnitt die Frage zu klären, wie ein solcher Parameter in die SF der Präpositionen integriert werden kann.

3.6. Der Wegparameter D(x)

3.6.1. Die Abhängigkeit des Parameters vom externen Argument der Präposition

Die erste Frage, die in Zusammenhang mit dem Wegparameter geklärt werden muß, ist, wie der Parameter in die Repräsentation der Präpositionen eingebunden werden kann, so daß bei der Bildung komplexer Phrasen jeweils das richtige Argument des Kopfes mit dem Weg in Beziehung gesetzt wird. Auch hier soll zunächst betrachtet werden, mit welchem Argument der Weg in den von Bierwisch (1988) vorgeschlagenen Repräsentationen verbunden wird.

Bierwischs (1988) Repräsentationen der Weg-Präpositionen beinhalten jeweils ein semantisches Prädikat, dessen Funktion es ist, seinem Argument eine Wegstruktur zuzuweisen und einen bestimmten Teil dieser Struktur herauszugreifen. Im Fall der Ziel-PPs setzt Bierwisch das Prädikat FIN an, das das letzte Teilstück des Weges herausgreift (vgl. Abschnitt 3.2.). Argument von FIN ist $L(x)$, wobei x das externe Argument der Präposition ist. Das hat zur Folge, daß Ziel-PPs als Komplemente von BV nur Situationslokalisierungen vornehmen können, da es nur Sinn hat, der von der Situation eingenommenen Region Wegstruktur zuzuweisen, aber nicht der von einem Individuenargument eingenommenen. Anders als bei den Positionsverben muß deshalb das PP-Komplement bei Bewegungsverben über die Situationsvariable prädizieren. Unschön an dieser Analyse ist, daß dadurch nicht das bewegte Objekt am Ende der Situation in Beziehung zur Zielregion gesetzt wird, sondern lediglich die Region charakterisiert wird, in der die Situation endet. Um zu erfassen, daß bei transitiven Bewegungsverben wie *werfen* nur die Lokalisierung eines Arguments relevant ist, muß deshalb eine Aufspaltung der Situation in verschiedene Teilsituationen vorgenommen werden, damit die Lokalisierung nur auf die Teilsituation, die das bewegte Objekt beinhaltet, bezogen ist. Eine solche Repräsentation der Präpositionen führt damit zu einer relativ komplexen Repräsentation der Bewegungsverben.

Der Grund für Bierwischs Entscheidung, die Situationsvariable als Argument des PP-Komplements lokaler Verben anzusetzen, liegt auf der Hand: Da die PP lediglich über ihr externes Argument in die SF des Verbs eingebunden werden kann, muß sie über ein Argument des Verbs prädizieren, dessen Eigenort sinnvoll als Weg interpretiert werden kann.

Will man erreichen, daß Komplement-PPs statt über die Situationsvariable über Individuenargumente prädizieren, dann muß die semantische Struktur der Präposition also so aufgebaut werden, daß die Wegstruktur nicht dem externen Argument der Präposition zugewiesen wird. Bei der Annahme eines Wegparameters ist das möglich, da er es erlaubt, eine indirekte Beziehung zwischen dem externen Argument der Präposition und dem Weg herzustellen.

Die Interpretationen der Bewegungsverben lassen es naheliegend erscheinen, die folgende Beziehung zwischen dem externen Argument der Präposition und dem Wegparameter anzusetzen: Das externe Argument bezeichnet immer das Objekt, das über seine Bewegung den Weg erst aufbaut. Berücksichtigt man jedoch die attributiven Verwendungen von wegbezogenen PPs, dann ergibt sich ein etwas anderes Bild: In diesen Verwendungen kann das Argument zwar auch wie bei den Bewegungsverben auf das Objekt referieren, das den Weg zurücklegt, aber ebenso auf den Weg selbst oder auf ein Objekt, das auf andere Weise mit einer Bewegungssituation in Beziehung steht. Die Attributivkonstruktionen unter (36) illustrieren unterschiedliche Rollen des externen Arguments in der Lokalisierungsbeziehung.

(36) a. die Straße in den Wald
 b. der Brief nach England
 c. der Bus über die Dörfer
 d. die Tür in den Keller
 e. die Reise in die Alpen
 f. das Visum in die USA
 g. die Einladung ins Schloß

Welcher Art die Beziehung zwischen dem vom externen Argument bezeichneten Objekt und dem relevanten Weg ist, wird offenbar in Abhängigkeit vom modifizierten Nomen festgelegt. *Straße* als ein Objekt, dessen Funktion es ist, befahren zu werden, wird selbst als Weg betrachtet, *Brief* als transportiertes Objekt hat die Funktion des bewegten Objekts, ebenso *Bus*. *Tür* spezifiziert in ihrer Funktion als Durchgang den Ort der Grenzüberschreitung auf dem Weg in die Zielregion, während *Reise* als Bewegungsereignis den ganzen Weg umfaßt. *Visum* und *Einladung* sind nur indirekt mit einer Bewegungssituation verbunden, indem sie eine 'Aufforderung zur Durchführung der Bewegung' beinhalten.

Dieser Bezug auf die mit dem Nomen verbundene Information zeigt, daß der Wegparameter nur in Abhängigkeit vom externen Argument festgelegt werden kann, wobei die spezifische Beziehung zwischen Argument und Weg jeweils aus dem Kontext hervorgeht. Ich möchte den Wegparameter deshalb als eine Funktion D(x) festlegen, die angewendet auf das externe Argument x der Präpositionen einen im Kontext bereitgestellten Weg identifiziert. Der Wegparameter D(x) ist zu interpretieren als eine 'relativ zum externen Argument x zu fixierende räumliche Dimension'. (Der Begriff 'Dimension' ist hier möglicherweise etwas irreführend. Er dient lediglich dazu, den Begriff 'Weg' zu vermeiden, da der Parameter auch durch räumliche Objekte belegt werden kann, die generell nicht als Wege betrachtet werden; z.B. im Fall von *Mauer durch den Wald*.)

Als Beispiel für eine Repräsentation, die D(x) beinhaltet, ist unter (37) *um* gewählt. Bei den übrigen Präpositionen ist die Einbindung des Parameters komplexer und wird erst in Kapitel 4 diskutiert.

(37)   *um*:   λy λx [ENCL (D(x), y)]

Das Prädikat ENCL steht für 'enclose' (siehe Wunderlich 1993a und Abschnitt 4.3.2.). Im Fall von *um* muß also die relativ zum externen Argument zu fixierende Dimension das Bezugsobjekt umschließen. Wie die Belegung von D(x) erfolgen kann, soll im nächsten Abschnitt am Beispiel der Attributivkonstruktionen genauer betrachtet werden.

3.6.2. Die Belegung von D(x)

Da es keine aufgrund ihrer Gestalteigenschaften als Weg strukturierten Regionen gibt, sondern Struktur nur im Zusammenhang mit bestimmten Handlungen oder Funktionen eines Objekts in bestimmten Situationen zustandekommt, muß sie immer von außen zugewiesen sein. So kann die Region, die ein Objekt einnimmt, Struktur dadurch erhalten, daß mit dem Objekt bestimmte Funktionen verbunden sind, die eine Ausrichtung festlegen. Eine Region, in der sich eine Bewegungssituation abspielt, erhält z.B. Struktur durch die 'Abfolge', in der sie begangen wird. Die konzeptuelle Dimension, die den Wegparameter der Präposition belegen soll, muß jeweils durch solche mit dem sprachlichen Kontext verbundene Information zur Verfügung gestellt werden.

Welche sprachlichen Komponenten zur Bereitstellung des Weges infrage kommen, ergibt sich über die Bindung des Parameters an das externe Argument der Präposition. Nur konzeptuelle Information, die über dieses Argument bereitgestellt wird, kann zur Parameterbelegung verwendet werden. Die jeweilige Art der Sättigung des Arguments im Kontext bestimmt, um welche Information es sich dabei handeln kann. Nun wird die externe θ-Rolle der Präposition nicht wie Verbargumente durch funktionale Applikation gesättigt, sondern, wenn sie als Adjunkt fungiert, (in Attributivkonstruktionen) indirekt durch Identifikation mit dem externen Argument des Nomens oder, wenn die PP vom Verb subkategorisiert ist, über interne λ-Konversion durch ein Argument des Verbs. Dieses Argument spielt die entscheidende Rolle bei der Parameterbelegung, da die zur Belegung relevante Information aus allen SF-Komponenten kommen kann, die über dieses Argument prädizieren.

Auf die Belegung des Wegparameters durch Information aus den Verben werde ich im Zusammenhang mit der Diskussion der Verben noch eingehen. Hier soll nur kurz die Belegung aus der Nomeninformation in Attributivkonstruktionen angesprochen werden. Da die räumliche Information von Nomen die Gestalt betrifft, könnte man annehmen, daß diese primär zur Belegung des Wegparameters herangezogen wird. Es zeigt sich allerdings, daß bei Artefakten nur solche Information aus der Nomenbedeutung zur Belegung des Wegparameters herangezogen werden kann, die mit der Funktion des Objekts verbunden ist (vgl. Kaufmann 1990). Auch wenn für die Belegung des Parameters Information über die Objektgestalt herangezogen wird, muß diese zusätzlich mit einer raumbezogenen Funktion assoziiert sein, damit die Modifikation durch eine Weg-PP möglich ist. Allerdings kann nicht jede beliebige Funktion, die eine Asymmetrie in bezug auf die Objektgestalt impliziert, eine Interpretation als Weg auslösen. So ist *Löffel auf den Teller* nicht akzeptabel, obwohl die Funktion des Löffels einen 'Anfang' und ein 'Ende' vorgibt. Da die Funktion selbst aber nicht raumbezogen ist, kann sie nicht die für die Wegstruktur relevante Richtung einführen. Die Sätze unter (38) demonstrieren die Relevanz der funktionalen Information.

(38) a. die Straße/die Mauer durch den Wald
     b. §der Teppich durch das Zimmer

Die Funktion von Straßen ist die Verkehrsführung, die mit Bewegung verbunden ist. In der Funktionsinformation ist auch die Objektachse festgelegt, relativ zu der die Bewegung typischerweise stattfindet. Dadurch steht mit dieser Achse ein linearer, gerichteter Weg zur Verfügung, da von der zweidimensionalen Gestalt von Straße abstrahiert werden kann auf die für den Weg allein relevante Maximale. *Mauer* in (38a) beinhaltet keine Richtungsinformation, stattdessen jedoch funktionale Abgrenzungsinformation, die erneut mit der maximal ausgedehnten Achse assoziiert ist und deshalb ebenfalls eine Abstraktion der Objektgestalt als linearer Weg erlaubt. *Teppich* in (38b) verfügt dagegen nur über die funktionale Information, daß das Objekt als Bodenbelag dient. Hier ergibt sich keine Richtung.

Auch bei bewegten Objekten muß eine funktionale Information vorliegen, wobei zusätzlich eine habituelle Beziehung zwischen Objekt und Weg gegeben sein muß, wie die Beispiele unter (39) zeigen.

(39) a. der Bus in die Innenstadt
     b. ^{S}das Auto in die Innenstadt

Der Grund dafür, daß die Modifikation von Nomen, die bewegte Objekte bezeichnen, so beschränkt ist, ergibt sich folgendermaßen: Anders als bei der Kombination mit Verben spezifiziert die PP bei der Modifikation eines Nomens nicht eine zeitlich an eine bestimmte Situation gebundenen Eigenschaft des Objekts, da das Nomen nicht zeitlich verankerbar ist. Wenn dem Nomen in einer Attributivkonstruktion die Rolle des bewegten Objekts zugewiesen wird, kann der Wegparameter nur durch einen von diesem Objekt selbst zurückgelegten Weg gesättigt werden. Während nun im Fall der BV über MOVE ein in der aktuellen Situation aufgebauter Weg mit dem bewegten Objekt assoziiert ist, ist das bei Nomen, die nicht über zeitliche Information verfügen, nicht der Fall. Da auch die PPs keine verankerbare Zeitinformation haben, können sie in diesen Konstruktionen nur dann adäquat prädizieren, wenn sie eine Eigenschaft bezeichnen, die dem Objekt habituell (also unabhängig von einer bestimmten Zeit) zugewiesen werden kann. Diese Interpretation ist bei (Linien-)Bussen sinnvoll, da ihnen bestimmte Strecken zugewiesen werden können, aber nicht bei Autos. Etwas markierter, aber in bestimmten Kontexten möglich, ist auch die zeitliche Verankerung zur Sprechzeit. dadurch ergibt sich die Interpretation, daß das Objekt im Moment der Äußerung den entsprechenden Weg zurücklegt. In dieser Interpretation ist dann auch (39b) akzeptabel. (Vgl. dazu auch die Überlegungen zur Interpretation der -er-Nominalisierungen in Abschnitt 9.2.1.)

In Kaufmann (1990) wurden tentativ die Repräsentationen unter (40) für die mit den Nomen assoziierten funktionalen Informationen vorgeschlagen, über die die Belegung des Wegparameters stattfindet. Die Repräsentation soll vor allem die Interaktion zwischen den verschiedenen Typen von Information illustrieren, die an der Belegung des Parameters beteiligt sind. Die Funktion des bezeichneten Objekts wird dabei als ein abstraktes Konzept repräsentiert, das Informationen über die beteiligten Partizipanten beinhaltet. Diese funktionalen Konzepte können selbst mit anderen Konzepten assoziiert sein oder andere Konzepte beinhalten. Die Partizipanten sind über die Rollen, die sie in dem Konzept einnehmen, bestimmt, bzw., wenn keine passende Rolle zur Verfügung steht, über ihre Sorte festgelegt. Die Rolle, die das Objekt ausfüllt, das durch das Nomen bezeichnet wird, ist fett gedruckt. Die Verbindungslinien deuten an, daß eine Beziehung zwischen den Informationen über einen Partizipanten in den Teilkonzepten besteht.

Bei *Bus* und *Auto* ist mit der primären Funktion des Transports ein Bewegungskonzept assoziiert, durch das das Instrument des Transportkonzepts als Thema der Bewegung gekennzeichnet wird. Der Unterschied zwischen *Bus* und *Auto* besteht darin, daß *Bus* auf eine bestimmte Strecke festgelegt ist, *Auto* jedoch nicht.

In die Repräsentation von *Straße* und *Teppich* ist neben der Information über die Funktion noch die Gestaltinformation aufgenommen. Zur Repräsentation dieser Information wurde eine stark vereinfachte Version der Objektschemata von Lang (1987) gewählt, die Information über die Objektachsen enthalten. Dabei ist 'max' die Objektmaximale, 'vert' die in der Vertikalen ausgerichtete Achse, 'sub' die "Dicke" und Ø eine nicht spezifizierte Objektachse (vgl. dazu auch Kapitel 6). Für die anderen Objekte sind natürlich entsprechende Objektschemata anzusetzen, die jedoch für die Belegung des Wegparameters keine Rolle spielen. Bei *Mauer*, *Straße* und *Teppich* dagegen interagiert die Funktionsinformation mit der Gestaltinformation: In (40c) ist die Funktion von *Straße* als Weg in einem Bewegungskonzept mit ihrer maximalen Objektachse assoziiert, die Funktion von *Teppich*, einen Untergrund zu bedecken, ist dagegen mit der ganzen Objektgestalt, also der Fläche, verbunden. Dadurch wird über die Funktion von *Teppich* weder eine Bewegungsinformation geliefert, noch eine Weggestalt. Im Fall von *Mauer* ist die räumliche Abgrenzungsfunktion mit der maximalen Objektachse assoziiert, auch hier besteht also eine Verbindung zwischen räumlicher Funktion und Gestalt. Der Vollständigkeit halber ist auch *Löffel* aufgeführt, hier ist die funktionale Information nicht raumbezogen.

(40) a. Bus:

                                               (öffentlich) (menschlich)
                                                      |
Funktionale Eigenschaften: TRANSPORT (**instr**, obj1, ...)
                                                        |
                                          MOVE (obj1, path, ...)
                                                            |
                                             (feste Strecke)

b. Auto:

                                                     (menschlich)
                                                        |
Funktionale Eigenschaften: TRANSPORT (**instr**, obj, ...)
                                                     |
                                         MOVE (obj, path, ...)

c. Straße:
   Gestalteigenschaften: ⟨ max, Ø ⟩
                                                   |
   Funktionale Eigenschaften: MOVE (obj, **path**, ...)
                                                   |
                                         (Fahrzeug)

d. Teppich:
   Gestalteigenschaften: ⟨ max, Ø, sub ⟩
                                                  |
   Funktionale Eigenschaften: COVER (**obj1**, obj2)
                                                 |
                                         (Boden)

e. Mauer:
   Gestalteigenschaften: ⟨max, vert, sub⟩
                                             |
   Funktionale Eigenschaften: BOUND (th, reg1, reg2)

f. Löffel:
   Funktionale Eigenschaften: EAT (ag, instr, th)

Inwieweit eine derartige Repräsentation für die Nomeninformation adäquat ist, bleibt zu prüfen. In jedem Fall ist eine Repräsentation notwendig, bei der die verschiedenen Informationstypen in Beziehung gesetzt werden, da bei der Belegung von D(x) die verschiedenen Informationen zusammenwirken: Zunächst muß in der funktionalen Information ein raumbezogenes Konzept identifizierbar sein. Gibt es kein solches Konzept, wie bei *Löffel* in (40f), scheitert die Konstruktion. Wenn ein raumbezogenes Konzept vorhanden ist, dann ist zu prüfen, ob einer der Partizipanten die zur Belegung des Parameters notwendigen Wegeigenschaften aufweist. Ist die Maximale im Objektschema des Nomens mit einem der Partizipanten des raumbezogenen funktionalen Konzepts assoziiert, dann kann sie als lineare Dimension zur Belegung des Parameters herangezogen werden, wie im Fall von *Mauer* oder *Straße*. Für eine Präposition, die aufgrund ihrer Semantik einen linearen gerichteten Weg fordert, reicht diese Assoziation mit der Objektmaximalen allein jedoch nicht aus. Steht jedoch wie bei *Straße* weiterhin die Information zur Verfügung, daß die Maximale die path-Rolle in einem Bewegungskonzept übernimmt, dann kann die Belegung stattfinden. Im Fall von *Bus* ergibt sich bei der Belegung des Wegparameters über den durch das Bewegungskonzept zugreifbaren path, daß es nicht das vom Nomen bezeichnete Objekt selbst ist, das lokalisiert wird.

Die Beobachtung, daß das von dem Nomen bezeichnete Individuum die verschiedensten Rollen in dem funktionalen Konzept spielen kann, aus dem der Wegparameter belegt wird, ergibt sich also daraus, daß die Rolle des Individuums zwar in der Nomenrepräsentation festgelegt ist, die einzige Beschränkung jedoch darin besteht, daß D(x) und x Partizipanten desselben funktionalen Konzepts sein müssen. Nachdem nun der allgemeine Rahmen für die Analyse der Präpositionen abgesteckt ist, sollen im nächsten Kapitel die Repräsentationen vorgestellt werden.

4. Die Repräsentation der wegbezogenen Präpositionen

Ich möchte im folgenden Repräsentationen für die wegbezogenen Präpositionen vorschlagen, die dem Kompositionsverhalten Rechnung tragen. Die Präpositionen werden in den Klassen diskutiert, in denen sie in Abschnitt 3.2. eingeführt wurden. Die einzelnen Abschnitte fassen noch einmal kurz die Wegeigenschaften der Präpositionen zusammen, die sich aus ihrer Kombinatorik ableiten lassen. Auf dieser Basis werden die Repräsentationen und ihre konzeptuelle Interpretation eingeführt. Wie die konzeptuelle Ausdifferenzierung der komplexen semantischen Strukturen stattfindet, die sich bei der Komposition von Verb und PP ergeben, wird erst in Kapitel 6 und 7 in Zusammenhang mit den Positionsverben und den kausativen Positionsverben diskutiert.

4.1. Die direktionalen Präpositionen (P[+Dir])

Die P[+Dir] beinhalten einen räumlichen Wechsel in eine Region, die über eine Nachbarschaftsfunktion relativ zum Bezugsobjekt gewonnen wird. Das Bezugsobjekt geht als internes Argument in die Repräsentation der Präposition ein. Ein räumlicher Wechsel kann nur relativ zu einem Objekt erfaßt werden, das dem Wechsel unterliegt. Über dieses Objekt muß also eine Lokalisierungsinformation in bezug auf zwei Regionen vorliegen. Die Lokalisierungsinformation, die in die P[+Dir] eingeht, entspricht der der P[-Dir]. Als semantische Primitive gehen die Funktion, die die Nachbarschaftsregion relativ zum Bezugsobjekt bestimmt, und die Lokalisierungsrelation in die SF ein. Die konzeptuelle Interpretation dieser Komponenten ergibt sich folgendermaßen: Die Lokalisierungsrelation LOC ist konzeptuell als Inklusionsrelation zwischen dem vom lokalisierten Individuum eingenommenen Ort und der präpositionsspezifischen Region festgelegt. Diese Region wird wiederum abhängig von dem vom Referenzobjekt eingenommenen Ort bestimmt. In (1c) ist exemplarisch die Interpretation der Präposition *in*[-Dir] angegeben, in (1a) und (1b) ist die Interpretation der beiden Teilkomponenten LOC und IN angegeben. 'Int' ist die Interpretationsfunktion, die den semantischen Strukturen eine konzeptuelle Deutung zuweist.

(1) a. Int (LOC (x, r)) = l(x) ⊆ r
    b. Int (IN (y)) = l(y)
    c. Int (LOC (x, PRÄP (y))) = l(x) ⊆ l(y)

Der Wegparameter D(x) ist mit dieser Information so in Beziehung zu setzen, daß sich die Wegeigenschaften der P[+Dir] ergeben, aus denen sich die korrekte Kombinatorik mit den lokalen Verben voraussagen läßt. Die P[+Dir] erlauben die Kombination mit Bewegungsverben und kausativen Positionsverben, aber nicht die Kombination mit statischen Positionsverben. Aufschluß über ihre semantische Repräsentation ergibt sich vor allem daraus, daß sie die einzige Präpositionsklasse sind, die mit den kausativen Positionsverben kombinierbar ist. In Kapitel 3 wurde daraus abgeleitet, daß sie keinen kontinuierlichen Weg fordern, sondern lediglich einen gerichteten.

(2) a. Petra fährt auf den Parkplatz
b. Sie stellt ihr Auto unter einen Baum
c. *Das Auto steht in eine Pfütze

Wie die KPV einen Wechsel von einem unspezifizierten Vorzustand in einen spezifizierten Nachzustand ausdrücken, beinhalten die (Ziel-)P[+Dir] einen Wechsel aus einer unspezifizierten Ursprungsregion in eine spezifizierte Zielregion. Während bei Zuständen als Prädikaten über Zeiten[1] der Wechsel relativ zur Zeitskala stattfindet, spielt bei den P[+Dir] die Zeit keine Rolle: Relativ zu einer gerichteten Wegstruktur wird eine Region als Ursprungsregion und eine andere als Zielregion festgelegt. Ich gehe davon aus, daß ebenso wie die KPV einen Operator BECOME enthalten, zur Semantik der P[+Dir] ein entsprechender Operator CHANGE gehört, der aber nicht über der Zeitskala, sondern über einer Raumskala operiert. Bei der Raumskala handelt es sich natürlich um den Weg, relativ zu dem die Lokalisierung stattfindet und der als Parameter D(x) in die semantische Repräsentation eingebunden werden soll. So wie bei BECOME der Zielzustand explizit in der Struktur auftritt, ist es im Fall von CHANGE die Zielregion, die positiv spezifiziert wird, während die Ausgangsregion sich nur als deren Komplementärregion ergibt.

Wie die Repräsentation der P[+Dir] genau aussehen soll, ist am leichtesten anhand der Komposition mit den KPV zu entwickeln. Die KPV enthalten in ihrer konzeptuellen Interpretation zwei Positionierungszustände und über die Positionsinformation auch die Information, daß es zwei Regionen gibt, wie sie zur Belegung des Wegparameters der P[+Dir] nötig sind (vgl. Kapitel 7). Die P[+Dir] selbst tragen Information über zwei geordnete Regionen bei, eine Ausgangs- und eine Zielregion, und darüber, daß ein Übergang zwischen ihnen stattfindet. Sinnvoll erscheint also eine Interpretation der Verbalphrase, bei der die von der Präposition gelieferte Ausgangsregion den vom Verb bereitgestellten Vorzustand spezifiziert und die Zielregion entsprechend den Nachzustand. Die Parallele zwischen BECOME und CHANGE kann folgendermaßen formuliert werden:

- BECOME (Z) ist zu interpretieren als zeitlicher Zustandswechsel: ein Zeitpunkt t_1 fällt nicht in den Zielzustand Z, ein Zeitpunkt t_2 fällt in Z.
- CHANGE (R) ist zu interpretieren als ein räumlicher Wechsel: eine Region r_1 fällt nicht unter das Lokalisierungsprädikat R, eine Region r_2 fällt unter R.
- BECOME (Z) charakterisiert zeitlich strukturierte Individuen, also Ereignisse.
- CHANGE (R) charakterisiert räumlich strukturierte Individuen, also Wege.

---

[1] Ich möchte hier nicht die Frage diskutieren, ob Zeitpunkte oder Zeitintervalle als relevante Zeiteinheiten zu betrachten sind, und verwende deshalb den neutralen Begriff 'Zeiten'.

BECOME wurde in der Repräsentation der KPV als einstelliges Prädikat repräsentiert, das ein Zustandsargument einbettet. Da für CHANGE neben der Lokalisierungsinformation auch der Wegparameter in die Repräsentation eingehen muß, scheint es, daß die beiden semantischen Prädikate eine unterschiedliche Argumentstruktur aufweisen. Betrachtet man die Interpretation von BECOME genauer, ergibt sich aber, daß auch hier immer eine Dimension beteiligt ist, nämlich die Zeitachse, relativ zu der der Wechsel vom Vorzustand zum Nachzustand stattfindet. Ebenso wie die beiden an einem Zustandswechsel beteiligten Zustände über ein Element der Zeitdimension prädizieren, kann man bei den P[+Dir] die Lokalisierungsinformation so integrieren, daß ein Lokalisierungsprädikat über zwei Elemente der Raumdimension, also des Weges prädizieren.

Die konzeptuelle Interpretation von CHANGE, über die diese Beziehung geregelt wird, wird in Anlehnung an die Festlegung der Phasenquantoren in Löbner (1990) formuliert. Löbner führt die Phasenquantoren ein, um duale Beziehungen zu erfassen. Dieser Aspekt ist hier nicht relevant. Hier soll lediglich von der Interaktion zwischen einer Dimension (bei Löbner 'Skala') und einem darüber definierten Prädikat Gebrauch gemacht werden. Unter (3a) ist Löbners allgemeine Festlegung für Phasenquantoren angegeben, unter (3b) die Festlegung für den Phasenquantor vom Typ 1 (PQ1), der die für BECOME und CHANGE relevante Anordnung der Prädikatsphasen erfaßt. Phasenquantoren sind als vierstellige Prädikate definiert, wobei das vierte Argument die Anordnung der positiv spezifizierten Phase und der Komplementärphase festlegt, durch die sich die einzelnen Typen unterscheiden. Der PQ1 unter (3b) verfügt dementsprechend nur noch über drei Argumente, da das Argument, das die Anordnung der Prädikate festlegt, schon fixiert ist.

(3) a. Ein Phasenquantor ist ein vierstelliges Prädikat PQ(<, t, P, α), wobei
- < eine lexikalisch fixierte Skala ist, die die Bedeutungsunterschiede zwischen verschiedenen PQ gleichen Typs festlegt und eine lineare Ordnung über der Domäne von P definiert;
- t das Argument von P und
- P das für die Bewertung relevante Prädikat ist;
- α ein Parameter mit den Werten 0 und 1, der für die Belegung der Anfangsphase in bezug auf das Prädikat P relevant ist.
  b. PQ1 (<, t, P) $<=>_{df}$ PQ (<, t, P, 0)

Ein PQ1 erfaßt eine Skala, die aus einer geordneten Menge von Objekten einer bestimmten Sorte besteht und über deren zweite Phase (bzw. die Objekte der zweiten Phase) P prädiziert. t steht für ein solches Objekt, das unter P fällt.

Bei Löbners Phasenquantoren handelt es sich um statische Konfigurationen, die unter einer bestimmten Perspektive betrachtet werden: Die Eigenschaft von t, unter das Prädikat P zu fallen, wird in einen Kontext gestellt, in dem vergleichbare Objekte, zu denen t in einer Ordnungsrelation steht, ebenfalls in bezug auf diese Eigenschaft charakterisiert sind. Durch diesen Vergleich ergibt sich die Perspektive: Im Fall von PQ1 fällt der Bewertungspunkt t unter P, nachdem eine Reihe von anderen Punkten auf der Skala unter ~P gefallen ist.

Die Parallele zwischen BECOME und CHANGE zeigt, daß das hier angestrebte Konzept 'dynamischen' Charakter hat: Relevant ist nicht die Belegung eines Bewertungspunktes relativ zu einem Kontext, sondern die Strukturierung der Skala selbst, die durch die Prädikation erreicht wird. Im Fall von BECOME wurde oben das Ereignis, das den Übergang zwischen den beiden Zustandsphasen umfaßt, als das Objekt angegeben, auf das der Ausdruck bezogen ist. Eine 'dynamische' Entsprechung der PQ müßte also so aufgebaut sein, daß auch dieses Objekt in die Argumentstruktur eingeht. Dagegen ist der Bewertungspunkt t für die dynamische Version nicht relevant. Für BECOME ergibt sich demnach eine Festlegung wie unter (4):

(4)   BECOME ($<_t$, e, P), wobei - $<_t$ die Zeitskala ist,
- P das für die Bewertung relevante (Zustands-) Prädikat
- und e das Ereignis, dessen Ereigniszeit τ(e) festgelegt ist durch das minimale Intervall $[t_1\ t_2]$, für das $\sim P(t_1)$ und $P(t_2)$ gilt.

Die Reihenfolge der Prädikatsphasen auf der Skala entspricht der des PQ1.

CHANGE charakterisiert eine Grenzüberschreitung zwischen zwei Regionen, die allerdings nicht in die Argumentstruktur der Präposition eingeht. Um zu gewährleisten, daß die zweite Phase von D(x) in der von der Präposition festgelegten Nachbarschaftsregion liegt, wird den Elementen dieser Phase des Weges die Eigenschaft zugewiesen, in der Nachbarschaftsregion eingeschlossen zu sein. Da die P[+Dir], für die CHANGE relevant ist, wie alle Präpositionen nicht referentiell sind, geht kein der Ereignisvariable e entsprechendes Argument in die Repräsentation ein.

In der semantischen Repräsentation der P[+Dir] soll allerdings die Lokalisierung eines Individuums erhalten bleiben. Aufgrund von attributiven Verwendungen wie *Straße in den Wald, Reise in die Berge* etc. kann das lokalisierte Objekt allerdings nicht mit dem Objekt, relativ zu dem der Parameter fixiert wird, identisch sein. Das würde in diesen Fällen dazu führen, daß der Weg identisch ist mit dem in der Zielregion lokalisierten Objekt. Offensichtlich ist es so, daß in allen Vorkommen direktionaler PPs das lokalisierte Argument das Thema der Bewegungssituation ist, die über x zur Instantiierung des Parameters herangezogen wird. Damit erscheint es sinnvoll, das lokalisierte Objekt ebenfalls mit einem Parameter in die Repräsentation einzubinden, der über das gleiche Konzept zu fixieren ist wie der Wegparameter.

In der konzeptuellen Festlegung der Lokalisierungsinformation LOC ist das Inventar vorhanden, das zur Festlegung der Argumente von CHANGE benötigt wird: Wenn D(x) eine Raumskala ist, muß das Prädikat P ein Prädikat über Regionen sein. Während das erste Argument der semantischen Relation LOC ein Individuum ist, besteht ihre konzeptuelle Deutung in der Inklusionsrelation, die Regionen in Beziehung setzt (vgl. (1a)). Unter (5a) ist die konzeptuelle Interpretation von CHANGE angegeben, unter (5b) die semantische Repräsentation, die den Parameter D(x) als relevante Skala festlegt und statt eines Prädikats über Regionen die Repräsentation der P[-Dir] integriert. Der von z eingenommene Ort entspricht in der konzeptuellen Festlegung der Region r. *präp* steht für die präpositionsspezifische Nachbarschaftsregion, *c-präp* für die dazu komplementäre Ursprungsregion. w ist der vom Ausdruck bezeichnete Teilweg, der nicht in die SF eingeht, da die Präpositionen nicht auf den Teilweg referieren, sondern als Prädikate über ein Individuum konstruiert sind, das den Weg zur Verfügung stellt. Das lokalisierte Objekt z ist in der SF in (b) ebenfalls als Parameter Z integriert, die Belegung von Z geschieht in Bewegungskontexten über das Individuum, durch dessen Bewegung der Weg aufgebaut wird. Wenn die PP Komplement eines BV ist, ist Z daher immer mit dem Individuum, das das externe Argument der Präposition x bezeichnet, identisch. Im Fall der Attributivkonstruktionen dagegen muß Z durch das bewegte Objekt aus dem Bewegungskonzept belegt werden, während das externe Argument auf einen anderen Partizipanten bezogen sein kann. Unter (5c) ist die konzeptuelle Interpretation von *in* [+Dir] angegeben, die zustandekommt, wenn die Parameter über ein Bewegungskonzept belegt werden. $l_1(z)$ und $l_2(z)$ müssen hier als '$l(z)$ zur Zeit t_1' und '$l(z)$ zur Zeit t_2' interpretiert werden. $<_r$ ist hier durch 'path' ersetzt, um die Belegung von D(x) durch den zurückgelegten Weg anzudeuten, der im Kontext durch das Bewegungsverb bereitgestellt wird.

(5) a. $\exists r_1, \exists r_2 \ (r_1 \subseteq$ c-präp $\& \ r_2 \subseteq$ präp$)$ mit $r_1, r_2 \in <_r$ und
$\exists w \subseteq <_r, w = \{r | \ r_1 < r < r_2\}$
b. $\lambda y \ \lambda \underline{x}$ [CHANGE (D(x), (LOC(Z, PRÄP(y))))]
c. Int (CHANGE (D(x), LOC (Z, IN (y)))) =
$l_1(z) \not\subseteq l(y) \ \& \ l_2(z) \subseteq l(y)$ mit $l_1(z), l_2(z) \in$ path $\& \ (x = z \lor x =$ path$)$

Die Möglichkeiten für die Rolle von x, die sich aus der jeweiligen Belegung von D(x) ergeben, sind hier als Bestandteile der konzeptuellen Interpretation aufgeführt. Welche der möglichen Funktionen x übernimmt, ergibt sich aus der kontextuellen Information. x = path erfaßt Attributivkonstruktionen wie *die Straße in den Wald*, x = z erfaßt Bewegungsverben und Ausdrücke wie *der Bus in die Stadt*.

Durch die Festlegung von CHANGE besteht eine notwendige sortale Übereinstimmung zwischen der Dimension und dem Argument des Prädikats. Da in der konzeptuellen Festlegung zumindest eine der Teilregionen, aus denen die Dimension besteht, als inkludiert in der Nachbarschaftsregion des internen Arguments angesetzt ist, besteht die Möglichkeit, eine Parametrisierung vorzunehmen: Die 'Objekte', aus denen sich die Dimension zusammensetzt, müssen von der gleichen Sorte sein wie das 'Objekt', das die Nachbarschaftsregion bildet. Nur dann kann eine Inklusionsbeziehung zwischen ihnen bestehen. Ergibt sich aus der Information des internen Arguments keine lokale, sondern eine andere, abstrakte

'Nachbarschaft', ist entsprechend die Dimension abstrakt zu interpretieren. Damit muß auch LOC als nicht lokale Relation verstanden werden, da die konzeptuelle Interpretation von LOC ebenfalls über die Inklusion in der Nachbarschaftsregion festgelegt ist. BECOME kann vor diesem Hintergrund als eine Spezifizierung von CHANGE betrachtet werden, bei der die Dimension auf die Zeit festgelegt ist und das Prädikat nur als Prädikat über Zeiten, also als Zustand fungiert.

4.2. *von* und *zu*

von und *zu* bilden aufgrund ihrer Distribution eine eigene Klasse unter den Präpositionen, werden aber trotzdem häufig parallel zu den P[+Dir] behandelt. Die folgenden Daten sollen zunächst einen etwas ausführlicheren Überblick über die Kompositionsmöglichkeiten von *von* und *zu* geben und so den Unterschied zu den P[+Dir] aufzeigen. In der Repräsentation soll dieser Unterschied daraus abgeleitet werden, daß der Wegparameter D(x) anders integriert wird als bei den P[+Dir].

4.2.1. Die Kompositionseigenschaften von *zu*

(6) a. Er läuft in einer Stunde/ *stundenlang zum Bahnhof
 b. Er ging wie immer zur Uni, kam aber nie dort an
 c. ?Er ging wie immer in die Uni, kam aber nie dort an

(6a) zeigt, daß *zu* eine Begrenzung einer ausgedehnten Situation einführt. Im Gegensatz zu den P[+Dir], die eine punktuelle Interpretation bewirken, löst *zu* in Kombination mit Prozeßverben Accomplishment-Lesart aus, d.h. es wird eine Situation aufgebaut, in der zunächst ein Weg zurückgelegt und dann ein Ziel erreicht wird. Wie bei anderen Accomplishment-Konstruktionen ergibt sich die Möglichkeit, daß der Abschluß der Situation, hier also das Ziel, nicht erreicht wird (vgl. (6b)), was bei den P[+Dir] schlecht möglich ist. Ein BV mit *zu*-PP bezieht sich also auf eine zeitlich und damit natürlich auch räumlich ausgedehnte Situation, so daß ein ausgedehnter Weg Bestandteil der Bedeutung von *zu* sein muß. Das von *zu* eingeführte Ziel bestimmt im Gegensatz zu den P[+Dir] keine in bezug auf das Referenzobjekt klar festgelegte Nachbarschaftsregion: Generell läßt eine *zu*-PP offen, ob z.B. der Innenraum eines Gebäudes betreten oder nur die engere Umgebung erreicht wird. Die Zielregion, in der das relevante Objekt lokalisiert wird, wird kontextuell über die Funktionseigenschaften des Bezugsobjekts bestimmt. Entsprechendes gilt auch für *von*.

Die Kombination mit kausativen Positionsverben (KPV) ist zwar in bestimmten Kontexten möglich, bewirkt dann aber eine etwas andere Interpretation der Präposition: *zu* führt nicht mehr einen Weg ein, der auf ein Ziel gerichtet ist, sondern lediglich die Lokalisierung bei einem Ziel. In diesen Lesarten von *zu* bestehen Verträglichkeitsbedingungen zwischen Bezugsobjekt und lokalisiertem

Objekt, die die Gleichartigkeit der Objekte in bezug auf ein im Kontext vorgegebenes Gruppenbildungskriterium betreffen, vgl. (7a) vs. (7b). Diese Lesart scheint eine Art direktionaler Komitativ zu sein, der im folgenden als eigenständige Variante betrachtet wird. Für eine Behandlung als eigenständige Variante sprechen die Sätze (7c) und (d): Die Variante in (c), die die Kombination mit den KPV erlaubt, ist ergänzbar durch *dazu*. Dies ist in den Standardverwendungen von *zu* mit Bewegungsverben nicht möglich (d).

(7) a. Er stellt das Fahrrad zum Moped
 b. *Er stellt das Fahrrad zur Kirche
 c. Er legt die Äpfel zu den Birnen (dazu)
 d. *Er geht zur Kirche (*dazu)

Obwohl die Komitativ-Lesart als eigenständige Variante zu betrachten ist, kann sie über die Standardverwendung von *zu* motiviert werden, da das Gruppenbildungskriterium, das für die Komitativinterpretation relevant ist, ebenfalls über Funktionseigenschaften des Bezugsobjekts zu gewinnen ist. Als gemeinsamer Kern beider Varianten läßt sich demnach die Herstellung einer funktionalen Beziehung zwischen lokalisiertem Objekt und Bezugsobjekt ansetzen. Die Inakzeptabilität von (7b) bestätigt, daß *zu* in der Standardverwendung einen ausgedehnten Weg fordert. Da die KPV keinen kontinuierlichen, ausgedehnten Weg bereitstellen, kann der Parameter $D(x)$ nicht belegt werden. Im folgenden soll nur die Standardvariante von *zu* betrachtet werden.

Auch in Attributivkonstruktionen sind nur Nomen, die einen gerichteten, kontinuierlichen Weg bereitstellen, mit einer *zu*-PP modifizierbar.

(8) a. die Straße zum Marktplatz
 b. die Reise zum Mittelpunkt der Erde
 c. der Bus zum Bahnhof
 d. der Blick zum Fenster
 e. *der Teppich zum Wohnzimmer
 f. der rote Läufer zum Thron
 g. die Mauer zum Nachbargrundstück

In Attributivkonstruktionen muß es das Nomen selbst sein, das den Weg bereitstellt, durch den der Parameter $D(x)$ gesättigt werden kann. Die Konstruktion in (e) ist nicht akzeptabel, da die Bereitstellung eines Weges daran scheitert, daß nur ein ungerichtetes Objekt zur Verfügung steht, das auch über seine Funktion keine Richtung bereitstellen kann: Wie schon in Abschnitt 3.6.2. diskutiert, ist im Fall von *Teppich* zwar die Möglichkeit gegeben, daß sich Objekte darauf bewegen, trotzdem kann man nicht davon ausgehen, daß Teppiche benutzt werden, um Ziele zu erreichen, was eine Gerichtetheit zur Folge hätte. (Vgl. aber *roter Läufer* in (8f): hier kennzeichnet der Läufer einen Weg, dessen Ziel der Thron ist.)

In (8g) kann der Wegparameter ebenfalls nicht durch die Gestalt des Nomens belegt werden. Die Interpretation ergibt sich über die Funktion des Nomens: 'die

Mauer, die etwas zum Garten hin abgrenzt' (vgl. Abschnitt 3.6.2.). Hier muß man von einer perspektivischen Interpretation ausgehen, bei der eine Dimension eingeführt wird, die von einer kontextuell zu bestimmenden Region zum Bezugsobjekt führt, und auf der die Mauer als Abgrenzung lokalisiert ist. Diese Interpretation zeigt einen weiteren Unterschied zwischen *zu* und den P[+Dir] auf, die diese perspektivische Interpretation nicht erlauben (vgl. (9)).

(9)   *die Mauer in den Garten

In Kombination mit einer P[+Dir] ergibt sich lediglich die Interpretation, daß über die Gestalt der Mauer der Weg-Parameter belegt wird, so daß die Mauer in den Garten führen müßte. Da aus der Information über *Mauer* aber keine Richtungsinformation zur Verfügung steht, scheitert die Konstruktion. Eine Interpretation wie bei *Tür in den Garten* ist für (9) nicht möglich, da die Abgrenzungsinformation von *Mauer* gerade die Zugänglichkeit des Ziels negiert. Interessant für die Repräsentation ist dieser Unterschied deshalb, weil er nahelegt, daß bei *zu* die Realisierung eines bewegten Objekts in der Zielregion keine Rolle spielt: Die Verwendung von *zu* ist in einem Kontext möglich, in dem das Erreichen der Zielregion gar nicht möglich ist. Im Fall der P[+Dir] dagegen, bei denen ein Objekt in der Zielregion lokalisiert wird, muß diese Region auch zugänglich sein.

Auch die Beispiele unter (10) deuten darauf hin, daß das Erreichen der Zielregion zwar für die P[+Dir], aber nicht für *zu* relevant ist: Während die Modifikation von *Tür* sowohl mit P[+Dir] als auch mit *zu* möglich ist, ist die von *Fenster* nur mit *zu* möglich. Auch hier kann keine Lokalisierung eines bewegten Objekts erschlossen werden, da die Funktion von *Fenster* nicht die eines Zugangs ist.

(10)   a.   die Tür in den Keller
       b.   die Tür zum Keller
       c.   §das Fenster in den Garten
       d.   das Fenster zum Garten

Aus den Beispielen (9) und (10c) läßt sich schließen, daß bei *zu* keine explizite Lokalisierungskomponente vorliegt, sondern lediglich eine Richtungskomponente, deren Ziel durch das interne Argument gegeben ist. Dafür spricht auch, daß bei *zu* die Bewegung vor dem Erreichen des Ziels abgebrochen werden kann, ohne daß eine abweichende Konstruktion entsteht.

Die Bedeutung von *zu* soll mithilfe des Begriffs der oberen Schranke erfaßt werden.

(11)   Def. obere Schranke:
       Sei W' eine nicht-leere Menge, über der eine Ordnung $\leq$ definiert ist und W eine Teilmenge von W'. Dann ist a eine obere Schranke von W gdw. a $\in$ W' & $\forall$x (x $\in$ W -> x $\leq$ a).

Die von MOVE bereitgestellte Wegstruktur ist als eine geordnete Menge definiert, relativ zu der eine obere Schranke festgelegt werden kann. Dieser Weg kann als die Menge W betrachtet werden. Generell soll gewährleistet sein, daß im Defaultfall das durch die *zu*-PP eingeführte Ziel erreicht wird. Lediglich bei Fortsetzung der Äußerung kann die weitere Information, daß das Ziel nicht erreicht wird, eingebracht werden. Wenn man eine unechte Teilmengenbeziehung zwischen W und W' ansetzt, können in dem Fall, in dem nur die vom Verb (oder Nomen) aufgebaute Wegstruktur zugänglich ist, W' und W als identisch betrachtet werden. Damit endet der in der Situation zurückgelegte Weg in der Zielregion. Wird dagegen das Nicht-Erreichen des Ziels explizit im Kontext angeführt, dann kann die Menge W' über ein Konzept, das dem strukturaufbauenden Konzept von Bierwisch (1988) entspricht, als 'intendierter Weg' konstruiert werden. In diesem Fall liegt das Ziel jenseits des in der Situation tatsächlich zurückgelegten Wegs.

Da die obere Schranke in bezug auf die Wegstruktur festgelegt ist, liefert sie nur die Distanz d_i, die sich vom Ursprung des Weges bis zur Zielregion erstreckt. Damit das letzte Teilstück dieser Distanz in der Zielregion lokalisiert wird, muß die Funktion *fin* angewendet werden (vgl. Abschnitt 3.3.1). *fin* liefert dann das letzte Teilstück von d_n, bei der Lokalisierung eines bewegten Objekts im Defaultfall $l_n(x)$. In der Semantik der Präposition *zu* wird eine Funktion OS ('obere Schranke') angesetzt, die dem Weg, durch den der Parameter D(x) belegt wird, eine obere Schranke zuweist. OS(D(x)) wird eingebettet von FIN, das durch die Funktion *fin* zu interpretieren ist. Unter (12) ist die sich ergebende Struktur illustriert.

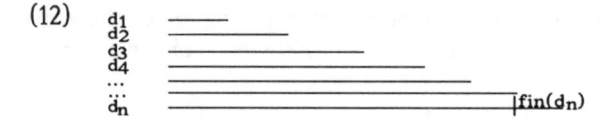

(12) d_1 ─────
d_2 ─────────
d_3 ───────────
d_4 ─────────────
...
d_n ──────────────────────|fin(d_n)

Als Repräsentation von *zu* ergibt sich (13a) mit der konzeptuellen Interpretation in (13b). PROX (y) bezeichnet die Proximalregion des Referenzobjekts, so daß das von FIN herausgegriffene Endstück des Weges in der Proximalregion des Referenzobjekts enthalten sein muß.

(13) a. *zu*: $\lambda y \lambda \underline{x}$ [FIN (OS (D(x))) $\subseteq$ PROX(y)]
 b. $\exists w \subseteq$ path, fin(w) $\subseteq$ prox (l(y))

4.2.2. Die Kompositionseigenschaften von *von*

von ist neben *aus* die einzige Ursprungspräposition im Deutschen. Diese beiden Präpositionen verhalten sich jedoch keineswegs gleich. Während sich *aus* wie alle P[+Dir] verhält, ist eine zentrale Eigenschaft von *von*, daß es fast immer mit einer Zielpräposition realisiert sein muß, damit der Ausdruck akzeptabel ist (vgl. (14a)). *von* ist nur dann ohne Ziel-PP realisierbar, wenn das Verb selbst schon ein Ziel vorgibt wie in den Beispielen in (14b) und (c).

(14) a. *Er geht vom Kino
 b. Er kommt vom Kino
 c. Er verschwindet von der Bühne

Die Möglichkeit der Kombination mit *ragen* und *hängen* läßt es allerdings fraglich erscheinen, ob es tatsächlich das Vorhandensein eines Ziels ist, was für *von* relevant ist, da gerichtete Positionsverben kein Ziel beinhalten.

(15) a. Der Vorhang hängt von der Decke
 b. Eiszapfen ragen von den Wänden

Unter Berücksichtung der Beobachtungen über *zu* liegt es nahe anzunehmen, daß *von* als Gegenstück von *zu* ebenfalls auf eine Richtung bezogen ist und deren Beginn bezeichnet. Die Notwendigkeit einer Zielinformation läßt sich dann über den Charakter der Richtungseigenschaften erklären: Da Richtung das Vorliegen von zwei geordneten Teilregionen voraussetzt, muß gewährleistet sein, daß neben der von *von* bezeichneten (ersten) Region noch eine weitere Region zur Verfügung steht, über die die Richtung bestimmt werden kann. Da zum Zeitpunkt der Lokalisierung in der Ursprungsregion noch nicht geprüft werden kann, ob der Weg fortgesetzt wird, gewährleistet nur eine zusätzliche Information die Erfüllung der Richtungseigenschaft. Bei den gerichteten Positionsverben, wo eine Objektachse den Wegparameter belegt (vgl. Kapitel 6), ist die Richtung wie bei *kommen* vom Verb vorgegeben.

Ebenso wie für *zu* existiert allerdings auch für *von* eine Variante, die mit den KPV kombinierbar ist und deshalb als zweiphasig anzusetzen ist (vgl. (16a, b)). Diese Variante von *von* ist auch problemlos mit den P[+Dir] kombinierbar (16c). Bei dieser Variante handelt es sich allerdings nicht um die Komitativ-Variante, die für *von* zusätzlich existiert. Daß es sich um zwei verschiedene Varianten handeln muß, läßt sich daran erkennen, daß die Komitativ-Variante im Gegensatz zu den anderen Varianten von *von* zwar mit dem komitativen *zu* kombinierbar ist (vgl. (16d)), aber nicht mit der P[+Dir] unter (16e).

(16) a. Er stellt die Flasche vom Tisch
 b. Er hängt die Wäsche von der Leine
 c. Er stellt die Flasche vom Tisch auf den Boden
 d. Er legt die Äpfel von den Birnen zu den Kartoffeln
 e. *Er legt die Äpfel von den Birnen auf den Boden

Ich gehe davon aus, daß unter (16a-c) eine [+Dir]-Variante von *von* vorliegt, die in all den Fällen anzusetzen ist, in denen *von* nicht den Beginn einer Richtung liefert, sondern wie *aus* eine Ausgangsregion (vgl. dazu Kaufmann 1991 und die Diskussion in Kapitel 7). Die Komitativ-Variante und die [+Dir]-Variante können mit einem unterspezifizierten Eintrag erfaßt werden, bei dem die Relation zum Bezugsobjekt offen ist und je nach Lesart auf die Kontaktrelation oder die

Gruppenrelation festgelegt werden kann. Das Standard-*von* ist mit dieser Repräsentation jedoch nicht zu erfassen.

Das Standard-*von* greift immer den Beginn eines realen Weges heraus, d.h. eines Weges, der tatsächlich gegangen wurde oder in Form einer gerichteten Objektachse vorliegt. Hier ist es also nicht der Begriff der Schranke, der eine Rolle spielt, da die relevante Region immer den Beginn von D(x) selbst festlegt. Die von *von* herausgegriffene Region kann als kleinstes Element (kE) von D(x) festgelegt werden (vgl. (17a)). Die Interpretation von kE ist wie in (17b) festgelegt. Damit ein Element einer Menge kleinstes Element ist, muß es andere Elemente in der Menge geben, die relativ zur Ordnung größer sind. Diese Forderung nach größeren Elementen bedingt, daß bei den Bewegungsverben eine Ziel-PP vorliegen muß, damit die Konstruktion akzeptabel ist. Bei der konzeptuellen Interpretation wird über die Funktion ke der Beginn des Weges gewonnen, der D(x) belegt (vgl. (17c)).

(17) a. *von*: $\lambda y \lambda \underline{x}$ (kE (D(x)) $\subseteq$ PROX (y))
 b. r ist das kleinste Element einer Menge W gdw. r ϵ W, wobei W\{r} $\neq$ $\emptyset$ und für alle d ϵ W gilt d > r.
 c. Int (kE (D(x) $\subseteq$ PROX (y))) = ke (path) $\subseteq$ prox (y)

4.3. 'Path-' und 'Route'-Präpositionen

Nachdem mit der Analyse der P[+Dir], sowie von *von* und *zu* die Ziel- und Ursprungspräpositionen behandelt worden sind, bleiben noch die Präpositionen, die mit den thematischen Rollen Path bzw. Route belegt werden: *durch* und *über* einerseits, *um* und *längs/entlang* andererseits. Bei der Diskussion der Wegeigenschaften in Kapitel 3 waren es gerade diese Präpositionen, für die die Bestimmung der Wegeigenschaften problematisch war. Auffällig war dabei, daß die Richtungseigenschaft, die traditionell das Kriterium für die Klassifizierung der Präpositionen als direktionale Präpositionen darstellt, hier nicht angesetzt werden kann. Deshalb soll in den folgenden Abschnitten darauf geachtet werden, ob diese Präpositionen bestimmte Eigenschaften aufweisen, die die Klassifizierung mit morphologischen Merkmalen möglich machen.

In Wunderlich (1993a) und Kaufmann (1990) liegen Analysen für *um* und *durch* vor, die hier nur kurz skizziert werden sollen. Bevor jedoch die einzelnen Präpositionen betrachtet werden, ist zu klären, woran der Unterschied zwischen Path- und Route-Präpositionen festzumachen ist.

Die thematische Rolle Route soll einen Weg herausgreifen, der nicht durch bestimmte Anfangs- und Endpunkte begrenzt ist, während Path einen abgeschlossenen Weg umfaßt, der einen Anfang, eine Mitte und ein Ende hat. Diese Festlegungen bieten allerdings noch keine deutlichen Kriterien für die Auszeichnung der Präpositionen durch die beiden Rollen. Der einzige Test, der sich anbietet, um festzustellen, ob ein begrenzter oder unbegrenzter Weg vorliegt, besteht in der Kombination mit Zeitadverbialen (vgl. (18)).

(18) a. Er lief stundenlang/in einer Stunde um den Park
      b. Er lief stundenlang/in einer Stunde durch den Park
      c. *Er ging stundenlang/in einer Stunde durch die Tür
      d. Er watete stundenlang/*in einer Stunde durch Matsch
      e. Er glitt stundenlang/in einer Stunde über den See
      f. *Er lief stundenlang/in einer Stunde über die Linie
      g. Er lief stundenlang/*in einer Stunde entlang/längs der Brombeerhecke

Dabei zeigt sich zunächst, daß *um* bei dieser Einteilung nicht eindeutig zu klassifizieren ist: *um* erlaubt generell begrenzte und unbegrenzte Lesarten, je nachdem, ob eine einmalige oder eine iterative Umrundung angesprochen wird (18a). *durch* erlaubt ebenfalls beide Lesarten, allerdings nur bei ausgedehnten, begrenzten Objekten (18b). Bei Objekten, die in bezug auf die Dimension, in der die Durchquerung stattfindet, nicht ausgedehnt sind, ergibt sich eine punktuelle Lesart (18c), bei (nicht-definiten) Massen ist nur die unbegrenzte möglich (18d). Dasselbe gilt für *über* (18e, f). Nur *entlang/längs* ist ausschließlich auf die unbegrenzte Interpretation und damit auf die thematische Rolle Route festgelegt.

Damit zeigt sich, daß die thematischen Rollen Route und Path nicht eindeutig den Präpositionen zugeordnet werden können, sondern daß sich erst aus der Interaktion der Präposition mit ihrem internen Argument ergibt, auf welchen Wegausschnitt die PP bezogen ist. Eine Klassifizierung der Präpositionen über die thematischen Rollen ihrer Argumente ist demnach nicht möglich. Ich werde deshalb dafür plädieren, den Unterschied lediglich über die Bedeutung zu motivieren. *um* und *längs* weisen ein spezielles Verhalten auf, weil die relevante Lokalisierungsregion lediglich eine bestimmte Gestalt haben muß, *durch* und *über*, weil der Weg eine bestimmte Region 'schneiden' muß.

4.3.1. *durch* und *über*

Wie für die P[+Dir] sind zwei Typen von Information für *durch* und *über* relevant: Die Festlegung der Region, in bezug auf die die Lokalisierung stattfindet einerseits und die Festlegung der Wegeigenschaften andererseits. Dabei kann man davon ausgehen, daß die Wegeigenschaften von *durch* und *über*, die sich aus der spezifischen Einbindung von D(x) in die semantische Repräsentation ergeben, identisch sind. Daraus resultiert auch ihr gleichartiges Verhalten in bezug auf die Kriterien, die die thematischen Rollen festlegen, und auf die Kombinatorik mit den Verbklassen.

Die Unterschiede zwischen den beiden Präpositionen ergeben sich aus der räumlichen Beziehung, die zwischen dem lokalisierten Objekt und dem Bezugsobjekt anzusetzen ist. Hier besteht eine Parallele zwischen *durch* und *in* einerseits (Inklusion) sowie zwischen *über* und *auf/über* andererseits. Die Wegpräposition *über* ist in bezug auf die Kontaktinformation, die *auf* und *über* [αDir] unterscheidet, nicht spezifiziert, lediglich die Information 'oberhalb von' geht in die Bedeutung von *über* ein. Dabei ist 'oberhalb' nicht als notwendigerweise auf die Vertikale bezogen zu verstehen, sondern kann auch relativ zur Bezugsfläche des Referenzobjekts definiert sein (vgl. (19)).

(19)   Er streicht ihm über das Gesicht

Daß für die statischen Präpositionen und die Weg-Präpositionen die gleichen Nachbarschaftsregionen relevant sind, soll durch die Beispiele unter (20) belegt werden.

(20) a.   Sie steht in der Wiese/im Feld
     b.   Sie geht durch die Wiese/durch das Feld
     c.   Sie steht auf dem Rasen/dem Platz
     d.   Sie geht über den Rasen/den Platz
     e.   Sie schwebt über der Stadt
     f.   Sie fliegt über die Stadt

In Kaufmann (1990) wurde dieser Parallele im Fall von *durch* dadurch Rechnung getragen, daß eine Teilkomponente angesetzt wurde, die der Repräsentation der statischen Präposition entspricht:

(21)   *durch*:   λy λ$\underline{x}$ [(LOC (x, IN(y))) & ...]

Dabei ist LOC (x, IN(y)) so zu interpretieren, daß x ausschließlich von Innenpunkten von y umgeben ist. Motivation für diese zusätzliche Komponente ist, daß den Dimensionalitätseigenschaften von *in/durch* entsprochen werden muß (vgl. Kaufmann 1990), was nur dann möglich ist, wenn tatsächlich Zugriff auf das lokalisierte Objekt selbst vorhanden ist. Wenn in der semantischen Repräsentation lediglich die Inklusion des zurückgelegten Weges in der relevanten Region gefordert ist, bleibt offen, warum in (20d) *durch* nicht möglich ist, da doch der Weg selbst völlig in der entsprechenden Region enthalten ist. Eine Alternative zu dieser Analyse besteht darin, für den von einem Objekt zurückgelegten Weg die Dimensionseigenschaften dieses Objekts zugrunde zu legen, so daß der Weg eines dreidimensionalen Objekts eine Art Tunnel darstellt, in bezug auf den die Inklusion gewährleistet sein muß. Damit besteht bei der Inklusion des Weges in der entsprechenden Region dieselbe Dimensionalitätsforderung wie bei der Inklusion des Objekts selbst. Ich werde im folgenden diese Annahme zugrundelegen, so daß auf die Lokalisierungskomponente verzichtet werden kann. Die nun folgende Darstellung der Wegeigenschaften von *durch* und parallel dazu von *über* orientiert sich an der ausführlicheren Darstellung in Kaufmann (1990).

durch und *über* verlangen einen kontinuierlichen Weg. Das läßt sich aus der Akzeptabilität der Kombination mit den Bewegungsverben und der Inakzeptabilität der Kombination mit den kausativen Positionsverben schließen.

(22) a. Er geht durch das Zimmer
 b. Er springt über den Zaun
 c. *Er stellt den Stuhl durch das Zimmer
 d. *Er stellt das Salz über den Tisch (rüber)
  (im Sinne von: 'Er reicht das Salz über den Tisch')

In bezug auf die Richtungseigenschaft haben sich in Kapitel 3 widersprüchliche Daten ergeben, da die Kombination mit Positionsverben nicht möglich, die Modifikation von Nomen ohne Richtungsinformation jedoch möglich ist (vgl. (23) und (24)).

(23) a. *Die Stühle stehen durch den Flur
 b. *Die Schlange steht über den Platz

(24) a. die Mauer durch den Wald
 b. der Zaun über den Berg
 c. die Schlucht durch den Wald

Die in Kapitel 3 getroffene Entscheidung, Richtung nicht als relevant für *durch* und *über* anzusetzen, soll jetzt motiviert werden. *durch*-PPs sind attributiv nur mit solchen nicht-gerichteten Nomen verwendbar, deren Funktion die Abgrenzung von Regionen ist, oder deren strukturelle Eigenschaften eine Abgrenzung bewirken. Da eine Abgrenzung eine gewisse Mindestausdehnung des abgrenzenden Objekts voraussetzt, kann man davon ausgehen, daß es nicht nur im Inneren der Region eingeschlossen ist, sondern sich bis zu ihren Rändern erstreckt. Notwendig scheint bei *durch* also zu sein, daß der Kontext gewährleistet, daß die relevante Region von D(x) völlig durchquert wird. Dies kann geschehen, wenn D(x) von einem Bewegungsverb zur Verfügung gestellt wird, das einen gerichteten, nicht begrenzten Weg zur Verfügung stellt, oder aber, wenn aufgrund der Funktion des Objekts gewährleistet ist, daß die Grenzen des Objekts erreicht werden (*Tunnel durch den Berg*). Das Vorliegen einer solchen Bedingung ist dadurch zu begründen, daß nur so tatsächlich ein Bedeutungsunterschied zu den statischen Präpositionen *in* und *über/auf* [-Dir] garantiert ist. Damit läßt sich als relevante Bedingung für die Präpositionen *durch* und *über* festlegen, daß der von ihnen geforderte Weg mit den Grenzen des Bezugsobjekts in Beziehung gesetzt werden muß. Besteht diese Beziehung nicht, so ist die korrespondierende P[-Dir] vorzuziehen. Daß die Kombination mit den Positionsverben nicht möglich ist, ergibt sich daraus, daß auch bei der Lokalisierung eines Objekts mit der passenden Gestalt über das Verb nicht der Bezug auf die Objektgrenzen hergestellt werden kann.

Die Bedingung der 'Grenzbezogenheit' soll über eine semantische Relation INTERSECT erfaßt werden, die eine Beziehung herstellt zwischen der durchquerten Region und dem Wegparameter D(x). Im Fall von *durch* ist die relevante Region die Innenregion des Bezugsobjekts, im Fall von *über* die Nachbarschaftsregion oberhalb des Bezugsobjekts, abgegrenzt durch dessen seitliche Grenzen.

In beiden Fällen ist der Weg eingeschlossen in dieser Nachbarschaftsregion. Die Interpretation für die Relation INTERSECT (D(x), PRÄP(y)) wird über eine Schnittlinie s festgelegt, die Teil des Weges path ist. Da s lediglich als Strecke festgelegt ist, muß path als Beleger von D(x) ebenfalls keine Richtung beinhalten, so daß D(x) über die maximalen Objektachsen von abgrenzenden Objekten belegt werden kann. Die Beschränkung auf die maximale Objektachse ergibt sich auch hier daraus, daß es möglich sein muß, auf ein lineares Objekt (die Strecke s), zu abstrahieren. In (25) ist die Interpretation von *durch* und *über* über die Wahrheitsbedingungen angegeben.

(25) INTERSECT (D(x), PRÄP (y)) ist wahr, wenn es eine Strecke s mit den Randpunkten a und b gibt, wobei alle Innenpunkte von s eingeschlossen sind in präp(y) und a, b Randpunkte von präp(y) sind; s präp(y) in zwei getrennte Regionen aufteilt, und s $\subseteq$ path ist.

Die Relation INTERSECT verlagert die Information über die Hilfsstecke s in die konzeptuelle Interpretation und ersetzt damit die in Kaufmann (1990) angesetzte semantische Relation INCL zwischen D(x) und der Schnittlinie S(y).

Die Festlegung der Wegkomponente macht deutlich, wie die Charakterisierung der thematischen Rolle Path, die diesen Präpositionen zugeordnet wird, zustande kommt: Die Festlegung von INTERSECT geschieht relativ zu einer Teilstrecke von D(x) zwischen zwei Randpunkten des Bezugsobjekts, so daß ein positiv definierter, abgeschlossener Wegabschnitt entsteht, über den auch die Situation begrenzt werden kann. Die Präpositionen geben keine Information über den weiteren Verlauf von D(x), so daß die Fortsetzung der Situation nicht ausgeschlossen ist. Sofern aber nicht explizit weitere Information hinzukommt, wird die gegebene Information als die relevante betrachtet und die Situation gilt damit als vollständig charakterisiert.

In den Repräsentationen unter (26) ist PRÄP(y) durch die Funktion ersetzt, die die spezifische Nachbarschaftsregion festlegt, also IN(y) im Fall von *durch* und OBER(y) im Fall von *über*. Das Prädikat OBER wurde zur Abgrenzung der für *über* [αDir] relevanten ÜBER-Region gewählt, die im Gegensatz zu OBER den Kontakt ausschließt.

(26) a. *durch*: $\lambda y \lambda \underline{x}$ [INTERSECT (D(x), IN(y))]
 b. *über*: $\lambda y \lambda \underline{x}$ [INTERSECT (D(x), OBER(y))]

Mit der Integration von INTERSECT in die semantische Repräsentation von *durch* und *über* stellt sich die Frage, wie nun die andere, unbegrenzte Lesart von *durch* und *über* in Sätzen wie unter (27) zustandekommt.

(27) a. Sie liefen stundenlang durch den Wald
 b. Sie wateten stundenlang durch Matsch

Im Fall von (27a) ist zu klären, wie eine unbegrenzte Situation entsteht, d.h. wieso die Region PRÄP nicht verlassen wird. Ich möchte hier nur andeuten, wie man sich das Zustandekommen dieser Lesart vorstellen kann. Ich stelle mir vor, daß in bezug auf ausgedehnte Objekte eine Perspektive eingenommen werden kann, bei der das Objekt nicht als ein abgeschlossenes Objekt 'von außen' betrachtet wird sondern 'von innen', als das Material, aus dem es besteht. Bei der Konzeptualisierung von innen ist die Umgebung ausgeblendet, d.h. die Komplementärregion ist nicht zugänglich. Bei dieser Betrachtung von innen sind demnach auch keine Randpunkte verfügbar, so daß die Schnittstrecke s nur über ihre zerteilende Funktion festgelegt werden kann. Da keine Ränder erreicht werden können, die für die Zerteilung der Region in zwei voneinander getrennte Hälften nötig sind, sind für s keine Endpunkte festgelegt; ebensowenig für den Weg, der s beinhaltet. Weder s noch der Weg sind damit begrenzt. Im Fall der Massenomen ist ebenfalls diese Perspektive anzusetzen, d.h. nicht-definit verwendete Massenomen werden nur als Materie, nicht als begrenztes Objekt konzeptualisiert. Daß die Modifikation von abgrenzenden Nomen nicht möglich ist, wenn das interne Argument eine Masse bezeichnet (vgl. (28)), liegt daran, daß D(x) bei abgrenzenden Nomen durch eine Objektachse belegt werden muß. Da Nomen auf individuierte und damit räumlich begrenzte Objekte referieren, kann ihre Maximale nicht als unbegrenzter Weg fungieren.

(28) a. ^{S}die Mauer durch Matsch
  b. ^{S}der Zaun über Sand

4.3.2. *um* und *längs*

In der allgemeinen Klassifizierung in Kapitel 3 wurden *um* und *längs* unter den wegbezogenen Präpositionen als Gestaltpräpositionen bezeichnet. Es wird sich zeigen, daß gerade diese Eigenschaft, Angaben über eine bestimmte räumliche Konfiguration zu machen, für den Sonderstatus von *um* und *längs* im Vergleich zu den anderen lokalen Präpositionen verantwortlich ist. Während die wegbezogenen Präpositionen lediglich Wege relativ zu Regionen lokalisieren, setzen *um* und *längs* einen Weg in Beziehung zu einem Objekt: Im Fall von *um* umgibt der Weg das Objekt, im Fall von *längs* verläuft er parallel dazu. Die Beispiele in (29) zeigen, daß der Weg kontinuierlich, aber nicht unbedingt gerichtet sein muß.

(29) a. Um den Teich/ längs des Deichs stehen alte Bäume
  b. Um den Teich/ längs des Deichs laufen täglich Jogger
  c. die Hecken um den Teich/ längs des Deichs

Ein Vorschlag für eine semantische Repräsentation von *um*, die die räumliche Konfiguration erfaßt, sowie eine Diskussion der konzeptuell daraus ableitbaren Varianten liegt in Wunderlich (1993a) vor. Hier sollen nur die Aspekte der Präposition diskutiert werden, die Aufschluß über die Kompositionseigenschaften von *um* geben können. In (30) sind die von Wunderlich vorgeschlagenen Repräsentationen von *um* und *längs* aufgeführt. Wunderlich weist allerdings darauf hin, daß die jeweils erste Komponente eventuell verzichtbar ist.

(30) a. *um*: $\lambda y \, \lambda \underline{x} \, [\text{LOC}(x, \text{EXT}(y)) \, \& \, \text{ENCL}(D(x), y)]$
　　 b. *längs*: $\lambda y \, \lambda \underline{x} \, [\text{LOC}(x, \text{PROX}(y)) \, \& \, \text{PARAL}(D(x), y)]$

PROX ist die Proximalregion, EXT die äußere Proximalregion, PARAL steht für 'parallel', allerdings nicht im Sinne der Parallelität von Geraden, sondern in dem dem Alltagsverständnis angenäherten Sinn, daß ein lineares Objekt seitlich versetzt dem Verlauf eines anderen linearen Objekts folgt. Diese Festlegung von PARAL gewährleistet die Sortenbeschränkung von *längs* (in bezug auf das interne Argument) auf Objekte mit linearer Gestalt. Wunderlich (1993a) formuliert drei unterschiedliche (aber im wesentlichen auf dasselbe hinauslaufende) Varianten der Wahrheitsbedingungen für ENCL, die in (31) aufgeführt sind (vgl. Wunderlich 1993a: 4).

(31) a. ENCL (z,y) ist wahr gdw. es eine Region g gibt, so daß z die Grenze von g ist, und y ist in g enthalten.
　　 b. ENCL (z,y) ist wahr gdw. durch 'Zusammenziehen' von z z mit der Grenze von y zusammenfällt.
　　 c. ENCL (z,y) ist wahr gdw. man ausgehend von y in alle Richtungen auf z stößt.

Problematisch für eine Klassifizierung von *um* und *längs/entlang* innerhalb der wegbezogenen Präpositionen ist, daß sie nicht auf die Kombination mit einer Verbklasse beschränkt sind. Im Fall von *längs/entlang* ist das Problem nicht besonders schwerwiegend, da die Kombination mit den KPV nicht möglich ist (vgl. (32a)) und durch die adverbiale Verwendung bestimmte Kombinationen mit den BV erklärt werden können. Bei *um* ist dagegen die Kombination mit allen drei Verbklassen möglich (vgl. (32b) und (29)), so daß sich widersprüchliche Information in bezug auf die Richtungseigenschaft des Weges ergibt: Die Kombinierbarkeit mit den PV spricht dafür, daß keine Richtung vorliegt, während für die Kombination mit den KPV Richtung erforderlich ist.

(32) a. *Er stellt die Stühle längs der Mauer
　　 b. Er stellt die Stühle um den Baum

In Abschnitt 3.3. wurde die Möglichkeit in Erwägung gezogen, die Kombination mit den KPV durch eine [+Dir]-Variante von *um* zu erfassen. Unter dieser Annahme ergäbe sich eine dreifache Klassifizierung für *um*: Neben der [+Dir]-Variante wäre zur Erfassung der Kombination mit den PV eine [-Dir]-Variante anzusetzen. Eine weitere Variante ist für die Kombination mit den BV nötig, da die P[-Dir] in Kombination mit den BV nur eine Situationslokalisierung erlauben und die P[+Dir] keine unbegrenzte Lesart zulassen.

Eine Lokalisierungskomponente, wie sie im ersten Konjunkt der Repräsentation von *um* angesetzt ist, könnte die Klassifizierung von *um* als P[-Dir] rechtfertigen. Die Zusatzkomponente, die den Wegparameter beinhaltet, gibt *um* dann einen Sonderstatus unter den P[-Dir].

Eine parallel dazu existierende Variante *um*[+Dir] sollte dann einen Wechsel entlang einer Dimension D(x) in diese Region beinhalten. Dabei zeigt sich aber, daß die Interpretation von *um* in Kombination mit den KPV nicht einen Wechsel in die externe Proximalregion des Bezugsobjekts beinhaltet, sondern daß stattdessen ein Wechsel in bezug auf die Gestaltkomponente der Repräsentation stattfinden muß. Die Beispiele unter (32) sind nicht so zu interpretieren, daß sich die Stühle zunächst nicht in der UM-Nachbarschaft des Baumes befinden und dann in diese Region gestellt werden, sondern so, daß sie zunächst nicht den Baum umringen und ihn danach umringen. Das heißt, sie können auch vorher schon direkt beim Baum lokalisiert sein. Ein solcher Wechsel kann allerdings nicht in bezug auf einen Wegparameter festgelegt werden, wie er bisher für die P[+Dir] festgelegt wurde.

Gegen die Klassifizierung von *um* als P[-Dir] gibt es ebenfalls Argumente: Anders als die übrigen P[-Dir] kann *um* nicht zur Situationslokalisierung verwendet werden:

(33) a. §Die Zecher singen um den Tisch
 b. §Die Bauarbeiter graben um den Platz

Auffällig ist, daß es in bezug auf die Situationslokalisierung mit *um* eine Akzeptabilitätshierarchie gibt, die zeigt, daß die Verwendung von *um* besser ist, wenn das Verb eine Situation erfaßt, die üblicherweise mit einer festen Lokalisierung der Partizipanten verbunden ist:

(34) a. ??Die Familie trinkt um den Tisch
 b. ?Die Familie ißt um den Tisch
 c. Die Familie schläft um die Feuerstelle

Diese Beobachtung zeigt folgendes:
- *um* widersetzt sich einer Klassifizierung in bezug auf die typischen Merkmale, die Präpositionen mit dem gleichen Kombinationsverhalten aufweisen.
- Das Verhalten von *um* in bezug auf die Situationslokalisierung zeigt, daß bei der Kombinatorik Wissen eine Rolle spielt, das nur konzeptuell zugänglich ist.

Da Situationslokalisierung syntaktisch bei Adjunktion der PP zustandekommt, gibt es keine Möglichkeit, die Ungrammatikalität von *um* in diesen Konstruktionen syntaktisch zu erklären. Diese Beobachtung legt nahe, nicht Subkategorisierungsbeschränkungen der Verben als den ausschlaggebenden Faktor für die Kombinatorik von Verben und PPs zu betrachten, sondern die semantisch/konzeptuelle Kompatibilität. Die Problematik von *um* ist nicht der einzige Hinweis darauf, daß

Subkategorisierungsmerkmale der Kombinatorik von Verben und PPs nicht gerecht werden, wie ich im folgenden Abschnitt zeigen möchte.

4.4. Probleme bei der Festlegung von Subkategorisierungsmerkmalen

Unter (35) ist die Kombinatorik von Verben und PPs in bezug auf die Verben dargestellt, die über die Subkategorisierungsinformation verfügen müßten.

(35) PV: P[-Dir], um, längs, *durch, *von, *zu, *P[+Dir]
     hängen: P[-Dir], P[+Dir], durch, um, von, *zu
     ragen: P[+Dir], von, durch, *P[-Dir], *zu, *längs, *um
     BV: P[+Dir], um, längs, zu, durch, *P[+Dir], *von (ohne Ziel)
     KPV: P[+Dir], um, *längs, *zu, *durch, *von
     Situations-
     lokalisierung: P[-Dir], längs, *um, *durch, *zu, *P[+Dir]

Die Übersicht unter (35) zeigt die folgenden Probleme auf, mit denen ein Ansatz fertig werden muß, der die Kombination mit Subkategorisierungsmerkmalen erfassen möchte:

1) - *um* ist mit allen Verbklassen kombinierbar, die lokale Komplemente fordern, kann aber nicht zur Situationslokalisierung verwendet werden.
2) - *von* ist abhängig vom Vorhandensein einer Richtungsinformation: mit nicht zielgerichteten BV ist es nur dann kombinierbar, wenn über eine andere Präposition eine Richtung eingeführt ist, sonst nicht.
3) - Das gerichtete PV *hängen* ist mit allen Präpositionen außer *zu* kombinierbar.

Eine mögliche Klassifikation der Präpositionen unter Berücksichtigung der oben angeführten Kombinatorik ist unter (36) aufgeführt. Die Merkmale sind an den semantischen Unterschieden zwischen den Präpositionen orientiert: 'Dir(ektional)' betrifft wie bei Bierwisch die Unterscheidung von statischen und wegbezogenen Präpositionen, 'Path' trennt die Präpositionen, die keinen kontinuierlichen Weg fordern von denen, die einen kontinuierlichen Weg fordern, und 'Term(inativ)' unterscheidet in dieser Klasse zwischen teilwegbezogenen und zielbezogenen.

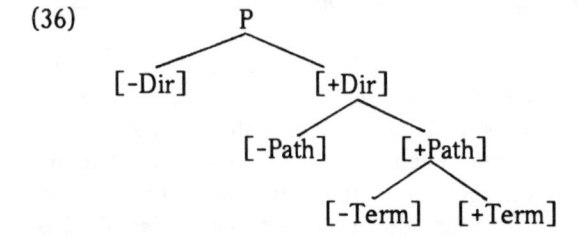

(36)
```
                P
          ┌─────┴─────┐
        [-Dir]      [+Dir]
                ┌─────┴─────┐
              [-Path]    [+Path]
                     ┌─────┴─────┐
                  [-Term]    [+Term]
```

Bei einer solchen Klassifizierung wären den Präpositionen und Verben die folgenden Merkmale zuzuordnen:

(37) a. *in* [Dat]: [-Dir]
   in [Akk]: [+Dir, -Path]
   durch/über: [+Dir, +Path, -Term]
   zu: [+Dir, +Path, +Term]
   um/längs: [~+Path]
 b. *stehen*: [-Dir]
   hängen: [~+Term]
   stellen: [-Path]
   kommen: [+Dir]
   fahren: [+Dir]

Die Klassifizierung vernachlässigt allerdings *von*, das sich nicht einfügen läßt: Da *von* mit *zu* unter [+Term] fiele, wäre hier eine weitere Klassifizierung (z.B. [+Urspr], [-Urspr]) nötig. Gleichzeitig wäre es damit aber als [+Dir] klassifiziert, was zu der Komplikation führt, wie *von* ausgeschlossen werden kann, wenn wie bei *fahren* eine [+Dir]-Forderung besteht, aber keine weitere Präposition realisiert ist. Unklar ist weiterhin, was die Kategorisierung von *um* für einen Status hat. Erfaßt werden soll hier, daß *um* mit Verben kombinierbar ist, die für [-Dir], [+Dir] oder [-Path] subkategorisiert sind, obwohl die beiden letzten Merkmale das erste ausschließen. Würde man *um* als [αDir, -Path] festlegen, würde die Merkmalshierarchie erzwingen, daß αDir auf +Dir festgelegt wird. Zum Verhalten von *um* bei der Situationslokalisierung kann die Klassifizierung ebenfalls nichts beitragen.

Auch in bezug auf die Verben ergeben sich Probleme: Die 'Negativ'-Subkategorisierung (~+Term) für *hängen* ist unschön: Festgehalten wird nicht, welche Merkmale die PP aufweisen muß, sondern welche sie nicht aufweisen darf. Im Fall von *ragen* würde allerdings auch dieses Mittel nicht reichen, um die Kombinationen korrekt zu erfassen (vgl. Abschnitt 6.3.) Semantisch motivierbares Verhalten von Verben wie *kommen* müßte bei einer solchen Analyse postuliert werden. Die Kombinatorik von lokalen Verben und Nomen zeigt, daß Subkategorisierungsansätze zu Problemen führen, sobald man ein breiteres Spektrum von Verben und Präpositionen berücksichtigt. Das alternative Vorgehen, die Kombinatorik nicht aus Subkategorisierungsmerkmalen, sondern aus den semantischen und konzeptuellen Eigenschaften abzuleiten, erlaubt es, die spezifischen Informationen in der Präpositions- und Verbbedeutung heranzuziehen, um die Kombinatorik zu begründen. Dieses Vorgehen ist auch durch die Verwendung der wegbezogenen Präpositionen als Nomen-Modifikatoren gestützt. Offensichtlich ist auch die Modifikation nicht beliebig, sondern wird über die konzeptuellen Eigenschaften des Nomens beschränkt, vgl. *Schild zur Autobahn, Mauer zum Nachbargrundstück* vs. **Schild in den Wald, *Mauer in den Garten*. Da zur Behandlung der attributiven Verwendungen ebenfalls ein Mechanismus nötig ist, der die unmöglichen Konstruktionen ausschließt, liegt es nahe, die dafür relevanten Prinzipien auch zur Erfassung der Kombinatorik von Verben und Nomen heranzuziehen.

Ich möchte deshalb im folgenden die These vertreten, daß die Kombinatorik von Verben und PPs nicht durch Subkategorisierungsmerkmale gesteuert ist (außer in einigen Fällen, wie der [+Dir]-Forderung der KPV), sondern sich aus den semantischen und konzeptuellen Eigenschaften von Verben und Präpositionen ergibt. Damit stellt sich natürlich die Frage, wie die Beschränkung auf lokale PPs zur Sättigung des prädikativen Komplements gewährleistet werden kann. Dieser Frage wird im folgenden Kapitel nachgegangen.

5. Der Status prädikativer Komplemente

5.1. Prädikative Komplemente und sekundäre Prädikate

In diesem Kapitel soll geklärt werden, wie bei einer Analyse lokaler Verben, die das lokale Komplement als Prädikatsvariable integriert, die sortale Beschränkung auf eine bestimmte Klasse von Prädikaten gewährleistet werden kann. Das Problem ergibt sich daraus, daß prädikative Komplemente nicht als Argumente in die semantische Form eingebunden sind, sondern aufgrund ihres Prädikatsstatus als gleichberechtigte Konjunkte neben den semantischen Primitiven stehen, die die Verbbedeutung bestimmen. Dadurch besteht die typische Beziehung zwischen Kopf und Komplement nicht, bei der der Kopf über seine semantischen Prädikate den Argumenten sortale Beschränkungen auferlegt, über die sich ihre thematische Information ergibt. Es muß also ein Kriterium gefunden werden, das eine sortale Beschränkung der Prädikatsvariable auf eine bestimmte Klasse von Prädikaten ermöglicht. Über dieses Kriterium müssen solche Prädikate ausgeschlossen werden, die nicht die Prädikatsvariable sättigen können.

Den Ausgangspunkt der folgenden Überlegungen bildet die Gegenüberstellung der in Kapitel 2 vorgestellten Analysen der lokalen Verben von Bierwisch (1988) und Maienborn (1990). Bierwischs Analyse geht davon aus, daß die Sättigung der Prädikatsvariable nur über Subkategorisierungsmerkmale beschränkt ist. Da durch die Verbbedeutung keine semantischen Beschränkungen vorgegeben sind, können auch andere Prädikate die Prädikatsvariable sättigen. Maienborn nimmt dagegen an, daß lokale Verben über ihre SF auf die Realisierung eines lokalen Komplements festgelegt sind und auftretende Adverbiale stets als Adjunkte zu betrachten sind. Wenn diese Position korrekt ist, muß die Prädikatsvariable sortal auf lokale PPs festgelegt werden. Es ist also zu prüfen, ob es Evidenz dafür gibt, daß es sich bei den nicht lokalen Prädikaten, die mit lokalen Verben kombinierbar sind, stets um Adjunkte handelt.

Maienborn (1990) geht davon aus, daß Prädikate wie *aufrecht, bequem* etc., die mit lokalen Verben auftreten können, Modifikatoren sind, die über die Situationsvariable prädizieren. Dieses Vorgehen erscheint bei Prädikaten wie *aufrecht* nicht angemessen, da es sich hier offensichtlich um Prädikate über Individuen handelt. Da Prädikate, deren Argumente sortal auf Situationen beschränkt sind, nicht für die Sättigung von Variablen in Frage kommen, die auf Objekte festgelegt sind, sind es lediglich solche Prädikate, deren Status in bezug auf die lokalen Verben geprüft werden muß.

Unter der hier vertretenen Annahme, daß Prädikatsvariablen in der SF lokaler Verben über Individuenargumente prädizieren, sind demnach die 'Konkurrenten' der Komplemente bei der Sättigung der Prädikatsvariable nicht beliebige Adverbiale, sondern solche Ausdrücke, die auch als sekundäre Prädikate auftreten können (vgl. (1)). Sekundäre Prädikate sind nach traditioneller Auffassung APs, die über ein Individuenargument des Verbs prädizieren, sich also als zusätzliches Prädikat an ein Argument 'anhängen', ohne subkategorisiert zu sein (vgl. Rothstein 1985).

Wie (1c) zeigt, unterliegen auch sekundäre Prädikate bestimmten sortalen Beschränkungen, die durch die Verbbedeutung vorgegeben werden.

(1) a. Eva aß den Apfel ungeschält
    b. Adam malte sie nackt
    c. §Gott sah sie fröhlich/laut/alt

Generell werden zwei Typen von sekundären Prädikaten unterschieden: depiktive und resultative. Während depiktive Prädikate lediglich Eigenschaften des Arguments zur Situationszeit einbringen, verändern resultative Prädikate die zeitliche Struktur des Ausdrucks, indem sie einen Nachzustand einführen (vgl. Kapitel 8). Daß die Sättigung des prädikativen Komplements lokaler Verben beschränkt werden muß, damit sie nicht durch beliebige der als sekundäre Prädikate auftretenden APs erfolgen kann, ist offensichtlich, wenn man die Sätze unter (2) betrachtet:

(2) a. §Uschi steht barfuß
    b. §Beate stellt die Flasche voll

Zu klären ist jedoch, welchen Status Prädikate wie die unter (3) haben, die nicht zu abweichenden Konstruktionen führen.

(3) a. Daphne steht aufrecht
    b. Hucky hängt das Bild gerade

Die Entscheidung, welche sortalen Beschränkungen für prädikative Komplemente vorzunehmen sind, muß also in bezug auf Prädikate wie unter (3) getroffen werden: Handelt es sich dabei um Adjunkte, dann ist anzunehmen, daß sie die Prädikatsvariable nicht sättigen können, so daß diese auf lokale Prädikate beschränkt werden muß. Sind sie dagegen als Komplemente zu betrachten, müssen sie die Prädikatsvariable sättigen können und es muß eine Möglichkeit gefunden werden, die Prädikate unter (2) auszuschließen, die unter (3) dagegen zuzulassen.

Ich möchte für sekundäre Prädikate wie die unter (1) annehmen, daß es sich um Adjunkte handelt. Da sie nicht über die Situationsvariable prädizieren, sondern über ein Individuenargument, muß für ihre Behandlung eine Festlegung der Modifikation wie die von Bierwisch (1989b) angesetzt werden (vgl. Abschnitt 2.3.). Damit die Identifizierung der Variablen korrekt erfolgt, muß sie sortengesteuert sein: Die Identifizierung des Arguments des Modifikators erfolgt über die Unifikation der sortalen Information seines Arguments mit der entsprechenden Information des Individuenarguments. Nach einem Vorschlag von Wunderlich (1992b) läßt sich sortale Information als Index am Binder der Variable im Θ-Raster repräsentieren. Die Unifikation sortaler Information muß dann bei der Sättigung der Θ-Rolle erfolgen. Unter (4a) ist ein Satz mit zwei sekundären Prädikaten aufgeführt, die aufgrund ihrer sortalen Bedingungen eindeutig auf jeweils eines der Argumente zu beziehen sind (vgl. (4b)). Ergibt sich über die sortale Information dagegen kein eindeutiges Kriterium, mit welchem Argument des Verbs die Variable des Prädikats zu identifizieren ist, ist der Satz ambig wie in (1b).

(4) a. Ärgerlich aß er den Apfel ungeschält
   b. essen: λy^{ESSBAR} λx^{PERSON} [ESS (x,y)]
      ärgerlich: λu^{PERSON} [ÄRGERLICH(u)]
      ungeschält: λv^{FRUCHT} [UNGESCHÄLT(v)]
      —> λy^{FRUCHT} λx^{PERSON} [ESS(x,y) & ÄRGERLICH(x)
                                       & UNGESCHÄLT(y)]

Wie für die Modifikation in Kapitel 2 diskutiert, muß auch hier angenommen werden, daß die sortale Information nicht nur unifizierbar sein muß, sondern zusätzlich eine 'natürliche Sorte' ergibt. Unter dieser Bedingung können die Beschränkungen über sekundäre Prädikate erfaßt werden, die sich bei Kombinationen wie unter (5) zeigen:

(5)   §Er sah ihn laut
      sehen: $\lambda y^{SICHTBAR}$ λx^{BELEBT} [SEH(x,y)]
      laut: $\lambda u^{HÖRBAR}$ [LAUT(u)]

Diese Analyse stellt eine Alternative zu der auf Williams (1980) und Rothstein (1985) zurückgehenden Analyse der sekundären Prädikate dar, indem sie die Identifizierung des Arguments des Prädikats mit einem Argument des Verbs zuläßt. Im Gegensatz zu der Analyse von Williams muß dafür nicht ein eigenständiger Status der sekundären Prädikate neben Komplementen und Adjunkten angesetzt werden, und eine binäre syntaktische Struktur bleibt möglich. Die Modifikator-Analyse der sekundären Prädikate ist aber nicht unproblematisch, da die Identifizierung der Individuenvariablen nur möglich ist, solange die Individuenargumente des Verbs nicht gesättigt sind. Unter der Annahme, daß Komplemente unter V^1 gesättigt werden, müßten sekundäre Prädikate an V^0 adjungiert sein. Wie problematisch eine solche Annahme ist, hängt unter anderem davon ab, welchen Status man der X-bar-Theorie geben möchte. Berücksichtigt man die Ergebnisse von Kornai/Pullum (1990), dann ist den Projektionsstufen formal wenig Gewicht beizumessen. Allerdings stehen Konsequenzen aus dieser Erkenntnis noch weitgehend aus (vgl. aber die Vorschläge von Chomsky 1994 zum Phrasenstrukturaufbau im 'Minimalistischen Programm' und den Ansatz von Jacobs (1991b, 1992), der in seiner 'Modularen Valenzgrammatik' syntaktische Projektionen nicht über das X-bar-Schema aufbaut, sondern stattdessen Bedingungen zum 'Valenztransfer' ansetzt). Ich möchte mich hier mit dieser Problematik nicht weiter befassen, sondern die Schwierigkeiten, die sich in anderen Ansätzen[1] bei der Behandlung sekundärer Prädikate ergeben, dahingehend deuten, daß hier ein prinzipielles Problem besteht, das unter den gängigen Annahmen zur syntaktischen Struktur nicht erfaßt werden kann.

---

[1] Zu erwähnen ist hier z.B. die small-clause-Analyse, die einerseits Probleme in bezug auf die Kasusmarkierung des SC-Subjekts aufwirft, andererseits aber auch semantisch nicht haltbare Vorhersagen in bezug auf die semantische Unabhängigkeit des SC-Subjekts von Verben macht, sowie die Modifikationsanalyse von Speas (1990), die wie die hier vertretene Analyse das sekundäre Prädikat als Schwester von V^0 ansetzt.

Der Kern dieses Problems liegt meines Erachtens im unterschiedlichen semantischen und syntaktischen Status der sekundären Prädikate: In der semantischen Struktur müssen die Prädikate vorliegen, bevor die Individuenargumente gesättigt werden, da sie die Eigenschaften beinhalten, die von der Individuenargumenten zu erfüllen sind. Syntaktisch werden jedoch fakultative Ausdrücke nicht als Komplemente interpretiert, sondern als Adjunkte erst nach der Sättigung der NP-Komplemente (oberhalb von X') zugelassen. Will man sekundäre Prädikate nicht als Komplemente erfassen, kann man sie aufgrund ihrer semantischen Funktion nur zwischen Verb und NP-Komplemente adjungieren.

Im folgenden Abschnitt soll zunächst eine Hypothese aufgestellt werden, wie die Sättigung der Prädikatsvariable sortal zu beschränken ist, bevor dann der Status der nicht-lokalen Prädikate genauer betrachtet wird, die mit lokalen Verben wohlgeformte Ausdrücke bilden.

5.2. Die semantische Funktion prädikativer Komplemente

Generell besteht die Funktion von Komplementen darin, Information, die im Funktor noch offen gehalten ist, im jeweiligen Kontext zu fixieren. Es liegt also nahe, auch für prädikative Komplemente anzunehmen, daß ihre Funktion darin besteht, offene Information im Verb zu fixieren. Komplemente, die Individuen bezeichnen, legen den Referenten fest, über den der Funktor eine Aussage macht. Prädikative Komplemente tragen dagegen wie das Verb selbst Information über Eigenschaften von Partizipanten in der Situation bei. Um nun herauszufinden, wie prädikative Komplemente sortal zu beschränken sind, ist die Frage relevant, welchen Status ihr semantischer Beitrag für das Verb hat.

Die Gemeinsamkeit aller lokalen Verben besteht in der Lokalisierungsinformation, die allerdings erst durch die Komplement-PP spezifiziert wird. Das Prädikat hat die Funktion, eine in der Verbbedeutung angelegte unterspezifizierte Information nachzureichen. Sekundäre Prädikate spezifizieren dagegen weitere Eigenschaften eines Individuums, das in die Situation eingebunden ist. Sie sind zwar auch beschränkt durch die sortalen Bedingungen, die über das Individuenargument bestehen, tragen aber keine Festlegung von unterspezifizierter Information des Verbs bei. Ich möchte diese Überlegungen in der folgenden Hypothese zum Status von prädikativen Komplementen zusammenfassen:

(I) Alle Komplemente haben die Funktion, offene Information in der Verbbedeutung zu spezifizieren. Prädikative Komplemente spezifizieren eine offene Komponente, indem sie über das Argument, in bezug auf das Information fehlt, prädizieren.

Im Fall der lokalen Verben handelt es sich bei der 'offenen Komponente' um den zurückgelegten Weg (im Fall der BV) oder den Lokalisierungsort (im Fall von PV und KPV). Da diese Komponenten weder Argumente von SF-Prädikaten sind, noch

Parameter in der SF, muß die 'offene Komponente' auf einer anderen Ebene gesucht werden. In einer zweistufigen Semantik-Konzeption liegt es nahe, die offene Information in der konzeptuellen Deutung des semantischen Prädikats anzusetzen. Bei der Festlegung der Funktion *move* als konzeptuelle Interpretation des semantischen Prädikats MOVE in Kapitel 3 weist *move* mit dem aufgebauten Weg eine Information auf, die nicht als Argument von MOVE in der SF auftritt und daher durch keinen sprachlichen Ausdruck belegt wird. Dieser Weg ist demnach die konzeptuell offene Information im Fall der BV. Für die PV wurde in Kapitel 3 ebenfalls angedeutet, daß zur Festlegung der Modusinformation eine unterstützende Region eine Rolle spielt, die auch für die Unterschiede zwischen den 'normalen' PV wie *stehen* und dem gerichteten *hängen* von Bedeutung ist (vgl. dazu auch Abschnitt 6.2.3.). Auch hier liegt also eine lokale Komponente vor, die nicht als Argument in die semantische Repräsentation eingeht. Vor diesem Hintergrund kann die folgende Bedingung zur Sättigung prädikativer Θ-Rollen angesetzt werden, die eine Sättigung durch beliebige Prädikate verhindern soll:

(II) Die Sättigung einer prädikativen Θ-Rolle ist nur möglich, wenn das Prädikat die offene Information des Verbs spezifiziert.

5.3. Die Fakultativität des prädikativen Komplements

Im Unterschied zu Parametern, die immer kontextuell fixiert sein müssen, weist die Fakultativität des prädikativen Komplements darauf hin, daß die offene konzeptuelle Komponente nicht in jedem Kontext spezifiziert sein muß. Maienborn (1990) diskutiert die Bedingungen, unter denen lokale Komplemente weglaßbar sind, und kommt zu dem Schluß, daß die Verwendung lokaler Verben ohne lokale PP nur dann möglich ist, wenn in der Konstruktion andere fokussierbare Information bereitsteht. Demnach ist Spezifizierung der offenen Komponente erst dann obligatorisch, wenn die übrigen Prädikate des Verbs in einem Kontext nicht genügend neue Information zur Verfügung stellen. Die Beobachtung, daß die Sättigung der prädikativen Θ-Rolle durch eine lokale PP fakultativ ist, kann also folgendermaßen begründet werden:

(III) Prädikative Θ-Rollen müssen gesättigt werden, wenn sich sonst im aktuellen Kontext ein Informationsdefizit ergibt.

Ob sich ein Informationsdefizit ergibt oder nicht, ist nicht nur vom Verb allein, sondern auch von den jeweilig realisierten Argumenten und dem Äußerungskontext abhängig. Auffällig ist zunächst, daß bei den Bewegungsverben die lokale PP eher weglaßbar ist als bei den Positionsverben und den kausativen Positionsverben, da hier immer die spezifische Art der Bewegung als charakteristische Handlung fokussierbar ist (vgl. (6)). Die Positionsverben sind wiederum dann eher ohne lokale PP realisierbar, wenn ihr Argument ein Individuum bezeichnet, dem verschiedene Möglichkeiten der Positionierung zur Verfügung stehen (7a). Bezeichnet das Argument des Verbs dagegen wie unter (7b) ein Objekt, dessen inhärente Ausrichtung mit der durch das PV angegebenen Ausrichtung identisch ist, ergibt sich bei nicht realisierter PP kein akzeptabler Satz, da keine alternative Position möglich ist. Über einen verbalen Kontext, der eine mit der spezifischen Verbinformation kontrastierende Alternative nahelegt, können Informationsdefizite des Verbs generell ausgeglichen werden (8).

(6) a. Die Kinder rennen
    b. ?Die Kinder liegen
    c. *Die Kinder legen die Spielsachen

(7) a. Ich stehe immer
    b. *Der Baum steht immer

(8) a. Weinflaschen soll man legen (und nicht stellen)
    b. Birgit schleicht schon wieder (statt zu laufen)
    c. Im Bett soll man liegen (und nicht tanzen)

Maienborn (1990) schlägt eine Analyse der lokalen Verben vor, die das lokale Komplement im Fall der Positions- und Bewegungsverben als syntaktisch fakultativ, aber semantisch obligatorisch ansetzt. Demnach sind alle Vorkommen der Verben ohne lokale PP zwar als syntaktisch wohlgeformt zu betrachten, semantisch jedoch als abweichend. Die Verletzung der semantischen Wohlgeformtheit kann jedoch konzeptuell repariert werden, wenn die lokale Information entweder konzeptuell rekonstruierbar ist oder aber die Abstraktion von der lokalen Information dadurch legitimiert ist, daß durch den Kontext die Fokussierung der Restbedeutung des Verbs in den Vordergrund gestellt wird.

Ich möchte mich dieser Position weitgehend anschließen. Allerdings erscheint mir die Annahme unangemessen, daß die Nicht-Realisierung eines fakultativen Komplements allein zu einer Verletzung der semantischen Wohlgeformtheit führt, wenn man berücksichtigt, daß transitive Verben mit fakultativem NP-Komplement auch dann nicht inakzeptabel sind, wenn keine Fokussierung auf andere Information vorliegt. Die Sätze unter (9) demonstrieren diesen Unterschied anhand eines Frage-Antwort-Paars:

(9) a. Was machst du gerade?
    b. Ich esse/male/stricke
    c. Ich sitze ?(auf dem Balkon)/ liege ?(im Bett)/ laufe ?(durchs Zimmer)

Da nach der Analyse von Maienborn in beiden Fällen ein Individuenargument fehlt und damit existentiell gebunden werden muß, sollte sich in beiden Fällen ein Akzeptabilitätsverlust ergeben. Daß das bei (9b) nicht der Fall ist, kann nur darauf zurückgeführt werden, daß der für den Agens relevante Aspekt der Handlung ausreichend spezifiziert ist, auch wenn das interne Argument des Verbs nicht realisiert ist. Wenn das bei den Sätzen unter (9c) nicht so ist, dann muß man annehmen, daß das Verb allein nicht in der Lage ist, eine nicht-triviale Information über sein Argument auszudrücken. Daß sich gerade bei den lokalen Verben ein Informationsdefizit ergibt, wenn ein Komplement nicht realisiert ist, muß damit in Zusammenhang gebracht werden, daß die bloße Information, daß ein Objekt lokalisiert ist, für konkrete Objekte trivial ist: Objekte, die einen Körper haben, nehmen auch einen Raum ein, und sind damit immer lokalisiert. Anders als bei den Verben unter (9b) bringt damit erst die Spezifizierung der eingenommenen Region nicht-triviale Information über das Objekt ein. Ich möchte daher die Markiertheit lokaler Verben bei fehlender Lokalisierungsinformation nicht wie Maienborn darauf zurückführen, daß die semantische Repräsentation nicht wohlgeformt ist, sondern, wie unter II angedeutet, darauf, daß sich ein Informationsdefizit ergibt, das bei anderen Verben nicht auftritt. Warum sich trotz des Vorliegens von weiterer Information über das Individuum ein Defizit in bezug auf die Lokalisierungsinformation ergibt, muß aus der Repräsentation der lokalen Verben hervorgehen. Die Bedingungen, unter denen kein lokales Komplement realisiert sein muß, sind unter (A) - (C) zusammengestellt:

Das lokale Komplement der lokalen Verben kann unrealisiert bleiben
(A) wenn das Verb ausreichend zusätzliche Information enthält, die fokussiert werden kann; oder
(B) wenn der Kontext eine Kontrastinformation zu der zusätzlichen Information bereitstellt und sie damit fokussiert; oder
(C) wenn ein Adverbial die zusätzliche Information spezifiziert.

Die Frage, ob auch nicht-lokale Prädikate in der Lage sind, die Prädikatsvariable zu sättigen, betrifft die Fälle, die unter (C) fallen. Durch die Formulierung von Bedingung C ist ausgeschlossen, daß sekundäre Prädikate wie die unter (10) bei nicht realisierter PP möglich sind.

(10) a. Jan-Philip steht nackt auf dem Balkon
 b. §Jan-Philip steht nackt
 c. Das Bild hängt dekorativ über dem Sofa
 d. §Das Bild hängt dekorativ
 e. Er geht fröstelnd zurück ins Zimmer
 f. §Er geht fröstelnd

Erlaubt sind dagegen nach (C) die Prädikate in (11), die die Modusinformation weiter spezifizieren und damit fokussieren.

(11) a. Das Bild hängt gerade
 b. Der Baum steht schief
 c. Er geht aufrecht

Nach der oberflächlichen Struktur der Sätze unter (11) gibt es keine Anhaltspunkte dafür, ob es sich wie bei den Prädikaten unter (10) um sekundäre Prädikate handelt oder ob hier nicht doch die prädikative Θ-Rolle durch einen nicht-lokalen Ausdruck gesättigt ist. Um diese Frage zu klären, kann nach den Untersuchungen von Winkler (1993) die Akzentrealisierung bei weitem Fokus herangezogen werden.

5.4. Fokusprojektion: Evidenz für nicht-lokale Komplemente?

Winkler (1993) argumentiert, daß die Fokusprojektion Evidenz dafür liefert, daß zwar für resultative sekundäre Prädikate Komplementstatus anzusetzen ist, nicht aber für depiktive. Winkler geht von der Hypothese aus, daß die Argumentstruktur innerhalb eines Satzes zentral ist für die Bestimmung der Fokusstruktur, da das Fokusmerkmal nur vom Kopf oder einem Argument einer Konstituente projiziert werden kann. Daraus ergibt sich, daß bei weitem Fokus die Position des Akzents Aufschluß über den Status der Konstituente gibt. Während bei transitiven Verben mit resultativen sekundären Prädikaten eine weite Fokuslesart zustande kommen kann, wenn nur das interne NP-Argument akzentuiert ist (12a), ergibt sich bei depiktiven sekundären Prädikaten eine weite Fokuslesart erst, wenn sowohl NP als auch sekundäres Prädikat akzentuiert sind (12b). Dies ist nach Winklers Hypothese aber typisch für Adjunkte. (Die betonten Wörter sind unterstrichen; der den von Winkler übernommenen Beispielen vorangestellte Ausruf "Sieh mal, ..." soll es erleichtern, die weite Fokuslesart zu produzieren.)

(12)   (Sieh mal, ...)
    a. Dort fegt der Wind den <u>Himmel</u> blank
    b. Sie aßen das <u>Lamm</u> <u>roh</u>

Daß es sich bei den resultativen sekundären Prädikaten tatsächlich um Komplemente handelt, zeigt sich in Konstruktionen wie unter (13a), in denen die Argument-NP, die unter (12a) den Akzent trägt, pronominal und damit nicht akzentuierbar ist. In diesem Fall geht bei den resultativen sekundären Prädikaten der Akzent auf das Prädikat über, während bei den depiktiven Verb und Prädikat akzentuiert sein müssen. Beispiel (13a) zeigt, daß Fokusprojektion vom resultativen sekundären Prädikat möglich sein muß; (13b) zeigt, daß bei Vorliegen eines depiktiven Prädikats weiter Fokus nur ausgehend von Verb und Prädikat projiziert werden kann.

(13)   (Sieh mal, ...)
    a. Er fegt ihn <u>blank</u>
    b. Er <u>aß</u> es <u>roh</u>

Setzt man die Akzentuierung zunächst als Test für den Status der lokalen PP an, dann zeigen die Daten erwartungsgemäß, daß nur die Argument-NP bei weitem Fokus betont ist, so daß es sich bei der PP um ein Komplement handeln muß. Die entsprechenden Konstruktionen mit pronominaler NP zeigen, daß wie bei den resultativen Prädikaten das Prädikat betont wird (vgl. (14)).

(14) (Sieh mal, ...)
  a. Martina hängt das <u>Bild</u> an die Wand
  b. Das <u>Bild</u> hängt an der Wand
  c. Klaus schiebt den <u>Wagen</u> in die Garage
  d. Sie hängt es an die <u>Wand</u>
  e. Es hängt an der <u>Wand</u>

Betrachtet man nun die Akzentrealisierung bei den Beispielen unter (15), dann zeigt sich, daß das gleiche Akzentmuster bei den nicht-lokalen Prädikaten möglich ist, die mit Positionsverben auftreten können.

(15) (Sieh mal, ...)
  a. Das <u>Bild</u> hängt gerade
  b. Dein <u>Gummibaum</u> steht schief

Bei den Bewegungsverben verhält sich die Akzentrealisierung dagegen anders: Hier erscheint mir der Doppelakzent natürlicher, der für den Adjunktstatus des Prädikats spricht:

(16) (Sieh mal, ...)
  a. ?Das <u>Kind</u> geht aufrecht
  b. Das <u>Kind</u> geht <u>aufrecht</u>

Allerdings ist es auch fraglich, ob das gewählte Prädikat tatsächlich den Bewegungsmodus spezifiziert: Das Modusprädikat von *gehen* beinhaltet wie *laufen, rennen* etc. Information über die Beinbewegung und nicht über die Körperhaltung. Da mir keine Prädikate bekannt sind, die zur Spezifizierung dieser Art von Information herangezogen werden können, kann aufgrund der Bewegungsverben keine Entscheidung für den Status nicht-lokaler Prädikate als Komplemente getroffen werden.

Nach dem von Winkler angesetzten Kriterium handelt es sich aber zumindest bei den sekundären Prädikaten unter (15) um Komplemente des lokalen Verbs. Demnach wären die prädikativen Komplemente der Positionsverben tatsächlich nicht auf lokale PPs beschränkt, sondern auch durch solche APs zu sättigen, die die semantische Information des Verbs weiter spezifizieren.

Wenn auch Prädikate, die nicht die Lokalisierungsinformation des Verbs ergänzen, die Prädikatsvariable sättigen können, ist die Bedingung unter II in Abschnitt 5.2. zu eng. Damit scheint auch die Hypothese unter I, daß Komplemente dann vorliegen, wenn offene Information eines Ausdrucks noch fixiert werden muß, nicht aufrechtzuerhalten. Da mir eine Motivation prädikativer Komplementpositionen wie die in I notwendig und sinnvoll erscheint, um einen homogenen Komplementbegriff zu gewährleisten, möchte ich versuchen, eine Interpretation für die Daten unter (15) zu finden, die mit Hypothese I verträglich ist. Dafür können prinzipiell zwei Alternativen herangezogen werden. Die erste besteht darin, die Möglichkeit der Sättigung der Prädikatsvariable durch ein nicht-lokales Prädikat zwar zuzulassen, die Motivation der Prädikatsvariable aber trotzdem durch die Hypothese I zu rechtfertigen. Die zweite Alternative besteht darin, die Akzentuierungsdaten unter (15) anders zu interpretieren. Beide Möglichkeiten sollen im nächsten Abschnitt diskutiert werden.

5.5. Interpretation der Akzentuierungsdaten

Ein Argument für die erste Erklärung könnten die kausativen Positionsverben liefern: Anders als bei den Positions- und Bewegungsverben erscheint es für die kausativen Positionsverben sinnvoll anzunehmen, daß sie über ein obligatorisches prädikatives Komplement verfügen, da sich nicht nur abweichende, sondern ungrammatische Konstruktionen ergeben. Auch bei den KPV kann die PP jedoch fehlen, wenn ein entsprechendes nicht-lokales Prädikat realisiert wird. Anders als bei den entsprechenden Konstruktionen mit Positionsverben bleiben diese Konstruktionen aber markiert, was von den Sprechern unterschiedlich stark empfunden wird.

(17) a. ?Er hängt das Bild schief
     b. ?Er legt das Besteck gerade

Dafür, daß auch hier die Komplementposition gesättigt wird, spricht zweierlei:
1. Die Sätze unter (17) sind trotz ihrer Markiertheit wesentlich akzeptabler als die entsprechenden Konstruktionen ohne PP oder mit einem anderen sekundären Prädikat, vgl. (18):

(18) a. *Er hängt das Bild
     b. *Er legt das Besteck
     c. *Er hängt das Bild dekorativ
     d. *Er legt das Besteck naß

2. Die Prädikate unter (17) erhalten bei der Kombination mit KPV resultative Interpretationen, was nur dann möglich ist, wenn sie in der Position der Prädikatsvariable, also im Skopus von BECOME realisiert sind. Da sekundäre Prädikate nur auf die Individuenvariable zugreifen, aber nicht an der zeitlichen Struktur des Verbs partizipieren, ist bei einer Adjunktion des Prädikats zu erwarten, daß die depiktive Lesart zustande kommt.
    Wenn die Prädikate die Prädikatsvariable sättigen, bleibt jedoch zu klären, warum die Konstruktionen trotzdem markiert sind. In Zusammenhang mit der Diskussion der Präpositionen wurde dafür argumentiert, daß die KPV als einzige Klasse der lokalen Verben eine Subkategorisierungsforderung aufweisen, die ihre Komplemente auf PP[+Dir] festlegt. Die Markiertheit der Konstruktionen ohne die PP kann deshalb damit begründet werden, daß die Subkategorisierungsforderung verletzt ist, da Adjektive nicht in bezug auf das Merkmal Dir kategorisiert sind. Wenn aber ein Verb eine Subkategorisierungsforderung aufweist, die lediglich für eine

Klasse von lokalen PPs relevant ist, dann kann man davon ausgehen, daß die entsprechende Prädikatsvariable tatsächlich für die Sättigung durch ein entsprechendes Prädikat vorgesehen ist. Die Möglichkeit der Sättigung der Variable durch ein anderes Prädikat ist demnach in dem von Maienborn (1990) diskutierten Kontext zu sehen: Durch die Sättigung der Variable durch ein Prädikat, das die Verbinformation weiter spezifiziert, wird das Verb mit der Information angereichert, die nötig ist, um das Informationsdefizit zu beseitigen. Damit übernimmt dieses Prädikat nicht die eigentliche Aufgabe des Komplements, eine offene Information zu fixieren, sondern reichert die Verbinformation so an, daß genügend fokussierbare Information vorhanden ist und die unterspezifizierte Information nicht berücksichtigt werden muß. Damit macht es die weitere Spezifizierung überflüssig. Die Markiertheit der KPV-Konstruktionen ist dann damit zu erklären, daß bei der Sättigung der Prädikatsvariable die Subkategorisierungsinformation verletzt wird.

Wählt man diese Erklärung, dann kann die Hypothese unter I zum Status prädikativer Komplemente beibehalten werden. Die Bedingung unter II wäre jedoch wie in II' zu modifizieren. Gefordert ist dann nicht mehr, daß die *offene* Information des Verbs durch das Prädikat spezifiziert ist, sondern lediglich, daß irgendeine Information des Verbs spezifiziert wird.

(II') Die Sättigung einer prädikativen Θ-Rolle ist nur möglich, wenn das Prädikat die Verbinformation spezifiziert.

Die andere Erklärung der Daten unter (15) setzt voraus, daß der fehlende Akzent auf dem sekundären Prädikat nicht notwendigerweise dessen Komplementstatus beweist. Ein Ansatz zur Akzentrealisierung, in dem ein heterogenes Verhalten von Adjunkten in bezug auf die Fokusprojektion möglich ist, liegt in Jacobs (1992) vor. Jacobs (1992) stellt einen Vorschlag zur Ableitung der Akzentrealisierung vor, der im Rahmen eines umfangreicheren Entwurfs einer Grammatiktheorie angesiedelt ist. Der für die hier diskutierte Problematik zentrale Begriff der Theorie ist die *Integration*. Unter Integration ist eine Art von Strukturauflösung zu verstehen, die in Zusammenhang mit der Verarbeitung semantischer Information gebracht wird. Integrierte Komponenten gehen in dem Ausdruck, in den sie integriert sind, auf und können dadurch mit diesem zusammen Domänen für grammatische Prozesse bilden. Integriert werden können generell Schwesterkonstituenten eines Kopfes in den Kopf, sofern der Inhalt des Ausdrucks nicht als in zwei Bedeutungsaspekte gegliedert präsentiert wird (vgl. Jacobs 1992, 2). Jacobs gibt drei Typen von semantischen Strukturierungen an, die zur Zerlegung in zwei Bedeutungsaspekte führen und damit 'integrationshemmend' wirken: Die Koordination (explizit oder asyndetisch); die Attribution, sofern sie 'additiv' geschieht und die Prädikation, unter die Jacobs die Topic-Comment-Gliederung faßt. Ein vierter Typ von integrationshemmenden Strukturen liegt vor, wenn der Kopf, in den ein Ausdruck integriert werden könnte, zu komplex ist, da er schon andere integrierte Elemente enthält. Diesen Typ nennt Jacobs *Komplexion*.

Aus Jacobs Festlegung der integrationshemmenden Faktoren ergibt sich, daß Komplemente in den Kopf integrierbar sind, sofern sie adjazent zu ihm stehen. Ob

Nicht-Komplemente integrierbar sind, hängt davon ab, ob sie einen integrationshemmenden Bedeutungsaspekt einführen. Hier ist die Möglichkeit gegeben, den unterschiedlichen semantischen Beitrag der sekundären Prädikate festzumachen: Prädikate, die die Verbinformation spezifizieren, bilden eine Informationseinheit mit dem Verb und sind damit integrierbar. Sekundäre Prädikate, die nicht mit der Verbinformation zusammenhängende Information über ein Argument einführen, bringen einen neuen Bedeutungsaspekt ein, der als koordiniert mit der Verbbedeutung zu betrachten ist und deshalb nicht integriert werden kann.

Ich möchte hier nicht auf die Regeln eingehen, aus denen sich die Fokusprojektion ergibt, sondern nur auf die Konsequenzen für die Akzentrealisierung. Aus Jacobs Vorschlag zur Ableitung der Akzentrealisierung ergibt sich, daß bei weitem Fokus der Akzent auf dem integrierten Element zu realisieren ist, sofern dies betonbar ist, andernfalls auf dem Kopf selbst.

Damit lassen sich die beobachteten Daten korrekt behandeln, wenn man eine weitere Modifizierung vornimmt: Nach Jacobs Festlegung der Komplexion kann nur ein Komplement in den Kopf integriert werden, ohne daß Komplexion auftritt. Die Annahme ist offensichtlich für NP-Komplemente korrekt, gilt aber nicht bei prädikativen Komplementen. Die Akzentrealisierung auf dem NP-Argument in (19) kann nur dann korrekt vorhergesagt werden, wenn PP und NP integriert sind.

(19)   daß er den <u>Wagen</u> in die Garage fährt

Die Annahme, daß durch die Integration eines prädikativen Komplements keine Komplexion ausgelöst wird, ließe sich durch den semantischen Beitrag klären, den prädikative Komplemente leisten. Da das Prädikat die Information des Verbs weiter spezifiziert (bzw. ergänzt), liegt nach der Integration immer noch Information von nur einem Typ vor. Im Unterschied dazu verändern integrierte NP-Komplemente die semantische Information insofern, als sie schon einen Referenten fixieren. Wird dann über ein zweites Individuen-Argument prädiziert, so beinhaltet der Ausdruck keine homogene Information mehr, da über zwei Referenten unterschiedliche Bedeutungsaspekte eingebracht werden. Selbst wenn durch ein sekundäres Prädikat weitere Information über das gesättigte Argument eingebracht wird, ergibt sich hier eine integrationshemmende Prädikationsstruktur. Eine integrationshemmende Struktur entsteht auch, wenn nach der Sättigung eines prädikativen Komplements ein zweites Prädikat hinzukommt: Da schon eine Spezifizierung eines Bedeutungsaspekts vorliegt, führt ein neuer Aspekt ebenfalls zu einer nicht-homogenen Information. Mit dieser Modifizierung zur Komplexion ließen sich die Daten zur Akzentuierung unter (20) folgendermaßen analysieren.

(20) a.   daß das <u>Bild</u> an der Wand hängt
     b.   daß das <u>Bild</u> schief hängt
     c.   daß es <u>schief</u> hängt
     d.   daß es an der <u>Wand</u> hängt

Bei Realisierung des PP-Komplements (20a) sind sowohl PP als auch NP in das Verb integriert. Die Betonung liegt auf dem zuletzt integrierten Komplement, der

NP. Das gleiche gilt, wenn wie in (20b) ein integrierbares Adjunkt vorliegt. (20c) und (d) zeigen, daß der Akzent auf den Kopf der Struktur übergeht, wenn das integrierte Element nicht betonbar ist. Der Kopf umfaßt in diesem Fall den Komplex von Prädikativ/Adjunkt und Verb, der Akzent liegt auch hier auf der integrierten Phrase. Die Akzentrealisierung liefert damit lediglich Information darüber, ob die Prädikate ins Verb integriert sind oder nicht, sagt aber nichts über ihren Status als Komplemente oder Adjunkte aus. Nach Jacobs Theorie der Integration könnten die Akzentuierungsdaten also auch unter der Annahme abgeleitet werden, daß alle nicht-lokalen sekundären Prädikate in den bisher angeführten Beispielen Adjunkte sind. Die Unterschiede ergeben sich allein daraus, ob die Prädikate in das Verb integrierbar sind oder nicht. Eine solche Analyse würde also die Relevanz der Akzentuierungsdaten für den Komplementstatus abstreiten.

Es gibt allerdings auch eine Alternative zu dieser Konsequenz: Der Begriff der Integration beinhaltet eine semantische Komplexbildung, wie sie auch durch die Sättigung einer Argumentposition stattfindet, wenn dadurch die Verbbedeutung weiter spezifiziert wird. Deshalb könnte eine Interpretation der Integrationsdaten im Zusammenhang mit der hier vertretenen Vorstellung vom Status von prädikativen Komplementen darin bestehen, daß ein sekundäres Prädikat genau dann integriert werden kann, ohne zur Komplexion zu führen, wenn es einen Aspekt der Verbbedeutung weiter spezifiziert. Diese Spezifizierung der Verbinformation ist gleichzeitig die Bedingung für die Sättigung des prädikativen Komplements. Da bei adjungierten sekundären Prädikaten Integration nicht stattfinden kann (weil sich eine Prädikationsstruktur ergibt), gibt die Tatsache, daß Integration der verbspezifizierenden Prädikate möglich ist, weitere Evidenz dafür, daß die Kombination mit der Verbinformation vor der Sättigung des NP-Komplements stattgefunden hat. Integration eines sekundären Prädikats, die nicht zur Komplexion führt, ist demnach Evidenz dafür, daß das Prädikat die Prädikatsvariable gesättigt hat.

Ich gehe von dieser Interpretation der Daten aus, und nehme im folgenden an, daß die lokalen Verben ein prädikatives Komplement aufweisen, weil lokale Information in der Repräsentation offen ist. Die Prädikatsvariable kann jedoch durch beliebige Prädikate gesättigt werden, sofern diese die Verbinformation weiter spezifizieren. Da die offene lokale Information unspezifiziert bleibt, ergibt sich eine Fokussierung der Bedeutungskomponente des Verbs, die durch das Prädikat spezifiziert wurde. Obwohl also das Verb diese APs anders als die lokalen PPs nicht selegiert, haben sie den gleichen Status wie lokale PPs, da sie Verbinformation spezifizieren.

6. Verben der statischen Lokalisierung

Nach den Überlegungen im letzten Kapitel ist ein prädikatives Komplement ein Hinweis darauf, daß die Verbinformation eine offene Komponente beinhaltet. Nimmt man eine Repräsentation von Positionsverben an, bei der die Lokalisierungskomponente wie von Bierwisch (1988) vorgeschlagen aus dem Verb ausgelagert ist, dann muß geklärt werden, wo die offene Komponente in der Verbbedeutung anzusetzen ist, die von einer lokalen PP fixiert werden muß. Ich möchte im folgenden dafür argumentieren, daß die konzeptuelle Interpretation aller statisch lokalisierenden Verben, eine Relation enthält, deren zweites Argument nicht in die SF eingeht. Diese Relation betrifft jeweils einen Aspekt von Lokalisierung, der bei der räumlichen Beziehung, die Präpositionen herstellen, keine Rolle spielt. Für die Positionsverben zum Beispiel ist nicht die Lokalisierung in der Nachbarschaft eines anderen Objekts primär, sondern die Haltung oder Ausrichtung, die ein bewegliches Objekt im Ruhezustand einnimmt. Die offene lokale Information, die die Voraussetzung dafür bildet, daß eine lokale Komplement-PP selegiert wird, ergibt sich daraus, daß aufgrund der Schwerkraft bestimmte Voraussetzungen gegeben sein müssen, damit ein Objekt seine Position im Raum beibehalten kann. Die Erfahrung der Schwerkraft lehrt, daß ein Objekt nur dann über eine längere Zeit eine feste Position einnehmen kann, wenn es relativ zu einem anderen Objekt fixiert bzw. unterstützt ist. Ich möchte in diesem Kapitel zeigen, wie unter der Annahme einer Unterstützungsrelation die Interpretation der verschiedenen statisch lokalisierenden Verben zustandekommt.

Neben den Positionsverben existieren noch weitere Zustandsverben, die lokale Information beinhalten. Dazu gehören die Kontaktverben, die nichts über die Ausrichtung der Objekte aussagen, sondern lediglich Information über die Art enthalten, wie der Kontakt zwischen dem lokalisierten Objekt und dem Bezugsobjekt gehalten wird. In diese Klasse gehören *kleben, stecken, haften* etc. Wie die Positionsverben verfügen auch die Kontaktverben über kausative Gegenstücke. Für diese Verben spielt ebenfalls die Unterstützung eine Rolle, allerdings geht hier das Schwerkraftkonzept nicht in die Interpretation ein. Eine weitere Klasse gruppiert sich um das Verb *wohnen*. *wohnen* stellt für viele Analysen dadurch ein Problem dar, daß es obligatorisch ein prädikatives Komplement fordert, ohne aber auf eine lokale PP festgelegt zu sein. Ebenso können auch relativ beliebige andere modale Adverbiale auftreten. In die Klasse von *wohnen* gehören vermutlich auch Verben wie *lagern* und *siedeln*. Die letzte Gruppe beinhaltet nur zwei Verben, nämlich *schweben* und *schwimmen*. Neben der lokalen Information ist hier relevant, daß das Objekt keine Unterstützung durch einen Festkörper hat, sondern sich im Medium Luft bzw. Wasser aufhält. Ich möchte die Darstellung mit diesen Verben beginnen, um die generelle Annahme einer Unterstützungskomponente zu motivieren.

6.1. Verben des Lokalisierungsmediums

(1)   a. Ein Ballon schwebt am Himmel
       b. Malerische Boote schwimmen auf den Wellen

Auf den ersten Blick mag es überraschend erscheinen, daß *schweben* und *schwimmen* als Verben der statischen Lokalisierung aufgeführt werden, da beide auch eine Fortbewegungslesart aufweisen (vgl. die Beispiele unter (2)). Dafür, daß es neben der Bewegungslesart tatsächlich eine statische Interpretation von *schweben* und *schwimmen* gibt, spricht die Interpretation, die sich in Kombination mit den PP[-Dir] ergibt. Anders als im Fall von Bewegungsverben wie *fahren* und *fliegen* kann bei *schwimmen* und *schweben* die statische Lokalisierung nicht als Situationslokalisierung betrachtet werden, da sie mit einem 'passiven' Verhalten des betroffenen Objekts einhergeht, also tatsächlich statische Situationen charakterisiert werden (vgl. (2a) und (c) vs. (b) und (d)). Im Gegensatz dazu erhält man bei 'echten' Bewegungsverben immer die Bewegungslesart, auch wenn eine statische PP realisiert ist (vgl. (e)).

(2)   a. Blätter schwimmen auf dem Tümpel
       b. Enten schwimmen über den Tümpel
       c. Der Geist schwebt über dem Wasser
       d. Die Geister schweben durch das Schloß
       e. Ralf fährt auf der Autobahn

Um zunächst die Hypothese zu rechtfertigen, daß für diese Verben eine Unterstützungskomponente anzusetzen ist, muß die intuitiv näherliegende Annahme widerlegt werden, daß für *schwimmen* und *schweben* lediglich die Lokalisierung innerhalb eines bestimmten Mediums relevant ist, wie z.B. (3a) und (4a) nahelegen könnten. (3b) spricht jedoch gegen die Relevanz der Inklusion im jeweiligen Medium, während die Annahme einer Unterstützungskomponente mit allen Verwendungen verträglich ist.

(3)   a. Der Fisch schwimmt im See
       b. Das Boot schwimmt auf dem See

(4)   a. Der Adler schwebt über dem Wald
       b. Der Katamaran schwebt auf einem Luftkissen

Ein weiteres Argument für die Unterstützungshypothese liefert die Kombinierbarkeit mit der Kontaktpräposition *auf* in den Beispielen unter (b), die zeigt, daß die Verben eine Kontaktrelation generell nicht ausschließen. Da aber für die Bezeichnung einer Lokalisierung in einem flüssigen oder gasförmigen Medium nicht mehr *schwimmen/schweben* verwendet werden kann, sobald gleichzeitig Unterstützung durch einen festen Untergrund vorliegt, müßte eine Interpretation, die lediglich die Lokalisierung in einem bestimmten Medium beinhaltet, explizit den Kontakt zu einem festen Untergrund ausschließen. Geht man dagegen davon aus, daß schon eine Unterstützungskomponente vorhanden ist, die den Kontakt jedoch auf ein anderes Medium beschränkt, kann man auf eine solche negierte Kontaktrelation verzichten.

Die Annahme einer Unterstützungskomponente als klassenbildendes Prädikat für alle Verben der statischen Individuenlokalisierung ergibt über die Festlegung des unterstützenden Mediums drei Unterklassen:

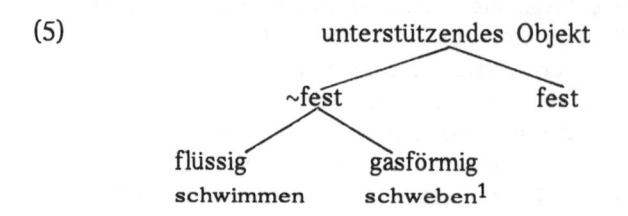

(5) unterstützendes Objekt

~fest   fest

flüssig   gasförmig
schwimmen   schweben[1]

Zentral für die Festlegung einer Repräsentation von *schweben* und *schwimmen* ist die Frage, wie der Möglichkeit entsprochen werden kann, daß sowohl statische Lokalisierung als auch Bewegung durch diese Verben ausgedrückt wird. Die konzeptuelle Motivation für den Unterschied, der sich in diesem Punkt zu den Positionsverben ergibt, ist leicht nachvollziehbar: Bei der Unterstützung durch einen Festkörper sind Objekte auf Bewegungslosigkeit festgelegt, solange keine aktive Ortsveränderung vorgenommen wird, bei der sich das unterstützende Objekt ändert. Bei der Unterstützung durch ein nicht-festes Medium kann sich Bewegung dagegen schon daraus ergeben, daß die unterstützende Masse selbst nicht statisch ist, der Lokalisierungszustand also 'labil' bleibt.

Aufgrund dieser konzeptuellen Motivation erscheint es mir sinnvoll, für *schweben* und *schwimmen* nur einen Lexikoneintrag anzusetzen. Da die Einbindung einer wegbezogenen Präposition in die Semantik des Verbs nur dann möglich ist, wenn eine Komponente zur Verfügung steht, die den Wegparameter belegen kann, setzt die Verwendung mit einer wegbezogenen Präposition die Anwesenheit des Prädikats MOVE voraus. Statische und dynamische Interpretation beinhalten den Bezug auf das Lokalisierungsmedium als Unterstützer, deshalb ist diese Komponente für beide Bedeutungsvarianten anzusetzen. Der Möglichkeit der Bewegungslesart kann dadurch entsprochen werden, daß die Bewegungskomponente MOVE als fakultative Komponente in die Repräsentation aufgenommen wird. Damit beinhaltet die angesetzte Repräsentation dieser Verben zwei mögliche Realisierungsvarianten: bei Aktivierung von MOVE die Bewegungslesart, bei Fehlen von MOVE die statische Lokalisierung. Während bei der Bewegungslesart der durch MOVE erzeugte Weg für die Belegung des Weg-Parameters in der Repräsentation der Präposition relevant ist, wird die Unterstützungskomponente spezifiziert, wenn eine statische Präposition realisiert ist. Die Unterstützungsrelation geht nur in die konzeptuelle Interpretation der semantischen Primi-

---

[1] Berücksichtigt man, daß *schweben* auch für Objekte wie Plankton verwendbar ist, sollte das unterstützende Medium vielleicht auf ~fest verallgemeinert werden.

tive SCHWIMM und SCHWEB ein. Das Unterstützungskonzept ist als eine Relation zwischen dem lokalisierten Individuum x und einem Objekt repräsentiert, dessen räumliche Lokalisierung dafür verantwortlich ist, daß x nicht aufgrund der Schwerkraft seine Position verändert. Um den drei oben unterschiedenen Klassen zu entsprechen, werden drei jeweils unterschiedliche sortale Bedingungen für das unterstützende Objekt festgelegt: In *support* (f,x), *support*(g,x) und *support* (y,x) steht f für Flüssigkeit, g für Gase und y für Festkörper.

In der Repräsentation unter (6) steht SCHWIMM und SCHWEB demnach für die verbspezifische Instanziierung der Unterstützungskomponente, deren jeweilige konzeptuelle Interpretation in (b) und (d) angegeben ist. Die großen Klammern um '& MOVE(x)' markieren die Fakultativität der Komponente, die hier die Verwendung als statisches Verb oder Bewegungsverb ermöglicht.

(6) a. *schwimmen*: $\lambda P \lambda \underline{x} [SCHWIMM(x) (\& MOVE(x)) \& P(x)]$
    b. Int (SCHWIMM(x)) = $\exists f\ support(f,x)$
    c. *schweben*: $\lambda P \lambda \underline{x} [SCHWEB(x) (\& MOVE(x)) \& P(x)]$
    d. Int (SCHWEB(x)) = $\exists g\ support(g,x)$

Die lokale Information, die für die Selektion der lokalen PP verantwortlich ist, ergibt sich als Implikation aus der Unterstützungsinformation. *support* impliziert Kontakt zwischen den beteiligten Objekten, Kontakt wiederum besteht, wenn die von den Objekten eingenommenen Regionen aneinander grenzen. In (7a) und (b) sind diese Implikationen aufgeführt, C steht für die Kontaktrelation, A für die Adjazenzrelation.

(7) a. support (x,y) $\rightarrow$ x C y
    b. x C y $\rightarrow$ l(x) A l(y)

6.2. Positionsverben

Unter die Positionsverben sind die Verben zu fassen, die die Ausrichtung/Position des lokalisierten Objekts (LO) näher spezifizieren. Die Spezifizierung kann dabei auf unterschiedliche Art zustandekommen: *stehen* und *liegen* betreffen die Lage einer spezifischen Objektachse relativ zum Bezugsraum; *hängen* (in einer Lesart) und *ragen* spezifizieren die Ausrichtung des Objekts; *sitzen, knien, hocken* und *kauern* beinhalten eine Körperhaltung, die durch den Bezug auf bestimmte Körperteile charakterisiert ist: bei *knien* und *sitzen*, indem Kontakt zwischen Knien bzw. Gesäß und Untergrund ausgedrückt wird, bei *hocken* und *kauern*, indem die Krümmung der Beine bzw. des Rückens thematisiert wird.

Mit diesen unterschiedlichen Spezifizierungen sind natürlich Sortenbeschränkungen über das LO verbunden: Ein stehendes Objekt muß eine prominente Dimension oder Objektachse aufweisen, die in die Vertikale gebracht werden kann; sitzende und kniende Individuen müssen die entsprechenden Körperteile aufweisen, was zu einer sortalen Festlegung auf Lebewesen führt. Ähnliches gilt für *hocken* und *kauern*, die weiterhin eine gewisse Flexibilität in bezug auf diese Körperteile voraussetzen: *hocken* ist nur bei solchen (belebten) Individuen verwendbar, die ihre Beine auf eine spezielle Art anziehen können, *kauern* ist auf Individuen beschränkt, die zusätzlich in der Lage sind, 'den Kopf einzuziehen', vgl. (8).

(8) a. *Die Kuh hockt/kauert auf der Weide
      b. Der Hase hockt/kauert in der Grube
      c. Der Storch hockt/*kauert auf dem Schornstein

Anders als bei den Verben des Lokalisierungsmediums muß die Positionskomponente bei diesen Verben also nicht nur vorgeben, zwischen welchen Objekten die Unterstützung besteht, sondern zusätzlich spezifizieren, in bezug auf welche Objektseite des LO der unterstützende Kontakt besteht. Da der Vergleich zwischen *hängen* und den übrigen PV zeigt, daß auch Unterschiede in bezug auf die Unterstützungsrichtung bestehen, gehe ich davon aus, daß die Unterstützungsrelation im Fall der Positionsverben in bezug auf Objektseiten festzulegen ist. Da dieser Typ von Unterstützungsrelation nur zwischen Festkörpern bestehen kann, werde ich sie im folgenden $support_f$ nennen. Damit sind die zentralen Bestandteile für die Interpretation von *sitzen*, *knien* etc. eingeführt.

6.2.1. Verben der Körperhaltung

Als 'Verben der Körperhaltung' können *sitzen*, *knien*, *kauern* und *hocken* zusammengefaßt werden. Bei *sitzen* und *knien* kann in der konzeptuellen Interpretation der Positionskomponente als Kontaktseite des LO der entsprechende Körperteil angesetzt werden, so daß sich gleichzeitig die sortalen Beschränkungen ergeben. Dazu wird eine Funktion $knie(x)$ bzw. $gesäß(x)$ angesetzt, die die entsprechenden Körperteile herausgreifen soll. Die Festlegung der Unterstützungsrichtung geschieht über Bezug auf die Seite des stützenden Objekts, zu der das LO in Kontakt steht. Im Fall der Verben der Körperhaltung handelt es sich immer um Unterstützung von unten, die dann vorliegt, wenn der Kontakt zur deiktischen Oberseite des stützenden Objekts besteht. Die Festlegung der deiktischen Oberseite geschieht relativ zur Vertikalen des Primären Orientierungsraumes (vgl. die Diskussion der Objektschemata von E. Lang im nächsten Abschnitt). *d-os* ist die Funktion, die die deiktische Oberseite herausgreift. Damit können die Repräsentationen in (9a) und (b) mit den konzeptuellen Interpretationen der Positionskomponenten in (c) und (d) angesetzt werden. Unter (e) und (f) sind auch hier die implizierte Kontakt- und Adjazenzrelation aufgeführt, die für alle Verben gelten, deren Interpretation $support_f$ enthält. Statt der verbspezifischen Seitenfestlegung ist deshalb eine Funktion *seite* angesetzt, die eine beliebige Objektseite identifizieren soll.

(9) a. *knien*: λP λx [KNIE(x) & P(x)]
 b. Int (KNIE(x)) = ∃y [support$_f$(d-os(y), knie(x))]
 c. *sitzen*: λP λx [SITZ(x) & P(x)]
 d. Int (SITZ(x)) = ∃y [support$_f$ (d-os(y), gesäß(x))]
 e. support$_f$ (seite(x), seite(y)) –> seite(x) **C** seite(y)
 f. x **C** y –> l(x) A l(y)

Die Interpretation von SITZ in (9d) erfaßt nur die Verwendungen von *sitzen*, die die Sitzhaltung von Menschen und bestimmten Säugetieren betrifft. Verwendungen wie unter (10) sind damit nicht erfaßt, sollen hier aber auch nicht weiter berücksichtigt werden.

(10) a. Der Vogel sitzt auf dem Ast
 b. Eine Spinne sitzt an der Wand

hocken und *kauern* beinhalten neben der Information, daß eine Unterstützung von unten stattfindet, noch Information über die gekrümmte Haltung des lokalisierten Individuums. Anders als bei *knien* und *sitzen* ist es hier relativ schwierig, die Kontaktseite des LO zu bestimmen. Zumindest in einigen Verwendungen kann auch die für *sitzen* relevante Festlegung angesetzt werden. Charakteristisch für *hocken* und *kauern* scheint nicht die Information zu sein, welches Körperteil unterstützt wird, sondern auf welche Art das Individuum sich 'krümmt'. Ich setze deshalb tentativ eine Interpretation der Positionskomponenten an, die als Kontaktseite die Unterseite us(x) bestimmt, und als eigentlich verbspezifische Information eine weitere Komponente, die im Fall von *hocken* angezogene Beine und im Fall von *kauern* einen gekrümmten Rücken fordert. Eine adäquate Repräsentation dieser Verben müßte allerdings weitere Einschränkungen über die 'Unterseite' beinhalten. Mit der genauen Information über die Haltung von hockenden und kauernden Individuen möchte ich mich jedoch nicht weiter beschäftigen.

(11) a. *hocken*: λP λx [HOCK (x) & P(x)]
 b. Int (HOCK (x)) = ∃y (support$_f$(d-os(y), us(x)) & angezogen(beine(x)))
 c. *kauern*: λP λx [KAUER (x) & P(x)]
 d. Int (SITZ(x)) = ∃y (support$_f$ (d-os(y), us(x)) & gekrümmt(rücken(x)))

Während die Kontaktflächen bei den sortal auf Lebewesen festgelegten 'Verben der Körperhaltung' über Körperteile festgelegt werden, spielt für die übrigen Positionsverben der Zugriff auf Objektseiten und Objektachsen eine Rolle. Für die Festlegung von Objektseiten und die Ausrichtung von Objektachsen ist der Zugriff auf Gestaltinformation und Lageinformation nötig. Das zur Behandlung dieser Information notwendige Instrumentarium wurde in Lang (1987, 1988, 1989, 1990) detailliert ausgearbeitet und soll im folgenden Abschnitt kurz vorgestellt werden.

6.2.2. Objektschemata

Lang (1987) entwickelt den Begriff des Objektschemas, um die Kombinatorik von Dimensionsadjektiven mit Nomen, die Objekte unterschiedlicher Gestalt bezeichnen, korrekt zu erfassen. Objektschemata kodieren konzeptuelles Wissen über Objekte und sind demnach auch aufgrund konzeptueller Kriterien organisiert.

In Objektschemata werden die zunächst unabhängig voneinander organisierten Gestalt- und Lageeigenschaften der Objekte zusammengefaßt. Gestalteigenschaften betreffen ausschließlich die Form des Objekts, die über die Objektachsen festgelegt ist. Lageeigenschaften ergeben sich aus der Ausrichtung der verschiedenen Achsen relativ zu einem Bezugsraum. Objektachsen können aufgrund der Funktion des Objekts schon inhärent auf eine räumliche Orientierung festgelegt sein, wie im Fall von *Buch*, wo die Schrift Ober- und Unterseite eindeutig bestimmt, oder sie können eine kanonische Orientierung aufweisen, wie im Fall von *Turm* oder *Auto*.

Gestalteigenschaften sind definiert durch das 'Inhärente Proportionsschema' (IPS), Lageeigenschaften durch den 'Primären Orientierungsraum' (POR). Das IPS bestimmt die Kategorisierung visueller Information in bezug auf Eigenschaften wie die Objektausgliederung, die zunächst eine Zerlegung des Sehfelds in unterscheidbare konstante Einheiten vornimmt, sowie weitere Eigenschaften, die die so ausgegliederten Objekte betreffen: Lang (1989) nennt in diesem Zusammenhang die Festlegung von Symmetrieachsen, die die Dimensionalität eines Objekts festlegen, die Bewertung dieser Achsen danach, ob sie aufgrund der Gestalt des Objekts diskriminierbar sind (Achsendesintegration), die Prominenz, die eine Ordnung der Achsen nach ihren relativen Größenverhältnissen festlegt, und das Kriterium der Durchdringbarkeit, nach dem Objekte aufgrund bestimmter Substanzeigenschaften als optisch durchlässig festgelegt sein können (vgl. Lang 1989: 164).

Der POR stellt ein mentales Modell des konzeptuell rekonstruierten Raumes dar und ist biologisch durch den aufrechten Gang, den Gleichgewichtssinn und die Augenposition bestimmt. Der POR beinhaltet drei Achsen: die Vertikale, die Betrachterachse und die Horizontale. Dabei ist die Vertikale als die dominante Achse zu betrachten, da sie aufgrund der Erfahrung der Schwerkraft konstant ist. Sie weist einen Fußpunkt auf und ist gerichtet. Die Betrachterachse ist als eine vom Betrachter ausgehende, gerichtete Achse festgelegt. Sie ist nicht konstant; da sie vom Betrachter abhängig ist, kann sie jedoch im Normalfall orthogonal zur Vertikalen festgelegt werden. Die Horizontale ist im Gegensatz zu den beiden anderen Achsen nicht gerichtet und auch nicht durch Endpunkte begrenzt, sondern ergibt sich nach Lang als Lückenfüller aus den Systemeigenschaften der beiden anderen Achsen (vgl. Lang 1989: 166).

Zur Etikettierung der für die Objektbeschreibung relevanten Achsen lassen sich aus dem POR die Achsenkennzeichnungen *vert* und *obs* für Vertikale und Betrachterachse ableiten, aus dem IPS u.a. *max* für die prominenteste (maximale) Achse und *sub* als Kennzeichnung einer Achse, die sich auf die Dicke (Substanz) eines Objekts bezieht.

In die Objektschemata gehen die so gewonnenen Informationen folgendermaßen ein: In einer dreizeiligen Matrix werden in der ersten Zeile die Objektachsen des

Objekts festgelegt, die die Dimensionalität des Objekts angeben. Die Reihenfolge der Achsen entspricht ihrer Prominenz. Spitze Klammern markieren die Begrenztheit des Objekts, runde kennzeichnen die integrierten Achsen. Gestalt- und Lageeigenschaften sind in der zweiten Zeile kodiert, dazu werden die Achsenkennzeichnungen *vert, max, sub, quer* etc. verwendet. Der Vertikalen kommt eine besondere Rolle zu, die sich darin niederschlägt, daß unterschiedlich motivierte Achsenkennzeichnungen vorliegen, die auf die Vertikale Bezug nehmen. Bei Objekten wie Büchern, Linealen, Bildern etc., bei denen aufgrund inhärenter Funktionseigenschaften ein Bezug auf die Vertikale besteht, wird die entsprechende Achse mit *i-vert* (inhärente Vertikale) ausgezeichnet, da diese Festlegung keinen Einfluß auf die Lageeigenschaften hat (vgl. (12d)). Bei Objekten mit kanonischer Vertikalen, wie Bäumen, Türmen etc. wird die entsprechende Objektachse im Primäreintrag auf *vert* festgelegt (vgl. (12e)), was zur Folge hat, daß eine Überschreibung dieser Information (*liegender Baum*) immer bedeutet, daß eine für das Objekt relevante Eigenschaft geändert ist. Die dritte mögliche Festlegung betrifft unbewegliche Objekte wie Berge, Wälle etc., die eine festgelegte, unveränderbare Orientierung aufweisen, die der POR-Vertikalen entspricht. Diese Objekte werden mit *f-vert* ausgezeichnet, was jegliche Veränderungen ihrer Lageeigenschaften ausschließt. Unter (12) finden sich Beispiele für Objektschemata dreidimensionaler, beweglicher (bzw. in ihrer Ausrichtung veränderbarer) Objekte (vgl. Lang 1989: 169f und Lang/Carstensen 1990: 57). Ø steht für eine nicht spezifizierte Achse.

(12) a. Brett: ⟨a   b   c⟩   b. Stange: ⟨a   (b   c)⟩
             max Ø   sub   max   sub

     c. Mauer: ⟨a   b   c⟩   d. Buch: ⟨a   b   c⟩
              max vert sub   i-vert Ø   sub

     e. Baum: ⟨a   (b   c)⟩
              max   sub
              vert

Die Auszeichnung [max vert] der prominentesten Objektachse von *Baum* ist als Bestandteil der primären Objektinformation zu betrachten. Im Gegensatz dazu können die Lageeigenschaften von kanonisch nicht auf bestimmte Orientierungen festgelegten Objekten durch kontextuelle Information weiter spezifiziert werden. Unter (13) ist das Objektschema einer stehenden Stange aufgeführt: Hier ist in der dritten Zeile für die Kennzeichnung der Lage *vert* eingefügt.

(13)   Stange (stehend): ⟨ a   (b   c) ⟩
                             max sub
                             ───────────
                             vert

Die Konstruktion von Objektseiten geschieht über die Endpunkte der Objektachsen (vgl. Lang 1991). Die relevante Seitenfläche wird gewonnen, indem relativ zu den Endpunkten einer Objektachse eine Fläche konstruiert wird, so daß die Objektachse senkrecht zu dieser Fläche steht. Relativ zum Fußpunkt F von *vert* kann man die Unterseite eines Objekts definieren, relativ zu dem entsprechenden Gegenpunkt F' die Oberseite. Entsprechend kann über *obs* Vorder- und Rückseite eines Objekts festgelegt werden. Intrinsische Seiten eines Objekts sind damit aus der intrinsischen Achsenfestlegung ableitbar, kontextuell/deiktisch bestimmte Seiten durch die Festlegung der kontextuell festgelegten Achsenausrichtung.

Unter (14) ist das Objektschema für *Schrank* angegeben, das durch die Seitenangaben erweitert ist: Jeder inhärent festgelegten Achse sind die beiden Seiten zugewiesen, die über ihre Endpunkte festgelegt werden. Dabei ist jeweils der Endpunkt der entsprechenden Achse mit der ihm zugewiesenen Seite aufgeführt. F, S, O und entsprechend F', S', O' sind die Endpunkte der Achsen. i-os und i-us stehen für intrinsische Ober- bzw. Unterseite und i-vs und i-rs für intrinsische Vorder- bzw. Rückseite. n, n' sind Variablen, die erst kontextuell zugewiesen werden: Sie markieren die Seiten, die als 'rechts' und 'links' ausgezeichnet werden können und deshalb nicht inhärent fixiert sind.

(14) Schrank: ⟨ a   b   c ⟩
              vert   quer   obs
              F',i-os S,i-n'   O',i-rs
              F,i-us   S',i-n   O,i-vs

Bei Lagebezeichnung über die deiktische Festlegung der Achsen können entsprechend auch deiktische Seitenkennzeichnungen festgelegt werden. Die aktuelle Lage eines Objekts kann dadurch mit der zusätzlichen Angabe der deiktischen Seite ergänzt werden. Indem für jede intrinsische Seite angegeben wird, welcher deiktischen Seite sie bei der aktuellen Lokalisierung entspricht, kann erfaßt werden, in welche Richtung ein Objekt gedreht oder gekippt wurde. Unter (15a) ist dies für einen nach hinten gekippten, also liegenden Schrank illustriert, während in (b) die Festlegung der deiktischen Seiten für einen Schrank in Normalposition, also in Übereinstimmung mit den intrinsischen Seiten angegeben ist (vgl. Lang 1988, 9). Die deiktische Festlegung der rechten und linken Seite entspricht der Perspektive eines vor dem Schrank stehenden Betrachters. ('d-..' steht in der unteren Zeile für deiktisch.)

(15) a. Schrank, nach hinten gekippt liegend
              ⟨ a   b   c ⟩
              vert   quer   obs
              F',i-os S,i-re   O',i-rs
              F,i-us   S',i-li O,i-vs
              ─────────────────────────
              d-rs   d-li   d-us
              d-vs   d-re   d-os

   b. Schrank, stehend
              ⟨ a   b   c ⟩
              vert   quer   obs
              F',i-os S,i-re   O',i-rs
              F,i-us   S',i-li O,i-vs
              ─────────────────────────
              d-os   d-li   d-rs
              d-us   d-re   d-vs

6.2.3. Zugriff auf die Objektschemata durch die Positionsverben

Die in den Objektschemata kodierte Information spielt für die Positionsverben eine unterschiedlich wichtige Rolle. Für *stehen* und *liegen* ist jedem Fall die Orientierung der Maximalen relativ zur Vertikalen relevant. Für die übrigen Positionsverben ist dagegen nur die Möglichkeit relevant, durch den Zugriff auf deiktische Objektseiten die Objektlage relativ zum unterstützenden Objekt zu bestimmen (vgl. Abschnitt 6.2.1.). Während bei *stehen, sitzen, liegen* etc. die Unterstützung von unten erfolgt, ist die charakteristische Information von *hängen*, daß das Objekt x von oben unterstützt wird. Neben dem Kontakt zu einer deiktischen Oberseite des stützenden Objekts muß also auch der Kontakt zur deiktischen Unterseite und den übrigen Seiten vorgesehen werden.

Lang/Carstensen (1990) geben die unter (16) angeführten Lageeigenschaften als Bedingungen für *stehen* und *liegen* an.

(16) An object is lying if
- its most prominent axis is not assigned to the Vertical (i.e. if it lacks a *vert* entry in its first OS-section) and
- intrinsic and deictic orientations are each assigned to different axes of the object (e.g. a cupboard tilted over) or
- there is only a deictic orientation for the second or third OS-section (this excludes *lying balls* but allows for *lying poles*)

An object is standing if
- an OS-section contains a *vert* entry and the intrinsic and deictic orientations coincide at that OS-section (a desk in normal position) or
- there is only a deictic orientation which is not assigned to the least prominent axis (a coin standing on the edge)

(Lang/Carstensen 1990, 86)

Um der Interpretation für *liegen* und *stehen* gerecht zu werden, ist vor allem die Frage zu klären, wie der Bezug auf die jeweils relevanten Achsen gewährleistet werden kann. Ich möchte mich hier mit diesem Problem aber nicht auseinandersetzen, sondern für *stehen* eine Funktion *prom(x)* annehmen, die die im relevanten Sinne 'prominente Achse', d.h. je nach Objekt die Maximale *max* oder die intrinsisch als *vert* ausgezeichnete Achse, herausgreifen soll, und für *liegen* entsprechend eine Funktion *nprom(x)*, die eine 'nicht-prominente Achse' herausgreift. Ich möchte mich hier nur mit der Frage beschäftigen, wie die Ausrichtung der relevanten Achse in der Verbrepräsentation kodiert werden kann.

Da die Unterstützungskomponente als ein Bestandteil der Repräsentation anzusetzen ist, wäre es wünschenswert, die Ausrichtung mit dieser Information zu verbinden. Wenn die Unterstützung von unten erfolgt, muß sie jeweils auf die Seite des lokalisierten Objekts bezogen sein, die als deiktische Unterseite festgelegt ist. Das Format der Objektschemata erlaubt es, daß die Ausrichtung eines Objekts entweder über den Bezug auf die Achse selbst charakterisiert wird, oder über eine der Seiten, die die Achse begrenzen. Damit besteht die Möglichkeit, die Ausrichtung der prominenten Achse in der Vertikalen bei *stehen* so zu charakterisieren, daß das lokalisierte Objekt mit einer Seite Kontakt zum Untergrund hat, die die prominente Achse begrenzt. Die Interpretation von STEH(x) läßt sich also allein durch die Unterstützungsrelation formulieren:

(17) a. *stehen*: $\lambda P\ \lambda x\ [\text{STEH}(x)\ \&\ P(x)]$
   b. $\text{Int}\ (\text{STEH}(x)) = \exists y\ (\text{support}_f\ (\text{d-os}(y),\ s(\text{prom}(x))))$

Durch die Festlegung des ersten Arguments von *support$_f$* auf *d-os(y)* ist die Unterstützung von unten durch einen Festkörper gewährleistet, *prom(x)* soll den Zugriff auf die relevante Achse leisten und s ist eine Funktion, die eine der die Achse begrenzenden Seitenflächen herausgreift. Da diese Seite in Kontakt mit dem unterstützenden Untergrund steht, ist die orthogonal verlaufende prominente Achse vertikal ausgerichtet.

liegen wird von Lang/Carstensen (1990) so charakterisiert, daß die oben als 'prominent' festgelegte Achse nicht in der Vertikalen verläuft: Weder die Maximale noch eine intrinsische *vert*-Achse darf im Fall von *liegen* kontextuell mit *vert* ausgezeichnet sein. Da für die beiden anderen Achsen keine Einschränkung besteht, läßt sich LIEG(x) so interpretieren, daß die Achse, die orthogonal zur Kontaktseite verläuft, nicht die prominenteste sein darf:

(18) a. *liegen*: $\lambda P\ \lambda x\ [\text{LIEG}(x)\ \&\ P(x)]$
   b. $\text{Int}\ (\text{LIEG}(x)) = \exists y\ (\text{support}_f\ (\text{d-os}(y)),\ s(\text{nprom}(x))))$

Nachdem alle Positionsverben, die Unterstützung von unten beinhalten, behandelt sind, soll nun das einzige Positionsverb betrachtet werden, das Unterstützung von oben beinhaltet. Aus der konzeptuellen Interpretation der Positionskomponente von *hängen* muß hervorgehen, daß neben der Kombination mit statisch lokalisierenden Präpositionen auch die mit gerichteten Präpositionen möglich ist, die bei den anderen Verben scheitert (vgl. (19)).

(19) a. Der Vorhang hängt an der Wand
   b. Der Vorhang hängt auf den Boden

In Kaufmann (1994) wird diskutiert, welche Rolle das Konzept der Schwerkraft für die Positionsverben im allgemeinen und für die Richtungsvariante von *hängen* im besonderen spielt. Dort habe ich dafür argumentiert, daß es das Konzept der Schwerkraft ist, das im Fall der Positionsverben die lokale Information aktiviert, die ihren Niederschlag in der Selektion eines PP-Komplements findet: Da die Erfahrung der Schwerkraft lehrt, daß nicht befestigte bewegliche Objekte im Ruhezustand einen bestimmten Ort auf Dauer nur einnehmen können, wenn sie von unten gestützt werden, wird in Zusammenhang mit der Unterstützungsrelation auch lokale Information über die von dem gestützten Objekt eingenommene Region aktiviert. Nun findet die Unterstützung im Fall von *hängen* nicht von unten statt, sondern von oben oder von der Seite, die eine zusätzliche Fixierung des Objekts erfordert. Daraus ergibt sich eine Positionierung, in der der Körper der Erfahrung nach so der Schwerkraft ausgesetzt ist, daß er vom Fixierungspunkt nach unten gezogen wird. Diese Erfahrung schlägt sich in der Möglichkeit einer Richtungsübertragung auf das lokalisierte Objekt nieder: Die Objektseite, an der das Objekt fixiert ist, wird als Beginn ausgezeichnet, das Objekt erstreckt sich von dort mit der Schwerkraft entgegen der Vertikalen.

Ich habe in Kaufmann (1994) für *hängen* die Repräsentation in (20a) mit der Interpretation in (20b) vorgeschlagen, die allerdings nur Unterstützung von oben erfaßt.

(20) a. *hängen*: $\lambda P \lambda x [HÄNG(x) \& P(x)]$
b. $Int(HÄNG(x)) = \exists y (support_f (d\text{-}us(y), d\text{-}os(x)))$

Um auch die Verwendungen zu erfassen, die eine seitliche Fixierung beinhalten, kann statt *d-os* und *d-us* eine Funktion *d-nos* angesetzt werden, die eine der Seiten des stützenden Objekts herausgreift, die nicht die deiktische Oberseite sind. Je nach Belegung dieser Seite kann auf die Kontaktseite des lokalisierten Objekts geschlossen werden, da generell die in (21) aufgeführten Implikationen anzusetzen sind. (C ist die Kontaktrelation, *seite* die Funktion, die eine beliebige Objektseite herausgreift, *d-s* eine Funktion, die eine Seite herausgreift, die weder deiktische Ober- noch deiktische Unterseite ist.):

(21) a. $support_f (d\text{-}os(y), seite(x))$ $\rightarrow$ $(d\text{-}os(y) \ C \ d\text{-}us(x))$
b. $support_f (d\text{-}us(y), seite(x))$ $\rightarrow$ $(d\text{-}us(y) \ C \ d\text{-}os(x))$
c. $support_f (d\text{-}s(y), seite(x))$ $\rightarrow$ $(d\text{-}s(y) \ C \ d\text{-}s(x))$
d. $support_f (seite(y), d\text{-}os(x))$ $\rightarrow$ $(d\text{-}us(y) \ C \ d\text{-}os(x))$
e. $support_f (seite(y), d\text{-}us(x))$ $\rightarrow$ $(d\text{-}os(y) \ C \ d\text{-}us(x))$
f. $support_f (seite(y), d\text{-}s(x))$ $\rightarrow$ $(d\text{-}s(y) \ C \ d\text{-}s(x))$

Für das lokalisierte Objekt muß bei *hängen* deshalb nur eine Funktion *seite* angesetzt werden, die eine beliebige Objektseite herausgreift. Da die Interpretation von HÄNG(x) in (22) die Verwendungen von *hängen* besser erfaßt als die in (20b), ist sie dieser vorzuziehen.

(22) $Int(HÄNG(x)) = \exists y (support_f (d\text{-}nos(y), seite(x)))$

Es wird nur eine Prädikatsvariable in der SF angesetzt, die je nach Lesart von einer PP[-Dir] oder einer PP[+Dir] gesättigt werden kann. Der Grund dafür, daß nicht zwei PP-Komplemente angenommen werden ist, daß sich die Lesarten gegenseitig ausschließen. So kann in den Beispielen in (23) die PP[-Dir] nicht mehr das Kontaktobjekt spezifizieren, sondern wird als Nomenmodifikator (vgl. (23b)) bzw. parallel zu den in Abschnitt 2.4. diskutierten nicht kompositionalen Modifikationen (vgl. (23a)) interpretiert.

(23) a. Der Vorhang hängt an der Wand auf den Boden
     b. Der Vorhang hängt auf den Boden an der Wand

Bei der gerichteten Interpretation von *hängen* muß die Richtungsinformation mithilfe des Konzepts der Schwerkraft aus der Interpretation in (22) abgeleitet werden, wenn Unterstützung von oben besteht. Wie die Richtungsübertragung stattfindet, will ich hier offenhalten, da dafür zunächst eine adäquate Repräsentation des Schwerkraftkonzepts nötig ist. Festzuhalten ist aber, daß die Richtung durch die Verbinformation zur Verfügung gestellt wird, und so den Wegparameter der wegbezogenen Präpositionen sättigen kann. Die Tatsache, daß *hängen* zwar mit *von* aber nicht mit *zu* kombinierbar ist, kann nun damit erklärt werden, daß in der Interpretation von *hängen* zwar ein Anfangspunkt des Objekts ausgezeichnet ist, aber kein Endpunkt. Dieser Anfang kann als 'kleinstes Element' von *von* interpretiert werden, es steht aber kein Objektteil zur Verfügung, der als 'obere Schranke' von *zu* interpretiert werden könnte.

Wenn die Information der Positionsverben über die Unterstützungskomponente allein erfaßt werden kann, muß sich die Kombinatorik mit den lokalen Präpositionen aus dieser Komponente ergeben. Wie die Kombinatorik aus der Unterstützungsrelation abgeleitet werden kann, soll im nächsten Abschnitt diskutiert werden.

6.2.4. Die Kombinatorik der Positionsverben mit den lokalen Präpositionen

Die Funktion der lokalen PP besteht in der Fixierung der offenen Information der Unterstützungskomponente und muß also gewährleisten, daß das Vorliegen eines Objekts erschlossen werden kann, von dem das lokalisierte Objekt unterstützt wird. Für die Positionsverben, die Unterstützung von unten beinhalten, ist die Kombination mit P[-Dir] sowie mit *um* und *längs* möglich. Über die von diesen Präpositionen kodierten Nachbarschaftsregionen muß ein Objekt erschließbar sein, das die Anforderungen von $support_f$ erfüllt, also ein Festkörper ist.

Die Identifizierung des unterstützenden Objekts muß relativ zur Nachbarschaftsregion stattfinden, in der das Objekt lokalisiert ist. Im Fall der Kontaktpräposition *auf*, die selbst eine Nachbarschaftsregion relativ zur Oberfläche festlegt und Kontakt beinhaltet, kann das durch die PP eingebrachte Bezugsobjekt mit dem unterstützenden Objekt identifiziert werden. Im Fall der anderen Präpositionen wird das unterstützende Objekt lediglich als in einer Teilregion der Nachbarschaftsregion lokalisiertes Objekt bestimmt, das die entsprechenden Bedingungen erfüllt: Im Fall von *in* kann die Bodenfläche des Containers gewählt werden, im Fall von *um, längs, vor* etc. der Untergrund, relativ zu dem das Bezugsobjekt selbst lokalisiert ist. Im Fall der projektiven Präposition *über*, die den Kontakt des lokalisierten Objekts zum Bezugsobjekt ausschließt, aufgrund der Festlegung der Nachbarschaftsregion aber auch keine Lokalisierung relativ zum Untergrund des Bezugsobjekts zuläßt, ist ein unterstützendes Objekt in der ÜBER-Region zu identifizieren. Jeweils relativ zu den von der Präposition eingebrachten Regionen wird also eine Teilregion identifiziert, in der das unterstützende Objekt lokalisiert wird. Kann in dem von der PP eingebrachten Bezugsraum keine solche Region identifiziert werden, scheitert die Konstruktion wie in (24a) und (b). Zu beachten ist, daß eine entsprechende Lokalisierung mit der Kopula vorgenommen werden kann, da diese keine Unterstützung voraussetzt, vgl. (24c).

(24) a. Der Engel steht vor der Wolke
b. §Der Storch steht über dem Haus
c. Der Storch ist über dem Haus

Verwendungen wie die unter (25) scheinen auf den ersten Blick dieser Analyse zu widersprechen, da hier tatsächlich keine Unterstützung des lokalisierten Objekts vorliegt.

(25) a. Der Mond steht vor den Sternen
b. Die Sterne stehen am Himmel
c. Die Sonne steht tief

Allerdings handelt es sich bei den durch diese Varianten von *stehen* lokalisierten Objekten um Körper, die aufgrund ihrer ontologischen Eigenschaften keine Unterstützung verlangen. *stehen* nimmt in dieser Verwendung die Funktion eines reinen Lokalisierungsverbs an, ähnlich wie *liegen* in den Verwendungen unter (26a). Wie im Fall von *liegen* muß bei dieser Verwendung von *stehen* obligatorisch ein Prädikativ auftreten, vgl. (26b) und (c).

(26) a. Das Dorf liegt im Tal
b. *Das Dorf liegt
c. *Der Mond steht

Daß hier nicht die Positionsverb-Verwendung von *stehen* vorliegt, läßt sich daran erkennen, daß die für *stehen* charakteristischen Anforderungen an die Objektgestalt und -lage nicht erfüllt sind. Für diese Verwendung von *stehen* ist demnach wie für die von *liegen* ein unabhängiger Eintrag anzusetzen. Demnach kann die Hypothese aufrechterhalten werden, daß ein unterstützendes Objekt identifizierbar sein muß, damit die Positionsverben verwendbar sind.

Die konzeptuelle Interpretation der Repräsentation, die sich bei der Kombination eines Positionsverbs mit einer lokalen PP ergibt, soll anhand von *stehen* und der Kontaktpräposition *auf* einerseits und der projektiven Präposition *über* andererseits demonstriert werden. In (27) sind die Repräsentationen für *auf* und *über*[-Dir] aufgeführt. OBER identifiziert in der Repräsentation von *auf* die Nachbarschaftsregion oberhalb des Bezugsobjekts, die unspezifiziert ist in bezug auf Oberflächenkontakt. KONT kodiert die Kontaktrelation. ÜBER identifiziert ebenfalls eine Nachbarschaftsregion oberhalb des Bezugsobjekts, schließt aber Kontakt aus.

(27) a. *auf* [-Dir]: $\lambda y \lambda \underline{x}$ [LOC (x, OBER (y)) & KONT (x,y)]
b. *über* [-Dir]: $\lambda y \lambda \underline{x}$ [LOC (x, ÜBER (y))]

Unter (28c) und (d) sind die semantischen Repräsentationen aufgeführt, die sich für die Sätze (28a) und (b) ergeben. (u, t, b und st ersetzen die Repräsentationen für die NPs.)

(28) a. Uschi steht auf dem Tisch
b. Das Buch steht über der Stereoanlage
c. [STEH (u) & (LOC (u, OBER (t)) & KONT(u,t))]
d. [STEH (b) & (LOC(b, ÜBER (st)]

Nach (21a) impliziert *support$_f$* konzeptuell eine Kontaktrelation, im Fall von *stehen* handelt es sich um die Information unter (29).

(29)   support$_f$ (d-us(y), s(prom(u)))   —> $\exists$z (d_os(y) $\complement$ d_us(u))

Die Präposition *auf* beinhaltet als Kontaktpräposition ebenfalls eine Kontaktrelation, wobei aufgrund der spezifischen Nachbarschaftsregion das Bezugsobjekt unterhalb des lokalisierten Objekts anzusiedeln ist:

(30)   Int (LOC(u, OBER(t)) & KONT(u,t))   =   d_us(u) $\complement$ d_os(t)

Da die Interpretationen von *stehen* und *auf* die gleiche Information über einen Kontakt des lokalisierten Objekts zu einer Oberfläche beinhalten, kann eine Identifizierung des unterstützenden Objekts mit dem Bezugsobjekt von *auf* vorgenommen werden.

über beinhaltet im Gegensatz zu *auf* keine Kontaktinformation. Damit die Unterstützungsinformation fixiert werden kann, muß auf kontextuelles Wissen Bezug genommen werden. Anders als bei *auf* wird demnach keine Identifizierung des unterstützenden Objekts mit dem Bezugsobjekt vorgenommen, sondern lediglich eine existentielle Bindung, die dann erfolgen kann, wenn das Weltwissen die Existenz eines unterstützenden Objekts in der relevanten Region plausibel erscheinen läßt. Die wichtige Rolle des Weltwissens läßt sich an dem Akzeptabilitätsunterschied zwischen den beiden folgenden Sätzen illustrieren:

(31) a. ?Die Lampe steht über dem Tisch
b. Die Lampe hängt über dem Tisch

Zur Interpretation von (31b) ist eine Reihe von Informationen über die räumliche Konfiguration nötig: 1. Tische sind in geschlossenen Räumen lokalisiert; 2. geschlossene Räume verfügen oben über eine Decke; 3. an einer Decke lassen sich Gegenstände befestigen, so daß sie oberhalb von anderen Gegenständen lokalisiert sind. Die geringere Aktzeptabilität von (31a) ergibt sich allein dadurch, daß das allgemeine Wissen über Räume, in denen Tische lokalisiert sind, nichts über Gegenstände oberhalb dieser Tische beiträgt, auf deren Oberfläche etwas lokalisierbar ist. Hier ist also der aktuelle Kontext nötig, um das unterstützende Objekt zu identifizieren.

Generell kann also die offene Information der Unterstützungskomponente entweder dadurch fixiert werden, daß über eine Kontaktpräposition ein Objekt eingeführt wird, das als unterstützendes Objekt identifiziert werden kann, oder dadurch, daß über die relativ zu einem Bezugsobjekt festgelegte Nachbarschaftsregion so viel über die räumliche Umgebung erschlossen werden kann, daß die Existenz eines unterstützenden Objekts in der relevanten Region vorausgesetzt werden kann. Da die Erdoberfläche immer präsent ist, steht in den meisten Fällen automatisch ein Kandidat für das unterstützende Objekt zur Verfügung. Probleme ergeben sich lediglich, wenn die Nachbarschaftsregion wie bei *über* diese Interpretation nicht zuläßt, oder wenn das Bezugsobjekt selbst so lokalisiert ist, daß sich die Erdoberfläche nicht in der relevanten Region befinden kann (vgl. z. B. (24a)). In diesen Fällen führt die Verwendung der entsprechenden Präpositionen nicht zu einem akzeptablen Ausdruck, da das unterstützende Objekt nicht identifiziert werden kann.

6.3. *ragen*

Neben *hängen* existiert noch ein zweites statisches Verb mit Richtungsinformation, nämlich *ragen*, das bisher noch nicht angesprochen wurde. *ragen* ist nicht mit P[-Dir] kombinierbar, was nach der bisherigen Argumentation bedeutet, daß es keine Unterstützungskomponente aufweist. Seine zentrale Information scheint darin zu bestehen, daß einem Objekt mit einer eindeutig identifizierbaren Maximalen eine Richtung zugewiesen wird. Der Fußpunkt der so gerichteten Achse ist zwar durch die Seite bestimmt, die in Kontakt zu einem unterstützenden Objekt steht, trotzdem kann aber das unterstützende Objekt nicht über eine PP[-Dir] fixiert werden:

(32) a. Das Hochhaus steht mitten auf dem Marktplatz
 b. §Das Hochhaus ragt mitten auf dem Marktplatz

Charakteristisch für die Bedeutung von *ragen* ist, daß die Unterstützungsseite nicht festgelegt ist: *ragen* läßt sowohl die Ausrichtung in der Vertikalen als auch die in der Horizontalen zu. Möglich ist auch eine Ausrichtung parallel zu der von *hängen*, wobei aber wie bei allen Verwendungen von *ragen* gewährleistet sein muß, daß es sich um starre Objekte handelt, deren Ausrichtung nicht aufgrund der Schwerkraft zustande kommt (vgl. (33e)).

(33) a. Das Hochhaus ragt in die Höhe
 b. Der Ast ragt waagerecht vom Baum
 c. Stalagmiten ragen vom Höhlenboden
 d. Eiszapfen ragen vom Dach
 e. §Das Seil ragt von der Decke

ragen unterscheidet sich demnach von den übrigen Positionsverben darin, daß es
- nicht auf eine Unterstützungsrichtung festgelegt ist, sondern orthogonal zu einer beliebigen Oberfläche verlaufen kann,
- nur auf Objekte mit eindeutiger Maximale anwendbar ist,
- dieser Maximalen eine Richtung von der Kontaktseite weg zuweist.

Daß der Objektmaximalen eine Richtung zugewiesen wird, kann nicht wie bei *hängen* über die Schwerkraft begründet werden, da beliebige Ausrichtungen möglich sind. Auch eine Richtungsübertragung durch eine der POR-Achsen *vert* oder *obs* ist nicht möglich. Die Tatsache, daß die Ausrichtung der Maximalen relativ zum POR keine Rolle spielt, legt es nahe anzunehmen, daß *ragen* selbst die Maximale des Objekts als gerichtete Achse festlegt. Die Festlegung der Richtung geschieht wie bei der Vertikalen orthogonal zu der Fläche, die den Anfangspunkt der Achse bestimmt. In diesem Sinne bestimmt *ragen* eine kontextuell, also unabhängig von POR definierte, 'Vertikale', bzw. eine Achse, die relativ zu einem sekundären Bezugsraum die Eigenschaften der Vertikale aufweist (vgl. auch die ausführlichere Diskussion in Kaufmann 1994).

Die Frage ist nun, wie die Repräsentation von *ragen* aufgebaut sein kann, wenn sie einerseits Richtungsinformation enthält, andererseits aber keine Spezifizierung des unterstützenden Objekts zuläßt. Um die Richtungsinformation zu erfassen, muß der Maximalen des lokalisierten Objekts ein Anfangspunkt zugewiesen werden. Relativ zu der Seite, in der der Anfangspunkt liegt, besteht der Kontakt zum stützenden Objekt. Da anders als bei den PV die Identifizierung dieses Objekts aber irrelevant zu sein scheint, nehme ich an, daß hier die Unterstützungsrelation keine Rolle spielt. Allerdings besteht bei *ragen* die Möglichkeit, das stützende Objekt durch eine *von*-PP zu spezifizieren (vgl. (33)). Da die Repräsentation von *von* vorsieht, daß das interne Argument y den Anfangspunkt eines gerichteten Weges bezeichnet (vgl. Abschnitt 4.2.2.), liegt es nahe, eine entsprechende Relation zwischen dem stützenden Objekt und dem lokalisierten Objekt anzusetzen. Das kann erreicht werden, indem einer der beiden Randpunkte der Maximalen als Fußpunkt ausgezeichnet wird, und eine Kontaktrelation zwischen der Seite, in der dieser Fußpunkt liegt, und einer Seite des unterstützenden Objekts angesetzt wird. Damit ergibt sich eine Konfiguration, die die Interpretation der Maximalen als Vertikale eines sekundären Bezugsraumes erlaubt, dessen Horizontale durch die Kontaktseite des unterstützenden Objekts gegeben ist.

Als Repräsentation von *ragen* soll deshalb (34a) angesetzt werden, als konzeptuelle Interpretation (34b). F_2 identifiziert einen der Punkte aus der die Maximale begrenzenden Objektseite *seite* als Fußpunkt einer sekundären Vertikalen. Diese Seite steht in Kontakt zum Bezugsobjekt. Die Richtungslesart ergibt sich durch die Festlegung eines Punktes der anderen die Maximale begrenzenden Seite *seite'* als F_2'.

(34) a. *ragen*: $\lambda P \lambda x\ [RAG\ (x)\ \&\ P(x)]$
  b. $Int\ (RAG(x)) = \exists y\ (F_2\ (max(x)) \in seite\ (max(x))\ \&$
  $F_2'\ (max(x)) \in seite'\ (max(x))\ \&$
  $contact\ (seite\ (dim(y)),\ seite\ (max(x))))$

Die Charakterisierung eines Objekts durch das Verb *ragen* beinhaltet demnach, daß es eine fixierte Objektseite aufweist, die den Anfang einer gerichteten Achse bildet. Der Verlauf der Achse muß durch eine Richtungspräposition spezifiziert werden, um die in der Interpretation angelegte Auszeichnung der Objektmaximalen als gerichteten Weg zu spezifizieren. Daß *ragen* wie *hängen* nicht mit *zu* kombinierbar ist, ergibt sich auch hier daraus, daß nur der Fußpunkt der Maximale spezifiziert ist und nicht der Endpunkt.

6.4. Kontaktverben

Kontaktverben verdanken ihren Namen der Eigenschaft zu spezifizieren, auf welche Art der Kontakt zwischen dem lokalisierten Objekt und dem unterstützenden Objekt gehalten wird. Deutlicher als die Positionsverben liefern die Kontaktverben Evidenz dafür, daß die Information der lokalen PP nicht direkt mit der Lokalisierungsinformation des Verbs selbst identifiziert werden kann. Im folgenden sollen *kleben* und *stecken* exemplarisch betrachtet werden. Daß die Frage, wie der Kontakt gehalten wird, überhaupt relevant ist, zeigt, daß die Kontaktverben anders als die Positionsverben nicht Unterstützung von unten beinhalten, also auch keinen Bezug zur Schwerkraft haben.

Maienborn (1990) schlägt eine Repräsentation der Kontaktverben vor, bei der die Kontaktkomponente in der SF der Verben mit einem morphologischen Subkategorisierungsmerkmal [kont] verbunden ist, das die lokale PP auf *an* und *auf* beschränkt. Aufgrund der Beispiele unter (35) möchte ich gegen eine solche Analyse argumentieren. Die unterschiedliche Akzeptabilität der Satzpaare, die jeweils die gleiche Präposition aber ein anderes Bezugsobjekt aufweisen, spricht gegen eine grammatische Beschränkung. Es scheint auch hier eher eine konzeptuelle Beschränkung zu bestehen, die die Konstruktionen blockiert, wenn die Identifizierung eines unterstützenden Objekts in der Nachbarschaft des Bezugsobjekts scheitert.

(35) a. Das Blatt klebt neben dem Schrank
 b. §Das Blatt klebt neben dem Stuhl
 c. Das Blatt klebt unter dem Fenster
 d. §Das Blatt klebt unter der Wohnzimmerlampe

Die Beispiele unter (36) demonstrieren, daß im Fall von *kleben* kontextabhängig entschieden wird, ob es sich beim internen Argument der Präposition um das Kontaktobjekt handelt oder nicht: In (36a) wird das Kaugummi an der Unterseite des Regalbretts lokalisiert, während in (36b) die Lesart präferiert ist, daß das Bild unterhalb des Regals an der Wand klebt. Es gibt also keine durch das Verb selbst festgelegte Präferenz für die Kontaktinterpretation.

(36) a. Das Kaugummi klebt unter dem Regal
 b. Das Bild klebt unter dem Regal

Die Beispiele unter (35) und (36) zeigen, daß die Kontaktverben nicht mithilfe einer Relation KONT(x,p) repräsentierbar sind, bei der p durch eine Kontakt-PP ersetzt wird. Stattdessen ergibt sich auch hier die Identifizierung des unterstützenden Objekts aus dem Wissen über die Umgebung des Bezugsobjekts: Objekte wie Fenster, deren Gestalteigenschaften so festgelegt sind, daß eine sie umgebende Wand immer zugänglich ist, stellen konzeptuell eine Kontaktfläche seitwärts, oberhalb und unterhalb zur Verfügung, die bei der Verwendung von projektiven Präpositionen wie *unter* oder *neben* als in der relevanten Nachbarschaftsregion befindliches, unterstützendes Objekt identifiziert werden kann. Bei Objekten wie Schränken, die üblicherweise an Wänden lokalisiert werden, kann ebenfalls auf das Vorhandensein einer Kontaktfläche geschlossen werden. Stühle dagegen werden nicht üblicherweise so lokalisiert, daß man auf das Vorhandensein einer Kontaktfläche schließen kann. Daher ist ein konkreter Kontext nötig, um den Satz (35b) akzeptabel zu machen. In (35d) spricht das Weltwissen sogar eher dagegen, daß in der entsprechenden Nachbarschaftsregion eine Kontaktfläche vorhanden sein könnte. Die Markiertheit dieser Verwendungen hat natürlich auch damit zu tun, daß bei der Interpretation angenommen werden muß, daß die Aussage so informativ wie möglich formuliert ist. In bezug auf Beispiel (35d) bedeutet das, daß das Kontaktobjekt nicht selbst relativ zur Lampe lokalisiert sein darf, da sonst der direkte Bezug auf dieses Objekt informativer wäre. Stattdessen kann in diesem Fall also nur angenommen werden, daß sich die Region, in der sich das Blatt auf dem Kontaktobjekt befindet, am besten relativ zur Lampe identifizieren läßt.

Um zu demonstrieren, daß Kontaktverben den Kontakt mit dem Bezugsobjekt fordern, wird von Maienborn (1990) die Präposition *bei* herangezogen, deren Semantik nach der Analyse von Herweg (1989) Kontakt ausschließt. Wie die Beispiele in (37) zeigen, ist Kombination der Kontaktverben mit *bei* sehr markiert.

(37) a. §Das Bild klebt beim Schrank
b. §Der Schlüssel steckt bei der Garderobe

Die Beispiele unter (35a) und (c) zeigen jedoch, daß die Schlußfolgerung nicht korrekt ist, da auch *neben* keine Kontaktinformation beinhaltet, bei einem entsprechenden Kontext aber mit Kontaktverben kombinierbar ist. Für das Scheitern der Kombination der Kontaktverben mit *bei* müssen demnach andere Gründe verantwortlich sein. Ein möglicher Grund liegt in der spezifischen Bedeutung von *bei*: *bei* spezifiziert wie *zu* nicht eine bestimmte Nachbarschaftsregion, sondern lokalisiert ein Objekt in einer Umgebung des Bezugsobjekts unter Einbeziehung funktionaler Information. Daher gilt für *bei* stärker als für die anderen P[-Dir], daß das Bezugsobjekt prominenter sein muß als das lokalisierte Objekt, um eine Funktion für das lokalisierte Objekt erfüllen zu können. In den Beispielen unter (37) ist die Situation aber genau umgekehrt: Die Wand, die als unterstützendes Objekt zu rekonstruieren ist, wird in der Einzugsdomäne des Schrankes lokalisiert. Das ist nur sinnvoll, wenn die Wand als Kontaktobjekt feststeht und nur der relevante Teilausschnitt zu identifizieren ist. Aus den Beispielen unter (38) ist ersichtlich, daß solche Lokalisierungen mit *bei* auch in anderen Kontexten markiert sind, während sie mit anderen Präpositionen möglich sind.

(38) a. ? die Wand beim Schrank
 b. ? das Fenster beim Blumentopf
 c. ? die Tür bei der Stehlampe
 d. die Wand unter dem Fenster
 e. das Fenster hinter dem Blumentopf
 f. die Tür neben der Stehlampe

Das Scheitern der Sätze unter (37) kann entsprechend damit erklärt werden, daß kontextuell wie im Fall von (35b) und (d) kein Kontaktobjekt identifiziert werden kann, da aufgrund der Bedeutung von *bei* die im Kontext von (35a) naheliegende Identifizierung der Wand als Kontaktobjekt nicht möglich ist. Das ergibt sich daraus, daß *bei* keine rein lokale, sondern eine funktional gesteuerte Festlegung der Nachbarschaftsregion vornimmt (vgl. dazu auch Habel/Pribbenow 1988).

Daß bei den Kontaktverben häufig die von der Präposition bereitgestellte Kontaktinformation als Relation zwischen dem lokalisierten Objekt und dem Bezugsobjekt interpretiert wird, bei Positionsverben dagegen nicht, liegt nicht an der besonderen Bedeutung der Kontaktverben, sondern daran, daß sie nicht auf die Unterstützung von unten festgelegt sind: Da die Positionsverben Unterstützung von unten verlangen, können sich in den Verwendungen unter (39b) und (e) nicht als in Kontakt zum Bezugsobjekt stehend verstanden werden. Für die Kontaktverben ergibt sich dagegen die im entsprechenden Kontext naheliegendste Interpretation, je nach der für das Objekt typischen Lokalisierung. Da die Kontaktverben keine Information über die Seite beinhalten, von der die Unterstützung erfolgen muß, kann das lokalisierte Objekt auch zu Bezugsobjekten oberhalb oder seitlich von ihm in Kontakt stehen, obwohl auch (wie für die Positionsverben) die Nicht-Kontakt-Interpretation möglich ist (vgl. (39c)). Beschränkter ist die Kombinatorik bei *stecken*, wo ein in der Umgebung vorhandenes Objekt nicht so leicht als Kontaktobjekt identifiziert werden kann, wie (40b) und (e) zeigen.

(39) a. Das Kaugummi klebt unter dem Tisch
 b. Der Bauarbeiter steht unter der Brücke
 c. Das Plakat klebt unter der Brücke (damit es nicht naß wird)
 d. Der Aufruf klebt an der Laterne
 e. Der Punker steht an der Laterne

(40) a. Der Dübel steckt in der Wand
 b. ? Der Dübel steckt unter dem Fenster
 c. Der Button steckt an seiner Jacke
 d. Der Korken steckt auf der Flasche
 e. §Der Stecker steckt neben dem Schrank
 f. Der Bleistift steckt unter der Tür

Das Verhalten von *stecken* ist allerdings nicht überraschend, wenn man sich seine Bedeutung ansieht: *stecken* beinhaltet nicht Kontakt zu einer Oberfläche, sondern die Eingeschlossenheit eines Objektteils in dem unterstützenden Objekt, bzw., wenn man (f) berücksichtigt, zumindest den Kontakt von zwei gegenüberliegenden Objektseiten des lokalisierten Objekts. Daher muß im Fall von *stecken* nicht nur ein mögliches Kontaktobjekt identifiziert werden, sondern gleichzeitig gewährleistet sein, daß das Bezugsobjekt das lokalisierte Objekt umschließen kann. Während die für die anderen Positions- und Kontaktverben relevanten Objektseiten konzeptuell über die Objektschemata zur Verfügung stehen, kann die von *stecken* verlangte Eigenschaft des Kontaktobjekts bei gewöhnlichen Objekten nicht erschlossen werden. Lediglich wenn das Bezugsobjekt selbst die entsprechende Öffnung bereitstellt, im Objektschema also eine *dist*-Auszeichnung hat, ist es als unterstützendes Objekt identifizierbar.

Da für die Kontaktverben die Richtung der Unterstützung keine Rolle spielt, ist hier nur das unspezifizierte $support_f$ anzusetzen. Irrelevant ist bei den Kontaktverben auch der Bezug auf Objektachsen, der für die Positionsverben zentral ist. Die unterstützte Seite ist nicht als Begrenzungsfläche einer Achse konzipiert, sondern als Teil der Objektoberfläche. Im Fall von *kleben* ist neben der Information, daß eine Objektseite unterstützt wird, eine Komponente anzusetzen, die die charakteristische Substanz thematisiert, die das dauerhafte Bestehen des Kontakts gewährleistet. Ich kodiere diese Komponente durch das Prädikat *klebrig*.

(41) a. *kleben:* λP λx [KLEB(x) & P(x)]
   b. Int (KLEB(x)) = ∃y ($support_f$ (seite(y), seite(x)) & klebrig(x))

stecken beinhaltet Kontakt zu mehr als einer Objektseite. Damit die spezifischen Anforderungen an die PP erklärt werden können, müssen mindestens zwei gegenüberliegende Seiten des Objekts in Kontakt zum unterstützenden Objekt stehen. Diese Information soll durch eine Funktion *s-s'(x)* kodiert werden, die zwei einander gegenüberliegende Seiten eines Objekts identifiziert. In bezug auf das unterstützende Objekt y muß entsprechend ein Hohlraum, bzw. eine Distanz zu einem benachbarten Objekt identifiziert werden, so daß als erstes Argument von $support_f$ *dist(y)* angesetzt ist.

(42) a. *stecken:* λP λx [STECK(x) & P(x)]
   b. Int (STECK(x)) = ∃y ($support_f$ (dist(y), s-s'(x)))

Die Betrachtung der Kontaktverben zeigt, daß die Kombinatorik mit den lokalen PPs vor allem über die spezifische Bedeutung der Verben gesteuert ist. Daß jedes Verb aufgrund seiner individuellen Bedeutung unterschiedliche Anforderungen an die räumliche Konfiguration stellt, kann nur unter Berücksichtigung der konzeptuellen Interpretation erfaßt werden. Der Einfluß des über das Bezugsobjekt zu rekonstruierenden Kontexts kann als starkes Argument dafür herangezogen werden, daß die Kombinatorik nicht über Subkategorisierungseigenschaften beschränkt ist, sondern unter Berücksichtung konzeptueller Information durch die semantische Kombinatorik gesteuert wird.

6.5. wohnen

Das Problem, das *wohnen* als lokales Verb aufwirft, wurde zu Beginn des Kapitels schon angesprochen: Ohne ein Adverbial ist *wohnen* nicht verwendbar, dabei muß es sich aber nicht um ein lokales Prädikat handeln.

(43) a. *Ich wohne
b. Ich wohne in Düsseldorf
c. Ray wohnt billig
d. Jeanne wohnt komfortabel
e. Uschi wohnt sehr ruhig

Da hier nicht das externe Argument lokalisiert bzw. vom Adverbial spezifiziert wird, nimmt Bierwisch (1988) an, daß in der Repräsentation von *wohnen* die Prädikatsvariable das Situationsargument von *wohnen* einbettet. Ich möchte darüberhinaus dafür argumentieren, daß das in der Repräsentation von *wohnen* anzusetzende Prädikat WOHN(x) konzeptuell eine Relation zwischen dem Individuen-Argument und einem zweiten Objekt, der Wohnung, erfaßt. *wohnen* beinhaltet eine sozial/kulturell definierte Beziehung zwischen einem bewohnbaren Objekt und einem Individuum zu einer bestimmten Zeit. Ohne die Existenz eines solchen Objekts ist *wohnen* nicht verwendbar. Anders als bei den Positionsverben, wo die Positionskomponente allein negiert werden kann (vgl. (44a)), ist das bei *wohnen* nicht möglich (44b): Im Fall von *wohnen* kann lediglich die Existenz eines Objekts, das als Wohnung dient, negiert werden (44c). In diesem Punkt unterscheidet sich *wohnen* auch von Handlungsverben in Konstruktionen, in denen Situationslokalisierung stattfindet (44d).

(44) a. Wo sitzt du?
   Ich sitze überhaupt nicht
b. Wo wohnst du?
   *Ich wohne überhaupt nicht
c. Ich habe überhaupt keine Wohnung
d. Wo arbeitest du?
   Ich arbeite überhaupt nicht

Ich möchte für *wohnen* die von Bierwisch (1988) vorgeschlagene Repräsentation übernehmen. Das prädikative Komplement ist als Prädikat über die Situationsvariable s festgelegt und kann auch durch Adverbien gesättigt werden, die die von *wohnen* erfaßte habituelle Beziehung zwischen einem Individuum und einem Ort weiter spezifizieren. In der konzeptuellen Interpretation ist *wohnen* als Relation zwischen x und einer Wohnung festgelegt. Ich notiere die entsprechende Relation als 'habituelle Lokalisierung' (habit-loc) von x in der Wohnung.

(45) a. *wohnen*: $\lambda P \lambda x \lambda s\ [\text{WOHN}(x)(s)\ \&\ P(s)]$
b. $\text{Int (WOHN }(x,s)) = s\ \text{inst}\ (\exists y\ (\text{wohnung }(y)\ \&\ \text{habit-loc }(x,y)))$

6.6. Fazit

Die Diskussion der statischen Lokalisierungsverben hat gezeigt, daß der Versuch, eine semantisch/konzeptuelle Basis für die Kombinatorik von Verben und Präpositionen anzusetzen, die Daten motivieren kann. Eine solche Analyse erlaubt es, die üblichen Verbklassifizierungen beizubehalten und dem idiosynkratischen Verhalten einiger Vertreter der Klassen gerecht zu werden.

Auch die Annahme einer Unterstützungskomponente anstelle einer allgemeinen Lokalisierungskomponente trägt dazu bei, das Verhalten der Verben besser zu motivieren und löst damit das mit einer Analyse der PPs als Prädikate verbundene Problem, wie die Beschränkung auf lokale Prädikate motivierbar ist, ohne daß eine explizite Lokalisierungsinformation in die Verbsemantik aufgenommen werden muß.

Abschließend soll noch ein schematischer Überblick über die Klassifikation der statisch lokalisierenden Verben anhand der spezifischen Bedeutungsaspekte gegeben werden, die sich aus den vorgeschlagenen Analysen ergibt.

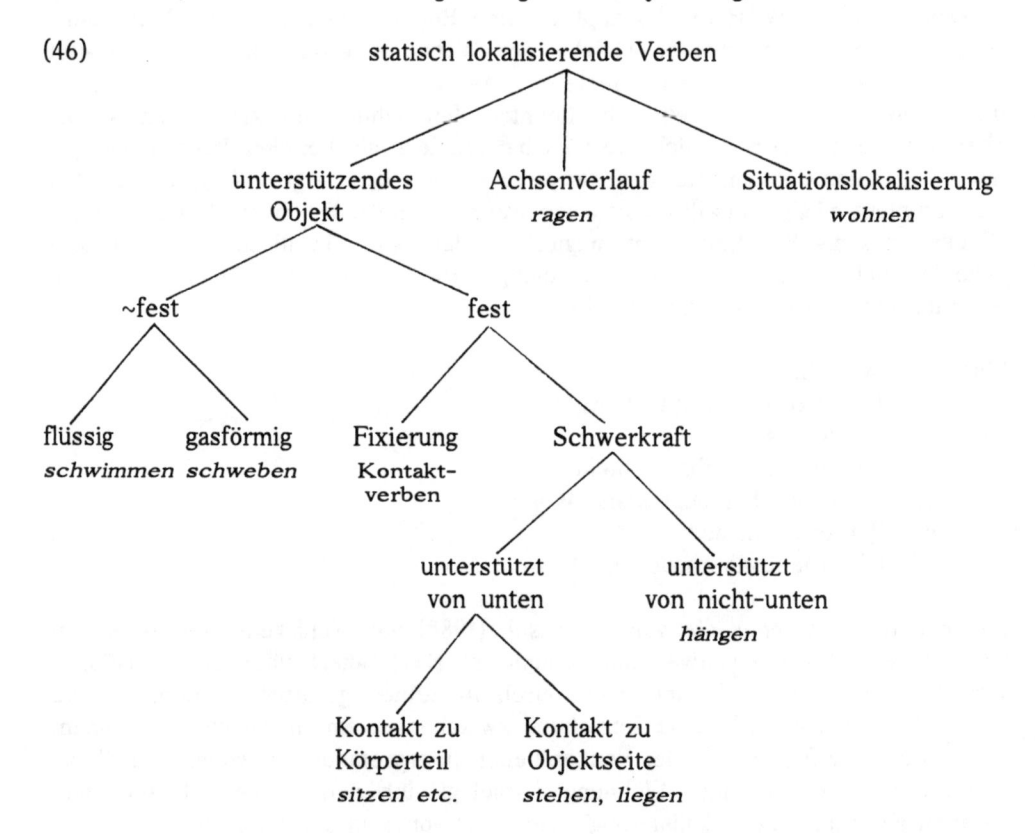

(46)
```
                      statisch lokalisierende Verben
                     /              |              \
            unterstützendes    Achsenverlauf    Situationslokalisierung
               Objekt             ragen               wohnen
              /     \
           ~fest    fest
           /  \     /   \
      flüssig gasförmig Fixierung  Schwerkraft
     schwimmen schweben Kontakt-    /         \
                        verben  unterstützt  unterstützt
                                von unten    von nicht-unten
                                /      \        hängen
                           Kontakt zu  Kontakt zu
                           Körperteil  Objektseite
                           sitzen etc. stehen, liegen
```

7. Kausative Positionsverben

Im letzten Kapitel wurde eine Interpretation der Positionsverben vorgeschlagen, deren Kern die Unterstützungskomponente ist. Wie in Kapitel 3 angesprochen, wird für die kausativen Positionsverben eine Repräsentation angesetzt, die die Verursachung eines Übergangs in den vom jeweiligen Positionsverb erfaßten Zustand umfaßt. Während bei den Positionsverben die Anbindung der durch die lokale PP eingebrachten Lokalisierungsinformation lediglich darin besteht, ein unterstützendes Objekts in der vorgegebenen Nachbarschaftsregion zu identifizieren, ist die Anbindung der P[+Dir] an die Information der kausativen Positionsverben komplexer: Hier muß nicht nur das unterstützende Objekt fixiert, sondern zusätzlich der Wegparameter der Präposition gesättigt werden. Wie die Sättigung des Wegparameters durch die Information der kausativen Positionsverben erfolgt, soll in diesem Kapitel diskutiert werden.

7.1. Subkategorisierungseigenschaften der kausativen Positionsverben

Für die kausativen Positionsverben setze ich die Repräsentation unter (1) an:

(1) a. *stellen:*
$\lambda P_{[+Dir]} \lambda y \lambda x [CAUSE(x, BECOME (STEH (y) \& P(y)))]$

b. *legen:*
$\lambda P_{[+Dir]} \lambda y \lambda x [CAUSE(x, BECOME (LIEG (y) \& P(y)))]$

c. *setzen:*
$\lambda P_{[+Dir]} \lambda y \lambda x [CAUSE(x, BECOME (SITZ (y) \& P(y)))]$

d. *hängen:*
$\lambda P_{[+Dir]} \lambda y \lambda x [CAUSE(x, BECOME (HÄNG (y) \& P(y)))]$

An der Interpretation der kausativen Positionsverben läßt sich demonstrieren, daß die Lokalisierungsinformation tatsächlich ausgelagert ist: Wird kein PP-Komplement realisiert, sondern ein die Positionsinformation spezifizierendes sekundäres Prädikat, dann ergibt sich zwar die Interpretation, daß ein Zustandswechsel stattgefunden hat, dieser ist aber nur auf die durch das sekundäre Prädikat eingebrachte Ausrichtung des Objekts bezogen.

(2) a. ?Er hängt das Bild gerade
     b. ?Er legt die Besteckteile gerade

Die Markiertheit der Verwendung von kausativen Positionsverben ohne lokales Komplement auch in Kontexten, in denen ein sekundäres Prädikat die Positionsinformation spezifiziert, wurde in Kapitel 5 damit begründet, daß die kausativen Positionsverben eine obligatorische Subkategorisierungsforderung aufweisen, die in Sätzen wie unter (2) verletzt ist.

Die Frage ist, warum die KPV als einzige Verbklasse obligatorisch auf die Spezifizierung des unterstützenden Objekts festgelegt sein sollten. Ich nehme an, daß der Grund dafür in der Einbettung der Positionskomponente in den Skopus von BECOME liegt. Da BECOME einen Wechsel von einem Vorzustand in einen Nachzustand kodiert, wobei der Nachzustand positiv spezifiziert, der Vorzustand dagegen nur über die Negation des Nachzustands festgelegt ist, muß aus der vorhandenen Information eindeutig erschließbar sein, worin der Vorzustand besteht, der durch die Negation des Prädikats charakterisiert wird, damit klar ist, worin der vom Verb erfaßte Wechsel besteht. Inwiefern das Fehlen der PP zu einem uneindeutigen Vorzustand führt und entsprechend auch zu Unklarheiten in bezug auf den Wechsel, soll anhand der Interpretation von *stellen* gezeigt werden.

Unter (3) ist die konzeptuelle Interpretation von *stehen* und *auf dem Tisch stehen* aufgeführt (vgl. Kapitel 6, (17)). Die Information in (3a) entspricht also dem Nachzustand von *stellen*. Der Vorzustand ist nach der Festlegung von BECOME als Negation dieser Information definiert. Die Interpretation der (3a) und (b) entsprechenden Vorzustände ist unter (4a) und (b) angegeben.

(3) a. $support_f$ (d_os(y), s(prom(x)))
　　b. $support_f$ (d_os(tisch), s(prom(x))) & d_us(x) $\subset$ d_os(tisch)

(4) a. ~($support_f$ (d_os(y), s(prom(x))))
　　b. ~($support_f$ (d_os(tisch), s(prom(x))) & d_us(x) $\subset$ d_os(tisch))

Daß ein Zustandswechsel in bezug auf die Unterstützung stattfindet, ist nur dann gewährleistet, wenn das unterstützende Objekt über eine Lokalisierungsinformation spezifiziert ist, so daß die Negation dieser Information als eine Unterstützung durch ein Objekt in einer anderen Region interpretiert werden kann. Solange das unterstützende Objekt im Vorzustand noch nicht identifiziert ist, ist es prinzipiell möglich, daß in beiden Zuständen das lokalisierte Objekt vom gleichen Objekt unterstützt wird. Da die Negation in (4a) auf einen Ausdruck bezogen ist, der aus verschiedenen Teilinformationen besteht, ergeben sich verschiedene Möglichkeiten, welche der Teilinformationen nicht zutrifft. Solange nicht ausgeschlossen ist, daß die Unterstützung im Vor- und Nachzustand durch dasselbe Objekt stattfindet, bleibt offen, ob nicht lediglich eine Positionsveränderung statt einer Lokalisierungsänderung stattgefunden hat. Dementsprechend ergibt sich auch bei der Verwendung von KPV ohne PP in Kontrastkontexten wie unter (5) die Interpretation, daß die Lokalisierung im Vor- und Nachzustand gleich bleibt und sich lediglich die Position ändert.

(5) 　Jetzt hat er die Flaschen schon wieder gestellt!

Hier wird demnach ein Wechsel in bezug auf die Seite thematisiert, die als deiktische Unterseite zu interpretieren ist, und nicht in bezug auf das unterstützende Objekt. Obwohl die Strategie besteht, bei nicht realisierter PP davon auszugehen, daß kein Lokalisierungswechsel stattgefunden hat, dient diese Interpretation lediglich dazu, mit der Unsicherheit, die in bezug auf das unterstützende Objekt besteht, umzugehen. Da die konzeptuelle Information diesen Punkt jedoch offenhält, läßt sich die obligatorische Forderung nach einer PP[+Dir] damit erklären, daß Konstruktionen vermieden werden, in denen zwar eine Veränderung thematisiert wird, aber offen bleibt, was sich verändert hat. Die obligatorische Subkategorisierungsforderung ist demnach ein Effekt aus einem pragmatischen Prinzip, das zur Vermeidung eines Informationsdefizits dient.

7.2. Die Komposition von kausativen Positionsverben und PP[+Dir]

Bei der Sättigung der Prädikatsvariable von *legen* durch eine PP[+Dir] ergibt sich eine Repräsentation wie unter (6):

(6) a. ins Zimmer legen
 b. $\lambda y \lambda x$ [CAUSE (x, BECOME (LIEG (y))
 & (CHANGE (D(y), LOC (y, IN (zimmer)))))][1]

Betrachtet man die Repräsentation unter (6b), bei der der Operator CHANGE im Skopus von BECOME steht, so stellt sich die Frage, warum für einen Satz wie den unter (7a) nicht die Interpretation unter (7b) (parallel zu *die Leitung in den Garten*) entsteht, sondern die unter (7c).

(7) a. Er legt den Teppich ins Zimmer
 b. §Er verursacht, daß der Zustand des Teppichs sich dahingehend ändert, daß er liegend positioniert ist und von einer Region außerhalb des Zimmers zu einer Region im Zimmer reicht
 c. Er verursacht, daß der Zustand des Teppichs sich dahingehend ändert, daß er liegend positioniert ist und im Zimmer ist

Da die P[+Dir], wie in Kapitel 3 dargestellt, selbst die Information beinhalten, daß ein räumlicher Übergang von einer Region in eine andere vorliegt, könnte man bei der Einbettung dieser Repräsentation in den Skopus von BECOME die Interpretation erwarten, daß das lokalisierte Objekt in eine Position gebracht wird, in der es von einer Region in die andere reicht. Die Interpretation unter (7c) wäre dagegen dann zu erwarten, wenn eine Repräsentation wie die der P[-Dir] in den Skopus von BECOME eingebettet wird. Für eine Repräsentation der KPV, bei der die Prädikatsvariable im Skopus von BECOME steht, spricht jedoch die Möglichkeit, daß mit KPV kombinierte APs, die selbst nicht über

---

[1] Ich verwende hier eine vereinfachte Repräsentation der P[+Dir], bei der auf die Unterscheidung des externen Arguments von dem lokalisierten Individuum verzichtet wird.

Übergangsinformation verfügen, ebenfalls resultativ interpretiert werden. Da im letzten Kapitel dafür argumentiert wurde, daß APs die Prädikatsvariable sättigen können, ist anzunehmen, daß die SF der AP bei der Sättigung in den Skopus von BECOME gerät.

Die zu klärende Frage ist also, warum der Operator CHANGE, der selbst Übergangsinformation beinhaltet, im Skopus von BECOME so interpretiert wird, als ob eine Prädikatsunifikation stattfindet, durch die der Nachzustand von BECOME mit der Ziellokalisierung der PP identifiziert wird. Dazu ist zunächst zu prüfen, warum die Interpretation unter (7b) nicht zustande kommt. Diese Interpretation setzt voraus, daß der Ausdruck im Skopus von BECOME den erreichten Zielzustand erfaßt. Dieser Zustand wäre durch den entsprechenden Satz mit einem Positionsverb unter (8) zu erfassen.

(8)   §Der Teppich liegt ins Zimmer

Offensichtlich ist der Satz unter (8) (und damit auch eine entsprechende Interpretation der Zustandsrepräsentation) nicht möglich, da *liegen* nicht mit einer PP[+Dir] kombinierbar ist. Das läßt sich darauf zurückführen, daß die Objektmaximale, die den Wegparameter belegen müßte, keine Richtungsinformation aufweist. Während die Richtungsinformation bei attributiven Verwendungen der PP mit Nomen, die über ihre Funktion eine Richtung bereitstellen, zugänglich ist, kann sie von den bei *liegen* verfügbaren Lageeigenschaften nicht bereitgestellt werden. Danach erklärt sich also, warum die Repräsentation der PP[+Dir] im Skopus von BECOME nicht so interpretiert werden kann, daß der Wegparameter durch die Objektmaximale des lokalisierten Objekts belegt wird. Auch wenn die Interpretation in (7b) scheitert, bleibt zu klären, wie die Interpretation zustande kommt, daß im Nachzustand von BECOME das Objekt in der von der PP bereitgestellten Zielregion lokalisiert ist und im Vorzustand in der Komplementärregion.

Mit der BECOME-Komponente und dem von CHANGE eingebetteten Parameter D(x) liegen in der Repräsentation in (6) zwei unterschiedliche Skalen vor, eine zeitliche und eine räumliche. Generell müssen nicht-zeitliche Skalen in entsprechenden Konstruktionen an die Zeitskalen des Verbs angebunden werden. Das gilt nicht nur für Raumskalen, sondern auch für andere, wie in den Beispielen unter (9) zu sehen ist.

(9)   a.   Die Temperatur fällt immer tiefer
       b.   Das Chamäleon färbt sich immer grüner

In den beiden Sätzen unter (9) beinhaltet das Verb eine zeitliche Veränderung einer Eigenschaft seines Arguments und das AP-Prädikat eine Skala, die mögliche Ausprägungsgrade dieser Eigenschaft erfaßt. Da die entsprechende AP nicht über Situationen, sondern über Individuen prädiziert, muß eine Identifizierung der AP-Skala mit der entsprechenden Skala des Verbs stattfinden. Das gleiche gilt für die räumliche Skala, relativ zu der die Änderung der Lokalisierung durch die Wegpräposition erfaßt wird. Die Anbindung der räumlichen Skala an die im Verb ausgedrückte zeitliche Veränderung kann nur darüber geschehen, daß ihre Skalenwerte mit Werten der zeitlich geordneten Skala in der Verbinformation identifiziert werden. Weist also ein selbst nicht zeitlich strukturiertes Komplementprädikat eine Skala auf, muß diese Skala immer in Übereinstimmung gebracht werden mit der Entwicklungsinformation im Verb, indem sie an diese angebunden wird.

Damit stellt sich eine zweite Frage, die sich aus der Tatsache ergibt, daß auch die Einbettung von Prädikativen, die keine Skala enthalten, im Skopus von BECOME möglich ist. Wenn man davon ausgeht, daß APs lediglich statische Information beinhalten und im Skopus von BECOME wie die schon im Verb vorhandenen Prädikate interpretiert werden (also erst konzeptuell einen Vorzustand zugewiesen bekommen), ist zu klären, warum bei der Einbettung einer PP in den Skopus von BECOME überhaupt eine Präposition gewählt werden muß, die eine Skala beinhaltet. Die gewünschte Interpretation würde sich genauso bei Einbettung einer PP[-Dir] in den Skopus von BECOME ergeben. Im Fall der kausativen Positionsverben kann das als eine grammatische Eigenschaft des Deutschen betrachtet werden, die daraus zu motivieren ist, das eine Aufteilung der Präpositionen in P[-Dir] und P[+Dir] vorliegt. Daß die Sättigung des Komplements durch AP-Prädikate markiert ist, spricht dafür, daß hier eine Verletzung der entsprechenden grammatischen Subkategorisierungsinformation vorliegt. Die Beschränkung auf PP[+Dir] und entsprechend das Verbot von PP[-Dir] finden sich allerdings auch in Konstruktionen, in denen APs ebenfalls die Komplementposition einnehmen können. Ein Beispiel dafür sind Resultativkonstruktionen wie die unter (10), die ebenfalls eine im Skopus von BECOME eingebettete Prädikatsvariable aufweisen (vgl. auch Kapitel 8).

(10) a. Er redet sich in eine Ekstase
     b. *Er redet sich in einer Ekstase

Im Fall der Resultativkonstruktionen ist die Annahme, daß die PP[-Dir] durch eine Subkategorisierungsforderung für eine PP[+Dir] ausgeschlossen sind, problematisch: Erstens kann das Prädikat auch durch eine zu-PP gesättigt werden, die nicht unter die PP[+Dir] fällt und in Kombination mit den KPV auch ungrammatisch ist (vgl. (11a) und (11b)), zweitens ergibt sich hier bei Sättigung der prädikativen Θ-Rolle durch eine AP keinerlei Akzeptabilitätsminderung (vgl. (11c)).

(11) a. *Er stellt das Fahrrad zum Kino
     b. Boris läuft den Rasen zu Matsch
     c. Sie laufen den Rasen platt

Da APs, PP[+Dir] und zu-PPs nicht durch ein gemeinsames Subkategorisierungsmerkmal charakterisiert werden können, das die PP[-Dir] ausschließt, muß in der hier vorgeschlagenen Analyse zur Einbindung von prädikativen Komplementen also eine semantische Motivation dafür gefunden werden, daß die PP[-Dir] in solchen Konstruktionen nicht möglich sind. Eine solche Begründung müßte beinhalten, daß die Einbettung einer statischen PP[-Dir] in den Skopus von BECOME anders als die Einbettung einer statischen AP nicht die erwünschte Entwicklung der relevanten Eigenschaft erfaßt. Vergleicht man die Interpretation, die sich bei einer Einbettung einer AP und einer PP[-Dir] in den Skopus von BECOME ergibt, läßt sich tatsächlich ein Interpretationsunterschied motivieren:

(12) a. BECOME (PLATT(x)) $\rightarrow$ $\sim$(platt (x)) (t_1) & (platt(x)) (t_2), $t_1 < t_2$
     b. BECOME (LOC (x, IN(y))) $\rightarrow$ $\sim$(loc(x) $\subset$ loc (y)) (t_1)
                                              & (loc(x) $\subset$ loc (y)) (t_2), $t_1 < t_2$

Aufgrund der polaren Organisation der Adjektive ergibt sich für den Vorzustand $\sim$platt(x) in (12a) eine eindeutige Interpretation der vorliegenden Eigenschaft: Das Objekt verfügt über eine gewisse Mindestausdehnung in bezug auf die vert-Achse. Der Vorzustand in (12b) ist dagegen unbestimmter: Das Objekt ist nicht in einem bestimmten Raum lokalisiert. Offen bleibt, ob und wo es dann lokalisiert ist. Während bei den PP[+Dir] der Wechsel in bezug auf die Nachbarschaftsregion kodiert wird, ergibt sich bei der Einbettung der PP[+Dir] in BECOME eine Interpretation, die lediglich die Lokalisierung des Objekts an dem entsprechenden Ort im Vorzustand negiert, ohne dabei jedoch Information bereitzustellen, die den Übergang vom Vorzustand zum Nachzustand mit einer Objektbewegung in Beziehung bringen könnte.

Es gibt wenig Kontexte, an denen sich diese Überlegungen überprüfen ließen, da die P[-Dir] in dynamischen Kontexten im allgemeinen nicht auftauchen. Ein Verb gibt es jedoch, das sowohl mit PP[+Dir] als auch mit PP[-Dir] auftreten kann und tatsächlich in beiden Fällen dynamische Information beinhaltet: *verschwinden*. Wie bei allen Verben kann die PP[-Dir] auch bei *verschwinden* zur Situationslokalisierung herangezogen werden, wie in (13a) illustriert ist. In (13b) liegt allerdings, obwohl eine PP[-Dir] realisiert ist, keine Situationslokalisierung vor, wie die Umformulierung von (a) unter (c) (Situationslokalisierung) und die von (b) unter (d) (Individuenlokalisierung) zeigen.

(13) a. Mitten auf der Bühne verschwand der Zauberer plötzlich
     b. Der Mond verschwand hinter einer Wolke
     c. Als der Zauberer mitten auf der Bühne war, verschwand er
     d. ??Als der Mond hinter der Wolke war, verschwand er

Der Kontrast zwischen (13b) und (d) zeigt, daß in (b) die PP[-Dir] tatsächlich dazu dient, den ausgedrückten Wechsel zu spezifizieren: Das Verschwinden hängt damit zusammen, daß der Mond im Nachzustand hinter der Wolke ist. Vergleicht man diese dynamische Interpretation mit der, die durch eine PP[+Dir] ausgelöst wird, ergibt sich ein leichter Bedeutungsunterschied:

(14) a. Nach dem Streit mit seinen Kollegen verschwand er wortlos in seinem Zimmer
     b. Nach dem Streit mit seinen Kollegen verschwand er wortlos in sein Zimmer

Der Bedeutungsunterschied ist für die meisten Sprecher schwer zu fassen, viele versuchen, ihn an der Funktion der PP[-Dir] festzumachen, eine Situationslokalisierung vorzunehmen ('sein Verschwinden findet im Zimmer statt'). Das ist aber sicher nicht die normale Interpretation für (14a). Eine Informantin beschrieb allerdings den Unterschied so, daß in (14b) eine gewöhnliche Bewegung ins Zimmer stattfindet, während in (a) ein "abrupterer Übergang" zur Lokalisierung im Zimmer führt, bei dem die Bewegung keine Rolle spielt. Diese Intuition wird bestätigt durch die Interpretation, die sich bei Verwendung einer PP[+Dir] statt der PP[-Dir] in dem Beispiel (13b) ergibt.

(15) ??Der Mond verschwand hinter eine Wolke

In (15) ergibt sich die Lesart, daß das Verschwinden des Mondes dadurch zustande kommt, daß er selbst sich hinter die Wolke bewegt (was offensichtlich für einen 'Fixkörper' als unangemessen empfunden wird). In (13b) bleibt dagegen offen, wie es zur Lokalisierung des Mondes hinter der Wolke kommt, der Kontext legt allerdings nahe, daß es das Bezugsobjekt ist, das sich bewegt hat. Da der Kontext in (14a) diese Lesart schwerlich zuläßt, ergibt sich hier aus dem Kontext heraus die gleiche Interpretation wie in (14b). Der Vergleich der Satzpaare (13b) vs. (15) und (14a) vs. (14b) zeigt also, daß lediglich die PP[+Dir] ihrem Argument zwingend einen Ortswechsel zuschreiben, während die PP[-Dir] in dynamischen Kontexten zwar die Veränderung einer räumlichen Konfiguration charakterisieren, sie aber nicht notwendigerweise am lokalisierten Objekt festmachen. Ich betrachte diese Beobachtung als einen Effekt daraus, daß bei den PP[+Dir] der räumliche Wechsel über den Wegparameter an das externe Argument der Präposition gebunden ist, während dies bei der einfachen Information, daß eine Lokalisierungssituation verändert wird, nicht gegeben ist.

Für die Forderung der Resultativkonstruktionen nach einer PP[+Dir] läßt sich diese Beobachtung dahingehend interpretieren, daß die Verwendung einer PP[+Dir] gewährleistet, daß eine Entwicklung des lokalisierten Objekts zu der im Nachzustand zugewiesenen Eigenschaft führt. Zu prüfen bleibt, worin der Unterschied der Anbindung der PPs an die Entwicklungsinformation des Verbs zu Sprachen wie dem Englischen besteht, die keine Unterscheidung von P[+Dir] und P[-Dir] vornehmen. Allerdings zeigen sich auch Unterschiede zwischen dem Englischen und dem Deutschen in bezug auf mögliche Prädikate in Resultativkonstruktionen (vgl. Kapitel 8).

Nach diesen Spekulationen über die Ursachen dafür, daß stets die PP[+Dir] zur Spezifizierung von im Verb offener Information über einen lokalen Zustandswechsel herangezogen werden, möchte ich mich nun der Frage zuwenden, wie die konzeptuelle Interpretation der KPV mit gesättigtem PP-Komplement aussieht.

7.3. Die Interaktion von CHANGE und BECOME

Unter (16a) ist noch einmal die konzeptuelle Interpretation der von BECOME eingebetteten Unterstützungskomponente STEH(x) aufgeführt, unter (16b) die davon implizierte Kontaktinformation und unter (16c) die ebenfalls implizierte lokale Information. In der weiteren Diskussion werde ich mich auf diese beiden Aspekte der Unterstützungsinformation beschränken, da nur sie für die Komposition von Verb und PP relevant sind.

(16)   *stellen:* $\lambda P \lambda x \lambda u$ [CAUSE (u, BECOME (STEH (x)) & P(x))]
    a. $\exists y$ ~(support$_f$ (d-os(y), s(prom(x))))(t$_1$) & (support$_f$ (d-os(y), s(prom(x))))(t$_2$)
    b. $\exists y$ ~(d-us(x) C d-os(y))(t$_1$)   &   (d-us(x) C d-os(y))(t$_2$)
    c. $\exists y$ ~loc(y) A loc(x) & loc(y) A loc(x)

Die konzeptuelle Interpretation der P[+Dir] in (17) ist ähnlich strukturiert wie die der BECOME-Komponente, indem sie ebenfalls zwei Teilkomponenten beinhaltet, die relativ zu einer Skala geordnet sind (vgl. auch Kapitel 4, (5)).

(17)   a.   in[+Dir]: $\lambda w \lambda v$ [CHANGE (D(v), LOC(Z, IN(w)))]
      b. $\exists r_1, \exists r_2$ (r_1 = c-in(w), & r_2 = in(w)), wobei $r_1, r_2 \in <_r$
            & $r_1 = l(z)$ & $r_1 = l(z)$

In der Repräsentation der P[+Dir] in (17a) ist das lokalisierte Individuum als Parameter Z eingebunden, da es erst nach der Identifizierung der räumlichen Situation, über die der Wegparameter belegt wird, identifiziert werden kann. Bei den Regionen r_1, r_2 in (17b) handelt es sich um die von dem lokalisierten Individuum z eingenommenen Regionen. Da bei der Kombination der PP[+Dir] mit den KPV der Weg $<_r$, der zur Belegung des Wegparameters identifiziert werden muß, nur über das bewegte Objekt x erzeugt werden kann, sind r_1 und r_2 durch $l_1(x)$ und $l_2(x)$ zu ersetzen. Die Identifizierung von $l_1(x)$ und $l_2(x)$ mit r_1 und r_2 geschieht unter Zugriff auf die von support$_f$ implizierte Adjazenzrelation A. Da sich aus der konzeptuellen Interpretation von STEH keine andere räumliche Information ergibt, über die D(x) belegbar ist, erfolgt die Identifizierung automatisch. Im ersten Schritt der Interpretation von (18a) ergibt sich also (18b) und (c). (zi steht für Zimmer, k für Koffer.):

(18)   a.   den Koffer ins Zimmer stellen
      b.   *stellen:* $\exists y$ ~ (d-us(k) C d-os(y)) (t$_1$) & (d-us(k) C d-os(y)) (t$_2$)
      c.   *ins Zimmer:* $l_1(k)$ = c-in(zi) & $l_2(k)$ = in(zi)), wobei $l_1(x), l_2(x) \in <_r$

Neben der Belegung des Wegparameters muß bei der Kombination der PP[+Dir] mit dem KPV über die PP ein Bezugsraum eingeführt werden, in dem das unspezifizierte unterstützende Objekt y identifiziert werden kann. Über die Belegung des Wegparameters muß sich dann ergeben, daß das unterstützende Objekt im Vor- und Nachzustand verschieden ist (da die Regionen, in denen es sich jeweils befindet nicht identisch sind), d.h. daß ein Lokalisierungswechsel stattgefunden hat. In (18c) ist schon die Information gegeben, daß die Region, in der das bewegte Objekt im Vorzustand lokalisiert ist, eine andere ist, als die, in der es im Nachzustand ist.

Nachdem das lokalisierte Objekt der Präposition mit dem unterstützten Objekt des Verbs identifiziert ist, kann wie bei den Positionsverben ein unterstützendes Objekt y in der Nachbarschaftsregion des Bezugsobjekt (im Nachzustand des Verbs) identifiziert werden. Bei *im Zimmer* bietet sich aufgrund der Container-Information der Zimmerboden an. y kann damit als Zimmerboden interpretiert werden, so daß im Nachzustand die Lokalisierung des Koffers im Zimmer bei Unterstützung der Unterseite der prominenten Achse durch den Zimmerboden vorliegt. Da $l_1(k)$ in der Komplementärregion zur Region liegt, in der das unterstützende Objekt des Nachzustands sich befindet, ergibt sich, daß im Vorzustand die Unterstützung durch ein anderes Objekt stattgefunden haben muß.

(19) a. *stellen:* ~ (d_us(k) ⊂ d_os(bo(zi)))(t_1) & (d_us(k) ⊂ d_os(bo(zi)))(t_2)
 b. *ins Zimmer:* [$l_1(k)$ ⊂ c-in(zi) & $l_2(k)$ ⊂ in(zi)]

Durch die Identifizierung der beteiligten Individuen ergibt sich, daß die Lokalisierungsinformation auch zeitlich an die Verbstruktur angebunden ist. Die Belegung des Weg-Parameters bei den kausativen Positionsverben geschieht damit indirekt über die Identifizierung des lokalisierten Arguments der Präposition mit dem unterstützten Argument des Verbs. Da über die Unterstützungsinformation im Vor- und Nachzustand nur zwei Lokalisierungszustände identifiziert werden können, ist die Parameterbelegung nicht durch Präpositionen möglich, die einen kontinuierlichen Weg fordern.

Die Möglichkeit, über die Identifizierung des unterstützten Objekts des Verbs mit dem lokalisierten Objekt der Präposition das unterstützende Objekt in der Nachbarschaftsregion des Bezugsobjekt zu identifizieren, spielt eine wichtige Rolle für die Akzeptabilität von Kombinationen von kausativen Positionsverben und Ursprungs-PPs, die keinen Übergang in eine spezifizierte Zielregion beinhalten. In diesem Zusammenhang lassen sich neben den Akzeptabilitätsunterschieden auch Unterschiede in der Interpretation ableiten. Im nächsten Abschnitt soll dies in bezug auf die Ursprungspräpositionen *aus* und *von* gezeigt werden.

7.4. Kausative Positionsverben und Ursprungspräpositionen

Bei der Kombination von KPV mit Ursprungspräpositionen ergibt sich aufgrund der spezifischen Bedeutung der Präposition, daß die vom Verb eingebrachte Unterstützungsinformation im Nachzustand spezifiziert ist, die von der Präposition eingebrachte Lokalisierung dagegen im Vorzustand. Diese Kombination kann zu Konflikten bei der Interpretation führen, die sich allerdings unterschiedlich krass auswirken.

Die Beispiele unter (20) bis (22) zeigen die Akzeptabilitätsunterschiede, die sich bei den Kombinationen von kausativen Positionsverben und Ursprungspräpositionen beobachten lassen. Die Fragezeichen markieren unterschiedliche Akzeptabilitätsgrade, '§' markiert hier semantische Abweichung, aus der Uninterpretierbarkeit resultiert.

(20) a. Albert stellt die Flaschen vom Tisch
b. (?)Klaus legt die Wäsche vom Bett
c. Ingrid hängt das Bild von der Wand

(21) a. ?Doro stellt die Teller aus dem Schrank
b. ?Martina legt die Pullover aus der Schublade
c. ?Ray hängt die Mäntel aus dem Schrank

(22) a. ??Uschi stellt die Koffer aus der Garage
b. ??Beate legt den Schlauch aus dem Keller
c. §Jeanne hängt die Wäsche aus der Waschmaschine

(22c) ist Maienborn (1990) entnommen, wo es als Beleg dafür dient, daß kausative Positionsverben nur mit Ziel-Präpositionen semantisch wohlgeformte Konstruktionen bilden. Allerdings ignoriert Maienborn die Akzeptabilitätsunterschiede in den unterschiedlichen Konstruktionen. Während die Kombination mit *von* weitgehend problemlos ist, ergeben sich bei *aus* abhängig vom Kontext Akzeptabilitätsschwankungen. Der Grund für diesen Unterschied zwischen *von* und *aus* soll im folgenden diskutiert werden.

Die Akzeptabilität der KPV mit *von* stützt die Annahme, daß der für die Kombinatorik von KPV und PP relevante Faktor in der Identifizierung des unterstützenden Objekts besteht. Bei der mit den KPV kombinierbaren Variante von *von* handelt es sich um eine zweiphasige Präposition, die als Gegenstück zu *an/auf* [+Dir] fungiert (vgl. auch Schröder 1986). Die Beispiele unter (23) demonstrieren das.

(23) a. Der Junge klettert vom Zaun
—> Der Junge war auf dem Zaun
b. Der Artist springt vom Trapez
—> Der Artist war am/auf dem Trapez
c. Der Fischer sprang vom Steg ins Boot
—> Der Fischer war auf dem Steg
d. Der Maler nimmt das Bild von der Wand
—> Das Bild war an der Wand

Die Ursprungsregion von *von* läßt sich als eine Oberflächenregion des Bezugsobjekts erfassen. Beim Übergang in die Zielregion wird der Kontakt zum Bezugsobjekt gelöst. Die für die KPV relevante Identifizierung eines unterstützenden Objekts, in bezug auf das festgestellt werden kann, ob ein Lokalisierungswechsel stattfindet, ist damit durch die Ursprungsinformation von *von* gewährleistet.

Ich möchte nun anhand von *vom Tisch stellen* kurz demonstrieren, wie die Identifizierung der Kontaktinformation der Präposition mit der Unterstützungsinformation des Verbs zustandekommt. Unter (24a) - (c) ist wieder die von *support_f* implizierte Kontakt- und Adjazenzrelation angeführt, unter (25a) die Repräsentation für *von* [+Dir] und in (25b) die Interpretation für *vom Tisch*. r_1 und r_2 sind auch hier schon durch $l_1(z)$ und $l_2(z)$ ersetzt. $CHANGE_U$ in der Repräsentation der Ursprungspräpositionen unterscheidet sich von CHANGE darin, daß die Lokalisierung zu Beginn des Weges spezifiziert ist, und das Ende des Weges in der Komplementregion lokalisiert ist.

(24) a. $\exists y \sim(support_f (d\_os(y), d\_us(x))))(t_1)$ & $(support_f (d\_os(y), (d\_us(x))))(t_2)$
 b. $\exists y \sim(d\_us(x) \; C \; d\_os(y))(t_1)$ & $(d\_us(x) \; C \; d\_os(y)) \; (t_2)$
 c. $\exists y \sim(l(y) \; A \; l(x)) \; (t_1)$ & $(l(y) \; A \; (l(x)) \; (t_2)$

(25) a. *von*: $\lambda v \lambda u \; [CHANGE_U \; (D(u), LOC \; (Z, OBER(v)) \; \& \; KONT(Z,v))]$
 b. *vom Tisch*: $(l_1(z) \sqsubset ober(l(tisch)) \; \& \; d\_us(z) \; C \; d\_os(tisch)) \; \&$
  $(\sim(l_2(z) \sqsubset ober(l(tisch))) \; \& \; \sim(d\_us(z) \; C \; d\_os(tisch)))$,
   wobei $l_1(z), l_2(z) \in <_r$

Wie bei der Kombination der KPV mit den Zielpräpositionen muß zunächst über die implizierte Adjazenz die Identifizierung des unterstützten Objekts des Verbs mit dem lokalisierten Objekt der Präposition stattfinden, damit der Wegparameter belegt ist. Mit der Identifizierung ist erneut die Information gegeben, daß das unterstützte Objekt im Vor- und Nachzustand in unterschiedlichen Regionen lokalisiert ist.

Anders als bei der Ziel-Kontaktpräposition *auf* kann das unterstützende Objekt im Nachzustand nicht mit dem Kontaktobjekt von *von* identifiziert werden, da der Kontakt im Zielzustand durch die Präposition negiert wird. y kann daher nicht mit dem Bezugsobjekt der Präposition identisch sein. Wenn keine Identität zwischen y und dem Kontaktobjekt der Präposition besteht, dann kann allerdings das unterstützende Objekt des Vorzustands mit dem Kontaktobjekt identifiziert werden, das ja nicht mit y identisch sein darf.

In (26) ist die Information der Präposition als Konjunkt an die Verbinformation angebunden: Das Verb gibt die Information, daß im Vorzustand kein Kontakt zu einem unterstützenden Objekt y besteht. Die Präposition fügt die Information dazu, daß im Vorzustand Kontakt zum Tisch besteht. Entsprechend beinhaltet der Nachzustand, daß Kontakt zu einem Objekt y besteht, das nicht mit dem Tisch identisch sein kann, da dieser Kontakt nach der Präpositionsinformation gelöst ist.

(26) $\sim(support(d\_us(x), d\_os(y))) \; \& \; l(x) \sqsubset ober(l(y)) \; \& \; d\_us(x) \; C \; d\_os(tisch)) \; (t_1)$
 & $support(d\_us(x), d\_os(y)) \; \& \sim(l(x) \sqsubset ober(l(y))) \; \& \sim(d\_us(x) \; C \; d\_os(tisch))(t_2)$

Damit ist ein unterstützendes Objekt für den Vorzustand identifiziert, das für den Nachzustand bleibt noch zu identifizieren. Wie bei der Kombination mit Nicht-Kontaktpräpositionen ist ein entsprechendes Objekt in der Nachbarschaft des Bezugsobjekts zu suchen. Auch hier bietet sich im Defaultfall der Boden in der Umgebung des Bezugsobjekts an. Daß die Identifizierung nach pragmatischen

Kriterien stattfindet, zeigt die etwas geringere Akzeptabilität von (20b) gegenüber (20a) und (c): Während in (a) und (c) eine Lokalisierung neben dem Bezugsobjekt auf dem Boden unproblematisch ist, erscheint sie für das in (b) lokalisierte Objekt Wäsche nicht plausibel. Da kein adäquateres Objekt erschließbar ist, bleibt die Verwendung markiert.

Interessant bei der Kombination der KPV mit Ursprungspräpositionen ist, daß mit der Identifizierung der Kontaktinformation der PP und der Unterstützungsinformation im Vorzustand auch die Positionsinformation als im Vorzustand erfüllt interpretiert wird, während sie im Nachzustand offen bleiben kann (vgl. (20c)). Damit löst die Identifizierung der Unterstützungskomponente im Vorzustand also eine Uminterpretation aus, bei der der Zustandswechsel vom spezifizierten Vorzustand in den unspezifizierten Nachzustand stattfindet.

Die Kombination eines KPV mit *von* ergibt also eine Spezifizierung des unterstützenden Objekts im Vorzustand und eine daraus erschlossene Unterstützung im Nachzustand. Daß die Unterstützungsinformation des Verbs im Nachzustand tatsächlich spezifiziert wird, zeigt sich daran, daß die Sätze unter (20) nicht lediglich beinhalten, daß der Kontakt gelöst (und das Objekt dann in der Hand gehalten) wird.

Im Fall der wesentlich weniger akzeptablen Kombination mit *aus* wird durch die Präposition keine Kontaktinformation vorgegeben. Damit ergeben sich Schwierigkeiten bei der Identifizierung des unterstützenden Objekts, wie die Analyse der Beispiele zeigt. Der erste Schritt der Interpretation entspricht dem unter (18): Lokalisiertes und unterstütztes Objekt werden identifiziert. Für das lokalisierte Objekt ist in (27d) bereits die gleiche Variable angesetzt wie für das unterstützte. In (27a) ist die Repräsentation von *aus* angeführt.

(27) a.   *aus*: $\lambda y\ \lambda x\ [\text{CHANGE}_U\ (D(x), \text{LOC}\ (Z, \text{IN}(y)))]$
     b.   aus dem Schrank stellen
     c. $\exists y\ \sim(d\_us(x)\ \mathbb{C}\ d\_os(y)))(t_1)\ \&\ (d\_us(x)\ \mathbb{C}\ d\_os(z))(t_2)$
     d.   *aus dem Schrank*: $l_1(x) \subseteq \text{in(schr)}\ \&\ l_2(x) \subseteq \text{c-in(schr)})$

Anders als bei *von* ergibt sich nun bei *aus* kein Grund, das unterstützende Objekt im Nachzustand nicht relativ zum Bezugsobjekt der Präposition zu interpretieren. Die Identifizierung des unterstützenden Objekts muß deshalb wie bei den Zielpräpositionen erfolgen. Problematisch ist jedoch, daß die für den Nachzustand relevante Nachbarschaftsregion relativ zur Komplementregion der Innenregion festgelegt ist. Demnach kann nicht wie bei *in* auf den Containerboden zugegriffen werden. Im Kontrast zu Zielpräpositionen, die Lokalisierungen in der Umgebung des Bezugsobjekts vornehmen, ist die zweite Region nicht auf eine bestimmte Teilregion in dessen Umgebung eingeschränkt, über die Schlüsse auf ein unterstützendes Objekt möglich wären. Daraus läßt sich die Markiertheit der Sätze unter (21) und (22) erklären: Je weniger über das Bezugsobjekt auf ein unterstützendes Objekt in seiner Umgebung geschlossen werden kann, desto schlechter ist der Satz.

Daß die Kombination von *stellen* und *legen* mit Ursprungspräpositionen generell besser ist als die Kombination mit *hängen* (vgl. (22c)), ist darauf zurückzuführen, daß die von ihnen geforderte Unterstützung von unten in den meisten Kontexten erschlossen werden kann. Da der allgemeine Bezugsraum aber außer dem Untergrund keine Flächen zur Verfügung stellt, ist *hängen* mit Ursprungs-PP nur dann sinnvoll verwendbar, wenn über die oben skizzierte Uminterpretation die Positionskomponente auf den Vorzustand angewendet werden kann (vgl. (20c) und (21c)). Allerdings gibt es noch eine weitere Verwendung des kausativen *hängen* mit *aus*, bei denen *aus* die Positionskomponente spezifiziert (vgl. (28a)). Hier handelt es sich bei der PP allerdings um ein sekundäres Prädikat, das den Verlauf der vertikalen Objektachse spezifiziert: Das Ergebnis der Handlung ist die Lokalisierung der Strickleiter in einer Position, in der sie aus dem Fenster hängt. Verursacht wird also der vom Positionsverb *hängen* in (28b) bezeichnete Zustand. Wie (28c) zeigt, ist diese Interpretation in Kombination mit *von* nicht möglich.

(28) a. Rapunzel hängt die Strickleiter aus dem Fenster
 b. Die Strickleiter hängt aus dem Fenster
 c. ?Er hängt die Lampe von der Decke
  ≠ Er verursacht, daß die Lampe von der Decke hängt

(28c) ist dadurch zu erklären, daß das KPV *hängen* die [+Dir]-Variante von *von* erzwingt, die anders als die mit dem statischen *hängen* kombinierbare Variante das Auflösen des Kontakts beinhaltet.

Bei der Kombinatorik der KPV mit den verschiedenen PP[+Dir] zeigt sich also erneut die wichtige Rolle, die der Zugriff auf konzeptuelles Wissen bei der Kombination von lokalen Verben und Präpositionen spielt. Das ist insofern bemerkenswert, als auch bei der Einschränkung auf eine Präpositionenklasse durch eine Subkategorisierungsforderung erst über den Zugriff auf konzeptuelle Information die Akzeptabilitätsschwankungen erklärt werden können. Die in Kapitel 4 angesprochene Möglichkeit der Kombination der KPV mit *um* ist ebenfalls in diesem Zusammenhang zu sehen: Obwohl *um* nicht als P[+Dir] klassifiziert ist, kann es herangezogen werden, um die Unterstützungskomponente des Verbs zu fixieren. Dadurch ergibt sich eine semantisch wohlgeformte Struktur; es zeigt sich kein Akzeptabilitätsverlust wie z.B. bei der Kombination der KPV mit sekundären Prädikaten. Daß die anderen Weg-PPs nicht zur Fixierung der Unterstützungskomponente herangezogen werden können, ergibt sich nur aus ihrer semantischen Struktur: Da sowohl *zu* als auch *durch* und *über* den Weg charakterisieren und nicht die Lokalisierung des Individuums, bieten sie nicht die Möglichkeit, die Unterstützungsinformation der KPV im Vor- und Nachzustand zu fixieren. Allerdings gibt es Uminterpretationen von *durch* und *über*, bei denen Lokalisierungen zu Beginn und Ende des von den Präpositionen charakterisierten Weges erschlossen werden: Das ist dann möglich, wenn das durchquerte Objekt in der relevanten Dimension als nicht ausgedehnt konzeptualisiert ist, so daß der Weg nicht in bezug auf den Innenraum der Nachbarschaftsregion lokalisiert werden kann, sondern notwendigerweise von der 'Vorregion' in die 'Hinterregion' reichen muß. Hier können zwei Lokalisierungszustände erschlossen werden und die Kombination mit den KPV ist (leicht markiert) möglich, vgl. (29).

(29) a. ^(?)Der Gastgeber stellt die Stühle durch das Fenster
   b. ^(?)Der Manager stellte erst vorsichtig seine Tasche über den Zaun und kletterte dann hinterher

Im nächsten Kapitel soll die Relevanz der konzeptuellen Interpretation der Verben bei der Einbindung prädikativer Komplemente anhand der Möglichkeit der Bildung von Resultativkonstruktionen weiter aufgezeigt werden. Da auch Resultativkonstruktionen Ziel-PPs als Komplemente zulassen, spielt auch hier die Parameterbelegung eine Rolle.

Teil II: Konzeptuelle Grundlagen semantischer Dekompositionsstrukturen

8. Resultativkonstruktionen

8.1. Überblick über die Resultativkonstruktionen

Bei Resultativkonstruktionen handelt es sich um (transitive oder intransitive) Verben, denen ein 'Resultativattribut' (Halliday 1967) zugefügt ist, also ein sekundäres Prädikat, das den Zustand eines Arguments beschreibt, der aus der vom Verb denotierten Handlung resultiert. Als Resultativattribute können PPs und APs auftreten, im Englischen manchmal auch NPs. Das Überwiegen von Adjektiven und Präpositionalphrasen gegenüber NPs führt Simpson (1983) darauf zurück, daß diese Kategorien von sich aus als Zustände interpretiert werden können, was bei NPs nur selten der Fall ist. Diese Beobachtung läßt sich vermutlich dahingehend verstehen, daß Adjektive und PPs als typischerweise prädizierende Kategorien häufig zeitabhängige Eigenschaften erfassen, während Nomen, als typischerweise referierende Kategorien, überwiegend zeitunabhängige Kategorien erfassen.

Simpson (1983) stellt eine Analyse der englischen Resultativkonstruktionen im Rahmen der Lexical Functional Grammar (LFG) vor, deren Beobachtungen die meisten späteren Analysen aufgreifen. Ich möchte sie deshalb kurz darstellen.

Als typische Verben, die Resultativkonstruktionen bilden, nennt Simpson zunächst die 'verbs of contact', unter die sie *shoot, kick, punch, beat* faßt. Diese Verben sind immer transitiv, das Resultatsprädikat prädiziert über das direkte Objekt des Verbs.

(1) a. He shot/kicked/punched/beat him
    b. He shot/kicked/punched/beat him dead

Eine zweite Gruppe sind die 'verbs of change'. Hierunter fallen Verben, die sowohl transitiv als auch intransitiv vorkommen können, wobei die intransitiven unter Perlmutters 'unaccusatives' fallen.

(2) a. He froze the ice solid
    b. The ice froze solid

(3) a. He broke the vase into pieces
    b. The vase broke into pieces

Diese 'Unakkusative' (Verben mit Thema-Subjekt, vgl. Kapitel 9) werden häufig so analysiert, daß ihr einziges Argument VP-intern generiert ist, aber in die Subjekt-Position bewegt wird, um Kasus zu erhalten (Burzio 1986) bzw. um die Subjektanforderung des VP-Prädikats (Williams 1981) zu erfüllen (Hale/Keyser 1987). Für Analysen innerhalb der LFG bedeutet das, daß das Argument dieser Verben zugrundeliegend die grammatische Funktion OBJ trägt und erst später durch die 'OBJ -> SUBJ'-Regel die grammatische Funktion Subjekt erhält.

Daraus, daß bei transitiven Verben immer das Objekt des Satzes Argument des Resultatsprädikats ist und daß es sich bei den intransitiven Verben, die eine Resultativkonstruktion erlauben, generell um Unakkusative handelt, schließt Simpson, daß nur zugrundeliegende Objekte Argumente von Resultativprädikaten sein können.

Die einzige Möglichkeit, das Subjekt eines 'unergativen' Verbs (eines intransitiven Verbs mit Agens-Subjekt) in den Resultatszustand einzubinden, besteht darin, ein Reflexivpronomen in Objektposition einzuführen.

(4) I danced myself tired

Auch transitive Verben mit fakultativem Objekt können in diesen Konstruktionen vorkommen.

(5) a. I ate myself sick
     b. He drank himself into the grave
     c. *I ate myself
     d. *He drank himself

Hier entspricht das Objekt nicht mehr dem des transitiven Verbs (vgl. (5c) und (d)). Die vom Reflexivum eingenommene Position kann sowohl bei transitiven als auch bei intransitiven Verben auch durch andere NPs besetzt werden, die dann Argument des Resultatsprädikats sind. Im Fall der transitiven Verben sind diese Objekte nicht wie das Objekt des Basisverbs in die Verbsemantik eingebunden.

(6) a. I cried my eyes *(blind)
     b. She drank him *(under the table)

Auf der Basis dieser Beobachtungen formuliert Simpson die syntaktische Bedingung für die englischen Resultativkonstruktionen, daß das Argument eines Resultativprädikats immer ein Objekt sein muß, entweder ein zugrundeliegendes oder ein Oberflächenobjekt.

Simpson nimmt zum Aufbau der Argumentstrukturen von Resultativkonstruktionen eine Regel an, die der f-Struktur des Basisverbs ein Komplement mit der grammatischen Funktion XCOMP hinzufügt, das semantisch als Resultat zu interpretieren ist. Bei intransitiven Verben ohne Objekt muß gleichzeitig eine Erweiterung der Argumentstruktur um ein Objekt vorgenommen werden, das nicht an ein Verbargument gelinkt ist. Eine Kontrollgleichung im Lexikoneintrag gewährleistet, daß das Resultatsprädikat nur über das Objekt prädiziert (vgl. Simpson 1983, 149).

Mit der Behandlung der Resultativkonstruktionen ausschließlich über die f-Struktur sind natürlich semantische Beschränkungen, denen das Resultatsprädikat in bezug auf das Verb unterliegt, nicht zu erfassen. Simpson schlägt entsprechend im Zusammenhang mit dem Verb *cry* auch vor, die Belegung von XCOMP

auf *red, blind* und *out* zu beschränken, also zumindest in bestimmten Fällen eine explizite Auflistung mit dem Resultativ-Eintrag der Verben zu verbinden.
Simpsons Behandlung der Resultativkonstruktionen über die Festlegung der grammatischen Funktionen der Argumente bleibt in einigen Punkten unbefriedigend. So muß die Beobachtung, daß nur das Objekt Argument des Resultatsprädikats sein kann, postuliert werden. Die Einbindung des Objekts wird für die beiden Typen von Resultativkonstruktionen unterschiedlich gehandhabt, so daß die allgemeine Bedingung 'Einführung von XCOMP' zwar in beiden Fällen gilt, aber in unterschiedlichen f-Strukturen explizit festgehalten werden muß. Weiterhin ist die Gemeinsamkeit aller Resultativkonstruktionen, nämlich die Verursachung eines Nachzustands, nur durch die Charakterisierung des von XCOMP realisierten Arguments als 'result' erfaßt. Da sich aber Resultate nur relativ zur Verbbedeutung bestimmen lassen und nicht als eine semantisch selegierbare Klasse von Prädikaten zu betrachten sind, wird ein zentraler Punkt der Resultativbildung vernachlässigt. Eine Folge dieser Vernachlässigung ist entsprechend auch die Notwendigkeit, die übergenerierenden Regeln durch Festlegung von XCOMP auf bestimmte Wortformen zu beschränken.

Trotzdem zeigt die Analyse von Simpson einen wichtigen Punkt der Resultativbildung auf, nämlich den uneinheitlichen Status des direkten Objekts. Offensichtlich gibt es zwei Typen von Resultativkonstruktionen, die sich durch die Einbindung des direkten Objekts in die Verbsemantik unterscheiden, in bezug auf die realisierten Komplemente aber gleich sind.

Mit diesem Problem setzen sich Carrier/Randall (1993) in ihrer semantisch basierten Analyse der Resultativkonstruktionen auseinander, die im nächsten Abschnitt dargestellt werden soll.

8.2. Carrier/Randalls lexikalisch-konzeptuelle Analyse der Resultativkonstruktionen

Carrier/Randall schlagen in verschiedenen Papieren eine Analyse vor, bei der alle Resultativkonstruktionen mithilfe einer einzigen Regel gebildet werden, die die semantische Form (bzw. die 'lexikalisch-konzeptuelle Struktur' (LCS)) der Verben erweitert. Ich werde mich bei der folgenden Darstellung auf Carrier/Randall (1993) beziehen. Die Resultativbildungsregel bettet die LCS der Basisverben in eine Resultativrepräsentation ein. Aufgrund der allgemeinen Linking-Prinzipien, die die LCS von Verben auf die Argumentstruktur abbilden, ergeben sich dann die unterschiedlichen Eigenschaften der so abgeleiteten Resultativkonstruktion. Die in der Notation von Jackendoff (1983, 1987, 1990) angegebene Resultativbildungsregel (RF) hat die folgende Form (vgl. Carrier/Randall 1993, Bsp. (22)):

(7) Resultative formation (RF): LCS effects

$$\text{CAUSE (\underbrace{[\qquad\qquad]}_{\text{Base verb's LCS}}, \underbrace{[\text{INCH BE (y, [}_{\text{PLACE-a}}\text{ AT [z]])]}}_{\text{Embedded change of state conceptual clause}})$$

Die komplette semantische Information eines Basisverbs wird durch die RF in ein (semantisches) Kausativraster eingebettet. Die LCS des Basisverbs fungiert dann als erstes Argument der Relation CAUSE, das zweite, vom Kausativraster gelieferte Argument beinhaltet den Übergang eines durch die semantische Variable y bezeichneten Individuums in einen Resultatszustand z.

Die Abbildung der semantischen Argumente auf die Argumentstruktur wird durch Linking-Prinzipien geregelt. Carrier/Randall übernehmen das 'Structural Preference Principle' von Ostler (1979), das Argumentlinking gemäß der Einbettungstiefe in der semantischen Struktur vorsieht. Es kann in einer LCS aber auch Variablen geben, die nicht auf die AS abgebildet werden. Diese Annahme ist zentral für die Resultativanalyse von Carrier/Randall, da sie die Basis für die Erklärung des unterschiedlichen Verhaltens von transitiven und intransitiven Resultativen[1] bildet. Zusätzlich zu dem generellen Linkingprinzip nehmen sie nämlich an, daß in einem konzeptuellen Clause, in dem ein path-Argument gelinkt ist, das zweite Argument nicht gelinkt werden darf ('The Preferred Internal Argument Principle').

Daraus ergibt sich ein unterschiedlicher Status für das Objekt intransitiver und transitiver Resultativkonstruktionen: Während das Objekt bei transitiven Resultativkonstruktionen direktes internes Argument des Verbs ist, wird es bei intransitiven Resultativkonstruktionen lediglich als Argument des Resultatsprädikats behandelt, geht also nicht in die AS der Resultativkonstruktionen ein. Daß auch die intransitiven Resultative eine transitive Struktur aufweisen, ergibt sich daraus, daß das Resultatsprädikat ein syntaktisch realisiertes externes Argument (ein 'Subjekt') braucht und deshalb sein externes Argument mitbringt. In diesem Fall ist also das direkte Objekt der Konstruktion nur durch das Resultativprädikat Θ-markiert. Ein externes Argument muß nach der Prädikationsbedingung als Schwester der maximalen Projektion seines Prädikats realisiert werden. Da es aber auch Kasus erhalten muß, kann es nur als Schwester von V realisiert werden, weil nur V ihm Kasus zuweisen kann. Daraus ergibt sich bei transitiven und intransitiven Resultativen eine flache Struktur der VP:

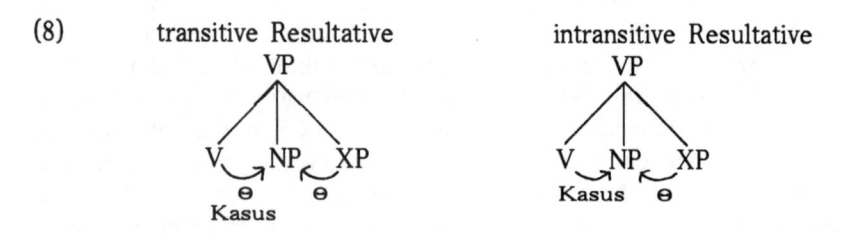

(8)   transitive Resultative   intransitive Resultative
                VP   VP
              / | \   / | \
             V NP XP   V NP XP
             Θ   Θ   Kasus Θ
            Kasus

---

[1] Ich übernehme die Bezeichnung 'transitive' und 'intransitive' Resultative für die zuvor unterschiedenen Typen. Intransitive Resultative umfassen dabei die unergativen intransitiven und die transitiven mit nicht vom Verb selegiertem Objekt. Da Carrier/Randall (1993) nur transitive Strukturen betrachten, fallen die unakkusativen intransitiven, die als einzige kein direktes Objekt in der Resultativkonstruktion aufweisen, aus dieser Terminologie heraus.

Bei den transitiven Resultativen fungiert das direkte interne Argument des Verbs, das als Schwester des Resultatsprädikats realisiert ist, als Subjekt des Prädikats. Die semantische Interpretation, daß das direkte interne Argument dem Nachzustand unterliegt, ergibt sich also nicht über eine Koindizierung der (semantischen) Argumente in der LCS, sondern indirekt über die syntaktische Identität der Argumente. Der Unterschied in der Θ-Rollen-Zuweisung bei transitiven und intransitiven Resultativen spiegelt sich in den Selektionsbeschränkungen wider: Während transitive Resultative an ihr Objekt die gleichen Selektionsanforderungen stellen wie das Basisverb, gibt es bei intransitiven keine Selektionsbeschränkungen des Verbs.

Der Grund für Carrier/Randalls Annahme, daß intransitive Resultative im Gegesatz zu den transitiven nicht über ein direktes internes Argument verfügen, ergibt sich aus dem unterschiedlichen Verhalten der Konstruktionen in bezug auf bestimmte lexikalische Prozesse, die als Test für den Status des direkten Objekts herangezogen werden können. Dabei handelt es sich um die Medialkonstruktion, Nominalisierung und Adjektivpassiv-Bildung. Für all diese Prozesse ist die Anwesenheit eines direkten internen Arguments relevant (vgl. Keyser/Roeper 1984, Levin/Rappaport 1988, Randall 1983).

(9) a. The gardeners watered the tulips flat
Medialkonstruktion:
b. Tulips water flat easily
Nominalisierung:
c. the watering of tulips flat
Adjektiv-Passivbildung:
d. the flat-watered tulips

Bei den intransitiven Resultativen scheitern diese Tests:

(10) a. The joggers ran the pavement thin
Medialkonstruktion:
b. *This type of pavement runs thin easily
Nominalisierung:
c. *the running of the pavement thin
Adjektiv-Passivbildung:
d. *the thin-run pavement

Resultativkonstruktionen von unakkusativen Verben verhalten sich wie die Beispiele unter (9). Carrier/Randall gehen deshalb davon aus, daß das Argument unakkusativer Verben ebenfalls ein direktes internes Argument ist.

Nach Carrier/Randalls Analyse entscheidet also die semantische Beziehung zwischen dem Verb und dem Objekt der Resultativkonstruktion darüber, ob es als Argument der Resultativkonstruktion zu betrachten ist. Da das semantische Argument des Resultatsprädikats in der Resultativkonstruktion nie an eine Argumentposition gelinkt wird, ergibt sich nur eine indirekte Beziehung zwischen diesem

Argument und der restlichen Konstruktion: Bei Konstruktionen mit intransitivem Basisverb muß aus syntaktischen Gründen ein Subjekt für das Resultatsprädikat eingeführt werden, das dann mit der entsprechenden semantischen Variable in Beziehung gesetzt werden kann. Bei transitiven Basisverben ergibt sich die Identität der semantischen Argumente ebenfalls nur darüber, daß das Objekt des Basisverbs syntaktisches Subjekt des Resultatsprädikats ist. Damit führt diese Analyse zu einer meines Erachtens unerwünschten Diskrepanz zwischen syntaktischen und semantischen Strukturen.

Dieser Effekt der Analyse läßt sich vermeiden, wenn man den Unterschied zwischen den transitiven und intransitiven Resultativkonstruktionen nicht am syntaktischen Status des direkten Objekts festmacht, sondern an seiner Einbindung in die semantische Struktur des Verbs. Das läßt sich darüber erreichen, daß in beiden Fällen Linking des Arguments des Resultatsprädikats stattfindet. Wunderlich (1992a) präsentiert einen solchen Vorschlag zur Ableitung der Resultativkonstruktionen, bei dem das Argument des Resultatsprädikats immer syntaktisch realisiert wird.

8.3. Resultativbildung durch lexikalische Templates

Ähnlich wie bei Carrier/Randalls Resultativbildungsregel RF wird in der Templateanalyse, die Wunderlich für die deutschen Resultativkonstruktionen vorschlägt, die SF des Verbs in eine komplexere Repräsentation eingebettet:

(11) For every verb stem (of a certain class) with the phonological matrix /verb/ and the SF verb(s) there is a verb stem with the same phonological matrix /verb/ and the SF template:
verb(s) & CAUSE-1 (s, BECOME (P(u)))[2]
where P ranges over static predicates.
(Wunderlich 1992a, 45)

Der Unterschied zu der von Carrier/Randall vorgenommenen Analyse besteht nun darin, daß das Linking der Argumente nicht durch eine dem 'Preferred Internal Argument Principle' entsprechende Bedingung eingeschränkt wird, sondern den

---

[2] CAUSE-1 ist eine Variante des Prädikats CAUSE, die einen anderen logischen Typ aufweist. Während CAUSE nach Wunderlichs Analyse in der Repräsentation der lexikalischen Basisverben dreistellig ist, da die Situationsvariable des Verbs als Argument von CAUSE betrachtet wird, ist CAUSE-1 nur zweistellig, weist also keine Situationsvariable als referentielles Argument auf. Aus dieser Festlegung ergibt sich allerdings ein Problem, da das referentielle Argument des Verbs auch als referentielles Argument der Resultativkonstruktion fungiert. s umfaßt jedoch als erstes Argument von CAUSE nicht die Information, daß ein Übergang in einen Nachzustand stattfindet. Zu einer alternativen Formulierung des Resultativtemplates, vgl. Kapitel 10.

üblichen Prinzipien folgt: Über alle semantischen Variablen wird abstrahiert, die damit geschaffenen Θ-Rollen werden gemäß den Linking-Bedingungen auf bestimmte syntaktische Realisierungen festgelegt. Demnach wird die durch das Template eingeführte Variable u ebenso an eine Θ-Position gelinkt wie die übrigen Argumente. Für das Verb *essen* illustriert Wunderlich den gesamten Prozeß wie unter (12) dargestellt.

(12) a. apply on /es/; [+V]; EAT(x,y)(s):
/es/; [+V]; EAT (x,y)(s) & CAUSE-1 (s, BECOME (P(u)))

b. abstraction:
/es/; [+V]; λPλuλyλxλs[EAT(x,y)(s) & CAUSE-1(s, BECOME(P(u)))]

c. linking: consider the proper TS (= Θ-Struktur I.K.)

```
λu    λy    λx
+hr   +hr   -hr
-lr   +lr   +lr
 |           |
acc         nom
```
(Wunderlich 1992, 46)

Aufgrund der Charakterisierung der Θ-Rolle des internen Arguments des Verbs als +hr, +lr ergibt sich, daß es oblique zu realisieren ist, also durch eine Dativ-NP oder eine semantisch angemessene PP. Das Scheitern des Linking bei dieser Rolle begründet Wunderlich (1992a) damit, daß keine Präposition zur Verfügung steht, die für die Realisierung dieser Rolle verwendet werden kann. (Daß die Realisierung als Dativ-NP hier nicht möglich ist, unterstützt die Überlegungen in Abschnitt 1.2., daß es sich beim Dativ im Deutschen um einen semantisch lizensierten Kasus handelt.) Da das Argument nicht syntaktisch realisiert werden kann, muß es existentiell gebunden werden. Diese Möglichkeit besteht, wenn es sich um ein fakultatives Argument handelt. Das Argument kann pragmatisch mit dem Argument des Resultatsprädikats koindiziert werden, wenn dadurch eine sinnvolle Interpretation gewährleistet ist. In der Annahme, daß es sich bei der Koindizierung der Argumente um einen pragmatischen Vorgang handelt, entspricht die Analyse von Wunderlich (1992a) der Small-Clause (SC)-Analyse, wie sie z.B. in Hoekstra (1988) vertreten wird. Damit ist sie auch Gegenstand der von Carrier/Randall gegen diesen Punkt der SC-Analyse vorgebrachten Kritik.

Carrier/Randall gehen davon aus, daß nur intransitive Verben Resultativkonstruktionen mit 'fremden' Objekten bilden können. Transitive Verben mit obligatorischem direkten Objekt können in Resultativkonstruktionen nur mit ihrem eigenen Argument auftreten. Die SC-Analyse geht dagegen davon aus, daß es sich bei dem direkten Objekt der Resultativkonstruktion nie um das Argument des Basisverbs handelt. Sie macht dementsprechend die Vorhersage, daß das Verb keinerlei Selektionsbeschränkungen in bezug auf das Objekt der Resulativkonstruktionen festlegen kann. Carrier/Randall führen Beispiele wie die unter (13) an, um diese Vorhersage zu falsifizieren.

(13) a. The magician hypnotized the auditory quiet
    b. *The magician hypnotized the room quiet
    c. The bear frightened the hikers speechless
    d. *The bear frightened the campground empty
    e. The innkeeper fastened the shutters open
    f. *The innkeeper fastened the room sunny

Die Beispiele zeigen, daß auch in Resultativkonstruktionen Selektionsbeschränkungen des Verbs in bezug auf das Objekt bestehen. Vergleicht man diese Konstruktionen mit dem Deutschen, so zeigt sich, daß hier beide Varianten nicht möglich sind.

(14) a. *Der Zauberer hypnotisiert das Publikum ruhig
    b. *Der Zauberer hypnotisiert den Saal ruhig
    c. *Der Bär erschreckt die Wanderer sprachlos
    d. *Der Bär erschreckt den Campingplatz leer
    e. *Der Wirt befestigt die Läden auf
    f. *Der Wirt befestigt den Raum sonnig

Eine mögliche Erklärung für die unterschiedliche Akzeptabilität der englischen und deutschen Konstruktionen wäre die Existenz eines Parameters, der die Sprachen danach unterscheidet, ob sie Koindizierung des vom Resultatsprädikats eingebetteten Arguments mit dem direkten Objekt des Verbs zulassen oder nicht. Das Englische läßt Koindizierung zu, so daß sich bei Resultativkonstruktionen von obligatorisch transitiven Verben eine Identifizierung des internen Arguments des Basisverbs mit dem neu eingeführten Individuenargument ergibt. Im Deutschen ist die Koindizierung der Argumente dagegen nicht möglich, so daß in diesen Fällen die Konstruktion scheitert, da ein obligatorisches Verbargument nicht realisiert ist. Damit sollten im Deutschen generell keine Resultativkonstruktionen möglich sein, bei denen die Argumentstruktur nicht erweitert wird.

Der Status eines solchen Parameters bleibt natürlich weiter zu untersuchen. Relevant dafür ist die Funktion der realisierten Argumentpositionen für die Verbstrukturen. Daß es dabei zentrale Unterschiede zwischen dem Englischen und dem Deutschen gibt, zeigt sich unter anderem bei Intransitivierungen und Medialkonstruktion: In beiden Fällen verlangt das Deutsche eine Realisierung der Objektposition durch ein unechtes Reflexivum, so daß man vom Vorliegen einer unechten Θ-Position (d.h. einer syntaktisch zu realisierenden Θ-Rolle, die über kein semantisches Argument abstrahiert) ausgehen muß. Im Englischen wird dagegen in beiden Fällen die Argumentposition bei der Ableitung getilgt. In diesem Zusammenhang ist interessant, daß gerade die Medialkonstruktion zu den Prozessen gehört, in bezug auf deren Anwendbarkeit sich die intransitiven Resultativkonstruktionen des Deutschen und des Englischen unterscheiden: Im Deutschen ist die Medialkonstruktion, Nominalisierung und Adjektiv-Passivbildung auch bei intransitiven Resultativkonstruktionen möglich (vgl. (15)).

(15) Medialkonstruktion:
  a. Die Tulpen gießen sich leicht platt
  b. Der Rasen läuft sich leicht platt
  Adjektiv-Passivbildung:
  c. die platt-gegossenen Tulpen
  d. der platt-gelaufene Rasen
  Nominalisierung:
  e. das Plattgießen der Tulpen
  f. das Plattlaufen des Rasens

Die Daten unter (15) zeigen, daß die von Carrier/Randall vorgenommene Analyse der intransitiven Resultativkonstruktionen des Englischen für das Deutsche nicht angemessen sein kann. Ob ihre Konsequenz, das direkte Objekt nicht in die Argumentstruktur der intransitiven Resultativkonstruktionen aufzunehmen, für die Behandlung der englischen Daten tatsächlich notwendig ist, kann nur in Zusammenhang mit einer Analyse der als Testkriterien verwendeten Prozesse entschieden werden. Ich möchte dieser Frage hier nicht nachgehen, sondern die Adäquatheit der Templateanalyse für die Resultativkonstruktionen des Deutschen weiter prüfen.

8.3.1. Resultativkonstruktionen unakkusativer Verben

Die Template-Analyse beinhaltet, daß bei der Bildung von Resultativkonstruktionen neben dem Resultatsprädikat ein Individuenargument eingeführt wird. Da der Aufbau des θ-Rasters regulär stattfindet, ergibt sich deshalb, daß Resultativkonstruktionen eine Individuen-θ-Rolle mehr aufweisen müssen als das Basisverb. In der Übersicht zu Beginn dieses Kapitels tritt allerdings mit den Resultativkonstruktionen unakkusativer Verben ein Typ auf, dessen Argumentstruktur sich in bezug auf die Individuen-θ-Rolle gegenüber der des Basisverbs nicht verändert. Bei Resultativkonstruktionen unakkusativer Verben wird nur ein Resultatsprädikat eingeführt, das durch das Template eingeführte Individuenargument wird nicht realisiert (vgl. (16)).

(16) a. Die Butter schmilzt zu einer Pfütze
  b. Sein Gesicht erstarrt zu einer Maske
  c. *Die Butter schmilzt sich zu einer Pfütze
  d. *Sein Gesicht erstarrt sich zu einer Maske

Das unterschiedliche Verhalten unergativer und unakkusativer Verben wird häufig damit erklärt, daß es sich bei dem einzigen Argument der Unakkusativen um ein zugrundeliegendes Objekt handelt. Hoekstra (1988) erklärt die unterschiedlichen Resultativkonstruktionen vor diesem Hintergrund folgendermaßen: Resultativkonstruktionen entstehen dadurch, daß durch einen Small Clause (SC) ein Nachzustand zu einem im Verb ausgedrückten Prozeß eingeführt wird. Der SC hat dabei dieselbe Funktion wie eine NP, die das Resultat des Prozesses ausdrückt (vgl. (17)).

(17) a. Er baut ein Haus
  b. Er baut die Stadt zu

Hoekstra nimmt an, daß die Argumentstruktur von Verben, die Prozesse bezeichnen, prinzipiell durch einen SC erweitert werden kann, der ein Resultat einführt. Da unakkusative Verben generell Prozesse bezeichnen, ist diese Erweiterung immer möglich. Unakkusative weisen ihrer Subjekt-Position keine Θ-Rolle zu und der von ihnen regierten NP keinen Kasus. Ihr einziges Argument ist daher intern, muß aber, um Kasus zu erhalten, in die Subjektposition bewegt werden. Unergative dagegen weisen der Subjektposition eine Θ-Rolle zu, ihr einziges Argument ist daher extern. Wird die Argumentstruktur um einen SC erweitert, ergibt sich dadurch eine 'transitive' Struktur. Bei unakkusativen Resultativen ist der SC einziges Argument, 'ersetzt' also wie bei den Beispielen unter (17) das interne NP-Argument. Da auch das Subjekt des SC keinen Kasus erhalten kann, wird es aus dem SC heraus in die Subjektposition des Matrixverbs bewegt, die Resultativkonstruktion bleibt intransitiv. Die unterschiedliche Argumentstruktur unakkusativer und unergativer Resultativkonstruktionen ergibt sich demnach aus dem unterschiedlichen Status der Argumente der Basisverben.

In dem hier vertretenen Ansatz besteht diese Möglichkeit der Analyse nicht: Da das Θ-Raster nur die Einbettungstiefe reflektiert, gibt es keine Möglichkeit, qualitative Unterschiede in bezug auf Θ-Rollen festzumachen, wie sie durch die Begriffe 'tiefenstrukturelles Subjekt' und 'tiefenstrukturelles Objekt' impliziert werden.

Allerdings zeigt die SC-Analyse der unakkusativen Resultativkonstruktionen Schwächen in bezug auf die semantische Adäquatheit auf, die Hinweise darauf geben, wie diese Konstruktionen alternativ behandelt werden können.

Da das im SC eingebettete Subjekt der Resultativkonstruktion nicht durch das Verb Θ-markiert ist, besteht im Fall der unakkusativen Verben nicht wie bei den Unergativen mit reflexivem SC-Subjekt die Möglichkeit, das SC-Subjekt in Beziehung zur Verbhandlung zu setzen. Während bei den unergativen Resultativkonstruktionen ein anaphorischer Bezug zwischen Reflexivum und Verb-Subjekt hergestellt werden kann, wird das Individuenargument der unakkusativen Resultativkonstruktionen wie das der transitiven Resultativkonstruktionen in die Interpretation eingebunden: Wie bei den transitiven Konstruktionen die Möglichkeit besteht, eine pragmatische Koindizierung der Argumente vorzunehmen, besteht laut Hoekstra die Möglichkeit, aus pragmatischen Gründen das SC-Subjekt als selbst der Verbhandlung unterliegend zu interpretieren.

Während nun aber bei den transitiven Resultativkonstruktionen tatsächlich ein Argument in Objektposition auftreten kann, das nicht als Argument des Basisverbs möglich ist, sind solche Konstruktionen bei unakkusativen Verben ausgeschlossen (vgl. (18a) und (b)). Die Sätze unter (18c) und (d) illustrieren die angestrebte Interpretation.

(18) a. *Der Teppich schmilzt naß
  b. *Mein Zimmer wächst zu einem dunklen Loch

    c. Das Schmelzen (der Schneereste) verursacht, daß der Teppich naß wird
    d. Das Wachsen (der Grünpflanzen) verursacht, daß mein Zimmer ein dunkles Loch wird

Nach der Analyse von Hoekstra müßte es möglich sein, die Sätze unter (18a) und (b) im Sinne der expliziten Umschreibungen unter (c) und (d) zu interpretieren. Die Konstruktionen unter (a) und (b) sind jedoch nicht nur schwer interpretierbar, sondern enthalten offensichtlich Sortenverletzungen: Auch in Resultativkonstruktionen bleibt bei den Unakkusativen die Bedingung bestehen, daß das Subjekt der Konstruktion das Individuum bezeichnet, das der im Verb ausgedrückten Veränderung unterliegt. Offensichtlich ist also bei diesen Verben nicht die Möglichkeit gegeben, das Resultat als einen Effekt einer verursachenden Situation auf ein nicht an der Situation selbst beteiligtes Individuum zu betrachten. In bezug auf die Template-Analyse bedeutet das: Es wird keine neue Individuenvariable in die SF eingeführt.

Daß diese Beobachtung nicht mit dem syntaktischen Status des einzigen Arguments der unakkusativen Verben in Beziehung gebracht werden kann, läßt sich daran zeigen, daß kausative Varianten von unakkusativen Verben das gleiche Verhalten zeigen: Auch hier sind Resultativkonstruktionen möglich, bei denen das Objekt selbst der Veränderung unterliegt, aber keine, bei denen ein 'fremdes' Objekt eingeführt wird. Das gilt auch, wenn das der Veränderung unterliegende Individuum in Subjektposition realisiert ist, so daß die zur Interpretation nötige Information zur Verfügung steht.

(19) a. Uschi schmilzt das Eis zu einer Pfütze
      b. *Uschi schmilzt die Tischdecke zu einem schmutzigen Lumpen
      c. *Das Eis schmilzt die Tischdecke zu einem schmutzigen Lumpen
      d. Jeanne friert das Wasser zu kleinen Blöcken
      e. *Jeanne friert die Gefriertruhe zu einer Gletscherlandschaft
      f. *Das Kondenswasser friert die Gefriertruhe zu einer Gletscherlandschaft

Da das Deutsche kaum unakkusative Verben mit kausativem Gegenstück aufweist, finden sich wenig Fälle, an denen sich dieses Verhalten demonstrieren läßt. Die Beispiele unter (20) zeigen aber, daß unakkusative anders als unergative Verben generell keine Resultativkonstruktionen mit fremdem Objekt bilden.

(20) a. *Der Schnee taut unseren Keller unter Wasser
      b. *Die Tannen wachsen unser Haus in den Schatten
      c. *Die Vase fällt ein Loch in den Glastisch
      d. *Die Kerze schmilzt Wachsflecken auf das Tischtuch

Während die SC-Analyse vor dem Problem steht, zu erklären, wie Selektionsbeschränkungen bei den unakkusativen Resultativkonstruktionen zustande kommen, stellt sich für die Template-Analyse zusätzlich das Problem, zu erklären, warum kein zweites Individuenargument auftreten kann, d.h. warum die unakkusativen Verben nicht wie die unergativen ein Reflexivum realisieren, wenn sie in Resultativkonstruktionen auftreten.

Unter (21a) und (b) ist schematisch dargestellt, welche SF sich bei der Template-Analyse für unakkusative Verben und ihre kausativen Entsprechungen ergibt, und welche Θ-Raster demnach abzuleiten sein müßten.

(21) a. *schmelzen* (intransitiv): λx λs [SCHMELZ(x)](s)
   –> [SCHMELZ(x)(s) & (CAUSE-1 (s, BECOME (P(y))))]
   –> λP λy λx λs [SCHMELZ(x)(s) & (CAUSE-1 (s, BECOME (P(y))))]

b. *schmelzen* (transitiv): λy λx λs[CAUSE (x, SCHMELZ(y))](s)
   –> [CAUSE (x, SCHMELZ(y))(s) & (CAUSE-1 (s, BECOME (P(z))))]
   –> λP λz λy λx λs [CAUSE (x, SCHMELZ (y))(s)
         & (CAUSE-1 (s, BECOME (P(z))))]

Nach der unter (12) dargestellten Resultativableitung für transitive Verben, sollte sich bei dem transitiven *schmelzen* eine Resultativkonstruktion parallel zu *essen* bilden lassen. Entsprechend müßte das intransitive *schmelzen* eine transitive Resultativkonstruktion wie die unergativen Verben bilden können. Die Beobachtung, daß unakkusative Verben nicht wie unergative Resultativkonstruktionen mit direktem Objekt oder Reflexivum bilden, kann mit einem weiteren Unterschied zwischen den Resultativkonstruktionen der beiden Verbtypen in Zusammenhang gebracht werden, der in den Beispielen unter (22) und (23) illustriert ist.

(22) a. Die Jogger laufen den Rasen zu Matsch/platt
   b. Er tanzt sich in Ekstase/berühmt

(23) a. Die Butter schmilzt zu einer Pfütze/*flüssig
   b. Sein Gesicht erstarrt zu einer Maske/*hart
   c. Die Vase zerfällt in Stücke/*kaputt
   d. Die Milch friert zu einem Block/*fest

Die Resultativkonstruktionen unakkusativer Verben unterscheiden sich im Deutschen von denen der unergativen dadurch, daß hier lediglich eine PP möglich ist, aber keine AP. Damit verhalten sie sich auch anders als die Resultativkonstruktionen unakkusativer Verben im Englischen. Eine mögliche syntaktische Begründung dieser Daten könnte darin bestehen, daß das Deutsche APs als Resultatsprädikate über oberflächenstrukturelle Subjekte nicht zuläßt. Die Daten unter (24) zeigen aber, daß auch die kausativen Varianten der unakkusativen Verben keine AP zulassen, obwohl hier das Argument des Resultatsprädikats wie bei den anderen Resultatskonstruktionen das direkte Objekt der Konstruktion ist.

(24) a. Marco schmilzt die Butter zu einer Pfütze/*flüssig
   b. Jeanne friert die Milch zu einem Block/*hart
   c. Der Pyromane brennt das Haus zu Asche/*schwarz

Damit liegen zwei Eigenschaften vor, die die unakkusativen Resultativkonstruktionen (und ihre kausativen Entsprechungen) von den übrigen unterscheiden:

1. Die Beschränkung, daß nur das Argument des Basisverbs als Argument des Resultatsprädikats auftreten kann,
2. die Festlegung des Resultatsprädikats auf eine PP.

Eine dritte Beschränkung besteht darin, daß der Nachzustand in der Verbbedeutung angelegt sein muß. Die Beispiele unter (25) zeigen einen Kontrast zwischen dem transitiven *werfen* und dem unakkusativen *fallen*. Für *werfen* existiert einerseits die Bewegungsverblesart, bei der das geworfene Objekt im Nachzustand lokalisiert wird (25a), und andererseits die Resultativlesart, die zwei Interpretationen zuläßt (25c): In der einen Interpretation handelt es sich bei dem Argument des Resultatsprädikats um das bewegte Objekt, es liegt also (pragmatische) Koindizierung vor, im anderen Fall muß ein implizites bewegtes Argument angenommen werden. *fallen* läßt zwar auch neben der Bewegungslesart unter (25b) eine Resultativlesart zu, allerdings wird diese nicht so interpretiert, daß die Bewegung des Objekts zu dem Resultatszustand führt (vgl. (25d)). Die Resultativkonstruktion ist stattdessen im Sinne von *zerfallen* unter (e) zu interpretieren: Nicht die Bewegung des Objekts nach unten, sondern eine Zerlegung des Objekts wird ausgedrückt, eine Bewegung des ganzen Objekts hat nicht stattgefunden.

(25) a. Er wirft die Vase auf den Boden
 b. Die Vase fällt auf den Boden
 c. Er wirft die Vase in Stücke
 d. Die Vase fällt in Stücke (wenn man sie nur ansieht)
 e. Die Vase zerfällt in Stücke (wenn man sie nur ansieht)

Diese Daten scheinen unter die Beobachtung von Simpson (1983) zu fallen, daß change-of-location Verben nur in metaphorischer Lesart in Resultativkonstruktionen eingehen. Ich möchte jedoch dafür argumentieren, daß es sich nicht um eine Eigenschaft von Bewegungsverben handelt, sondern um eine Eigenschaft unakkusativer Verben bzw. Verben eines bestimmten semantischen Typs: Nimmt man nämlich an, daß Verben, die eine allmähliche Veränderung einer Eigenschaft eines Individuums beinhalten, nur den Resultatszustand *dieser* Entwicklung zulassen, dann hat die Ziel-PP bei Bewegungsverben die gleiche Funktion wie die Resultats-PP bei unakkusativen Verben: Sie legt den Verlauf der im Verb vorgegebenen Entwicklung fest. Simpsons Beobachtung, daß Bewegungsverben nur dann Resultativkonstruktionen bilden, wenn sie metaphorisch interpretierbar sind, ist dann so zu verstehen, daß die für Bewegungsverben typische Information, die Ortsveränderung des Objekts, umgedeutet werden muß, damit ein anderer Resultatszustand als der Lokalisierungszustand eingeführt werden darf. Für die Annahme, daß es sich nicht um eine Beschränkung in bezug auf Bewegungsverben handelt, sondern um eine Beschränkung in bezug auf Verben, die nur eine Veränderung des Thema-Arguments bezeichnen, spricht einerseits, daß transitive und agentive intransitive Bewegungsverben durchaus Resultativkonstruktionen bilden können, ohne dabei einer Uminterpretation zu unterliegen (26), und andererseits, daß auch nicht-lokale Unakkusative solche Beschränkungen aufweisen (27).

(26) a. Er zieht das Band in die Länge
 b. Er fährt das Auto zu Schrott
 c. Die Fußballer rennen Löcher in den Rasen
 d. Die Kinder rodeln den Hang kahl

(27) a. Frau Scholle friert die Lammkeule zu einem Klumpen
 b. §Sie friert die Lammkeule zu einer Schlagwaffe
 c. Die Lammkeule taut zu einem formlosen Klumpen
 d. §Das Mordwerkzeug taut zu einem harmlosen Braten

Bei den möglichen Resultativkonstruktionen mit transitiven und unergativen Bewegungsverben unter (26) gibt der Resultatszustand nicht ein Ergebnis aus der Fortbewegung des Objekts an, sondern spezifiziert eine andere Entwicklung des Objekts, die durch die Agenshandlung hervorgerufen werden kann: In (26a) ist es die Gestaltveränderung, die sich durch die Krafteinwirkung ergibt, in (26b) eine unsachgemäße Manipulation des Instruments, in (26c) und (d) die bei der spezifischen Bewegung vorliegende Einwirkung auf den Untergrund. Bei allen Verben unter (26) kann demnach aus der Verbbedeutung eine Information isoliert werden, die eine andere Veränderung an einem Objekt auslöst als nur die Fortbewegung.

Bei den Verben unter (27) dagegen ist der Bezug auf eine Veränderung, die nicht direkt der in der Verbbedeutung vorgegebenen entspricht, nicht möglich. Das Abweichen der Konstruktionen unter (27b) und (d) im Vergleich zu denen unter (a) und (c) ist so zu begründen, daß der Resultatszustand hier nicht als Charakterisierung des Ergebnisses der im Verb ausgedrückten Veränderung verstanden werden kann. *frieren* beinhaltet die Verfestigung eines Objekts (infolge von Kälteeinwirkung), so daß eine Festkörperbezeichnung wie in (27a) und (c) als Resultat der Entwicklung angemessen ist. Die PPs unter (b) und (d) bringen dagegen eine zusätzliche Information über das Objekt ein, die aus der Verbbedeutung nicht ableitbar ist. Da unakkusative Verben wie die unter (27) anders als agentive Bewegungsverben neben der Information, daß das Objekt einer Veränderung unterliegt, keine weitere fokussierbare Information beinhalten, besteht nicht die Möglichkeit, einen Resultatszustand zuzufügen, der nicht aus der Entwicklung konstruierbar ist.

Wenn die Resultativkonstruktionen unakkusativer Verben tatsächlich nur eine Spezifizierung der im Verb angelegten Entwicklungsinformation durch eine direktionale PP beinhalten, gibt es keinen Grund, sie über das Resultativ-Template abzuleiten. Statt dessen erscheint es vernünftig, die Beobachtung von Hoekstra (1988), daß gerichtete Prozesse prinzipiell begrenzbar sind, hier der Analyse zugrunde zu legen. Ähnlich wie Hoekstra vorschlägt, für alle Verben dieser semantischen Struktur optional einen Resultats-SC zuzulassen, nehme ich an, daß diese

Verben prinzipiell durch eine prädikative θ-Rolle erweitert werden können, die die im Verb angesetzte Entwicklung weiter spezifiziert. Die Prädikate, die diese θ-Rolle sättigen können, unterliegen den gleichen Beschränkungen wie die bisher betrachteten Komplementprädikate: Sie müssen einen im Verb angelegten Bedeutungsaspekt spezifizieren, das ist in diesem Fall das Ergebnis der Entwicklung. Die Notwendigkeit der Sättigung des Wegparameters der direktionalen PPs schränkt die möglichen Prädikate auf solche ein, die sortal mit der Verbbedeutung verträglich sind.

Damit die unakkusativen Verben den Wegparameter sättigen können, muß ihre SF ein Dekompositionsprädikat beinhalten, über dessen konzeptuelle Interpretation ein 'Weg' zur Verfügung gestellt wird. Verben, die eine Erweiterung der Argumentstruktur durch eine direktionale PP zulassen, weisen zum Großteil Prozeßstruktur auf, einige, wie z.B. *brechen*, möglicherweise eine zweiphasige Struktur wie die kausativen Positionsverben. Generell beinhalten sie aber eine gerichtete Veränderung einer Objekteigenschaft (vgl. die Festlegung der Richtung bei *schmelzen* vs. *frieren*). Ich gehe davon aus, daß der semantische Kern dieser Verben als eine Funktion aus der Zeit in eine Skala, also eine strikt geordnete Menge von Graden einer verbspezifischen Eigenschaft zu interpretieren ist. Anders als bei Prozeßverben wie *lachen, arbeiten* etc., wo die skalare Veränderung sich nur in einem abstrakten 'Anwachsen' des produzierten Signals bzw. der getanen Arbeit niederschlägt, manifestiert sie sich bei den unakkusativen Verben an dem Zustand des Objekts, das durch das Verbargument bezeichnet wird.

Um diesen Typ von Prädikaten, die eine monotone Abarbeitung ihres Arguments beinhalten, von den Prozessen zu unterscheiden, bei denen die monotone Veränderung nicht über die Verbargumente meßbar ist und deshalb ausgeblendet werden kann, werde ich sie als 'Entwicklungen' bezeichnen. Entwicklungsverben unterscheiden sich von den zweiphasigen Verben dadurch, daß sie nicht immer einen abgeschlossenen Vorgang ausdrücken müssen, sondern auch wie unbegrenzte Prozesse interpretierbar sind, und von den gekörnten, nicht notwendig monotonen Prozessen wiederum dadurch, daß sie auch ohne die Angabe eines Nachzustands als abgeschlossen interpretiert werden können. Dieser Unterschied ist darauf zurückzuführen, daß eine allmähliche Abarbeitung einer begrenzten Skala involviert ist, die sowohl die Fokussierung auf einen Skalenabschnitt als auch die Fokussierung auf das durch das Skalenende vorgegebene Resultat ermöglicht.

Um den Unterschied zwischen zweiphasigen Verben, die lediglich den Übergang vom Vorzustand in den Nachzustand beinhalten, und den Entwicklungsverben zu erfassen, die einen kontinuierlichen Übergang entlang einer Skala beinhalten, möchte ich für die Entwicklungsverben statt des semantischen Prädikats BECOME ein Prädikat BEC einführen. BEC(PRÄD(x)) ist wie MOVE konzeptuell durch eine monotone Funktion aus der Zeit in die durch die Entwicklungsstufen gebildete Skala charakterisiert (vgl. Kapitel 3).

Sowohl zweiphasige Verben als auch Verben mit einer Entwicklungskomponente stellen die notwendige Information bereit, um den Parameter der wegbezogenen PPs zu belegen. Im Fall der PP[+Dir] (im allgemeinen wird das Resultatsprädikat durch eine *in*-PP oder eine *zu*-PP kodiert) kann man davon ausgehen, daß wie bei den Bewegungsverben die durch die Entwicklungskomponente des Verbs bereitgestellte Skala zur Belegung des 'Weg'-Parameters D(x) herangezogen wird, so daß das den Nachzustand charakterisierende Prädikat entsprechend über die Elemente der Skala prädizieren muß (vgl. Kapitel 3). Dadurch ist die inhaltliche Beschränkung der Prädikate begründet. Bei der zu-PP muß ebenfalls die Entwicklungsinformation den Parameter sättigen, hier ist allerdings der Nachzustand nicht als ein Prädikat über den Elementen der Skala definiert, sondern als das Ende der Skala (vgl. die Diskussion von zu in Kapitel 4). Dieser Unterschied schlägt sich auch im Typ der Information nieder, die durch zu- und in-PPs kodiert wird: Während in zur Charakterisierung von Eigenschaften verwendet wird, die sich im Laufe der Veränderung des Objekts ändern, dient zu dazu, die Umwandlung des Objekts selbst zu einem anderen Typ von Objekt zu charakterisieren. Die Beispiele unter (28) illustrieren das.

(28) a. Der Müllberg wächst in die Höhe (-> verändert seine Ausdehnung)
 b. Der Misthaufen wächst zu einem Berg (-> wechselt die Klasse)
 c. Pina tanzt sich in Wut
 d. Nurejev tanzte sich zu einem Star
 e. Der Penner trank sich ins Koma
 f. Der Alkoholiker trank sich zu einer Schnapsleiche

Die Resultativkonstruktionen von unakkusativen Verben und ihren transitiven Entsprechungen lassen sich also völlig parallel zu den Bewegungsverben analysieren. Ich werde sie deshalb im folgenden als 'Entwicklungsresultative' bezeichnen, um sie von den echten Resultativkonstruktionen, die durch die Template-Einbettung unter (11) abgeleitet werden, zu unterscheiden. Unter (29) ist das Template angegeben, durch das Entwicklungsresultative abgeleitet werden.

(29) Entwicklungsresultative:
 [... BEC (PRÄD(x))] => [... BEC (PRÄD(x)) & P(x)]

Die unterschiedliche Ableitungsgeschichte der beiden Resultativtypen bietet die Erklärung dafür, warum im einen Fall die Kombination mit APs möglich ist, im anderen dagegen nicht: Da die APs lediglich über statische Information verfügen, können sie nur dann resultativ interpretiert werden, wenn sie im Skopus des zweiphasigen BECOME eingebettet sind. Während die echten Resultativkonstruktionen über das Template eine Repräsentation aufweisen, bei der die Prädikatsvariable im Skopus von BECOME steht, beinhalten die Entwicklungsresultative nur die Information, daß ein allmählicher Übergang stattfindet. Eine AP in der Prädikatsposition der Entwicklungsresultative kann deshalb nur depiktiv interpretiert werden. Die in den Beispielen unter (23) angeführten APs führen allerdings bei depiktiver Interpretation zu einem Widerspruch mit der Verbbedeutung, so daß die Konstruktion nicht interpretierbar ist. (So setzt *schmelzen* voraus, daß es sich um ein festes Objekt handelt, und ist damit nicht mit *flüssig* kompatibel.) Die Beobachtung, daß auch im Englischen die Resultatsprädikate bei Unakkusati-

ven stets die Bedeutung des Verbs spezifizieren, legt es nahe, auch hier davon auszugehen, daß es sich nicht um 'echte' Resultativkonstruktionen, sondern um Entwicklungsresultative handelt. (Diese Ansicht vertritt auch Pustejovsky 1991b.) Daß das Englische im Unterschied zum Deutschen auch APs in Kombination mit Unakkusativen zuläßt, kann damit in Zusammenhang gebracht werden, daß die Unterscheidung von statischen und direktionalen Präpositionen im Englischen nicht existiert. Da auch in Kombination mit Bewegungsverben statische Präpositionen als Ziel-PPs interpretiert werden können, kann man davon ausgehen, daß sich die Information, daß ein Nachzustand erreicht wird, nicht aus der Präpositionsbedeutung, sondern der Entwicklungsinformation des Verbs ergibt. Wenn die Information über den Zustandswechsel über das Verb eingebracht wird, können APs ebenso wie statische PPs den entsprechenden Nachzustand einbringen.
Bei unakkusativen Verben wie *brechen*, die eine zweiphasige Struktur aufzuweisen scheinen, ist die Verwendung einer AP besser als bei den Entwicklungsverben (vgl. (30)).

(30) a. ?Der Stock bricht kaputt
    b. *Das Eis schmilzt flüssig

Das ist dadurch zu begründen, daß *brechen* tatsächlich ein Prädikat BECOME aufweist, in dessen Skopus die AP interpretiert werden kann. Daß die Verwendung der AP in (30a) trotzdem markierter ist als bei den echten Resultativkonstruktionen, läßt sich damit erklären, daß *kaputt* keine neutrale Beschreibung des Nachzustands liefert, der sich durch *brechen* ergibt, sondern eine bewertende Charakterisierung des Objekts vornimmt. Dafür spricht einerseits, daß die Akzeptanz des Satzes (30a) bei verschieden Sprechern unterschiedlich ist, und andererseits die Tatsache, daß bei einem Prädikat, das das Endergebnis eindeutig charakterisiert, der Satz völlig akzeptabel ist:

(31) Der Stock bricht entzwei

Mit der Behandlung der Resultativkonstruktionen unakkusativer Verben als Entwicklungsresultative läßt sich das unterschiedliche Verhalten von unergativen und unakkusativen Verben in Resultativkonstruktionen erklären. Allerdings ist noch nicht geklärt, warum unakkusative Verben nicht unter das Resultativtemplate fallen. Vergleicht man noch einmal die potentiell möglichen Repräsentationen, die sich bei einer Template-Einbettung ergeben würden, und die auszuschließenden Konstruktionen, dann zeigt sich, daß einige davon durch den Parameter, der die Koindizierung des neuen Arguments mit dem Verbargument verbietet, ausgeschlossen werden können. (Unter (32) ist noch einmal das Ergebnis der Resultativanwendung auf die unakkusativen Verben und ihre transitiven Entsprechungen aufgeführt.)

(32) a. [BEC (PRÄD(x))(s) & CAUSE-1 (s, BECOME (P(y)))]

  b. [CAUSE(x, BEC (PRÄD(y)))(s) & CAUSE-1 (s, BECOME (P(z)))]

(33) a. *Das Eis schmilzt flüssig
   *$\lambda P\ \lambda x\ \lambda s\ [(BEC\ (PRÄD(x_i)))(s)\ \&\ CAUSE\text{-}1\ (s,\ BECOME\ (P(y_i)))]$

b. *Der Teppich schmilzt naß
   *$\lambda P\ \lambda y\ \lambda s\ [(BEC\ (PRÄD(x_i)))(s)\ \&\ CAUSE\text{-}1\ (s,\ BECOME\ (P(y_i)))]$

c. *Peter schmilzt das Eis flüssig
   *$\lambda P\ \lambda y\ \lambda x\ \lambda s\ [CAUSE\ (x,\ (BEC\ (PRÄD(y_i))))(s)$
   $\&\ CAUSE\text{-}1\ (s,\ BECOME\ (P(z_i)))]$

d. *Peter schmilzt den Teppich schmutzig
   *$\lambda P\ \lambda z\ \lambda x\ \lambda s\ [CAUSE(x, (BEC\ (PRÄD(y_i))))(s)$
   $\&\ CAUSE\text{-}1\ (s,\ BECOME\ (P(z_i)))]$

e. *Das Eis schmilzt sich flüssig
   $\lambda P\ \lambda y\ \lambda x\ [(BEC\ (PRÄD(x)))(s)\ \&\ CAUSE\text{-}1\ (s,\ BECOME\ (P(y)))]$

f. *Das Eis schmilzt den Teppich schmutzig
   $\lambda P\ \lambda y\ \lambda x\ [(BEC\ (PRÄD(x)))(s)\ \&\ CAUSE\text{-}1\ (s,\ BECOME\ (P(y)))]$

Der Koindizierungsparameter erklärt die Fälle unter (33a) und (b): Da die Argumente nicht koindiziert werden können, kann nicht nur ein Argument wie in (a) und (b) im Θ-Raster auftreten. Unter der Annahme, daß obligatorische Argumente des Verbs auch in Resultativkonstruktionen realisiert sein müssen, ergibt sich weiterhin korrekt, daß (c) und (d) ausgeschlossen sind: Da nach den Linking-Regeln das neu eingeführte Argument gelinkt ist, bleibt das ursprüngliche Objekt unrealisiert. Da es nicht mit dem Argument des Resultatsprädikat koindiziert sein kann, ist es nicht syntaktisch realisiert und die Konstruktion ist ungrammatisch.

Der Koindizierungsparameter kann jedoch nichts dazu beitragen, warum die Sätze unter (33e) und (f) nicht möglich sind. Da hier das intransitive Verb in das Template eingebettet wird, stehen ausreichend Linker zur Verfügung, um das Argument zu realisieren. Dafür, daß die Konstruktionen trotzdem abweichend sind, müssen also andere Gründe gefunden werden. Anders als in den GB-orientierten Analysen wie der Small-Clause-Analyse oder der Analyse von Carrier/Randall kann der syntaktische Status des Arguments in der hier vertretenen Analyse nicht zur Erklärung herangezogen werden. Ein Unterschied kann deshalb nur in der Einbindung des Arguments in die SF gesucht werden. Im nächsten Kapitel wird eine Erklärung der Daten auf dieser Basis vorgeschlagen. Zunächst sollen aber noch die Resultativkonstruktionen nullstelliger Basisverben betrachtet werden, die nach den bisherigen Annahmen ebenfalls Probleme aufwerfen. Der Versuch, diese Probleme zu lösen, gibt Aufschluß über die Interaktion der internen Verbstruktur und der Θ-Raster.

8.3.2. Resultativkonstruktionen mit nullstelligen Basisverben

Wie die Beispiele unter (34) zeigen, bilden nullstellige Verben 'echte' Resultativkonstruktionen: Sowohl PPs als auch APs können als Resultatsprädikate auftreten.

(34) a. Es regnet den Eimer voll
 b. Es regnet die frischgewaschene Wäsche zu schmuddeligen Lumpen
 c. Es regnet Pfützen ins Zimmer
 d. Es schneit weiße Häubchen auf die Zaunpfähle

Das Problem, das diese Konstruktionen aufwerfen, ergibt sich aus der semantischen Repräsentation nullstelliger Verben: Da nullstellige Verben nicht über ein thematisches Argument verfügen, sondern lediglich eine durch ein Expletivum realisierte unechte θ-Rolle aufweisen, wird in der semantischen Form keine Individuenvariable angesetzt, sondern lediglich ein Dekompositionsprädikat vom Typ 0 (Proposition) bzw., wenn man die Situationsvariable als Argument des Prädikats betrachtet, vom Typ 0/1 (vgl. (35)). Das Expletivum ist lediglich ein Reflex daraus, daß jedes verbale Prädikat ein externes Argument realisieren muß. Wenn keine realisierbare Individuenvariable zur Verfügung steht, wird ein Expletivum eingeführt.

(35) $\lambda x \lambda s (REGN(s))$
/es/

Betrachtet man nun das Ergebnis der Anwendung des Resultativtemplates auf ein nullstelliges Verb, dann zeigt sich, daß die Notwendigkeit für die Realisierung des Expletivums nicht mehr gegeben ist: Nach der Abstraktion über das neu eingeführte Individuenargument steht eine θ-Rolle zur Verfügung, die als externes Argument realisiert werden kann (vgl. (36)).

(36) a. $[REGN(s) \& CAUSE (s, BECOME (P(z)))]$
 b. $\lambda P \lambda z \lambda s [REGN(s) \& CAUSE (s, BECOME (P(z)))]$

Nach den generellen Annahmen über den Aufbau des θ-Rasters unter Berücksichtigung der Einbettungstiefe der Argumente ist also zu erwarten, daß die Resultativkonstruktionen nullstelliger Verben intransitiv sind, parallel zu den Entwicklungsresultativen unakkusativer Basisverben. Tatsächlich gibt es auch Resultativkonstruktionen nullstelliger Verben mit dieser Argumentrealisierung, wie die Beispiele unter (37) zeigen.

(37) a. Der Eimer regnet voll
 b. Die Wäsche regnet naß

Wunderlich (1992a) geht dementsprechend davon aus, daß es sich bei den Konstruktionen unter (37) um die regulär abgeleiteten Resultativkonstruktionen handelt, während er die unter (34) als markierte Varianten zu betrachten sind, bei denen das Expletivum vom Basisverb geerbt wird. Gegen diese Annahme spricht allerdings, daß die intransitiven Konstruktionen beschränkter sind als die mit Expletivum. Nicht möglich ist die intransitive Konstruktion z.B., wenn das Resultatsprädikat eine lokale PP ist (vgl. (38)).

(38) a. §Pfützen regnen ins Zimmer
 b. §Weiße Häubchen schneien auf die Zaunpfähle

Vergleicht man die abweichenden Konstruktionen unter (38) mit denen unter (39), die die gleiche Argumentstruktur aufweisen, so bietet sich eine Erklärung dafür an, warum diese Beschränkung bei lokalen PPs auftritt: Mit der Wahl eines angemessenen Subjekts ergibt sich automatisch eine Interpretation parallel zu den Bewegungsverben.

(39) a. (?)Dicke Tropfen regnen ins Zimmer
 b. (?)Weiche Flocken schneien vom Himmel

Während die Konstruktion mit Expletivum in (34c) die Interpretation ermöglicht, daß durch den Regen die Pfützen erst entstehen, suggeriert die intransitive Konstruktion in (38a) parallel zu (39a) die relativ sinnlose Interpretation, daß die Existenz der Pfützen vorauszusetzen ist und diese sich regnend ins Zimmer bewegen.

Die Uminterpretation von Verben zu Bewegungsverben ist ein im Deutschen sehr produktiver Mechanismus. Generell lassen sich Verben durch eine Weg-PP erweitern und als Bewegungsverb interpretieren, wenn kontextuell vorgegeben ist, daß der durch das Verb ausgedrückte Vorgang in Zusammenhang mit der Bewegung des Objekts auftritt (vgl. (40)). Siehe dazu auch Abschnitt 10.2.1.).

(40) a. Das Auto quietscht um die Ecke
 b. Der Zug rattert über die Brücke

Da *schneien* und *regnen* konzeptuell die Information beinhalten, daß eine Bewegung von Schnee bzw. Wasser vorliegt, ist die Bewegungsinterpretation naheliegend.

Der Kontrast zwischen der Interpretation der Konstruktionen unter (39) und (34) zeigt, daß die Realisierung des Expletivums die für Resultativkonstruktionen typische Informationsstruktur ('ein Vorgang verursacht einen Resultatszustand eines Objekts') sicherstellt, während bei fehlendem Expletivum die Entwicklungsinformation zustande kommt ('eine allmähliche Veränderung eines Objekts führt zu einem Resultatszustand'). Eine ähnliche Uminterpretation von der Resultativbedeutung zur Entwicklungsbedeutung kann bei näherem Hinsehen auch für die Sätze unter (37) festgestellt werden. Wie *voll laufen* erhält *voll regnen* in (37a) die Interpretation, daß der Eimer sich allmählich füllt, *naß regnen* beinhaltet unter (37b) das allmähliche Durchnässen der Wäsche. Die Aufteilung des Vorgangs in zwei Teilsituationen scheint bei dieser Argumentrealisierung aufgehoben: Das Basisverb charakterisiert weniger die Ursache als die Art der Veränderung, so daß eine inchoative Interpretation wie bei den unakkusativen Verben entsteht. Damit die Modusinformation eines typischen inchoativen (und damit unakkusativen) Verbs entstehen kann, muß die Information über die Ursache der Veränderung in die Modusinterpretation integriert werden.

Eine solche 'Verschmelzung' der beiden Teilsituationen der Resultativkonstruktion ist nicht immer möglich. Während die entsprechenden Konstruktionen mit direktionaler PP in (38) allerdings scheitern, weil tatsächlich eine (unangemessene) Reanalyse als Bewegungsverb zustandekommt, sind die Konstruktionen unter (41) markiert, ohne daß eine konkurrierende unerwünschte Interpretation existiert.

(41) a. ??Die Wäsche regnet zu einem schmutzigen Klumpen
      b. ??Der Sportplatz regnet matschig

Daß es solche Akzeptabilitätsunterschiede gibt, spricht dafür, daß es sich bei den Konstruktionen ohne Expletivum tatsächlich um Varianten handelt, die durch eine Uminterpretation der semantischen Struktur zustandekommen. Diese Uminterpretation ist um so unmarkierter, je leichter sich aus dem verursachenden Vorgang und dem Resultat eine homogene Entwicklung des betroffenen Objekts konstruieren läßt. Im Fall von *regnen* ist das Konzept des kontinuierlichen Herabfallens von Wassertropfen kompatibel mit dem Naßwerden und Füllen eines Objekts, aber nicht mit den unter (41) angeführten Nachzuständen, die eine 'Substanzänderung' beinhalten.

Wenn es sich bei den intransitiven Resultativkonstruktionen nullstelliger Verben um Uminterpretationen handelt, stellt sich nicht nur die Frage, warum überhaupt ein Expletivum in die Argumentstruktur eingeht, sondern auch die, wie das Fehlen des Expletivums mit der Uminterpretation zu einem Entwicklungsverb zusammenhängt. Die Verbindung zwischen den beiden Fragen besteht in der Rolle, die das Expletivum für die Verbsemantik spielt.

Die Resultativkonstruktionen nullstelliger Basisverben sind nicht die einzigen Fälle, bei denen das Vorliegen des Expletivums nicht darüber erklärt werden kann, daß keine Individuenargumente zur Verfügung stehen, über die im Θ-Raster abstrahiert werden könnte. Ich möchte diese Daten deshalb in Zusammenhang mit anderen Fällen bringen, in denen ein Expletivum als externes Argument eines Verbs auftritt, und prüfen, welche Unterschiede sich dort ergeben, wenn kein Expletivum realisiert ist.

(42) a. Er trägt ihn aus dem Zimmer
      b. Sie zieht ihn von der Bühne
      c. Er drängt ihn aus der Kneipe
      d. Es trägt ihn aus der Kurve
      e. Es zieht ihn in die Ferne
      f. Es drängt ihn ins Gebirge

Die Konstruktionen unter (42d), (e) und (f) bilden Varianten zu den Basisverben unter (42a), (b) und (c). Das Expletivum ersetzt den Agens des Basisverbs, so daß eine unpersönliche Konstruktion entsteht. Der Vergleich dieser unpersönlichen Konstruktionen mit Varianten der gleichen Verben, die abgesehen vom Expletivum die gleichen Argumente aufweisen, zeigt, daß wie bei den nullstelligen Resultativkonstruktionen und den abgeleiteten Entwicklungsverben auch hier Bedeutungsunterschiede vorliegen.

(43) a. Es zog sie in die Ferne
 b. Sie zogen in die Ferne
 c. Es drängt ihn in die Kneipe
 d. Er drängt in die Kneipe
 e. Es trägt ihn aus der Kurve
 f. *Er trägt aus der Kurve

Während in den Konstruktionen mit Expletivum das Objekt einer Einwirkung unterliegt, die als Abstraktion aus dem transitiven Basisverb verstanden werden kann (bei *ziehen* und *drängen* handelt es sich nicht um eine physische Krafteinwirkung wie beim Basisverb, sondern um eine mentale), liegt bei den intransitiven Varianten eine Uminterpretation der Verbbedeutung zu einem Modus vor, der nur über ein Argument prädiziert: In beiden Fällen erfolgt eine Reanalyse zu einem einstelligen Bewegungsverb; im Fall von *drängen* bleibt der agentive Aspekt erhalten (sich unter Kraftanwendung auf Hindernisse fortbewegen), im Fall von *ziehen* wird aus der für das gezogene Objekt typischen gleitenden Bewegung ein Bewegungsmodus konstruiert. *tragen* erlaubt keine entsprechende Uminterpretation zu einem intransitiven Bewegungsverb, was auf die spezifische Modusinformation zurückgeführt werden kann: *tragen* beinhaltet eine Transportsituation, aus der keines der Argumente ausgeblendet werden kann.

Das Vorliegen von Uminterpretationen in den Fällen, in denen eine Argumentreduktion stattgefunden hat, erlaubt es, auf die Funktion des Expletivums zu schließen: Offenbar dient das Expletivum dazu, die semantische Struktur zu erhalten, die bei Nicht-Realisierung der Argumentposition uminterpretiert würde zu einer passenden SF intransitiver Verben. Da über die Position der Argumente im Θ-Raster auf die Einbettungstiefe in der SF geschlossen werden kann, garantiert die Realisierung eines Expletivums in der höchsten Position der Θ-Hierarchie eine 'agentive' Interpretation der Konstruktion. Das bedeutet, daß das Θ-Raster eine Rolle spielt für die Rekonstruktion der Bedeutungsstruktur: Über die realisierten Positionen können die Abhängigkeitsverhältnisse in der SF rekonstruiert werden.

Die Verben unter (42) und (43) beinhalten in ihrer Basisbedeutung eine Relation, die die verbspezifische Einwirkung des Agens auf das Thema kodiert. Verschwindet das Agensargument, ergibt sich ein intransitives Bewegungsverb, die Relation wird also als einstelliges Prädikat reanalysiert. Das Expletivum hätte demnach die Funktion, den Charakter des internen Arguments als zweites Argument der Relation zu erhalten. Diese drei Fälle können wie unter (44) für *ziehen* angegeben repräsentiert werden:

(44) a. (λP) λy λx [ZIEH(x,y) & MOVE(y) (& P(y))]
    b.   λP λy [ZIEH'(y) & MOVE(y) & P(y)]
    c.   λP λy λx [ZIEH(x,y) & MOVE(y) & P(y)]
           /es/

Da in (44c) schon ein Prälinking des externen Arguments an eine NP[es] vorgegeben ist, kann die Rolle nicht mehr durch eine inhaltlich gefüllte Phrase gesättigt werden. Trotzdem bleibt aber die Bedeutungsstruktur erhalten, da durch das Vorhandensein eines externen Arguments das inhaltlich gefüllte Argument auf die hierarchieniedrigere Position im Θ-Raster und damit auch auf eine tiefere Position in der Einbettungsstruktur festgelegt ist.

Wie diese Überlegungen auf die nullstelligen Resultativkonstruktionen zu übertragen sind, ist weniger evident. Anders als bei den unpersönlichen Varianten transitiver Basisverben liegt hier in der SF keine Argumentposition vor, die durch das Expletivum als 'besetzt' markiert werden kann. Hier kann es also nicht lediglich um die relative Ranghöhe der Individuenargumente gehen, sondern die hierarchische Relation zwischen den Dekompositionsprädikaten selbst muß eine Rolle spielen. Die Bedingung, daß die Verbstruktur aufrechterhalten werden muß, muß hier also damit in Zusammenhang gebracht werden, daß die Funktion des Prädikats für die Verbstruktur nur dann erkannt wird, wenn es mit einer entsprechenden hierarchiehohen Θ-Rolle assoziiert ist.

Die Annahme, daß die Einbettungstiefe der Argumente die Position im Θ-Raster bestimmt, beinhaltet prinzipiell schon die Vorstellung, daß die Θ-Hierarchie Aufschluß über die Hierarchieverhältnisse in der semantischen Form gibt. Allerdings reicht im Fall der Resultativkonstruktionen nullstelliger Basisverben der Mechanismus zum Aufbau des Θ-Rasters nicht aus, um die Position des Expletivums abzuleiten. Nimmt man wie bei Wunderlich (1992a) angedeutet an, daß das Expletivum vom Basisverb an die Resultativkonstruktion 'vererbt' wird, dann ist zwar der Intuition Rechnung getragen, daß durch die SF des Basisverbs eine strukturell zu berücksichtigende Information in die Konstruktion eingeht, der Anspruch, daß bei durch Templates abgeleiteten Lexikoneinträgen der Aufbau des Θ-Rasters regulär erfolgt, muß allerdings aufgegeben werden. Wünschenswerter wäre es, den Aufbau des Θ-Rasters durch einen Mechanismus zu leisten, der nicht nur die semantischen Argumente berücksichtigt, sondern auch sensitiv ist für Prädikate, die kein semantisches Argument bereitstellen, aber für den semantischen Aufbau der Verbstruktur eine Rolle spielen.

Um das zu leisten, ist es notwendig, daß nicht nur die Einbettungstiefe der Argumente relativ zu anderen Argumenten berücksichtigt wird, sondern außerdem auch die Einbettungstiefe der Argumente relativ zu den hierarchiehöheren Prädikaten. Das ergibt sich daraus, daß die Bedingung 'Aufrechterhaltung der Verbstruktur' nur an den Prädikaten festgemacht werden kann, die die Argumente einbetten. Um festzulegen, wie die Prädikate zu berücksichtigen sind, muß natürlich geklärt werden, welche Art von 'Struktur' von einer Veränderung der Argumentstruktur betroffen ist.

Der Vergleich der Resultativkonstruktionen nullstelliger Basisverben mit und ohne Expletivum zeigt, daß es um die Art der Einbindung des Thema-Arguments in den beschriebenen Vorgang geht. Während ohne Expletivum die Entwicklung einer Eigenschaft des entsprechenden Arguments ausgedrückt wird, bleibt mit Expletivum der kausale Charakter der Situation erhalten, die die Veränderung des Objekts auslöst. Obwohl die beschriebene Situation dieselbe ist, ändert sich die Perspektive in bezug auf das Thema: Im einen Fall (mit Expletivum) führt ein Vorgang zu einer Zustandsänderung, die das Objekt betrifft; im anderen Fall unterliegt das Objekt einer Veränderung, die durch den im Basisverb erfaßten Vorgang lediglich charakterisierbar ist. Bezogen auf die Verbstruktur bedeutet das, daß sich das Verhältnis zwischen dem Prädikat des Basisverbs und dem in BECOME eingebetteten Resultatsprädikat ändert: Während im ersten Fall eine kausale Beziehung vorliegt, scheint im zweiten Fall lediglich eine Spezifizierung der Art der Veränderung durch das Prädikat des Basisverbs stattzufinden, es verhält sich wie ein Modusprädikat.

Um diese Beobachtung mit der Rangfestlegung in Beziehung zu setzen, die für den Aufbau der Θ-Struktur relevant ist, sind zwei Eigenschaften der in Kapitel 1 vorgeschlagenen Festlegung von Bedeutung. (Ich verwende 'Rang' hier nicht im Sinne des numerischen Wertes, der den SF-Bestandteilen zugewiesen wird, sondern im Sinne der hierarchischen Position, die sich daraus ergibt.)

- Prädikate haben einen niedrigeren Rang als ihre Argumente.
- hierarchiehöhere Prädikate haben einen höheren Rang als hierarchieniedrigere Prädikate und deren Argumente.

Die Hierarchie innerhalb der Verbstruktur ergibt sich über die Rangauszeichnung der Prädikate. Je höher der Rang eines Prädikats ist, desto höher steht es in der Verbstruktur. Da beim Aufbau des Θ-Rasters nur das erste Vorkommen des Arguments berücksichtigt wird, ist die Hierarchie der Prädikate in der Verbstruktur nur relativ zu solchen Prädikaten aus dem Θ-Raster rekonstruierbar, die unterschiedliche Argumente einbetten.

Die Beobachtung, daß der Status als verursachendes Prädikat verloren geht, wenn das Expletivum nicht realisiert ist, läßt sich deshalb durch eine Bedingung zum Aufbau von Dekompositionsstrukturen erfassen, die verhindert, daß ein Prädikat, das nicht über ein Individuenargument prädiziert, Auswirkungen auf die Interpretation der Verbstruktur hat. Die Motivation für eine solche Beschränkung ergibt sich daraus, daß die interne Struktur des Verbs ohne den Bezug auf Partizipanten nicht rekonstruierbar ist. D.h., die Position eines Prädikats in der Verbstruktur, das nicht mit einer Θ-Position verbunden ist, kann relativ zu den anderen Prädikaten nicht bestimmt werden. (46) faßt diese Überlegung zusammen.

(46) Ein SF-Prädikat kann relativ zu anderen Prädikaten in der Dekompositionsstruktur nur dann einen höheren Rang haben, wenn es ein Individuenargument einbettet, das ebenfalls einen höheren Rang hat als die Individuenargumente der übrigen Prädikate.

Die Bedingung unter (46) verbietet Verbstrukturen, die eine hierarchisch strukturierte Situation bezeichnen, ohne daß an der Situation Partizipanten beteiligt sind, an denen sich die Hierarchie manifestiert. Der Rang eines Prädikats in der Dekompositionsstruktur ist damit gebunden an den Rang seines Arguments im Θ-Raster. Die Funktion des Expletivums kann nun mit (47) erklärt werden:

(47) Der Rang eines Prädikats kann bewahrt werden durch die Realisierung einer unechten Θ-Rolle in der dem Rang eines vom Prädikat eingebetteten Individuenarguments entsprechenden Position im Θ-Raster.

Das Expletivum fungiert damit als ein Markierer, der das Vorliegen eines Prädikats signalisiert, das nicht durch ein Individuenargument an die Argumentstruktur angebunden ist. Die Uminterpretation der Resultativkonstruktionen zu Entwicklungsverben ergibt sich dann daraus, daß eine 'Rückstufung' des Prädikats des Basisverbs stattfindet. Statt als hierarchiehöheres, verursachendes Prädikat wird es als prozeßspezifizierendes Prädikat reanalysiert. Die Verbstruktur wird demnach von der Komponente bestimmt, die das einzige Individuenargument einbettet. Daß die intransitive Realisierung von Resultativkonstruktionen nullstelliger Basisverben relativ beschränkt ist, ist dadurch begründet, daß das zurückgestufte Prädikat konzeptuell als Entwicklung des einzigen Individuenarguments interpretierbar sein muß.

Unter (48) und (49) ist die Ableitung einer Resultativkonstruktion aus einem nullstelligen Basisverb und die Uminterpretation zu einem Entwicklungsverb illustriert.

(48) a. Es regnet den Eimer voll
  b. /regn/; [+V, -N]; REGN(s) =>
     /regn/; [+V, -N]; REGN(s) & CAUSE-1 (s, BECOME (P(z)))
  c. Abstraktion:
     /regn/; [+V, -N]; λP λz λs [REGN(s) & CAUSE-1(s, BECOME(P(z)))]
  d. Korrektur des Θ-Rasters durch Bedingung (47):
     λP λz λx λs [REGN(s) & CAUSE-1(s, BECOME(P(z)))]
     /es/

(49) a. Der Eimer regnet voll
  b. /regn/; [+V, -N]; REGN(s) =>
     /regn/; [+V, -N]; REGN(s) & CAUSE-1 (s, BECOME (P(z)))
  c. Abstraktion:
     /regn/; [+V, -N]; λP λz λs [REGN(s) & CAUSE-1(s, BECOME(P(z)))]
  d. Rückstufung des Prädikats aufgrund Bedingung (46), dadurch Verlust der CAUSE-Information[3]:
     λP λz λs [BECOME(P(z))(s) & REGN(s)]

Die Anwendung der Bedingung (47) nach dem Aufbau des Θ-Rasters in (48d) spiegelt den Reparaturcharakter des Expletivums wider. In dieser Hinsicht kommt dem Expletivum hier auf lexikalischer Ebene eine ähnliche Funktion zu wie dem Topik-*es* in der Syntax: Es besetzt eine für die Struktur notwendige Position.

---

[3] In Kapitel 10 wird dafür argumentiert, statt des Resultativtemplates unter (11) ein Template ohne CAUSE anzusetzen. Bei Annahme dieses Templates besteht die Rückstufung des Prädikats tatsächlich nur in der Veränderung der Prädikatsreihenfolge: [REGN(s) & BECOME (P(z))(s)] —> [BECOME (P(z))(s) & REGN(s)]

8.3.3. Selektionsbeschränkungen bei Resultativkonstruktionen intransitiver Basisverben

Nachdem nun die beiden auf den ersten Blick für die Templateanalyse problematischen Konstruktionen erklärt sind, möchte ich noch einmal auf die Annahme von Carrier/Randall (1988) zurückkommen, daß das direkte Objekt Argument der Resultativkonstruktion ist, wenn das Basisverb transitiv ist, aber nicht, wenn das Basisverb intransitiv ist. Carrier/Randall argumentieren, daß im ersten Fall Selektionsbeschränkungen an das Argument bestehen, im zweiten Fall jedoch nicht. Ich möchte im folgenden aufzeigen, daß auch bei Resultativkonstruktionen intransitiver Verben Beschränkungen bestehen, die nur auf das Basisverb zurückgeführt werden können. Zur Illustration dient der Kontrast zwischen den Konstruktionen unter (50) und (51):

(50) a. Die Sprinter liefen Löcher in die Aschenbahn
 b. Die Kinder spielen sich müde
 c. Der Kranke lacht sich gesund

(51) a. *Die Sprinter liefen die Zuschauer euphorisch
 b. *Die Kinder spielen das Zimmer unordentlich
 c. *Der Kranke lacht den Arzt wütend

Obwohl die Sätze unter (50) zeigen, daß die verwendeten Verben prinzipiell die Bildung von Resultativkonstruktionen erlauben, sind die Konstruktionen unter (51) nicht akzeptabel. Das zeigt, daß nicht nur bei obligatorisch transitiven Verben Selektionsbeschränkungen in bezug auf das direkte Objekt bestehen, sondern ebenso bei intransitiven Verben. Carrier/Randall (1988) diskutieren ähnliche Fälle (*He cried his feet red*) und argumentieren, daß sich die Inakzeptabilität daraus ergibt, daß der Nachzustand kein plausibles Resultat für den vom Verb bezeichneten Vorgang ist. Die expliziten Formulierungen unter (52) zeigen jedoch, daß anders als für das von Carrier/Randall angeführte sinnlose Beispiel (vgl. (52a)) für die Konstruktionen unter (51) eine sinnvolle Lesart möglich ist (vgl. (52b) bis (d)).

(52) a. ??Sein Weinen verursachte, daß seine Füße rot werden
 b. Der Lauf der Sprinter verursachte, daß die Zuschauer euphorisch wurden
 c. Das Spielen der Kinder verursachte, daß das Zimmer unordentlich wurde
 d. Das Lachen des Kranken verursachte, daß der Arzt wütend wurde

Wenn also die Konstruktionen nicht über ihren Inhalt pragmatisch ausgeschlossen werden können, kann es sich nur um Beschränkungen handeln, denen die Interpretation der Resultativkonstruktion unterliegt. In Zusammenhang mit den intransitiven Resultativkonstruktionen nullstelliger Basisverben wurde argumentiert, daß bei abgeleiteten Verben eine Re-Interpretation der Dekompositionsstruktur vorgenommen wird, die die entstandene Einbindung der Argumente in die Struktur berücksichtigt. Eine solche Re-Interpretation muß sich an den generell für Dekompositionsstrukturen lexikalisierter Verben geltenden Interpretationsstrategien orientieren. Berücksichtigt man, daß das Verbinventar generell nur solche mehrstelligen Verben beinhaltet, die einen direkten Zusammenhang zwischen der Handlungskomponente und einem möglichen Resultat herstellen, dann lassen sich die Beschränkungen in (51) damit begründen, daß Resultativkonstruktionen nur dann wohlgeformt sind, wenn aus der vom Basisverb eingebrachten Handlungskomponente eine Einwirkung auf das Argument des Resultatsprädikat rekonstruierbar ist, die zu dem angegebenen Nachzustand führen kann. Eine solche Interpretationsbedingung erklärt auch, warum bei zugrundeliegend transitiven Verben die vom Basisverb beinhaltete Einwirkung präferiert wird, wenn das Argument die entsprechenden Selektionsbedingungen erfüllt: Da sie durch das Verb vorgegeben ist, ist sie die nächstliegende Einwirkungsrelation.

Über diese Interpretationsstrategien kann die Diskrepanz zwischen den (a)- und (b)-Versionen der folgenden Beispiele erklärt werden:

(53) a. Die Jogger laufen den Rasen platt
b. *Die Jogger laufen die Hunde wütend

(54) a. Othello liebt sich in den Wahnsinn
b. *Romeo liebt sie in Verlegenheit

(55) a. Albert arbeitet sich müde
b. *Er arbeitet seinen Chef zufrieden

laufen in (53) beinhaltet über die konzeptuelle Information der Moduskomponente (vgl. Kapitel 11), daß während der Bewegung Kontakt zu einem Untergrund besteht. Diese Relation kann direkt als Einwirkungsrelation interpretiert werden. Entsprechende Konstruktionen sind mit allen Bewegungsverben, deren Modus Bodenkontakt beinhaltet, und ebenso mit den Positionsverben möglich. *laufen* bietet jedoch keine Information über eventuelle Einwirkungen auf den Gemütszustand anderer, nicht an der Handlung beteiligter Individuen, wie sie für die Interpretation von (53b) nötig ist. Die Konstruktionen unter (54b) und (55b) fordern ebenfalls eine Einwirkung auf Außenstehende, die nicht durch das Verb geleistet wird. (55a) zeigt eine Interpretation, die bei allen Verben, die physische Handlungen bezeichnen, möglich ist: Jede physische Handlung kann als Einwirkung des Objekts auf seine 'Kraftreserven' interpretiert werden und mit reflexivem Objekt und Prädikaten wie *müde, in Erschöpfung, krank* etc. kombiniert werden. *lieben*, das als statives Verb im allgemeinen aus der Klasse der Resultativkonstruktionen bildenden Verben ausgeschlossen wird, ist mit reflexivem Objekt ebenfalls möglich, wenn das Prädikat einen mentalen Zustand ausdrückt, der durch die emotionale Wirkung auf den Experiencer selbst ausgelöst werden kann (vgl. (54a)).

Der Unterschied zwischen den akzeptablen und den inakzeptablen Konstruktionen besteht also offensichtlich darin, daß bei den akzeptablen auf Information zugegriffen wird, die mit der konzeptuellen Interpretation der semantischen Prädikate zur Verfügung steht. Der Weg-Parameter der Präposition kann demnach wie bei den lokalen Verben durch die Anbindung an über das Verb bereitgestellte konzeptuelle Information fixiert werden. Die nicht-akzeptablen Konstruktionen erfordern dagegen Information über kontextuelles Wissen, das zwar pragmatisch über die Situation zur Verfügung gestellt werden kann, aber nicht in der Information verankert ist. Die Ableitung von Resultativkonstruktionen über Templates im Lexikon gibt ihnen den Status von Wortbildungsstrategien, die neue Zusammenhänge zwischen Partizipanten einer Situation einbringen. Daß dabei nicht beliebige Zusammenhänge hergestellt werden können, gibt Aufschluß über die Bedingungen, denen Verbstrukturen unterliegen.

Auch die Uminterpretationen bei den nullstelligen Resultativkonstruktionen und die Selektionsbeschränkungen bei den intransitiven Basisverben zeigen, daß ausschlaggebend für die Interpretation abgeleiteter Verben bestimmte semantische Interpretationsmuster sind, die sich aus der Einbindung der semantischen Argumente in die Verbinformation ergeben und entsprechend aus den realisierten Argumenten erschlossen werden können. In den folgenden Kapiteln möchte ich diesen Interpretationsmustern weiter nachgehen, um daraus auf Bedingungen für den Aufbau von Dekompositionsstrukturen zu schließen. Im nächsten Kapitel wird zunächst der Unterschied zwischen den unakkusativen und den unergativen Verben genauer betrachtet, um eine Begründung für ihr unterschiedliches Verhalten in bezug auf Resultativkonstruktionen zu finden. Wie in Zusammenhang mit der Diskussion der Entwicklungsresultative schon angeklungen ist, möchte ich dafür argumentieren, daß die Unterschiede zwischen den Verbtypen semantischer Natur sind.

9. Agens- und Themaprädikate: Zur konzeptuellen Basis der Unakkusativ-Unergativ-Unterscheidung

In diesem Kapitel soll die in Zusammenhang mit den Resultativkonstruktionen vertretene Position, daß der Unterschied zwischen unakkusativen und unergativen Verben nicht syntaktisch motiviert ist, gestützt werden. Ich möchte dafür argumentieren, daß die beiden Verbtypen sich lediglich semantisch/konzeptuell unterscheiden und daß diese Unterschiede auch die häufig als Testkriterien herangezogenen Prozesse erklären können, ohne daß syntaktisch unterschiedliche Strukturen angesetzt werden müssen. Durch die Unterscheidung von zwei Prädikatstypen, die verschiedene Eigenschaften aufweisen, wird die Basis gelegt für die Überlegungen zum Aufbau von Ereignisstrukturen und Verbrepräsentationen in den Kapiteln 10 und 11. Obwohl die Begriffe 'unakkusative' und 'unergative' Verben schon im Zusammenhang mit den Resultativkonstruktionen kurz eingeführt wurden, möchte ich zu Beginn dieses Kapitels noch einmal kurz auf den Hintergrund der Klassifizierung eingehen.

9.1. Zwei Typen von intransitiven Verben

Die Beobachtung, daß intransitive Verben zwei Klassen bilden, die sich in bezug auf bestimmte grammatische Prozesse unterschiedlich verhalten, geht auf Perlmutter (1978) zurück. Perlmutter stellte fest, daß sich bei der einen Klasse die Argumente verhalten wie Subjekte transitiver Verben, während die Argumente der anderen Klasse ein Verhalten aufweisen, das dem von Objekten transitiver Verben entspricht. Als Beispiel sei hier nur die Möglichkeit der attributiven Verwendung des Partizip 2 im Deutschen angeführt: Während eine solche Verwendung mit dem Objekt transitiver Verben möglich ist, scheitert sie beim Subjekt (vgl. (1)). Die intransitiven Verben verhalten sich dagegen heterogen (vgl. (2)).

(1) a. Der Mann schlägt den Hund
    b. der geschlagene Hund
    c. *der geschlagene Mann
(2) a. Der Mann lacht
    b. *der gelachte Mann
    c. Der Mann fällt
    d. der gefallene Mann

Perlmutter, der eine Analyse innerhalb der Relational Grammar vornimmt, betrachtet die Klasse, zu der *fallen* gehört, als Verben, die über ein als Objekt klassifiziertes Argument verfügen, das aber keinen Akkusativ zugewiesen bekommt, und bezeichnet sie daher als Unakkusative.

Seitdem gibt es immer wieder Versuche, semantische Kriterien für dieses Verhalten zu identifizieren (vgl. u.a. Fillmore 1970, Van Valin 1990, Wunderlich

1985b), und im Gegenzug dazu Reaktionen, die die Unzulänglichkeiten dieser Kriterien aufzeigen, um für den syntaktischen Ursprung dieser Unterscheidung zu argumentieren. In der GB-Literatur zu diesem Thema wird häufig Rosen (1984) zitiert als endgültiger Beleg dafür, daß das Inventar der beiden Klassen zu unsystematisch für eine semantische Grundlage sei. Die Belege dafür bestehen in einer Gruppe von Verben, die in verschiedenen Sprachen unterschiedlich klassifiziert werden. Rosen selbst weist aber auch auf die weitreichenden Ähnlichkeiten innerhalb der Klassen hin und schließt eine semantische Basis für das Verhalten der Verben nicht aus. Allerdings geht sie selbst von einer Klassifizierung durch unterschiedliche grammatische Relationen aus und weist die Beweispflicht, daß semantische Kriterien zur Verfügung stehen und zur Erklärung der Daten herangezogen werden können, denen zu, die eine rein semantische Behandlung des Phänomens anstreben.

Burzio (1986) nimmt eine inzwischen in der GB-Literatur generell akzeptierte Analyse der Verben vor, die eine Interaktion von Θ–Rollenzuweisung und Kasuszuweisung als die relevanten Faktoren ansetzt: Die Klasse der von Perlmutter als Unakkusative bezeichneten Verben weist nur der Objekt-Position eine Θ-Rolle zu, so daß das Argument innerhalb der VP basisgeneriert werden muß, kann aber keinen Kasus an diese VP-interne Position zuweisen. Um Kasus zu erhalten, muß das Argument in die Subjektposition bewegt werden. Die Annahme, daß die Argumente dieser Verben innerhalb der VP basisgeneriert werden, entspricht ihrer Behandlung als zugrundeliegende Objekte in Theorien wie Relational Grammar oder Lexical Functional Grammar. Die zweite Klasse, die der unergativen Verben, weist umgekehrt der Subjekt-Position die Θ-Rolle zu, so daß das Argument von vornherein außerhalb der VP in der Subjektposition basisgeneriert werden muß.

Obwohl diese syntaktische Lösung zunächst elegant aussieht, gibt es doch eine Gruppe von Verben, die die Angemessenheit eines syntaktischen Ansatzes problematisch erscheinen lassen: Die intransitiven agentiven Bewegungsverben des Deutschen, Niederländischen und Italienischen sind aufgrund ihrer Testeigenschaften der einen oder der anderen Klasse zuzuordnen, abhängig davon, ob eine direktionale PP realisiert ist oder nicht. Ein syntaktisch orientierter Ansatz ist gezwungen, entweder eine Doppelklassifizierung dieser Verben vorzunehmen oder aber anzunehmen, daß durch die Einführung einer PP die Θ-Eigenschaften des Verbs verändert werden (vgl. Grewendorf 1989, Hoekstra 1988). Ich möchte im folgenden einen erneuten Versuch machen, die Eigenschaften der Verbklassen semantisch zu motivieren, zunächst aber die traditionellen Testkriterien daraufhin diskutieren, auf welche Eigenschaften der Verben sie tatsächlich Bezug nehmen.

9.2. Klassifikationskriterien im Deutschen

Für das Deutsche (und parallel für das Niederländische) wurden die folgenden Kriterien zur Klassifizierung der Verbtypen herangezogen (vgl. u.a. Hoekstra 1988, Wunderlich 1985b)[1]:

---

[1] Weitere Tests wurden von Grewendorf (1989) herangezogen. Vgl. dazu Abschnitt 9.7.

(3) unergativ unakkusativ

1. -er Nominalisierung möglich nicht möglich
2. attributive Verwendung nicht möglich möglich
   des Partizip II
3. *haben/sein*-Perfekt *haben* *sein*
4. unpersönliche Passivbildung möglich nicht möglich

Ich möchte im folgenden zeigen, daß allen hier aufgeführten Tests semantische Kriterien zugrunde liegen und ein Zugriff auf syntaktische Information zur Erklärung des Verhaltens der Verbtypen nicht notwendig ist.

9.2.1. *er*-Nominalisierung

Die Referenten von (produktiv gebildeten) -*er*-Nominalisierungen werden gewöhnlich als Agens oder Instrument klassifiziert. Demzufolge könnten nur solche Verben zur Nominalisierung herangezogen werden, die eine entsprechende thematische Rolle zuweisen. In Ansätzen, die den Unterschied zwischen den beiden Verbklassen auf thematische Rollen zurückführen, wird daher häufig argumentiert, daß das Vorliegen einer Agens-Rolle das entscheidende Kriterium ist. Rappaport Hovav/Levin (1992) zeigen, daß eine Erklärung, die auf thematische Rollen zugreift, nicht ausreicht, und schlagen stattdessen eine Beschränkung der -*er*-Nominalisierung auf Verben vor, die ein externes Argument aufweisen, das dann der Referent des Nomens ist. Gegen eine generelle Festlegung der -*er*-Nominalisierung auf Verben mit externem Argument spricht allerdings, daß nicht alle Verben, die über ein externes Argument verfügen, auch -*er*-Nominalisierungen bilden können (vgl. dazu Lenerz/Wunderlich 1993). Eine Auswahl von unmöglichen -*er*-Nominalisierungen, deren Basisverben über externe Argumente verfügen, findet sich unter (4).

(4) *Weiner, *Küsser, *Nehmer, *Sager, *Haber

Sieht man davon ab, eine Charakterisierung der relevanten Verbklasse allein über die Argumentstruktur vorzunehmen, dann könnte die Beschränkung unter Berücksichtigung der semantischen Funktion des Nominalisierungssuffixes -*er* folgendermaßen formuliert werden. Da ein -*er*-Nomen dazu dient, einen Referenten anhand eines Vorgangs, in den er eingebunden ist, zu charakterisieren, muß der Referent des abgeleiteten Nomens über die im Verb enthaltene Prädikation eindeutig identifizierbar sein. Das ist prinzipiell unter einer der beiden folgenden Voraussetzungen möglich: 1. Wenn der Referent (und sonst niemand) in der aktuellen Situation die entsprechende Eigenschaft aufweist, und somit eindeutig identifizierbar ist, oder 2. wenn der Referent habituell die vom Verb ausgedrückte Eigenschaft aufweist, und deshalb darüber identifiziert werden kann. Diese zweite Möglichkeit schlägt sich darin nieder, daß Berufsbezeichnungen wie *Schreiber, Arbeiter, Maler, Läufer* etc.

oder Charakterisierungen von Instrumenten wie *Feger, Rührer, Leuchter* etc. über *-er*-Nominalisierung ableitbar sind.

Für eine solche Interpretation als Kern der *-er*-Nominalisierungen spricht, daß ungrammatische Bildungen aus unakkusativen Verben 'repariert' werden können, indem die Information hinzugefügt wird, daß der Referent die angesprochene Eigenschaft habituell aufweist.

(5) a. *Einschlafer, *Umkipper
 b. Du bist ein richtig langweiliger auf-Parties-Einschlafer!
 c. Wenn du aus diesen Bauklötzen einen hohen Turm bauen willst, solltest du nicht diesen Umkipper als Fundament nehmen.

Auch für *-er*-Nominalisierung blockierte agentive Verben erlauben die Bildung bei Hinzufügung von Information, die eine habituelle Interpretation ermöglicht:

(6) a. *Aufsteher -> Frühaufsteher
 b. *Umfaller -> Umfaller-Partei

Wenn die angemessene Charakterisierung des Referenten den semantischen Kern der *-er*-Nominalisierungen ausmacht, dann ist keine Klassifizierung der Verben in bezug auf den Status ihrer Argumente nötig, um die Beschränkungen zu erfassen. Statt dessen ist die Frage zu klären, warum die in unakkusativen Verben enthaltene Prädikation ungeeignet zur Charakterisierung eines Referenten ist.

9.2.2. Attributive Verwendung des Partizip 2

Nach Wunderlich (1987) besteht die Bedeutung des Partizip 2 darin, daß ein perfektiver Aspekt eingeführt wird. Nach Löbner (1988) geschieht das durch einen Operator, der ein Ereignis in einen Zustand überführt, der sich an die Ereigniszeit des Verbs anschließt. Das Partizip ist damit ein Zustandsprädikat, das den Individuenargumenten die Eigenschaft zuspricht, zu einer Zeit vor der Zustandszeit an der durch das Verb charakterisierten Situation partizipiert zu haben. Ergibt sich über die Verbbedeutung in bezug auf ein Argument ein definierter Nachzustand, d.h. eine spezifische Prädikation über das Argument, die aus dem abgeschlossenen Ereignis hervorgeht, dann kann das Partizip zu einem Adjektiv konvertieren (Wunderlich 1987a, 357). Aus der Dekompositionsstruktur geht hervor, daß bei terminativen Verben ein definierter Nachzustand vorliegt. Läßt sich aus der Information der semantischen Form kein Nachzustand konstruieren, ergibt sich lediglich die (ontologisch erschließbare) Information, daß es einen dem Ereignis folgenden Zustand gibt, in dem nicht die im Verb ausgedrückte Charakterisierung der Situation vorliegt. Dieser Zustand kann nicht als Prädikation über eines der Argumente des Verbs verstanden werden, daher kann in diesem Fall das Partizip nicht als Adjektiv verwendet werden.

Das relevante Kriterium zur attributiven Verwendung besteht also im Vorliegen eines über ein Argument prädizierbaren Nachzustands. Beispiele wie *der gelaufene Mann vs. *der in den Wald gelaufene Mann* zeigen die Probleme einer syntaktischen Lösung auf, die davon ausgehen muß, daß sich der Status des Verbarguments ändert, wenn ein Prädikativ realisiert wird. Ein Ansatz auf semantischer Basis kann das plausibler machen: Das Prädikativ erweitert die Dekompositionsstruktur um die Information, daß eine Lokalisierung des Individuums im Nachzustand vorliegt. Ähnlich liegt der Fall beim dritten Kriterium, das ebenfalls das Perfekt betrifft.

9.2.3. haben/sein-Perfekt

In bezug auf die Wahl des Perfektauxiliars findet man in der Literatur zwei Grundpositionen (vgl. Brinkmann 1991 zu einer ausführlichen Diskussion):

a) Relevant ist die thematische Rolle des Subjekts: Thema-Verben wählen *sein*, Agens-Verben wählen *haben*.
b) Relevant ist die Aspekt-Information des Verbs: Verben mit terminativem Aspekt wählen *sein*, Verben mit durativem Aspekt wählen *haben*.

Die Unzulänglichkeit beider Positionen läßt sich erneut an den Bewegungsverben aufzeigen: Das Kriterium der thematischen Rollen kann nicht erklären, warum intransitive agentive Verben wie *tanzen* ohne PP mit *haben*, mit direktionaler PP aber mit *sein* realisiert werden; das Aspekt-Kriterium dagegen kann nicht erklären, warum auch bei Weg-PPs, die eine durative Lesart ergeben, *sein* gewählt wird.

(7) a. Die Gäste haben den ganzen Abend getanzt
    b. Die Gäste sind paarweise in den Saal getanzt
    c. Die Gäste sind stundenlang um den Saal getanzt

Betrachtet man das Perfekt-Auxiliar *sein* als identisch mit der Kopula, deren Funktion es ist, eine Prädikation zu vermitteln, dann ergibt sich im Zusammenhang mit den Annahmen zum Partizip 2 auch hier, daß die Bedingung des *sein*-Perfekts ein definierter Nachzustand ist. Die Wahl von *haben* ist der Defaultfall, sie findet statt, wenn keine Prädikation möglich ist. Damit eine solche Lösung nicht die Probleme der Aspekt-orientierten Ansätze in bezug auf Beispiel (7c) bekommt, sind allerdings die Bedingungen zu klären, die zu einem spezifizierten Nachzustand führen.

9.2.4. Unpersönliches Passiv

Die Fähigkeit eines intransitiven Verbs zur unpersönlichen Passivbildung wird häufig mit dem Vorhandensein eines externen Arguments in Verbindung gebracht. Daß diese Bedingung nicht ausreichend ist, zeigt sich dadurch, daß zusätzlich die das Subjekt realisierende NP einen Einfluß auf die Passivierbarkeit hat (vgl. (8b) vs. (8d)). Offensichtlich ist Belebtheit ein wichtiges Kriterium bei der Passivbildung, das, wie (8e) zeigt, auch bei transitiven Verben eine Rolle spielt.

(8) a. Auf der Party tanzten viele Gäste
   b Auf der Party wurde (von vielen Gästen) getanzt
   c. Vor dem Fenster tanzten die Schneeflocken
   d. §Vor dem Fenster wurde (von Schneeflocken) getanzt
   e. Die Tür wurde von Peter/§vom Wind geschlossen

Möglicherweise läßt sich die Anwendbarkeit der Passivierung sogar wie im Türkischen auf Sätze mit menschlichen Subjekten beschränken:

(9) Wegen der günstigen Thermik in dieser Region wird hier viel geflogen
   a. von Segelfliegern
   b. ??von Schwalben
   c. § von Zeitungen

Für die Relevanz der Subjekteigenschaften spricht auch, daß selbst statische Verben bei belebtem Subjekt unpersönliches Passiv erlauben (wenn auch etwas markierter):

(10) a. Bei Jazzkonzerten sitzen die Zuschauer häufig, aber auf Rockkonzerten wird eigentlich immer gestanden
   b. §Im Lager liegen die Fahnenstangen, aber auf den Plätzen wird immer gestanden

Was auch immer der Grund für diese Beschränkungen sein mag, die Daten zeigen, daß der Zugriff auf Information wie 'belebt' und 'menschlich' eine Rolle spielt. Daß diese Information mit Intentionalität zusammenhängt, zeigt sich darin, daß auch unakkusative Verben unpersönliches Passiv zulassen, wenn eine kontrollierte Absicht oder Bereitschaft vorausgesetzt werden kann (vgl. auch Zaenen (1994) zu entsprechenden Belegen im Niederländischen):

(11) a. Von den Kindern mit dem gelben Gürtel wird schon perfekt gefallen
   b. Immer wenn es um Religion oder Nationalismus geht, wird bereitwillig gestorben

Da Intentionalität nicht als syntaktisches Merkmal betrachtet werden kann, kann auch das unpersönliche Passiv nicht als ausschließlich auf syntaktische Information zugreifender Prozeß verstanden werden.

Als Fazit läßt sich damit festhalten, daß alle genannten Tests Zugriff auf semantische Information haben. Eine solche Gemeinsamkeit wäre erstaunlich, wenn nicht das getestete Phänomen selbst semantisch oder zumindest semantisch begründet wäre. Da offensichtlich verschiedene Arten von semantischer Information eine Rolle spielen, sollte ein Ansatz, der eine semantische Unterscheidung der

Verben motivieren will, zeigen können, warum gerade diese Faktoren relevant sind. Ich möchte im folgenden Abschnitt einen Vorschlag dazu machen, woraus sie sich ergeben.

9.3. Agens- und Themaprädikate

In einem Dekompositionsansatz ergibt sich die semantische Information der Verben aus den verschiedenen Dekompositionsprädikaten. Dementsprechend müssen klassenbildende Eigenschaften wie das aspektuelle Verhalten der Verben auf Eigenschaften der beteiligten Dekompositionsprädikate zurückgeführt werden. Da die Prädikate in der SF Primitive darstellen, müssen sich gemeinsame Eigenschaften verschiedener Primitive aus Parallelen in ihrer konzeptuellen Interpretation ergeben.

Ich möchte daher die Hypothese aufstellen, daß in der Semantik der beiden Verbklassen zwei konzeptuell unterschiedliche Typen von semantischen Prädikaten eine Rolle spielen, aus deren Eigenschaften sich das Verhalten der Verben ableiten läßt. Die beiden Prädikatstypen ergeben sich aus einer unterschiedlichen Konzeptualisierung der Eigenschaften, die den Argumenten durch die Prädikate zugesprochen werden. Die Annahme, daß Agens- und Themaeigenschaften aus den Dekompositionsprädikaten abzuleiten sind, ist natürlich nicht neu. Dowtys Operator DO hat die Funktion, einem Argument Agenseigenschaften zuzusprechen (Dowty 1979), Jackendoffs Prädikat INCH-BE legt sein Argument auf ein Thema fest (vgl. Jackendoff 1987). Charakteristisch für diese Art von Operatoren ist jedoch, daß in ihrem Skopus jeweils nur ein bestimmter Typ von Prädikaten auftreten kann, ohne daß Kriterien vorliegen, die die Beschränkungen motivieren. (Z.B. können im Skopus von DO keine als Adjektive lexikalisierten Prädikate und im Skopus von INCH-BE bzw. BECOME keine Prädikate, die Agentivität beinhalten, auftreten).

Was ich hier versuchen möchte ist, über eine allgemeine Charakterisierung der von den Dekompositionsprädikaten erfaßten Eigenschaften solche Kriterien aufzustellen. Über die Charakterisierung der Eigenschaften kann dann direkt auf die thematischen und aspektuellen Konsequenzen geschlossen werden.
Obwohl auf dieser Basis zwei semantische Prädikatstypen unterschieden werden, ist der Übergang zwischen ihnen in bestimmten Fällen fließend: Die Zugehörigkeit eines Prädikats zu der einen oder anderen Klasse ergibt sich über den Charakter der erfaßten Eigenschaften. Da aus der Charakterisierung der Eigenschaften selbst jedoch folgt, daß sie für unterschiedliche Objekte jeweils einen unterschiedlichen Status haben können, kann in bestimmten Fällen der Prädikatstyp von den sortalen Eigenschaften des eingebetteten Arguments abhängen. In dieser Hinsicht entspricht dieser Ansatz dem von Dowty (1991), der bei der Festlegung der thematischen Rollen fließende Übergänge zuläßt, da sich die Protorollen aus einer Reihe von Eigenschaften ergeben, die aus der Verbbedeutung und der Nomenbedeutung einfließen können. Im Unterschied zu Dowty geht es mir aber nicht darum, die Argumente zu klassifizieren und über diese Klassifizierung u.a. Linkingbedingungen zu formulieren, sondern um eine Klassifizierung der Dekompositionsprädikate, aus der sich dann auch die mit den Argumenten verbundenen

Eigenschaften ergeben sollen. Der Zusammenhang mit Linkingbedingungen ist insofern indirekt vorhanden, als sich aus den Eigenschaften der Prädikate Beschränkungen für ihre Kombinatorik ableiten lassen, die den Aufbau der SF und damit den des Θ-Rasters beeinflussen (vgl. Kapitel 10).

9.3.1. Die konzeptuellen Grundlagen

Die für die Unergativ/Unakkusativ-Unterscheidung relevanten Testkriterien betreffen das Vorliegen eines spezifizierten Nachzustands einerseits und eine Form von Kontrolle über die Handlung andererseits. Um aus diesen Kriterien auf den Charakter der unterschiedlichen Prädikatsklassen zu schließen, ist zu prüfen, durch welche Typen von Eigenschaften solche Effekte begründet werden können. Ich möchte das Kriterium der Kontrolle zunächst zurückstellen und mich der konzeptuellen Unterscheidung der Eigenschaftstypen über das andere Kriterium nähern.

In bezug auf das Kriterium des spezifizierten Nachzustands sind die Fragen unter (12) zu beantworten:

(12) a. Auf welche Eigenschaften eines Objekts[2] muß sich ein Prädikat beziehen, damit nach Abschluß der Prädikationsphase immer noch eine Aussage über eine spezifische Eigenschaft des Objekts gemacht werden kann?
 b. Auf welche Eigenschaften eines Objekts muß sich ein Prädikat beziehen, wenn nach Abschluß der Prädikationsphase keine Aussage über eine spezifische Eigenschaft des Objekts gemacht werden kann?

Wenn auch nach einer Prädikationsphase noch etwas über die Eigenschaften des relevanten Individuums ausgesagt werden kann, muß die Prädikation Objekteigenschaften betreffen, die das Objekt nicht nur während einer begrenzten Zeitspanne aufweist. Im Gegensatz dazu weist die Tatsache, daß nach Abschluß der Prädikationsphase keine Information über eine spezifische Objekteigenschaft vorliegt, daraufhin, daß es sich um eine zeitlich begrenzt auftretende Eigenschaft handelt. Damit ist der Kern der zu untersuchenden Eigenschaften schon berührt: Eigenschaften, die Objekte zu jeder Zeit aufweisen, sind solche, die für den ontologischen Charakter des Arguments relevant sind. Ich werde diese Eigenschaften *objektdefinierende Eigenschaften* nennen. Im Kontrast dazu bezeichne ich die Eigenschaften, die Objekte nur phasenweise aufweisen können, als *optionale Eigenschaften*. Prädikate, die objektdefinierende Eigenschaften kodieren, nenne ich 'Thema-Prädikate', Prädikate, die optionale Eigenschaften kodieren, 'Agens-Prädikate'. Die Wahl dieses Terminus ist zwar inspiriert durch die entsprechende thematische Rolle, soll aber nicht suggerieren, daß eine thematische Rolle als semantisches Primitiv über diese Prädikate eingebracht wird. Ich gehe davon aus, daß die

---

[2] Wenn im folgenden von 'Objekten' die Rede ist, sind stets ontologische Objekte gemeint. In Kontexten, in denen Mißverständnisse auftreten können, werde ich grammatische Objekte explizit als 'direkte' bzw. 'indirekte Objekte' bezeichnen.

üblicherweise mit thematischen Rollen assoziierten Eigenschaften nur Effekte aus Selektionseigenschaften der Prädikate in Kombination mit den sortalen Information der NPs, die die Argumente sättigen, sind. Trotzdem werde ich allerdings weiter von Agens- und Thema-Argumenten sprechen, um die Argumente von Agens- und Themaprädikaten zu bezeichnen.

9.3.1.1. Objektdefinierende Eigenschaften und Themaprädikate

Objektdefinierend sind also solche Eigenschaften, die für die Konzeptualisierung eines Objektes relevant sind. Dazu gehört etwa für konkrete Objekte die Eigenschaft, Farbe aufzuweisen, die Eigenschaft, Raum einzunehmen, einen bestimmten Aggregatzustand zu haben und bei festen Objekten (nicht bei Massen), eine Gestalt zu haben. Wenn eine solche Eigenschaft für die Konzeptualisierung eines Objekts relevant ist, ist es nicht möglich, daß das Objekt die Eigenschaft zu einer Zeit nicht aufweist; es kann objektdefinierende Eigenschaften also nicht 'ablegen'. Allerdings können in bezug auf jede Eigenschaft Veränderungen auftreten: Auch wenn ein konkretes Objekt immer Farbe haben muß, kann es Farbveränderungen unterliegen. Indem es irgendeine Farbe aufweist, ist die objektdefinierende Eigenschaft, Farbe zu haben, erfüllt.

Aufgrund der Möglichkeit, daß objektdefinierende Eigenschaften sich unterschiedlich 'manifestieren' können, lassen sich die genannten Eigenschaften am besten als Felder konstruieren, die sich aus verschiedenen Instanzen der Eigenschaft zusammensetzen. Die Eigenschaft, Farbe zu haben, bildet also ein Feld, das sich aus den Eigenschaften rot zu sein, grün zu sein etc. zusammensetzt. Die Eigenschaft, Raum einzunehmen, bildet ein Feld, das sich aus den Lokalisierungen in allen zugänglichen Regionen zusammensetzt.

In Killmer (1992), Beeh (1993) und Beeh/Brosch/Schulz (1993) wird eine Bestimmung von Wortfeldern über die semantischen Relationen der Unabhängigkeit und der Abhängigkeit vorgeschlagen, die hier herangezogen werden kann. Danach ist die Unabhängigkeit von Ausdrücken ein Kriterium zur Abgrenzung von Feldern, die Abhängigkeit ein Kriterium zur internen Strukturierung. Unabhängige Ausdrücke schließen sich weder aus noch ein, abhängige schließen sich entweder aus oder ein. Relevant für die interne Strukturierung der Eigenschaftsfelder ist das Ausschlußkriterium. Daraus ergibt sich, daß jedes Objekt zu einer bestimmten Zeit nur eine Eigenschaft eines Feldes aufweisen kann.

Sind Ausdrücke voneinander unabhängig, gehören sie nicht dem gleichen Feld an. Da Objekte in bezug auf verschiedene Dimensionen spezifizierbar sind, ist die gleichzeitige Prädikation von Eigenschaften aus unterschiedlichen Feldern in bezug auf ein Objekt möglich, bzw. der Normalfall. Konstruiert man jedes der Felder, die für ein Individuum relevant sind, als eine Dimension, so ergibt sich ein mehrdimensionaler Raum, in dem die Summe der objektdefinierenden Eigenschaften des Individuums zu einer Zeit die Koordinaten bilden. Über diesen Raum ist das Individuum definiert, es kann sich in ihm bewegen (d.h. seine Eigenschaften ändern), ihn aber nicht verlassen (d.h. die Eigenschaft ablegen).

Der Vergleich zwischen dem oben angeführten Feld der räumlichen Lokalisierung und dem Feld der Aggregatzustände, das nur drei Eigenschaften (und Grauzonen zwischen ihnen) umfaßt, zeigt, daß die Strukturierung der Felder sehr unterschiedlich sein kann. Diese Strukturierung ist einerseits durch unsere Wahrnehmung der entsprechenden Eigenschaften geprägt, andererseits aber auch durch die rein sprachliche Relevanz der Begriffe. So gibt es Verbpaare, bei denen beide den Übergang zwischen zwei Eigenschaften desselben Feldes kodieren und auch den gleichen Nachzustand beinhalten, sich aber darin unterscheiden, daß der Vorzustand unterschiedliche Eigenschaften erfaßt. Diese Unterschiede in bezug auf den Vorzustand ergeben sich aus der jeweils anderen Strukturierung des relevanten Feldes. Ein Beispiel dafür ist das Verbpaar *schmelzen* und *verflüssigen*: Im Fall von *schmelzen* muß das Objekt im Vorzustand fest sein, im Fall von *verflüssigen* kann es auch gasförmig sein. Die entsprechende *ver*-Ableitung unterteilt demnach das Feld, dem die vom Basis-Adjektiv bezeichnete Eigenschaft angehört, in zwei Hälften: In die vom Adjektiv bezeichnete und eine Komplement-Eigenschaft. Zwischen diesen Eigenschaften findet dann der vom Verb erfaßte Wechsel statt.

Nicht nur konzeptuell, sondern auch sprachabhängig kann die Relevanz der Eigenschaften für die von einem Nomen bezeichneten Objekte unterschiedlich sein. So ist etwa der Aggregatzustand 'flüssig' objektdefinierend für Wasser, während 'fest' objektdefinierend für Eis ist. Für diese Objekte ist also nicht nur objektdefinierend, daß sie irgendeinen Aggregatzustand aufweisen, sondern sie sind auf eine bestimmte 'Manifestation' festgelegt. Anders im Fall von Blei: Hier existiert kein eigener Begriff für flüssiges Blei im Gegensatz zu festem Blei. Da einerseits unterschiedliche Eigenschaften der Objekte in die Bedeutung der Nomen eingehen können, und andererseits auch Verben sich in der Strukturierung der Eigenschaftsfelder unterscheiden können, interagieren zwei Faktoren bei der Festlegung, welchen Status ein Prädikat für ein Nomen hat.

Die unterschiedliche Relevanz des Aggregatzustands für das Konzept von 'Blei' vs. 'Wasser' und 'Eis' schlägt sich sprachlich nieder: Während es möglich ist, von 'gefrorenem Wasser' und 'geschmolzenen Eis' zu sprechen, wenn eine entsprechende Eigenschaftsveränderung hervorgehoben werden soll, ist anders als bei Blei die Bezeichnung 'festes Wasser' und 'flüssiges Eis' nicht möglich. An dieser Stelle wird die zentrale Eigenschaft der objektdefinierenden Eigenschaften deutlich, die das Verhalten der sie kodierenden Prädikate bestimmt: Kein Objekt kann das Feld seiner objektdefinierenden Eigenschaften 'verlassen'. Obwohl die Bezeichnung 'geschmolzenes Eis' möglich ist, handelt es sich bei dem so charakterisierten Objekt im Nachzustand nicht mehr um Eis, da es die objektdefinierende Eigenschaft, fest zu sein, nicht mehr aufweist. Bei Objekten, die nicht auf eine bestimmte Manifestation der Eigenschaften eines Feldes festgelegt sind, schlägt sich die Bedeutung darin nieder, daß sie ohne irgendeine Manifestation der entsprechenden Eigenschaft nicht vorstellbar, d.h. nicht konzeptualisierbar sind: Man versuche etwa, sich einen Stuhl ohne Farbeigenschaften, ohne Gestalteigenschaften oder ohne räumliche Lokalisierungseigenschaften vorzustellen. Das Scheitern dieses Versuchs zeigt den Status der Eigenschaft für das Objekt auf.

Hierin unterscheiden sich die objektdefinierenden Eigenschaften von der pragmatischen Klassifizierung von Objekteigenschaften als 'inhärenten' und 'nicht-inhärenten' Eigenschaften: Während aus pragmatischer Sicht z.B. die Eigenschaft zu miauen einer Katze inhärent ist (vgl. Abschnitt 9.7.), handelt es sich nach dem hier angesetzten Kriterium nicht um eine objektdefinierende Eigenschaft: Es kann Katzen geben, die aufgrund eines Defekts oder ihres Willens nie miauen, ohne daß das ihrer Katzenhaftigkeit Abbruch tut. Es wird jedoch keine Katzen geben, die keine Gestalt oder Farbe aufweisen.

Der Einfachheit halber werde ich im folgenden von objektdefinierenden Eigenschaften sprechen, auch wenn eigentlich 'Manifestationen von objektdefinierenden Eigenschaften' gemeint sind.

Die Festlegung der Objekteigenschaften erlaubt nun die Unterscheidung von zwei Typen von Themaprädikaten:
- *statische Themaprädikate*, die das Vorliegen einer objektdefinierenden Eigenschaft erfassen und
- *dynamische Themaprädikate*, die die Veränderung von objektdefinierenden Eigenschaften erfassen.

Prädikate, die das Vorliegen von Themaeigenschaften erfassen, sind im Deutschen meist durch Adjektive lexikalisiert, in einigen Fällen aber auch durch Zustandsverben (vgl. die Diskussion der PV in Abschnitt 9.6.). Interessanter sind hier jedoch die dynamischen Themaprädikate. Da Themaprädikate objektdefinierende Eigenschaften betreffen, beinhaltet jede Veränderung dieser Eigenschaften das anschließende Vorliegen einer anderen Eigenschaft desselben Feldes. Demnach beinhalten dynamische Themaprädikate den Wechsel innerhalb eines Feldes von einer 'Manifestation' der Eigenschaft zu einer anderen. Diese Information ist in unakkusativen Verben lexikalisiert. Bei den meisten dieser Verben wird der Nachzustand des Wechsels durch ein semantisches Prädikat spezifiziert, während der Vorzustand entweder lediglich als Komplement des Nachzustands festgelegt ist (*verflüssigen, weißen*) oder aber selbst auch konkret spezifiziert ist (*schmelzen, wachsen, erröten*). Bei unakkusativen Verben scheint generell auch der Vorzustand spezifisch zu sein, während ein unspezifizierter Vorzustand eher bei von außen verursachter Veränderung, also kausativen Verben auftritt. Ein möglicher Grund dafür könnte darin bestehen, daß 'spontane Veränderungen', wie sie von inchoativen Verben erfaßt werden, gewöhnlich abhängig von den Verhältnissen in der Welt nur in eine Richtung (also von einem bestimmten Vorzustand zu einem bestimmten Nachzustand) stattfinden. Festzuhalten ist aber, daß auch dann, wenn das Prädikat in der SF des Verbs den Ausgangswert der Veränderung spezifiziert, Information über den Nachzustand vorliegt: Da eine (komplementäre) objektdefinierende Eigenschaft auch im Nachzustand der Veränderung vorliegen muß, kann sie durch ein dem SF-Prädikat konträres Prädikat aus dem gleichen Feld erfaßt werden.

Ich werde zur Repräsentation der meisten dynamischen Themaprädikate die Operatoren BECOME und BEC verwenden, die beide ein Prädikat einbetten, das die im Nachzustand vorliegende Eigenschaft des Verbarguments spezifiziert (vgl. Abschnitt 8.3.1.). Die verbspezifische Festlegung des Vorzustands müßte dadurch erfaßt werden, daß die für das Verb relevante Strukturierung des Feldes in der

Repräsentation des Verbs kodiert wird. Diese Kodierung muß in bezug auf die Skala des Wechsels erfolgen, wie sie auszusehen hat, möchte ich hier aber nicht diskutieren. Ich beschränke mich im folgenden auf Repräsentationen, wie sie unter (13a) für statische Themaprädikate und (13b) für dynamische Themaprädikate aufgeführt sind.

(13) a. ROT(x), HART(x), FLÜSSIG(x)
 b. BECOME(ROT(x)), BEC(HART(x)), BEC(FLÜSSIG(x))

9.3.1.2. Optionale Eigenschaften und Agensprädikate

Im Gegensatz zu Themaprädikaten erfassen Agensprädikate *optionale Eigenschaften* von Objekten. Optionale Eigenschaften können wie objektdefinierende Eigenschaften in Feldern organisiert sein, müssen aber nicht. Ein Feld bilden z.B. die Verben der Sprachproduktion *flüstern, schreien, sagen*, etc., während *arbeiten* keinem Feld angehört. Die Feldzugehörigkeit spielt für die optionalen Eigenschaften allerdings nicht die gleiche Rolle wie für die objektdefinierenden: Wenn Objekte Eigenschaften optional aufweisen können, muß ihnen nicht jederzeit eine Eigenschaft aus dem Feld zukommen. Hieraus ergibt sich der Unterschied zwischen den Eigenschaften und zwischen den Prädikaten, die sie erfassen.

Anders als bei den objektdefinierenden Eigenschaften gibt es demnach bei den optionalen Eigenschaften immer auch eine nicht zum Feld gehörende alternative Eigenschaft, die das Objekt aufweisen kann, wenn keine der Eigenschaften eines Feldes vorliegt. Während z.B. im Feld der (objektdefinierenden) Aggregatzustände immer angenommen werden kann, daß ein konkretes Objekt einen der prinzipiell möglichen Festigkeitsgrade aufweisen muß, ist eine entsprechende Annahme im Feld der (optionalen) Sprachproduktion nicht möglich. Ein Individuum, das nicht schreit, könnte statt zu flüstern auch schweigen, lachen oder ähnliches. Das nicht-Vorliegen einer bestimmten optionalen Eigenschaft läßt also nicht auf das Vorliegen einer konträren Eigenschaft schließen, da aus dem Feld, in dem die vergleichbaren Eigenschaften angesiedelt sind, ja keine Eigenschaft vorliegen muß. Ein zu einem Agensprädikat über Negation gewonnenes konträres Prädikat ist demnach nicht auf das Feld beschränkt, in dem das Agensprädikat anzusetzen ist, und erlaubt deshalb keine positiven Aussagen über die Eigenschaften des Objekts. Daß keine positiven Aussagen über eine vorliegende Eigenschaft möglich sind, sobald die Anwendungsdomäne des konträren Prädikats über das Feld hinausgeht, liegt daran, daß außerhalb des Feldes kein Kriterium existiert, in bezug auf welche 'Dimension' von Eigenschaften das Prädikat ausgewertet werden kann.

Auch hier ist aber zu beachten, daß die entsprechende Kategorisierung sprachlicher Audrücke zwar konzeptuell motiviert, aber letztendlich sprachspezifisch festgelegt ist. So ist nicht auszuschließen (wenn auch meines Erachtens in diesem Fall unwahrscheinlich), daß eine Sprache in das oben angeführte Feld der Verben der Sprachproduktion auch *singen, lachen, weinen* u.ä. sowie *schweigen* als 'einen Nicht-Laut produzieren' einbindet. In diesem Fall wäre das entsprechende Feld für Menschen objektdefinierend, da ihm alle Eigenschaften der menschlichen Lautproduktion angehören würden.

Der Unterschied zwischen objektdefinierenden und optionalen Eigenschaften besteht für die Prädikate also darin, daß im Fall der Themaprädikate ein Prädikat und sein Komplement zusammen das Feld abdecken, aus dem eine Eigenschaft vorliegen muß, während im Fall der Agensprädikate auch bei einer Anordnung der Prädikate in Feldern die Domäne eines konträren Prädikats nicht auf das Feld, dem das optionale Prädikat angehört, beschränkt werden kann, so daß damit keine Objekteigenschaft identifizierbar ist.

Daß ein einem Agensprädikat konträres Prädikat keine Eigenschaft sinnvoll erfassen kann, hat Auswirkungen auf den Aufbau von semantischen Strukturen: Es ist auffällig, daß intransitive agentive Verben nie eine Veränderung ihres Arguments beinhalten, d.h. daß es keine 'dynamischen Agensprädikate' gibt, bei denen ein Wechsel in einen Nachzustand stattfindet, der eine Aktivität ist. Solche dynamischen Agensprädikate wären parallel zu den dynamischen Themaprädikaten wie unter (14) zu repräsentieren.

(14) §BECOME (SAG(x)), §BECOME (ARBEIT(x)), §BECOME (LACH(x))

Den Grund für das Fehlen dynamischer Agensprädikate bildet die sprachliche Ökonomie: Da die erfaßten Eigenschaften optional sind, gibt es (in der Welt) keine generell vorhersagbare Veränderung von einer Eigenschaft eines Feldes zu einer anderen. Demnach hat es auch keinen Sinn, Verben zu lexikalisieren, die solche Veränderungen erfassen. Veränderungen von optionalen Eigenschaften, die die wahrscheinlichsten Kandidaten für die in (14) aufgeführten Strukturen sind, betreffen in der Welt üblicherweise einen Wechsel von außerhalb des Feldes zu einer Eigenschaft im Feld oder umgekehrt. Da außerhalb des Feldes keine Prädikation über das Argument vorliegt, ergibt sich hier die Interpretation, daß die optionale Eigenschaft einsetzt (z.B. *losreden, losarbeiten, lostanzen*) oder aufhört, und nicht die, daß ein Wechsel zwischen zwei Eigenschaften stattfindet. Die mit BECOME und BEC verbundene Interpretation, daß Vor- und Nachzustand vorliegen, tritt bei Agensprädikaten somit nicht auf. Daraus läßt sich schließen, daß BECOME und BEC nur für Prädikate definiert sind, deren konträre Gegenstücke Eigenschaften aus dem selben Feld erfassen.

Vor diesem Hintergrund können die für die Klassifizierung der intransitiven Verben angesetzten Testeigenschaften abgeleitet werden. Bevor ich zur Diskussion von Agens- und Themarelationen übergehe, sollen diese Eigenschaften kurz in Zusammenhang mit den Agens- und Themaprädikaten gebracht werden.

9.3.2. Agens- und Themaprädikate und die Testeigenschaften

Da die Einbettung eines Prädikats in den Skopus von BECOME sich in der Ereignisstruktur des Verbs niederschlägt, ergeben sich die folgenden 'aspektuellen' Eigenschaften von einstelligen Agens- und Themaprädikaten:

- Statische Themaprädikate sind immer atelisch, dynamische Themaprädikate sind im allgemeinen telisch, da sie Zustandwechsel erfassen.[3]
- Agensprädikate sind entweder statisch/prozeßhaft oder punktuell, da sie keine Veränderung beinhalten.

Nach dem Vorliegen einer Agenseigenschaft kann nicht auf eine bestimmte Information geschlossen werden, die über den Referenten prädiziert werden kann, so daß sich also keine spezifizierte Information über den Referenten im Nachzustand ergibt. Das gleiche gilt auch für statische Themaprädikate, wenn auch aus etwas anderen Gründen. Anders als bei den Agensprädikaten fallen bei den statischen Themaprädikaten zwar sowohl das Prädikat als auch sein Komplement in das relevante Feld, im Unterschied zu den dynamischen Themaprädikaten liegt hier jedoch keine Information darüber vor, ob nach der für die Situationsdauer relevanten Zeitspanne der Zustand immer noch anhält oder ob ein Wechsel stattgefunden hat. Solange diese Information nicht bekannt ist, ist der Nachzustand nicht spezifiziert. Da also weder im Nachzustand von Agensprädikaten noch im Nachzustand von statischen Themaprädikaten über das Argument prädizierbare Information vorliegt, ist *sein* als Perfektauxiliar und die attributive Verwendung des Partizips II nicht möglich.

In bezug auf Passivierbarkeit als Test für Unergative ergibt sich folgender Zusammenhang mit den Agens- und Themaprädikaten: Die für die Passivbildung relevante Kontrolleigenschaft ist ein Effekt der hier vorgenommenen Unterscheidung, da Individuen generell weniger Kontrolle über Eigenschaften haben, die sie aufweisen *müssen* (objektdefinierende Eigenschaften) als über Eigenschaften, die sie aufweisen *können* (optionale Eigenschaften). Demnach ist die Optionalität einer Eigenschaft eine Voraussetzung für Kontrolle. Optionalität allein reicht jedoch nicht aus, um Passivierbarkeit zu gewährleisten, wie der Akzeptabilitätsunterschied der Beispiele unter (15) zeigt. Optionalität ersetzt die Kontrollbedingung also nicht, so daß nicht jedes Verb, das ein Agensprädikat beinhaltet, notwendigerweise passivierbar sein muß.

(15) a. Am Wochende wurde in Halle 3 nur noch von den Packerinnen gearbeitet
     b. §Am Wochende wurde in Halle 3 nur noch von den Maschinen gearbeitet

Der Zusammenhang von Kontrolle und Optionalität wird enger, wenn es um belebte bzw. menschliche Individuen geht, die üblicherweise intentional handeln. In diesem Fall ist die Default-Annahme, daß Kontrolle über die optionale Eigenschaft vorliegt und dementsprechend Passivierung möglich ist.

In bezug auf die *-er*-Nominalisierung ist zu erklären, warum im allgemeinen zwar Agensprädikate, aber nicht dynamische Themaprädikate habituell vorliegen können. Auch hier liegt die Antwort auf der Hand: Dynamische Themaprädikate

---

[3] Dynamische Themaprädikate müssen nicht immer telisch sein, da die Skala, auf der der Wechsel stattfindet, nicht begrenzt sein muß. Verben wie *wachsen* haben deshalb Prozeßcharakter, solange nicht eine Maßeinheit eine Grenze einführt.

beinhalten die Veränderung objektdefinierender Eigenschaften; im Fall der unakkusativen Verben handelt es sich zusätzlich um eine spontane (nicht-kontrollierte) Veränderung. Die Annahme, daß eine solche substantielle Veränderung eines Objekts habituell stattfinden soll, ist relativ unwahrscheinlich. Die Tabelle unter (16) zeigt abschließend noch einmal, wie die Testeigenschaften mit den von den Dekompositionsprädikaten erfaßten Eigenschaften in Verbindung stehen:

(16)

	Unergative	Unakkusative	
unpersönliches Passiv	ja	nein	} interne Kontrolle
-er Nominalisierung	ja	nein	
Perfekt-Auxiliar *sein*	nein	ja	} prädizierbarer Nach-
attributives Partizip II	nein	ja	zustand

Als Fazit für die unergativ/unakkusativ-Unterscheidung bei den intransitiven Verben läßt sich also festhalten, daß sich die für die beiden Klassen relevanten Eigenschaften aus den Eigenschaften von Agens- und Themaprädikaten ableiten lassen, ohne daß eine weitere syntaktische Unterscheidung angenommen werden muß. Dabei sind Unergative aber nicht einfach mit Agensprädikaten gleichzusetzen und Unakkusative mit Themaprädikaten. Unakkusativ sind nur dynamische Themaprädikate, relevant ist die Veränderung einer Eigenschaft. Unergativ sind dementsprechend Agensprädikate und statische Themaprädikate. Da sich die Unterscheidungskriterien für die beiden Verbklassen aus den Eigenschaften der Prädikate ableiten lassen und gezeigt werden kann, daß das Testverhalten abhängig von der Argumentbelegung variieren kann, ist die Unterscheidung in der Grammatik nicht nur irrelevant, sondern auch inadäquat.

Während also das Verhalten von unakkusativen und unergativen Verben durch die einstelligen Agens- und Themaprädikate erfaßt werden kann, spielen für mehrstellige Verben Relationen eine Rolle. Auch hier findet man die beiden Typen, wie im nächsten Abschnitt gezeigt werden soll. Bevor ich zu den Agens-Relationen übergehe, möchte ich aber noch auf eine Besonderheit der Agensprädikate hinweise, die bisher noch nicht zur Sprache gekommen ist. Auch die einstelligen Agensprädikate sind anscheinend inhärent gerichtet, und deshalb tendenziell relational. Das zeigt sich an den verschiedenen Möglichkeiten der Transitivierung wie z.B. der Resultativbildung, der ebenfalls resultativen *er*-Präfigierung und der Partikelverbbildung mit *an*- (vgl. Stiebels (1991) zur Partikelverbbildung und Stiebels (1992) zur *er*-Präfigierung). Die Beispiele unter (17) illustrieren die verschiedenen Transitivierungsmöglichkeiten.

(17) a. Er schreit sie taub
b. Sie erarbeitet ihrer Familie ein Eigenheim
c. Er lächelt uns an

Alle genannten Ableitungen sind jeweils bei Agensverben möglich, aber nicht bei Themaverben. Ob es einen Zusammenhang zwischen Gerichtetheit und Optionalität von Eigenschaften gibt, ist mir nicht klar. Ein möglicher Zusammenhang könnte darin bestehen, daß bei 'gerichteten Eigenschaften' stets ein weiteres Objekt zur Verfügung stehen muß, damit die Eigenschaft über das höchste Argument prädiziert werden kann. Zwingend ist dieser Zusammenhang jedoch nicht, da es ja auch einige Themarelationen gibt (siehe Abschnitt 9.4.2.). Es fällt jedoch auf, daß (zumindest im Deutschen) Verben, die Agensprädikate beinhalten, zum überwiegenden Teil transitiv sind, so daß man davon ausgehen kann, daß der unmarkierte Fall von Agensprädikaten in jedem Fall Relationen sind. Damit eine mehr als spekulative Aussage gemacht werden kann, müßte diese Hypothese jedoch typologisch besser abgesichert werden.

9.4. Agens- und Themarelationen

9.4.1. Agensrelationen

Der Status einer Relation als Agensrelation ist in bezug auf das höchste ihrer Argumente zu bestimmen, da jeweils über das höchste Argument prädiziert wird. Charakteristisch für Agensrelationen ist die Asymmetrie des erfaßten Konzepts, die sich aus der Gerichtetheit der Relation ergibt. Sie äußert sich darin, daß die Relation nicht aus der Perspektive des Thema-Arguments konzeptualisierbar ist. Auch wenn mit der Passivierung ein grammatisches Mittel bereitsteht, um das Thema-Argument zum höchsten Argument zu machen, geht diese Anhebung nicht mit der Rekonstruktion der Relation aus der Perspektive des Themas einher. Agensrelationen unterscheiden sich allerdings stark darin, wie und mit welchem Effekt der Agens auf das Thema einwirkt. Je stärker der Effekt, desto leichter läßt sich eine Rekonstruktion der Relation in bezug auf das Thema vornehmen. Unter (18) sind Beispiele für verschiedene Typen von Agensrelationen aufgeführt, die sich an der Klassifikation von Krifka (1989) orientieren.

(18) a. Ich sehe eine Palme
 b. Er schlägt die Trommel
 c. Sie liest ein Gedicht
 d. Wir bauen eine Sandburg
 e. Ich esse einen Fisch

Die Hierarchie der Verbtypen kann hier nur skizziert werden, dabei soll vor allem der Zusammenhang zwischen der Art der Einwirkung des Agens und dem Grad der Einbindung des Themas in die Relation aufgezeigt werden.

(19) a. *sehen*:
 Die Relation beinhaltet keine physische Einwirkung auf das Thema; es gibt dementsprechend auch keine Veränderung des Themas. Die einzige

Funktion des Themas besteht darin, für den Agens sichtbar zu sein, in der Situation spielt es überhaupt keine Rolle.
b. *schlagen*:
Die Relation beinhaltet eine physische Einwirkung des Agens auf das Thema, trotzdem ist keine Veränderung des Themas involviert. Lediglich über das Weltwissen ist die Information zugänglich, daß Lebewesen und bestimmte Objekte physischer Einwirkung gegenüber empfindlich sind.
c. *lesen*:
Die Relation beinhaltet eine inkrementelle Abarbeitung der vom Thema bereitgestellten Information, ohne daß eine physische Einwirkung stattfindet.
d. *essen*:
Es findet eine physische Einwirkung des Agens auf das Thema statt, die mit einer dekrementellen Existenzvernichtung des Themas einhergeht.
e. *bauen*:
Auch hier liegt eine physische Einwirkung des Agens auf das Thema vor. In diesem Fall bewirkt diese Einwirkung eine inkrementelle Existenzgründung des Themas.

Gemeinsam ist allen unter (19) aufgeführten Verben, daß die verbspezifische Information die Art der Einwirkung des Agens betrifft. Genau das ist der Grund dafür, daß das vollständige Konzept nicht aus dem Effekt, den es auf das Thema hat, konstruiert werden kann, selbst wenn sich eine physische Veränderung des Themas ergibt. Am leichtesten ist eine Rekonstruktion der Handlung des Agens noch bei Verben mit effiziertem Objekt möglich, da bei Artefakten typischerweise eine bestimmte Art der Entstehung des Objekts vorausgesetzt werden kann. Auch wenn von der Handlung des Agens abstrahiert wird, ist aus der Information, daß das Objekt entsteht, erschließbar, auf welche Art und Weise ein Agens dazu auf das Objekt einwirken muß.

Vor diesem Hintergrund läßt sich die Hypothese aufstellen, daß Mediumstrategien wie z.B. das Russische -*sja* nur bei diesen Verben eine intransitive Interpretation (also nicht z.B. die -*bar* Interpretation) erlauben, da nur hier die Handlung bei Tilgung des Agens allein aus der Perspektive des Themas rekonstruiert werden kann. Auf keinen Fall sollte eine entsprechende Interpretation bei Verben wie *schlagen* oder *sehen* möglich sein, wo über das Thema keine Information außer der sortalen vorliegt. Die deutsche Medialkonstruktion ist nicht ganz so beschränkt, da das obligatorische Modal hier zusätzliche Information über das Themaargument einbringt. Trotzdem ist die Medialkonstruktion mit *sehen* schlecht, wenn das Thema realisiert ist, obwohl eine entsprechende unpersönliche Konstruktion akzeptabel ist (vgl. (20)). Zu prüfen wäre, ob die Medialkonstruktion als ein Mechanismus zur Ableitung von Themaprädikaten betrachtet werden kann.

(20) a. Das Buch liest sich leicht
b. §Mit dieser dunklen Jacke siehst du dich so schlecht
c. Bei diesem Licht sieht es sich so schlecht

Das Vorliegen eines zweiten Arguments bei den Agensrelationen führt zu einem Unterschied zu den Agensprädikaten: Agensrelationen können telisch sein, wenn das Thema-Argument einer Veränderung unterliegt.

9.4.2. Themarelationen

Für Themarelationen gilt, daß für das höhere Argument durch Sättigung des niedrigeren Arguments eine objektdefinierende Eigenschaft festgelegt werden muß. Das bedeutet, daß eine solche Relation für das höhere Argument jederzeit bestehen muß; lediglich die Belegung des zweiten Arguments kann wechseln.

Ein Beispiel für eine Themarelation ist die Lokalisierungsrelation. Lokalisiert zu sein ist für konkrete Objekte objektdefinierend, da sie aufgrund ihrer räumlichen Ausdehnung immer eine Region einnehmen. Die Begründung dafür, daß Lokalisierung als Relation und nicht als Prädikat kodiert ist, ergibt sich aus der Struktur des Raumes. Da es prinzipiell unendlich viele Lokalisierungsmöglichkeiten gibt, ist ihre Kodierung durch Prädikate nicht möglich. Wenn Lokalisierung eine statische Themarelation ist, dann ist Bewegung ein Kandidat für eine dynamische Themarelation: Das Prädikat MOVE legt die Regionen, in denen Bewegung stattfindet, die also die 'Skala des Wechsels' bilden, noch nicht fest. Sie müssen dementsprechend ergänzt werden, was wie bei den lexikalisierten Themaprädikaten im Defaultfall durch die Angabe des Ziels erfolgt (vgl. Abschnitt 9.6.). Obwohl MOVE also als Prädikat festgelegt ist, handelt es sich konzeptuell um eine Themarelation.

Themarelationen setzten voraus, daß beide Argumente gleichermaßen in die Relation eingebunden sind, weil das höchste Argument permanent in (einer 'Manifestation') dieser Relation stecken muß. Kandidaten für Themarelationen sind deshalb statische Relationen, die permanent bestehen und die aus diesem Grund aus der Perspektive beider Argumente als Prädikate rekonstruierbar sein müßten. Es handelt sich also um Relationen, die Konversenpaare bilden können sollten. Generell scheinen das immer Formen von 'Zugehörigkeitsrelationen' zu sein, wie z.B. LOC, POSS, PART-OF etc.

Allerdings gehören nicht alle Mitglieder von Konversenpaaren zu den Themarelationen. So läßt sich z.B. konvers zur Lokalisierungsrelation LOC die Containerrelation CONT bilden, vgl. die Beispiele unter (21).

(21) a. Der Ball ist im Korb
 b. Der Korb enthält einen Ball

Nach der Definition von Themarelationen als Relationen, die objektdefinierende Eigenschaften ihres höchsten Arguments erfassen ist CONT jedoch keine Themarelation: Es hat keinen Sinn anzunehmen, daß ein Container oder eine Region zu jeder Zeit ein Objekt beinhalten muß. Da wir uns sehr wohl leere Container und Regionen vorstellen können, ist die Eigenschaft, ein Objekt zu beinhalten, nicht objektdefinierend.

Im Fall von POSS liegt eine Zugehörigkeitsrelation vor, die ebenfalls als ein Kandidat für eine Konverse von LOC zu betrachten ist, wenn man den in vielen

Sprachen auftretenden Zusammenhang zwischen einer lokalisierenden Präposition wie *bei* und dem Besitzverb *haben* berücksichtigt (so z.B. im Maltesischen, wo das 'Pseudoverb' *ghand* 'haben' von der Präposition *ghand* 'bei' abgeleitet ist, vgl. Fabri 1993). Für die Besitz-Lesart von POSS ist keine Konverse lexikalisiert, allerdings besteht die Möglichkeit der 'syntaktischen' Konversenbildung über eine Hochstufung des internen Arguments in der Argumentstruktur, vgl. (22). Über oblique Kasusmarkierung des semantisch höheren Arguments wird in der Argumentstruktur das Possessum zum einzigen strukturellen, und damit höchsten Argument, so daß das entsprechende Verb eine Prädikation über das Possessum 'simuliert'.

(22) a. Ich habe das Buch $\lambda y\ \lambda x\ [\text{POSS}\ (x,y)]$
     b. Das Buch gehört mir $\lambda x\ \lambda y\ [\text{POSS}\ (x,y)]$
                                   obl

POSS selbst ist wie CONT nicht als Themarelation zu klassifizieren, da Besitz zu haben kaum als objektdefinierende Eigenschaft zu betrachten ist. Schwieriger als die Klassifizierung von POSS ist die Entscheidung darüber, ob bei den über die Argumentstruktur abgeleiteten Konversen Themarelationen vorliegen. Eine solche Annahme würde bedeuten, daß 'besessen werden' eine objektdefinierende Eigenschaft ist. Ich möchte diese Annahme nicht ausschließen, obwohl sie von einem ontologischen Standpunkt aus keinen Sinn macht. Da jedoch die endgültige Festlegung der relevanten Eigenschaften durch die semantische Repräsentation der Nomen stattfindet, sind sprachtypologische Beobachtungen über Possessorkonstruktionen zu berücksichtigen, die dafür sprechen könnten, daß die Nomensemantik erweitert wird durch die Information, daß der Referent des Objekts Possessum in einer POSS-Relation ist. Evidenz für das Vorliegen solcher Relationen kommt aus Sprachen, die bei nicht-relationalen Nomen nur dann die Realisierung eines Possessors erlauben, wenn zuvor eine morphologisch overt markierte Erweiterung des Nomens um eine POSS-Relation vorgenommen wurde (z.B. Yukatekisch). Man könnte parallel dazu annehmen, daß auch in Sprachen, die keine derartige morphologische Markierung aufweisen, zur Bildung einer Possessor-Konstruktion bei nicht-relationalen Nomen eine Erweiterung der Nomenbedeutung vorgenommen werden muß (vgl. Ortmann 1994). Für den Referenten einer derartig erweiterten Nomen-Repräsentation wäre das Besessen-werden tatsächlich 'objektdefinierend', da es Bestandteil der Semantik ist. Um diese Frage endgültig zu klären, ist eine nähere Untersuchung der Possessorkonstruktion notwendig.

Aber auch wenn man typologische Erwägungen außer acht läßt, finden sich (zumindest im Deutschen) abstrakte Verwendungen, in denen das 'Possessum' auf jeden Fall völlig vom Possessor abhängt, so daß POSS für das Possessum objektdefinierend ist. Das Possessum ist in diesen Fällen ein mentales Objekt, das stets einem denkenden Individuum zugeordnet ist. Bei der Einbindung solcher 'Objekte' in dynamische Relationen, in denen das Possessum höchstes Argument der Argumentstruktur ist, zeigt sich der Status des Prädikats für das Argument: Es handelt sich nach dem Kriterium der Auxiliarwahl um ein dynamisches Themaprädikat (vgl. (23b)). Das

Auxiliar *haben* in (23a) zeigt dagegen, daß POSS nicht für das Subjekt von *bekommen/kriegen*, also den Possessor, objektdefinierend ist.

(23) a. Ich habe das Buch gekriegt/bekommen
 b. Mir ist eine Idee gekommen

Es zeigt sich also hier ein Kontrast zwischen Agensrelationen und Themarelationen, da sich für asymmetrische, gerichtete Agensrelationen weder semantische Konversen noch konverse Verbpaare finden lassen, die durch Vertauschung der Argumente in der Argumentsstruktur abgeleitet werden. Eine Grundbedingung für Themarelationen (d.h. die Voraussetzung dafür, daß eine Relation objektdefinierend sein kann) ist also, daß die Relation konzeptuell umkehrbar ist, während typische Agensrelationen konzeptuell nicht umkehrbar sind. Im Zusammenhang mit Relationen kommt damit ein Kriterium ins Spiel, das für die einstelligen Agens- und Themaprädikate keine Rolle spielt: Die Unterscheidung von gerichteten und ungerichteten Relationen. Gerichtete Relationen werden durch 'prototypische' Agensrelationen erfaßt, bei denen, wie in Abschnitt 9.4.1. diskutiert, das Charakteristische der Relation nur in bezug auf den Agens zu erfassen ist. Ungerichtete Relationen können relativ zu beiden Argumenten rekonstruiert werden. Ob die lexikalisierte semantische Relation in diesem Fall eine 'untypische' (weil ungerichtete) Agensrelation oder eine Themarelation ist, ergibt sich aus dem Status der Relation für das höchste Argument.

Aus dem unterschiedlichen Status der Relationen für ihre Argumente ergibt sich ein Effekt bei dynamischen Relationen. Da die Veränderung von Eigenschaften, wie sie von BECOME erfaßt wird, auf objektdefinierende Eigenschaften beschränkt ist, wird stets das Argument, für das die Relation als objektdefinierend gilt, als das 'abgearbeitete' verstanden. Obwohl das 'Agens'-Argument von POSS, für das die Eigenschaft optional ist, sich in einer konzeptuell symmetrischen Relation zwangsläufig mitverändert, handelt es sich dabei nur um einen Effekt aus der Veränderung des 'echten' inkrementellen Themas. Für das Agens-Argument ergibt sich über die ihm aufgezwungene Veränderung je nach Relation die Interpretation als Rezipient oder Ziel. Der sekundäre Status dieses Arguments bei der Veränderung zeigt sich bei Verben wie *bringen* darin, daß ein Rezipient (oder Ziel) erst mit Erreichen des Nachzustands in die Relation eingebunden wird: Während der eigentlichen Veränderung steht das inkrementelle Thema in Relation zu anderen Referenten. Für den Referenten des Rezipienten ergibt sich die Veränderung erst mit dem Wechsel in den Nachzustand, während über das Thema-Argument auch während der Handlungszeit Information vorliegt.

9.5. Aspektuelle Eigenschaften von Agens- und Themarelationen

Bei Agensrelationen kann die Einbindung des Thema-Arguments eine Rolle bei der zeitlichen Strukturierung spielen. Neben Relationen wie SCHIEB(x,y), die wie z.B. das intransitive LACH(x) Zustandscharakter haben, und punktuellen Relationen wie SCHLAG(x,y) (parallel zum intransitiven KNALL(x)), gibt es Relationen mit affiziertem Objekt wie ESS(x,y), bei denen eine zeitliche Begrenzung durch die Abarbeitung des Themas eingebracht wird. Das Thema unterliegt bei diesem Typ von Relation einer Veränderung wie die Argumente einstelliger dynamischer Themaprädikate. Daß sich die zeitliche Begrenzung dieser Prädikate tatsächlich nur über das Thema ergibt, zeigt sich daran, daß sich bei nicht realisiertem Themaargument Prozeßstruktur ergibt. Wie bei einstelligen Agensprädikaten kommt auch hier in bezug auf den Agens allein also keine begrenzte Situation zustande. Obwohl im Fall von *essen, malen, bauen* etc. das Thema bei der Festlegung der zeitlichen Struktur eine Rolle spielt, ist keine semantische Form wie bei den kausativierten Themaverben (wie *schmelzen, brechen*) anzusetzen, die lediglich ein von CAUSE eingebettetes Themaprädikat beinhalten. Gegen eine parallele semantische Repräsentation spricht, daß die kausativen Themaverben nicht ohne direktes Objekt verwendbar sind, was aus der fehlenden Informativität abgeleitet werden kann, während Verben wie *essen* etc., die eine spezifische Agensrelation aufweisen, auch ohne realisiertes Thema informativ bleiben.

(24) a. Peter ißt
     b. $\lambda x\ \exists y\ [ESS\ (x,\ y)]$
     c. §Peter schmilzt
     d. $\lambda x\ \exists y\ [CAUSE\ (x,\ BEC\ (FLÜSSIG\ (y)))]$

In bezug auf die zeitliche Strukturierung ergeben sich demnach die folgenden Typen von Thema- und Agensprädikaten:

(25)

	Zustand	punktuell (iterativ interpretierbar)	(über Th) begrenzte Entwicklung
Themaprädikat	FLÜSSIG(x)	-	BEC (FLÜSSIG(x))
Themarelation	POSS(x,y)	-	BECOME (POSS(x,y))
Agensprädikat	LACH(x)	KNALL(x)	-
Agensrelation	ZIEH(x,y)	SCHLAG(x,y)	ESS(x,y)

9.6. Konsequenzen aus der Festlegung der Agens- und Themaprädikate

9.6.1. Intransitive Bewegungsverben

Das heterogene Verhalten der Bewegungsverben in bezug auf die Klassifizierung als unakkusativ/unergativ kann nun aus der Festlegung der Prädikatstypen abgeleitet werden. Anders als die über BECOME aufgebauten dynamischen Themaprädikate legt MOVE den Resultatszustand nicht selbst fest, sondern beinhaltet nur die Information, daß eine Veränderung stattgefunden hat. Das für unakkusative

Verben relevante Kriterium des spezifizierten Nachzustands wird durch das Themaprädikat MOVE demnach nicht erfüllt. Das Bewegungsprädikat MOVE ist allerdings nur eine Bedeutungskomponente der BV. In die Semantik der Bewegungsverben kann als zusätzliche Spezifizierung die Richtung aufgenommen werden, so daß die lokale Domäne, in bezug auf die die Veränderung stattfindet, eingeschränkt wird auf einen Weg mit festgelegtem Ziel, wie im Fall von *kommen*, *steigen* und *fallen*. Das Deutsche gehört allerdings zu den Modus-orientierten Sprachen, die primär nicht die Bewegungsrichtung, sondern die Bewegungsart im Bewegungsverb spezifizieren (vgl. *laufen*, *springen* und *tanzen*). Diese Modusprädikate sind Agensprädikate, da die Bedingung, daß eines der Prädikate jederzeit auf das Objekt zutreffen muß, nicht gilt (das Objekt braucht sich schließlich nicht zu bewegen). Bei beiden Verbtypen kann zusätzlich das den Nachzustand spezifizierende Prädikat durch eine direktionale PP zugefügt werden. Daß auch Weg-Präpositionen wie *entlang*, *um*, *durch* einen Nachzustand in dem Sinne einführen, wie er für die Klassifizierung als unakkusative Konstruktion relevant ist, hängt damit zusammen, daß aus der Bedeutung von Verb und PP hervorgeht, daß die Situation abgeschlossen ist, sobald der durch die PP charakterisierte Weg abgearbeitet ist. Da der Weg wiederum relativ zum Referenzobjekt festgelegt ist, ist über das Referenzobjekt die im Nachzustand vorliegende Lokalisierung gegeben: Nach Abschluß der charakterisierten Bewegungssituation ist das bewegte Objekt an dem durch die PP relativ zum Bezugsobjekt bestimmten Ort lokalisiert. Im Fall von *durch* ergibt sich eine Lokalisierung hinter dem durchquerten Objekt, im Fall von *entlang* am Ende der Maximalen, im Fall von *um* in der äußeren Proximalregion, in der auch der Weg verlaufen ist.

Der Sonderstatus der Bewegungsverben in bezug auf die Klassifizierung als unakkusativ oder unergativ ist also an MOVE festzumachen. MOVE ist ein Themaprädikat, da es die Veränderung einer objektdefinierenden Eigenschaft beinhaltet. Es erfüllt aber nicht die für Unakkusative angesetzten Testeigenschaften, da es keinen spezifizierten Nachzustand liefert. Das Themaprädikat MOVE wird zu einem vollständigen 'Unakkusativ'-Prädikat dadurch, daß die fehlende Information durch eine PP eingebracht wird. Der in vielen Sprachen zu beobachtende heterogene Status der Bewegungsverben in bezug auf die Klassifizierung als unergative oder unakkusative Verben begründet sich also aus der Interpretation von MOVE, die die für Unakkusative relevante Festlegung eines spezifizierten Nachzustands nicht leistet. Im Deutschen muß allerdings das Kriterium der Auxiliarwahl bei den intransitiven Bewegungsverben außer acht gelassen werden. Anders als im Niederländischen sind im Deutschen auch Bewegunsverben ohne PP mit *sein* kombinierbar (vgl. (26a)). Die Alternation zwischen *haben* und *sein* zeigt sich nur bei Verben, die nicht primär als Bewegungsverben zu klassifizieren sind, wie etwa *tanzen* (vgl. (26c, d)):

(26) a. Die Jogger sind/*haben im Wald gelaufen
 b. Die Jogger sind/*haben in das Zimmer gelaufen
 c. Die Paare *sind/haben den ganzen Abend getanzt
 d. Die Paare sind/*haben in den Saal getanzt

Die Auxiliarwahl bei den Bewegungsverben ist im Deutschen daher als lexikalisiert zu betrachten. Trotzdem zeigt sich der relevante Unterschied jedoch bei der attributiven Verwendbarkeit des Partizip II (*die in das Zimmer gelaufenen Jogger/ *die im Wald gelaufenen Jogger*).

9.6.2. Unakkusative Verben und Kontrolle von außen

Nachdem als charakteristische Eigenschaft der 'Unakkusativen' das Vorliegen eines spezifizierten Nachzustands identifiziert wurde, soll nun noch einmal das Kriterium der Kontrolle betrachtet werden. Oben wurde die Einschätzung von unergativen Verben als Verben mit kontrollierendem Subjekt aus der Optionalität der Eigenschaften begründet, die diese Verben erfassen. Levin/Rappaport Hovav (1994) legen eine Analyse von unergativen und unakkusativen Verben vor, in die Kontrolle über die Begriffe 'externally/internally caused' eingeht. Internally caused sind die von unergativen Verben erfaßten Vorgänge, externally caused die von unakkusativen Verben erfaßten, die als von außen kontrolliert betrachtet werden. Rappaport Hovav/Levin formulieren Linking-Regeln, von denen eine das Argument von 'externally caused' Prädikaten auf ein internes Argument abbildet und das Argument von 'internally caused' Prädikaten auf das externe Argument.

Allerdings reicht das Kriterium externally vs. internally caused nicht aus, um die unakkusativen Verben zu erfassen. Z.B. sind im Deutschen überwiegend solche dynamischen Themaprädikate als unakkusative Verben lexikalisiert, die Veränderungen des Objekts beinhalten, die nicht von außen kontrollierbar sind, und entsprechend auch keine kausativen Varianten aufweisen: *wachsen, reifen, welken, schrumpfen, faulen, altern* etc. (vgl. Stiebels 1993). Levin/Rappaport Hovav (1994) nehmen deshalb auch eine zweite Linking-Regel an, über die das Argument, das einer Veränderung unterliegt, immer als internes Argument realisiert wird. Damit sind allerdings zwei voneinander völlig unabhängige Regeln angesetzt.

Meines Erachtens kann der Status von Eigenschaften als extern verursachbar ebenfalls in Zusammenhang mit den Agens- und Themaprädikaten gebracht werden. Die Fülle an transitiven deadjektivischen Verben zeigt, daß dynamische Themaprädikate tatsächlich Vorgänge bezeichnen, die als von außen durch einen Agens kontrolliert lexikalisiert werden können, sofern nicht aufgrund der Beziehung zwischen Prädikat und Objekt eine generell unveränderbare Entwicklung festgelegt ist. Im Unterschied dazu gibt es anscheinend generell keine inhärent kausativen Verben, die die Verursachung einer Agensprädikation beinhalten. Ich möchte diese Beobachtung wie schon die Einbettbarkeit in BECOME mit dem unterschiedlichen Typ von Eigenschaften in Zusammenhang bringen, den die beiden Prädikate erfassen: Die Verursachung einer Objekteigenschaft durch ein anderes Individuum setzt voraus, daß es sich um eine manipulierbare Eigenschaft handelt. Da Individuen lediglich auf das Objekt selbst einwirken können, kann durch die Einwirkung nur eine Eigenschaft betroffen sein, die über das Objekt direkt zugänglich ist, d.h. eine objektdefinierende Eigenschaft. Optionale Eigenschaften, deren Auftreten an eine vom Objekt ausgehende 'Bereitschaft' gebunden ist, sind durch Manipulation am Objekt nicht verursachbar.[4]

Daß die oben angeführten unakkusativen Verben nicht so verstanden werden können, daß die Objektveränderung von außen kontrolliert bzw. verursacht wird, liegt im Fall von *welken, reifen, altern* und *faulen* daran, daß die in BECOME eingebetteten Thema-Prädikate nicht solche Eigenschaften erfassen, die ein Objekt zu beliebiger Zeit in der einen oder anderen Ausprägung aufweisen kann. Die Prädikate erfassen jeweils Objekteigenschaften, deren unterschiedliche Instanziierungen bestimmten Abschnitten in der Existenzzeit der Objekte zugeordnet sind. Da die zeitliche Entwicklung von Objekten nicht kontrollierbar ist, können auch Eigenschaften, die die zeitliche Entwicklung eines Objekts betreffen, nicht kontrollierbar sein. Bei *schrumpfen* und *wachsen* liegt der Fall etwas anders. Hier liegen tatsächlich Verben vor, die nur 'autonome' Veränderungen erfassen, was sich in der sortalen Beschränkung des Arguments niederschlägt. So kann das Argument von *wachsen* nie durch Nomen gesättigt werden, die Artefakte bezeichnen, da diese nicht selbständig ihre Größe ändern können. Die beteiligten Themaprädikate BECOME(GROß(x)) und BECOME(KLEIN(x)) sind jedoch auch in transitiven Verben lexikalisiert, die Kontrolle beinhalten: *vergrößern* und *verkleinern*.

Die Kontrollierbarkeit von Themaprädikaten schlägt sich auch bei der Derivation deadjektivischer Verben nieder: Offensichtlich gibt es eine Parametrisierung der Sprachen dahingehend, ob bei dieser Ableitung dynamischer Verben aus statischen Themaprädikaten eine Kontrolle von außen vorliegen muß oder nicht. Das Deutsche ist eine Sprache, die nur Ableitungen zuläßt, bei der die Veränderung von einem Agens kontrolliert wird. Deadjektivische Verben sind kausativ, inchoative können daraus durch Intransitivierung abgeleitet werden (vgl. (27a)).[5] Sprachen wie das Gotische oder das Maltesische verfügen über unterschiedliche Ableitungsstrategien, durch die einerseits kausative und andererseits inchoative Verben abgeleitet werden können. Im Maltesischen erfolgt die Ableitung durch CV-Veränderungen: Kausative werden durch Geminierung des mittleren Konsonanten gebildet, Inchoative durch Vokallängung (vgl. (27b)). Im Gotischen stehen unterschiedliche Affixe zur Verfügung, um Inchoative und Kausative abzuleiten (vgl. (27c)).[6]

(27) a. *weit*   *weiten*   *sich weiten*
     b. *ikrah* 'häßlich'   *kerrah* 'häßlich machen'   *krieh* 'häßlich werden'
     c. *fulls* 'voll'   *usfullnan* 'voll werden'   *usfulljan* 'ausfüllen'

---

[4] Eine Möglichkeit der Kontrolle von Agensprädikaten wird durch morphologische und syntaktische Kausativierung eingebracht. Dieses Phänomen wird in Kapitel 10 angesprochen.

[5] Zu beachten ist, daß diese 'Intransitivierung' zwar in einem zwar semantisch, aber nicht syntaktisch einstelligen Prädikat resultiert. Durch das obligatorische thematisch leere Reflexivum ergibt sich ein transitives Verb, das auch das für transitive Verben obligatorische Perfekt-Auxiliar *haben* selegiert.

[6] Den Hinweis auf die maltesischen Daten verdanke ich Ray Fabri, den auf die gotischen Barbara Stiebels.

9.6.3. Interaktionen der Prädikate und ihrer Argumente

Da Agenseigenschaften als optionale Eigenschaften von Objekten und Themaeigenschaften als objektdefinierende Eigenschaften festgelegt wurden, ergeben sich unterschiedliche Möglichkeiten, wie die semantischen Prädikate, die diese Eigenschaften erfassen, und deren Argumente miteinander interagieren können. Vor diesem Hintergrund soll noch einmal die schon in Kapitel 6 angesprochene Auswirkung der Objekteigenschaften auf die Fakultativität der lokalen Komplement-PP der Positionsverben betrachtet werden.

Statische Lokalisierung wird im Deutschen durch die Positionsverben vorgenommen, die Information über die vom Objekt eingenommene Position (*stehend, liegend, sitzend, kniend, hockend, kauernd,* ...) beinhalten. Lokalisierbare Objekte unterscheiden sich in bezug auf ihre Beweglichkeit im Raum und in bezug auf ihre Gestalteigenschaften. Während für Menschen sowohl der Ort als auch die eingenommene Position frei wählbar ist, beschränken sich die Alternativen für Autos im Normalfall auf den Ort allein, während unbewegliche Objekte wie Dörfer über keinerlei Alternativen verfügen. Bezogen auf menschliche Individuen, auf deren Möglichkeiten das Spektrum an Positionsverben vor allem abgestimmt ist, kann man das Positionsprädikat als Agensprädikat interpretieren, da das Einnehmen einer Position eine Option ist, die durch die Gestalteigenschaften ermöglicht wird. Das Lokalisierungsprädikat (das aus den Positionsverben ausgelagert ist und erst durch die lokale PP eingebracht wird) ist als Themaprädikat zu betrachten, da Lokalisierung keine Option darstellt.

Eine Klassifizierung der Positionsverben als Agensprädikate scheint für Objekte, die nicht beweglich sind, wenig sinnvoll. Für Bäume kann die Positionierung nur als eine inhärente, von außen beeinflußbare Eigenschaft betrachtet werden, für Dörfer nur als eine objektdefinierende. In beiden Fällen ist durch das Objektschema auch eine entsprechende Festlegung mit dem Nomen assoziiert. Da zur Lokalisierung nicht beweglicher Objekte außer der Kopula nur die Positionsverben zur Verfügung stehen, werden auch diese mithilfe der Positionsverben lokalisiert.

Während man die Positionsverben in Kombination mit menschlichen Individuen also als Agensverben klassifizieren kann, sind sie bei der Kombination mit unbelebten Objekten nur als statische Themaprädikate zu betrachten. Diese unterschiedliche Klassifizierung schlägt sich auch in der Möglichkeit der Resultativbildung nieder:

(28) a. Die Ausflügler stehen den Rasen platt
 b. ?Die Autos stehen den Rasen platt
 c. Die Open-Air-Teilnehmer liegen den Rasen platt
 d. ??Die Marmorplatten liegen den Rasen platt

Diese Unterschiede lassen sich nur so erklären, daß die Positionskomponente für die unterschiedlichen Argumenttypen verschiedene Rollen spielen kann. Während sie bei belebten Individuen als Handlung verstanden werden kann, die zu Resultaten führt, ist das bei statischen Objekten nicht möglich. Der Unterschied ergibt sich über die mit dem Nomen verbundene Information: Ist die Positionierung als inhärente Eigenschaft festgelegt, verliert sie ihren 'agentiven Status'. Die Lokalisierung des Objekts, die bei der Thema-Interpretation dominiert, kann nicht als Einwirkung auf das Thema der Konstruktion interpretiert werden, so daß die Resultativkonstruktion ausgeschlossen ist.

Umgekehrtes gilt für bestimmte Verwendungen der Bewegungsverben: Bewegungsverben sind lexikalisch auf das Perfekt-Auxiliar *sein* festgelegt (s.o.) unabhängig davon, ob der Bewegungsmodus eine Agenseigenschaft einbringt wie im Fall von *laufen, rennen, schwimmen* etc. Bei Ausblendung der Bewegungskomponente jedoch, bei der sich nicht mehr die Interpretation der Lokalisierungsveränderung, sondern die der 'Körperertüchtigung' ergibt (vgl. Brinkmann 1991), dominiert der agentive Charakter des Moduspräikats. Möglich wird diese Aktivierung des Agensprädikats dadurch, daß die Bewegungsinformation selbst (d.h. ohne PP) keinen spezifizierten Nachzustand liefert, der den Veränderungsaspekt des Verbs in den Vordergrund stellt.

Bei reinen Themaverben wie denen, die eine substantielle Veränderung ihres Arguments beinhalten, sind solche Effekte nicht möglich: *erfrieren* ist sortal auf belebte Objekte festgelegt, es gibt aber keine Möglichkeit der Kontrolle durch dieses Argument. Solche 'affizierenden' Themaprädikate definieren die Zustandsveränderung ihres Arguments und sind deshalb terminativ und nicht iterierbar.

9.7. Der Status der Prädikatstypen

Die Unterscheidung der beiden Prädikatstypen ist ein Niederschlag aus der Konzeptualisierung von Eigenschaften. Da es sich um die Klassifizierung von Konzepten handelt, ist zu erwarten, daß neben den eindeutigen Fällen auch Grauzonen in bezug auf solche Eigenschaften bestehen, deren Zuordnung prinzipiell zu beiden Prädikatstypen möglich ist. Die von Rosen (1984) beobachtete Uneinheitlichkeit bei der Klassifizierung einiger Verben ist darin begründet, daß die angesprochenen Sprachen unterschiedliche Konzeptualisierungen vornehmen. Unter (29) findet sich eine Auflistung einiger solcher Verben, die aus Dowty (1991) entnommen ist.

(29)

	unergativ	unakkusativ
die	Choctaw	Italian
sweat	Italian	Choctaw
bleed	Italian	Turkish, Eastern Pomo
suffer	Italian	Choctaw
be hungry	Lakhota	Choctaw
sneeze	Italian, Lakhota, Choctaw	Eastern Pomo, Choctaw

Für die ersten drei Verben liegt die mögliche Doppelklassifizierung auf der Hand: *schwitzen* und *bluten* können sowohl als 'Produktion einer Flüssigkeit' und damit als optionale Eigenschaft, die durch inhärente Eigenschaften des Objekts ermöglicht wird, interpretiert werden (unergativ), als auch als 'einem Flüssigkeitsentzug unterliegen', also als eine Veränderung der inhärenten Eigenschaften (unakkusativ); *sterben* entsprechend als 'Aufgeben des Lebens' oder 'Zerstörung eines lebendigen Objekts'. Schwieriger erscheint die Klassifikation der statischen Verben *suffer* und *be hungry*. Für diesen Typ stehen auch im Deutschen zwei Prädikatstypen zur Verfügung, *leiden* vs. *unglücklich sein* und *hungern* vs. *hungrig sein*. In beiden Fällen handelt es sich um Prädikate, die einen Zustand von belebten Individuen betreffen. Dadurch besteht die Möglichkeit, die Eigenschaft als eine mögliche Instanziierung einer objektdefinierenden Eigenschaft zu betrachten, oder als nur vom Agens kontrollierbaren Vorgang. *niesen* schließlich kann sowohl als ein Emissionsverb interpretiert werden, als auch als eine 'Erschütterung', der das Individuum unterliegt.[7] Auffällig ist, daß alle unklaren Fälle Eigenschaften von belebten Individuen betreffen, die ein sehr komplexes Spektrum an objektdefinierenden Eigenschaften aufweisen.

Nicht nur aufgrund der Möglichkeit zu unterschiedlicher Konzeptualisierung kann sich ein uneinheitliches Bild in bezug auf die beiden Prädikatstypen ergeben, sondern zusätzlich über die grammatischen Optionen, die eine Sprache aufweist. Aus der abstrakten Festlegung der Prädikate ergibt sich ein Spektrum von Eigenschaften, die mit dem einen oder dem anderen Prädikatstyp assoziiert sein können. Grammatikalisiert eine Sprache eine dieser Eigenschaften, kann es zu einer Verlagerung des Gesamtbildes kommen.

Speziell bei den Sprachen, die eine Grammatikalisierung der semantischen Kategorien selbst vornehmen, ist zu erwarten, daß die zugrundeliegende Unterscheidung dadurch verwischt wird. In einer Untersuchung zur semantischen Basis der Aktiv-Markierung in verschiedenen Indianersprachen zeigt Mithun (1991), daß prinzipiell in allen von ihr betrachteten Sprachen dieselben semantischen Kriterien für die Markierung zugrundegelegt werden können. (Sie charakterisiert die Bedingungen als Merkmalskombinationen von αevent, αcontrol und αperformance/effect/instigator.) Die scheinbar willkürlichen Unterschiede, die sich trotzdem zwischen den von den Sprachen vorgenommenen Klassifizierungen zeigen, führt sie zurück auf diachronische Veränderungen in der Merkmalsdefinition (so wurde der Agens-Marker im Irokesischen als Aspekt-Marker reanalysiert), Lexikalisierungseffekte und vor allem auf die Willkürlichkeit, die die grammatische Kategorisierung eines semantischen Spektrums mit sich bringt. Als Beispiel hierfür führt sie an, daß es Sprachen gibt, die nur hoch agentive menschliche Individuen als Agens markieren und alle übrigen als Patiens, und andere, die nur unkontrollierte, nicht verursachende, belebte Individuen als Patiens markieren und alle anderen

---

[7] Mir ist nicht klar, wie die Doppelklassifizierung von *niesen* in Choctaw zu interpretieren ist. Davies (1986) weist allerdings darauf hin, daß manche Verben in Choctaw auch zwischen drei 'Kasus'markierungen schwanken können. Er führt als Beispiel das Verb *wissen* an, daß mit 'Akkusativ'-Markierung *glauben* und mit 'Dativ'-Markierung *denken* bedeuten soll. Damit scheint mir Rosens Schluß, daß die 'Nominativ'-Markierung ein Subjekt kennzeichnet und die 'Akkusativ'-Markierung ein direktes Objekt, etwas vorschnell zu sein.

als Agens. Zusätzlich spielt die Interaktion mit anderen grammatischen Prozessen eine Rolle, da die Markierungen als grammatische Merkmale den üblichen grammatischen Prozessen unterliegen (z.B. Diathese-Operationen, die die Argumentstruktur ändern). Der Vollständigkeit halber sei hier erwähnt, daß es sich bei der Mehrzahl der von Rosen (1984) als Beleg für die Heterogenität der Verbklassen angeführten Sprachen um solche mit Aktiv-Inaktiv-Markierungen handelt: Lakhota, Eastern Pomo und Choctaw.

Während man also davon ausgehen kann, daß sich in Sprachen, die die semantische Unterscheidung grammatikalisieren, wenig Effekte auf die semantische Unterscheidung selbst zurückführen lassen, da sie von der Grammatikalisierung der Klassen überlagert werden, ist das Umgekehrte anzunehmen, wenn eine Sprache den Unterschied nicht grammatikalisiert. Wenn in solchen Sprachen ein Niederschlag der Unterscheidung auftritt, dann sollte er direkt aus den Eigenschaften der semantischen Prädikate hervorgehen.

Ich möchte die Hypothese vertreten, daß Sprachen wie das Deutsche, Niederländische und das Italienische unter diesem Aspekt zu betrachten sind: Da die Klassifizierung hier nicht grammatisch fixiert ist, ergeben sich die typischerweise als Testkriterien angeführten Verhaltensmuster der Verben hier als Epiphänomene aus der semantischen Unterscheidung. In Abschnitt 9.2 wurde schon dafür argumentiert, daß es sich bei den gängigen Tests um semantisch begründete Phänomene handelt. Das *sein*-Perfekt und das attributiv verwendbare Partizip sind möglich, wenn ein spezifizierter Nachzustand in bezug auf das höchste Argument vorhanden ist, also bei den gerichteten dynamischen Themaverben. *-er*-Nominalisierung ist nur möglich, wenn ein habituelles Vorliegen der Eigenschaft sinnvoll ist. Damit ist die Anwendbarkeit auf Thema-Verben sehr beschränkt: Themaprädikate, die objektdefinierende Eigenschaften beinhalten, können generell nicht habituell interpretiert werden, und ähnlich problematisch ist es, der habituellen Veränderung von objektdefinierenden Eigenschaften einen Sinn zu geben. Da für eine habituelle Interpretation ein iteriertes Vorliegen der entsprechenden Eigenschaft erforderlich ist, müßte ein entsprechendes Objekt eine Regelmäßigkeit in bezug auf die Veränderung aufweisen, die bei Objekten, die keine Kontrolle über diese Veränderung haben, kaum möglich ist. Bildungen wie *Umfaller-Partei* zeigen aber, daß ein geeigneter Kontext den entsprechenden Sinn einbringen kann. Die zweite Interpretation der *-er*-Nominalisierungen, bei der sie zur Charakterisierung eines Referenten über eine augenblickliche Handlung dient, kann für Unakkusative ebenfalls damit ausgeschlossen werden, daß zur Charakterisierung von Individuen nicht Prädikate herangezogen werden können, die die Veränderung des Individuums betreffen, das sie charakterisieren sollen. Die semantische Basis der Passivierung ist mir unklar, allerdings wurde oben gezeigt, daß Passivierung generell nicht über rein syntaktische Beschränkungen zu erfassen ist.

Die bisher angesprochenen Tests stellen zwar das 'klassische' Testinventar dar, decken allerdings nicht alle vorgeschlagenen Klassifizierungskriterien ab. Von Grewendorf (1989) wurde ein wesentlich umfangreicheres Testinventar aufgeführt, das überwiegend Stellungskriterien umfaßt. Da es sich dabei um stärker syntaktisch motivierte Kriterien handelt, ist es für einen Ansatz, der eine semantisch/

konzeptuelle Begründung der Unterscheidung vertritt, besonders wichtig zu zeigen, daß sich das Verhalten auch ohne Zugriff auf syntaktische Information erklären läßt. Ich möchte hier nicht im Detail auf die Tests und Grewendorfs Behandlung eingehen, sondern nur einen kurzen Überblick über die Art der Tests geben und erneut die Analysen aus der schon in Kapitel 5 vorgestellten Theorie von Jacobs zur Erklärung dieser Phänomene heranziehen.

9.8. Tests zur Klassifizierung der unergativen und unakkusativen Verben in Grewendorf (1989)

Grewendorf (1989) vertritt ebenfalls die These, daß die unakkusativen Verben der Subjektposition keine Θ-Rolle zuweisen. Aus Burzios Generalisierung folgt dann, daß gleichzeitig der Objektposition kein Kasus zugewiesen wird, so daß das (wegen der Θ-Rollen-Zuweisung) VP-intern basisgenerierte Argument zur Subjekt-Position bewegt werden muß, um Kasus zu erhalten. Die von ihm herangezogenen Tests zeigen dementsprechend Fälle von Subjekt-Objekt-Asymmetrien auf, in bezug auf die sich die unakkusativen Verben stets wie Objekte transitiver Verben bzw. Subjekte passivierter Verben verhalten. Neben den schon behandelten Tests handelt es sich um die folgenden Phänomene:

Topikalisierung von Subjekt + Partizip 2
(30) a. *Der Kanzler gerettet hat gestern einen Pudel
     b. Einen Pudel gerettet hat der Kanzler gestern
     c. Eine Concorde gelandet ist gestern in München-Riem

Diskontinuierliche Phrasen
(a) NP-Split
(31) a. *Studenten haben fleißige das Seminar besucht
     b. Kleider hat er immer dreckige an
     c. Widersprüche sind dem Richter mehrere aufgefallen

(b) *was-für*-Konstruktionen
(32) a. *Was haben für Leute gearbeitet?
     b. Was hast du für Museen in Italien besucht?
     c. Was sind für Leute angekommen?

Extraktion aus NP-Subjekten
(33) a. *Über Boris Becker hat ein Sieg ihn größenwahnsinnig gemacht
     b. Über Boris Becker hat Peter Handke ein Buch geschrieben
     c. Über Boris Becker ist dem Studenten ein Sieg gelungen

Extraktion aus Subjektsätzen
(34) a. *Wen hat daß Peter küßte die Freundin beleidigt?
     b. Was ist dem Studenten aufgefallen, daß der Professor versteckt hat?

Extraktion von Subjekten
(35) a. *Optikerinnen habe ich vergessen wie Radios reparieren
 b. ?Radios habe ich vergessen wie man repariert
 c. ?Ein Wasserschaden weiß ich wie entstehen kann

Akzentuierung bei weitem Fokus
(36) a. Peter <u>arbeitet</u>
 b. <u>Peter</u> kommt

Grewendorf führt weiter Kontrolle, Möglichkeit eines possessiven Dativs und Reflexive in AcI-Konstruktionen als Evidenz an, die ich hier allerdings nicht berücksichtigen möchte, da mir die Datenlage ziemlich unklar erscheint. Sieht man von den Fokus-Daten ab, handelt es sich bei allen hier aufgeführten Tests um Fälle, bei denen Bewegung eine Rolle spielt.

Ich möchte im folgenden zeigen, daß die eingeführten Tests nicht wie von Grewendorf angenommen typische Objekteigenschaften testen, sondern auf andere Phänomene bezogen sind. Der Integrationsbegriff von Jacobs (1992) bietet eine Erklärung dafür, daß gerade Objekte transitiver Verben und Subjekte unakkusativer Verben sensitiv für die Tests sind. Ich möchte zur Behandlung der Daten die von Jacobs (1991b) vorgeschlagene Analyse der 'Bewegung als Valenzvererbung' heranziehen, aus der sich die Subjekt-Objekt-Asymmetrien, bei denen Extraktion eine Rolle spielt, zwanglos daraus ergeben, daß in den Fällen, in denen Bewegung aus einem Komplement heraus möglich ist, Integration vorliegt, in den anderen dagegen nicht. Der Begriff der Integration wurde schon in Kapitel 5 eingeführt, ebenso die integrationshemmenden Faktoren. Relevant für die Subjekt-Objekt-Asymmetrie ist einerseits die Komplexion und andererseits die Prädikation. Subjekte transitiver Verben sind prinzipiell nicht in das Verb integrierbar, da die Komplexion die Integration von mehr als einem Komplement blockiert. Welche Rolle die Prädikation bei dem unterschiedlichen Verhalten der Subjekte von unergativen und unakkusativen Verben spielt, wird im folgenden diskutiert. Zunächst möchte ich aber kurz darstellen, wie die Integration mit Bewegungsprozessen in Beziehung steht.

Integration spielt eine Rolle bei der Merkmalsvererbung, die zu der hier eigentlich interessanten Valenzvererbung führt. Jacobs (1992) repräsentiert syntaktische Kategorien als Merkmalsmengen, in die auch die Valenz als ein Element eingeht. Ein 'Komplettierungsschema' regelt die Möglichkeit der Valenzsättigung durch syntaktische Konstituenten in bezug auf lokale Bäume. Das Schema beinhaltet zwei Teilkomponenten: Ist die Kategorieninformation an dem Tochterknoten, der die Valenz sättigt, mit einer Valenzinformation in der Merkmalsmenge des Funktorknotens identisch, dann wird die entsprechende Valenzinformation am Mutterknoten nicht mehr präsentiert (vgl. (37b)). Beinhaltet die Konstituente, die die Valenz sättigt, selbst Valenzinformation, die nicht Teil der gesättigten Valenzinformation ist, dann wird diese Information an die Mutter vererbt (vgl. (37a)). Diese Vererbung der Valenzinformation an die Mutter entspricht der funktionalen Komposition, während die einfache Sättigung einer Valenzstelle der funktionalen Applikation entspricht.

(37) Für $1 \leq n$, $0 \leq m$, $1 \leq i \leq n$:

a. $\{/A_1/.. /A_{i-1}/A_{i+1}/../A_n/B_1/../B_m, M3\}$

    $\{/A_1/../A_i/../A_n, M1\}$ $\{/B_1/../B_m, M2\}$

ist zulässig, vorausgesetzt, A_i ist mit $\{/B_1/../B_m, M2\}$ unifizierbar und $/B_1/../B_m/$ ist nicht Element von A_i;

b. $\{/A_1/../A_{i-1}/A_{i+1}/../A_n, M3\}$

    $\{/A_1/../A_i/../A_n, M1\}$ $\{/B_1/../B_m, M2\}$

ist zulässig, vorausgesetzt, A_i ist mit $\{/B_1/../B_m, M2\}$ unifizierbar und $/B_1/../B_m$ ist Element von A_i.
(Jacobs 1991b: 4)

Diese durch das Komplettierungsschema ermöglichte Vererbung offener Valenzen eines Komplements wird nun dadurch beschränkt, daß die Vererbung von Merkmalen nicht beliebig möglich ist. Valenzstellen sind Kopfmerkmale und fallen deshalb unter das Kopfprinzip, das hier aus Jacobs (1992) zitiert ist:

Kopfprinzip:
Für alle komplexen Ausdrücke X und alle ihre Tochterkonstituenten Y:
Wenn in den Wert des Merkmals M von X Information aus dem Wert von M bei Y übernommen wird, dann muß Y Kopf von X sein. (Jacobs 1992: 32)

Wobei 'komplex' bedeutet:

X ist komplex (im Sinne des Kopfprinzips) gdw.
a. X mehr als eine bedeutungstragende Tochterkonstituente hat,
b. die Tochterkonstituenten von X nicht im Verhältnis der Integration zueinander stehen. (Jacobs 1992: 33)

Hier wird die Rolle der Integration deutlich: Da die Merkmale von in den Kopf integrierten Phrasen als Kopfmerkmale gelten, können sie an den Kopf vererbt werden. Da Valenzen Kopfmerkmale sind, können offene Valenzen von integrierten Komplementen an die Mutter vererbt werden und außerhalb des lokalen Baums, in dem sich der lexikalische Funktor befindet, gesättigt werden. D.h. Komplemente integrierter Konstituenten können bewegt werden, Komplemente nicht integrierter Konstituenten dagegen nicht.

Das ergibt sich daraus, daß Jacobs Konzept der Bewegung nur in dieser Form von 'Valenztransfer' besteht (vgl. Jacobs 1991b): Ein leerer Knoten wird am ersten verzweigenden Knoten als zusätzliche Valenzstelle markiert, so daß Bewegung den Prinzipien der Valenzvererbung unterliegt. Echte (d.h. durch eine Spur markierte) Bewegung setzt Jacobs nur in solchen Fällen an, in denen der Zugriff auf die Spur für Skopusfestlegung und Bindungsprinzipien relevant ist, d.h. bei

Vorfeldbesetzung und wh-Bewegung, aber nicht bei Diathesen, 'Scrambling', Raising etc. Ist keine Spur vorhanden, wird die Valenzposition ebenso über die Mutter weitergereicht wie bei echter Bewegung.

Nach dieser Konzeption von Bewegung ergeben sich immer dann Beschränkungen, wenn ein Ausdruck eine Valenz zu vererben hat, aber weder Kopf ist noch in den Kopf integriert ist: Da die Valenz nicht an die Mutter vererbt werden kann, kann das Komplement nicht außerhalb des lokalen Baums gesättigt werden. Daraus ergibt sich die Asymmetrie zwischen Subjekten und Objekten transitiver Verben: Aufgrund der Komplexion ist nur die Integration eines Komplements zulässig, bei transitiven Verben kann demnach das Subjekt nie integriert sein, entsprechend können keine Bewegungen aus der Subjekt-NP oder einem Subjekt-Satz stattfinden.

Um allerdings die Asymmetrie zwischen den Subjekten intransitiver unergativer Verben und Objekten zu erklären, muß das Phänomen der Prädikation herangezogen werden. Jacobs Begriff der Prädikation als integrationshemmende Struktur entspricht der pragmatischen Kategorisierung von Äußerungen als kategorisch im Kontrast zu thetisch (vgl. Sasse 1987). Während thetische Äußerungen als einheitlich oder 'in einem Zug' präsentiert zu betrachten sind, liegt bei kategorischen Äußerungen eine Aufspaltung in eine 'Prädikationsbasis' (Topik) und eine Prädikation darüber vor. Sasse (1987) demonstriert an verschiedenen Beispielen, daß es sich bei dieser Unterscheidung tatsächlich um eine diskursbezogene Strategie der Präsentation handelt und nicht um einen (verb-)semantisch festgelegten Unterschied (sieht man davon ab, daß es eine Klasse von Verben gibt, die ausschließlich thetisch präsentierbar sind, da sie nicht über ein inhaltliches Argument verfügen, das als Prädikationsbasis dienen kann). Die Auszeichnung eines Subjekts als pragmatisches Topik ist gesteuert von interagierenden Faktoren, die im Kern auf die 'Erwartbarkeit' der entsprechenden Prädikation für das betroffene Individuum in dem jeweiligen Kontext herauslaufen. Je weniger vorhersagbar eine entsprechende Prädikation ist, desto eher wird sie als Prädikation über ein Topik präsentiert.

Die von Grewendorf herangezogenen Daten zur Akzentuierung unter (36) spiegeln die Unterscheidung zwischen thetischen und kategorischen Äußerungen: Subjektbetonung tritt in thetischen Äußerungen auf, während in kategorischen das Verb betont wird. Das in Anlehnung an ein Beispiel von Sasse (1987) konstruierte Beispiel unter (38) demonstriert, daß Subjektbetonung und damit die thetische Konstruktion nicht wie von Grewendorf angenommen den unakkusativen Verben vorbehalten ist, sondern pragmatisch bestimmt ist:

(38)   Was ist da draußen los?
   a.   Die K<u>a</u>tze hat miaut/*Die Katze hat mi<u>au</u>t
   b.   *H<u>a</u>rry hat miaut/H<u>a</u>rry hat mi<u>au</u>t

Sasse erklärt den Unterschied zwischen den beiden Sätzen damit, daß im ersten Fall keine nicht-triviale Information über die Katze geäußert wird, da zu miauen eine ihr inhärente, d.h. erwartbare Eigenschaft ist, während im zweiten Fall miauen nicht zu den erwartbaren Eigenschaften von Harry gehört, so daß eine nicht-triviale Prädikation über Harry vorgenommen werden kann.

Vor diesem Hintergrund ergeben sich sowohl die Fokus-Daten unter (36) als Effekt aus der unterschiedlichen pragmatisch gesteuerten Präsentation, als auch die Unterschiede bei den Extraktionsdaten: Die Blockierung der Extraktion erfolgt dann, wenn das Komplement nicht in den Kopf integrierbar ist, was sich bei intransitiven Verben aus der Präsentation der Information durch eine kategorische Äußerung ergibt. Zur Diskussion der verschiedenen Fälle von Extraktion verweise ich auf Jacobs (1991b).

Jacobs Annahme, daß die Integration das relevante Kriterium für Bewegung aus einer Phrase ist, läßt sich in diesem Zusammenhang an der *was-für* Konstruktion erhärten: Parallel zu dem Satz unter (38a), bei dem das Subjekt integriert ist, läßt sich die Konstruktion unter (39) bilden, die nach Grewendorfs Analyse für Subjekte unergativer Verben aus syntaktischen Gründen ausgeschlossen sein sollte:

(39)   Was haben für Katzen miaut?

Auch die Diskrepanz zwischen den Sätzen unter (30) erklärt Jacobs über die Eigenschaften von Topik-Subjekten: Topik-Subjekte müssen nach Jacobs in einer strukturellen Position realisiert sein, die Schwester einer Phrase mit verbalen Kongruenzmerkmalen ist (vgl. Jacobs 1991b: 54). Ist das entsprechende Argument in den Kopf integriert, handelt es sich nicht um ein Topik-Subjekt, da Kopf und Komplement eine Einheit bilden; die Konstruktion ist deshalb möglich. Ist das Subjekt wie in (30a) nicht integriert, ist es Schwester des Partizips, das keine Kongruenzmerkmale trägt; die Konstruktion scheitert. Auch hier läßt sich zeigen, daß es sich nicht um eine verbinhärente Eigenschaft handelt:

(40)   (Hier ist es nachts sehr unruhig wegen der Katzen.)
        Das stört mich nicht. Katzen miaut haben bei uns zuhause immer

Offen bleibt m.E. allerdings, wie den NP-Split-Daten unter (31) Rechnung zu tragen ist. In diesem Zusammenhang möchte ich allerdings auch Zweifel an Grewendorfs Dateneinschätzung anmelden, zumindest was die Asymmetrie zwischen den Subjekt-Typen betrifft. Es scheint, daß Quantoren eine wesentlich wichtigere Rolle für die Grammatikalität spielen als von Grewendorf angenommen:

(41)   a. Hausfrauen haben mehrere den Vortrag besucht
        b. *Widersprüche sind dem Richter schreckliche aufgefallen

Eine Split-Konstruktion ist auch bei Subjekten unergativer Verben möglich, wenn ein Quantor beteiligt ist, während sie bei unakkusativen Verben scheitert, wenn statt des Quantors ein anderes Adjektiv verwendet wird. Damit liegt auch in diesem Fall keine Evidenz für einen syntaktischen Unterschied zwischen unergativen und unakkusativen Verben vor.

Nachdem nun der Hauptunterschied im Verhalten von Subjekten unergativer und unakkusativer Verben auf den Begriff der Prädikation, also auf den Topik-

Status des Subjekts zurückgeführt wurde, ist noch die Frage zu klären, wie der Zusammenhang mit den oben eingeführten Agens- und Themaprädikaten herzustellen ist. Die Frage dabei ist, wie erklärt werden kann, daß gerade die Argumente von Agensprädikaten bevorzugt Topik-Status haben. Ich gehe davon aus, daß es sich nicht um einen direkten Niederschlag der Eigenschaften von Agens- und Themaprädikaten handelt, sondern um einen Effekt, der sich indirekt aus den Selektionsbeschränkungen agentiver Prädikate an ihre Argumente ergibt: Da agentive Prädikate auf optionale Eigenschaften bezogen sind, ergibt sich für ihre Argumente häufig, daß sie ein gewisses Handlungsspektrum aufweisen, d.h. daß sie über ein gewisses Spektrum an potentiellen Eigenschaften verfügen. Je größer das Spektrum, desto weniger erwartbar ist die vom Prädikat eingebrachte Information über das Argument. Insofern sind die von Agensprädikaten erfaßten optionalen Eigenschaften generell weniger erwartbar als die von dynamischen Themaprädikaten erfaßten Veränderungen von inhärenten Eigenschaften. Da vorausgesetzt werden kann, daß das betroffene Individuum die relevante Eigenschaft aufweist, ist eine mögliche Veränderung dieser Eigenschaften ebenso 'trivial' wie die in Beispiel (38a) angeführte, für das Individuum typische agentive Eigenschaft.

Daß tatsächlich kein direkter Zusammenhang zwischen Themaprädikaten und thetischen Strukturen besteht, zeigt sich bei den statischen Themaprädikaten: Gerade weil sie lediglich inhärente Objekteigenschaften beinhalten, können solche Prädikationen im allgemeinen nur kategorisch präsentiert werden: Die für thetische Äußerungen relevante Motivation, ein Gesamtereignis zu präsentieren, ohne ein Individuum in den Vordergrund zu stellen, ist bei Prädikaten, die lediglich für ein Individuum relevante Information beinhalten, nicht gegeben (vgl. (42)).

(42) a. ?Der <u>Kuchen</u> schmeckt
     b. Der Kuchen <u>schmeckt</u>

Die Behandlung der von Grewendorf verwendeten Tests im Rahmen der Theorie von Jacobs zeigt also, daß auch durch diese Daten keine Evidenz für eine syntaktische Unterscheidung der unakkusativen und unergativen Verben vorliegt.

10. Konzeptuelle Beschränkungen der Situationsstruktur und ihr Niederschlag in der Dekompositionsstruktur

In diesem Kapitel soll die Unterscheidung von Agens- und Themaprädikaten weiter ausgearbeitet und für den Aufbau von Dekompositionsstrukturen herangezogen werden. Dabei bieten die charakteristischen Eigenschaften der Prädikatstypen eine Möglichkeit, Kombinationsbeschränkungen vorherzusagen und darüber das Inventar potentiell möglicher semantischer Verbstrukturen einzuschränken.

Ein zentrales Ziel bei den Untersuchungen zur Verbbedeutung besteht darin, die Argumentstruktur korrekt abzuleiten und damit den Zusammenhang zwischen semantischen Verbklassen und Operationen, die auf die Argumentstruktur zugreifen, herzustellen. In den letzten Jahren ist dabei zunehmend die Ereignisstruktur oder 'aspektuelle Struktur' der Verben neben der traditionellen Hierarchie thematischer Rollen als relevanter Faktor berücksichtigt worden. Ansätze wie die von Grimshaw (1990) oder Pustejovsky (1991b) setzen eine eigenständige Ebene der Ereignisstruktur an, die beim Linking der semantischen Argumente an eine externe oder interne Position der θ-Hierarchie eine Rolle spielt. Levin/Rappaport Hovav (1994) formulieren Linkingprinzipien, die unter anderem auf aspektuelle Eigenschaften Bezug nehmen (vgl. Abschnitt 9.6.2.). Tenny (1987) nimmt an, daß die Abbildung der thematischen Struktur auf die Argumentstruktur durch ein 'Aspektuelles Interface' vermittelt ist, das die Abbildung über die mit den Argumenten verbundenen aspektuellen Eigenschaften steuert. Eine zentrale Rolle spielt bei ihr das direkte interne Argument, dem die Funktion zukommt, 'das Ereignis auszumessen', d.h. durch seine Abarbeitung die Dauer der Situation zu bestimmen, und zwar sowohl als direktes Objekt transitiver Verben als auch als Subjekt unakkusativer Verben.

Ein Ansatz, in dem sich das Linking der semantischen Argumente an die Positionen der θ-Hierarchie ausschließlich aus der Einbettungstiefe der Argumente in der SF ergibt, muß die aspektuellen Unterschiede, die in den oben charakterisierten Ansätzen mit der Argumentstruktur in Verbindung gebracht werden, direkt aus dem Aufbau der semantischen Form ableiten. Wenn eine bestimmte Argumentposition, wie von Tenny angenommen, mit bestimmten aspektuellen Eigenschaften interagiert, muß das aus der Stellung des jeweiligen Dekompositionsprädikats in der SF folgen, das über das Argument prädiziert. Das gleiche gilt für die thematischen Eigenschaften der Argumente, die sich ebenfalls nur aus den Dekompositionsprädikaten ergeben, da keine unabhängige thematische Hierarchie angesetzt wird. Im vorigen Kapitel wurde schon angesprochen, daß Agens- und Themaprädikate verschiedene zeitliche Strukturen aufweisen. Damit die Beobachtung von Tenny (1987) erfaßt werden kann, daß die zeitliche Entwicklung einer Situation an die Abarbeitung eines internen Arguments gebunden sein kann, aber nicht an die eines externen, müssen Beschränkungen formuliert werden, wie die Prädikatstypen interagieren können, damit sich diese Effekte ergeben. Ich nehme an, daß der zeitliche Aufbau der von Verben erfaßten Situationen nicht auf einer eigenständigen Ebene der Ereignisstruktur stattfindet. Stattdessen wird die zeitliche

Struktur der Gesamtsituation über die zeitliche Information der Dekompositionsprädikate aufgebaut. Beschränkungen für mögliche Situationsstrukturen ergeben sich daraus, daß die Kombinatorik dieser Prädikate selbst Beschränkungen unterliegt. In diesem Kapitel soll deshalb der Aufbau komplexer Dekompositionsstrukturen diskutiert werden, um auch mehrstellige Verben, bei denen mehrere Dekompositionsprädikate eine Rolle spielen, in die Überlegungen einzubeziehen.

Um die Unterscheidung von Agens- und Themaprädikaten für den Aufbau komplexer Verbstrukturen fruchtbar zu machen, ist vor allem zu klären, welche Beschränkungen für die Kombination der beiden Prädikatsklassen angenommen werden können, um die von Verben realisierten Ereignisstrukturen zu erfassen. Ausgangspunkt der Überlegungen ist die Beobachtung, daß nicht beliebige Information über die Welt in der Verbsemantik zu einer Situation zusammengefaßt werden kann, sondern stets bestimmte Situationsmuster auftreten. Um die Prinzipien aufzuspüren, die zu diesen Mustern führen, soll im folgenden geprüft werden, welche Beschränkungen generell für die von Verben charakterisierten Ereignisse bestehen, und wie sie sich angemessen als Wohlgeformtheitsbedingungen von Dekompositionsstrukturen formulieren lassen.

10.1. Allgemeine Eigenschaften der von Verben kodierten Situationen

Da das Ziel der Überlegungen zu den Eigenschaften von Situationen keine ontologische Charakterisierung ist, sondern zur Erfassung der für die Verbstruktur relevanten Faktoren dient, möchte ich als Ausgangspunkt eine Beobachtung zugrundelegen, die den inhaltlichen Aufbau transitiver Verben betrifft. Das im letzten Kapitel eingeführte Inventar an Dekompositionsprädikaten umfaßt ein- und zweistellige Agens- und Themaprädikate. Da die SF von Verben aus prädikatenlogischen Formeln besteht, ist damit prinzipiell die Möglichkeit gegeben, beliebige Konjunktionen von Prädikaten und ihren Argumenten als semantische Repräsentationen zu bilden. Das Inventar an lexikalisierten Verben zeigt jedoch, daß Beschränkungen existieren, die bestimmte Repräsentationen ausschließen. Unter (1) sind relativ beliebig gewählte Kombinationen von Agens- und Themaprädikaten aufgeführt, die keine möglichen semantischen Repräsentationen für Verben darstellen.

(1) a. *[KNALL(x) & LEUCHT(y)]
    b. *[BECOME(FLÜSSIG(x)) & BECOME(VOLL(y))]
    c. *[KNALL(x) & BECOME(FLÜSSIG(y))]

Die Struktur unter (1a) beinhaltet zwei Agensprädikate mit jeweils unterschiedlichen Argumenten. Da zwei semantische Argumente vorliegen, müßte ein solches Verb transitiv zu realisieren sein. Offensichtlich gibt es keine lexikalisierten Verben, die eine der Repräsentation in (1a) entsprechende Struktur aufweisen: Sowohl das Subjekt als auch das Objekt des Verbs wären als Agens voneinander unabhängiger Handlungen zu interpretieren. (1b) beinhaltet zwei dynamische Themaprädikate. Auch solche Strukturen sind nicht lexikalisiert. (1c) zeigt, daß nicht nur bei der Kombination gleichartiger Prädikate Beschränkungen bestehen, sondern auch bei der Kombination von Agens- und Themaprädikaten miteinander: Kein transitives Verb beinhaltet ein beliebiges Agensprädikat, das einen Vorgang beschreibt, der zeitgleich zu einer beliebigen Veränderung eines Themas stattfindet. Damit liegt offensichtlich eine allgemeine Bedingung vor, die von den Dekompositionsprädikaten erfüllt sein muß: Eine SF darf nicht aus einer Konjunktion von zwei beliebigen Prädikaten bestehen, die unterschiedliche Argumente einbetten. Unter (2) ist diese Verallgemeinerung als Verbot für Dekompositionsstrukturen lexikalisierter Verben formuliert.

(2) $*[P(x) \,\&\, Q(y)]$

Eine Bedingung wie die unter (2) läßt sich dadurch motivieren, daß die in einer semantischen Repräsentation auftretenden Argumente miteinander in Beziehung stehen müssen. Die Suche nach dem Grund für eine solche Bedingung führt nun zu den konzeptuell relevanten Eigenschaften der von Verben charakterisierten Situationen. Die Bedingung ist m.E. in der Forderung nach einer 'einheitlichen Situation' begründet. Ich möchte im folgenden dafür argumentieren, daß in den der Verbsemantik zugrundeliegenden Situationskonzepten Objekte nur dann zu einer raumzeitlichen Einheit zusammenfaßbar sind, wenn erkennbar ist, daß eine Beziehung zwischen ihnen besteht. Diese Forderung nach der Einheitlichkeit der Situation kann als ein Kandidat für die konzeptuelle Motivierung von Beschränkungen der Dekompositionsstruktur betrachtet werden. Ich gehe davon aus, daß die Bedingung der Einheitlichkeit der Situation den Status eines Individuierungskriteriums für Situationen hat: Ebenso wie es positive Kriterien geben muß, die konkrete Objekte aus ihrer räumlichen Umgebung ausgrenzen, muß es positive Kriterien geben, die raumzeitliche Objekte wie Situationen aus ihrer raumzeitlichen Umgebung ausgrenzen. Als Individuierungskriterium für Situationen wird häufig die zeitliche Ausdehnung der Situation angesetzt, sowie der von den beteiligten Partizipanten eingenommene Raum. Es läßt sich aber zeigen, daß diese Kriterien nicht ausreichen, um die von Verben kodierten Situationen zu charakterisieren.

Da in komplexen Situationen nicht alle Partizipanten in allen Phasen der Situation eine Rolle spielen müssen (z.B. spielt die Zielregion in einem Bewegungsereignis erst eine Rolle, wenn sie erreicht wird), ist zusätzlich ein inhaltliches Kriterium nötig, das festlegt, welcher Vorgang die Partizipanten zu einer Situation zusammenfaßt. Über die zeitliche Ausdehnung der Situation allein besteht keine Möglichkeit, eventuelle Handlungen von Partizipanten in den Phasen der Situation, in denen sie für die Situation keine Rolle spielen, auszublenden. Nimmt man einen Satz wie *Rotkäppchen bringt ihrer Großmutter Kuchen und Wein*, dann ist die Großmutter als Ziel der Handlung erst bei Abschluß der Situation relevant. Eine Charakterisierung, die nur die zeitliche Ausdehnung und die Lokalisierung der Partizipanten berücksichtigt, müßte eine eventuelle Bewegung der Großmutter in der Situationszeit mit in die bezeichnete Situation aufnehmen. Offensichtlich spielt jedoch ein Rezipient keine Rolle für die Situation, solange er nicht vom Agens erreicht ist: Seine Handlungen sind kein Bestandteil der relevanten Situation. Durch ein inhaltliches Kriterium können auch zufällig in der für die Situation relevanten Raum-Zeit-Region agierende Individuen aus der Situation ausgeschlossen werden. So ist es für eine Bewegungssituation irrelevant, ob z.B. bei einer Festlegung eines Rasens als Zielregion dieser während der Bewegungsphase gemäht wird oder nicht. Der Agens der Mäh-Situation wird nicht dadurch zum Partizipanten der Bewegungssituation, daß er sich zur Situationszeit in der Region aufhält, in der die Situation stattfindet. Ohne eine inhaltliche Beziehung zwischen den Partizipanten stellt also auch eine genau abgegrenzte Raum-Zeit-Region keine individuierte Situation dar.

Der raumzeitliche Zusammenhang spielt eine Rolle für solche Situationen, die unterschiedliche Teilvorgänge zusammenfassen. Betrachtet man einen Satz wie den unter (3), der in einen Prozeß des Gehens und einen Nachzustand, in dem das bewegte Objekt am Ziel lokalisiert ist, zerlegt werden kann, dann kann mit diesem Satz keine Situation beschrieben werden, in der Peter zunächst zu einem Autoverleih geht, sich ein Auto mietet und damit zum Rathaus fährt.

(3)   Peter geht zum Rathaus

Die beiden Teilsituationen bilden also eine komplexe Situation, deren zeitliche Einheit nicht durch eine 'konkurrierende' Teilsituation unterbrochen werden darf. Allerdings ist die Bedingung der zeitlichen Einheit schwächer als die Bedingung der inhaltlichen Einheit. Das kann daraus geschlossen werden, daß es Situationen geben kann, die die Einheit der in (3) beschriebenen Situation aufbrechen, ohne (3) zu einer inadäquaten Beschreibung zu machen. So kann Peter unterwegs anhalten, um ein Brötchen zu essen etc. Die Einschränkung, daß die Situation lediglich nicht durch eine *konkurrierende* Situation unterbrochen werden darf, ist in diesem Zusammenhang zu sehen: Eine Situation konkurriert, wenn sie den kausalen Zusammenhang zwischen den beiden Teilsituationen aufbricht, wie das beim Zurücklegen der letzten Teilstrecke mit einem anderen als dem vom Verb in (3) erfaßten Modus der Fall wäre. Damit läßt sich die Bedingung der zeitlichen Einheit umdeuten zur Bedingung der kausalen Einheit.

Kausalität scheint eine zentrale Rolle dafür zu spielen, ob nacheinander stattfindende Vorgänge zu einer durch ein Verb erfaßbaren komplexen Situation zusammengefaßt werden können. Dabei ist Kausalität in einem weiten Sinn zu verstehen, so daß auch die Festlegung eines Zustands als Nachzustand eines Vorgangs wie in Beispiel (3) kausalen Charakter hat: Ein Zustand ist nur dann als Nachzustand charakterisierbar, wenn er als Folge einer vorangegangenen Entwicklung betrachtet werden kann. Daß die Klassifizierung eines Nachzustands nicht rein zeitlich geschehen kann, zeigt sich dadurch, daß z.B. eine Kälteperiode nicht als Nachzustand einer Wärmeperiode betrachtet werden kann, selbst wenn sie ihr unmittelbar folgt. Lediglich in bezug auf die Abkühlung, die als Ursache dieses Zustands verstanden werden kann, ist die relationale Charakterisierung als

Nachzustand möglich. Kausalität spielt also nicht nur in bezug auf Handlungskontexte eine Rolle, sondern ist eine notwendige Bedingung, um zeitlich nicht parallel ablaufende Vorgänge miteinander in Beziehung zu setzen. Vor allem die Resultativkonstruktionen intransitiver Verben zeigen, daß die Identifizierung eines solchen kausalen Zusammenhangs nötig ist, damit eine Prädikat-Argument-Struktur als wohlgeformter Ausdruck akzeptabel ist. Der durch das Resultativtemplate eingebrachte Nachzustand ist nur dann kausal mit der Verbhandlung verbunden, wenn über die Handlung eine Entwicklung erschlossen werden kann, aus der sich der Resultatszustand ergibt.

Daß der kausale Zusammenhang für die Verbbedeutung eine wichtigere Rolle spielt als die zeitliche Einheit, zeigt sich auch darin, daß ein zeitlich nicht direkt benachbarter Zustand als Nachzustand eines Ereignisses charakterisiert werden kann, wenn der kausale Zusammenhang gegeben ist. Ein Beispiel dafür liefert die Resultativkonstruktion unter (4).

(4) Mit ihren erfolgreichen Straßenauftritten sang sie sich auf die Bühne des Olympia

Es ist also festzuhalten, daß die kausale Einheit der Situation relevanter ist als die zeitliche: Relativ zum kausalen Zusammenhang können zeitliche Lücken zwischen Teilereignissen ausgeblendet werden, so daß der Zusammenhang zwischen zeitlich getrennten Teilsituationen über eine kausale Beziehung hergestellt werden kann.

Die Bedingung der inhaltlichen Einheit von Situationen kann vor diesem Hintergrund unter Berücksichtigung der verbotenen Struktur unter (2) in zwei Teilbedingungen unterteilt werden:

K1: Partizipanten innerhalb einer Situation müssen in einer inhaltlich spezifizierten Beziehung zueinander stehen.
K2: Teilsituationen müssen kausal miteinander verbunden sein.

Die direkte zeitliche Nachbarschaft oder die zeitliche Überlappung genügt also nicht, um eine durch ein Verb erfaßbare komplexe Situation herzustellen, solange kein inhaltlicher Zusammenhang identifiziert ist. Deshalb ergibt sich für die SF, daß die konzeptuell notwendige Verbindung zwischen zwei Prädikaten nur dann besteht, wenn die inhaltliche Beziehung zwischen ihren Argumenten spezifiziert ist. Beinhalten solche Prädikate unterschiedliche Argumente, muß eine Relation zwischen den Argumenten definiert sein, die den inhaltlichen Zusammenhang herstellt; ist ein Argument in zwei Teilsituationen eingebunden, muß ein kausaler Zusammenhang zwischen den Teilsituationen bestehen, damit die inhaltliche Einheit gewährleistet ist.

Aufgrund dieser Beschränkung ergibt sich die Beobachtung, daß zur Akzeptabilität von Resultativkonstruktionen eine Einwirkungsrelation im Verb identifizierbar sein muß, daraus, daß nur so eine wohlgeformte Struktur entstehen kann. Da das durch das Template neu eingeführte Argument isoliert in einer Teilsituation auftritt, kann die komplexe Situation nur individuiert werden, wenn eine Beziehung zu dem realisierten Argument des Basisverbs gefunden wird, über die das neue Argument inhaltlich eingebunden werden kann.

Über die Bedingung K1 ergibt sich, daß innerhalb der Verbsemantik striktere Bedingungen an kausale Zusammenhänge bestehen als zwischen syntaktisch unabhängigen Propositionen. Die Beispiele unter (5) zeigen, daß die Semantik von *weil* nicht gleichgesetzt werden kann mit der kausalen Beziehung innerhalb der Verbstrukturen: *weil* verbindet beliebige Propositionen, zwischen denen eine kausale Beziehung behauptet wird, während innerhalb der Verbsemantik gewährleistet sein muß, daß die kausalen Beziehungen über eine Relation zwischen den Argumenten erschließbar sind.

(5) a. Weil es dunkel wurde, gingen die Kinder ins Bett
    b. §Es dunkelte die Kinder ins Bett
    c. Weil das Studentenwerk sparen muß, wird das Mensaessen immer schlechter
    d. §Das Studentenwerk spart das Mensaessen immer schlechter

Für die kausale Beziehung zwischen Teilsituationen in Resultativkonstruktionen reicht demnach ein lediglich über CAUSE behaupteter kausaler Zusammenhang nicht aus. Zusätzlich muß sich der kausale Zusammenhang aus der konzeptuellen Interpretation der über CAUSE verbundenen Dekompositionsprädikate ergeben.

K1 und K2 stellen also konzeptuelle Bedingungen an den inhaltlichen Aufbau von Situationen, die notwendig sind, um Situationen zu individuieren. Diese Bedingungen bilden die Motivation für Beschränkungen über den Aufbau von Dekompositionsstrukturen. Im nächsten Abschnitt möchte ich der Frage nachgehen, welche Bedingungen für die Kombinatorik von Dekompositionsprädikaten in der SF bestehen.

10.2. Beschränkungen in SF

Der Bedingung K1 zur konzeptuellen Individuierung von Situationen entspricht auf der semantischen Ebene das unter (2) angegebene Verbot *(P(x) & Q(y)). (2) schließt zwar aus, daß Verben mit einer SF wie in den Beispielen unter (1) als wohlgeformte Beschreibung einer Situation auftreten können, beinhaltet aber keine Beschränkungen darüber, welche Arten von Relationen in einer SF auftreten können. Damit ist es allein nicht geeignet, die existierenden Verben abzuleiten. Zwar ergibt sich über K2 eine weitere Einschränkung, die die Beziehung zwischen verschiedenen Teilsituationen betrifft, in bezug auf die innerhalb einer Teilsituation mögliche Information ist damit jedoch noch nichts gesagt. Die Frage ist nun, ob für die SF noch weitere Beschränkungen zu formulieren sind, oder ob die bisherigen Annahmen zum Aufbau der SF genügen, um die korrekten

Strukturen vorherzusagen. Zunächst ist festzuhalten, welche beobachtbaren Beschränkungen in bezug auf die Verbargumente bestehen und welche Kombinationen von Prädikatstypen ausgeschlossen werden müssen, um diesen Beobachtungen gerecht zu werden.

Erfaßt werden müssen zwei Beobachtungen, die den Status der Argumente transitiver Verben betreffen: Einerseits die Tatsache, daß direkte Objekte nie Agenseigenschaften haben, und andererseits die, daß direkte Objekte, aber nicht Subjekte transitiver Verben einer Entwicklung unterliegen können, die zu einem Nachzustand führt (also in der Terminologie von Dowty (1991) kein 'inkrementelles Thema' sein können). Beide Eigenschaften wurden im letzten Kapitel in Zusammenhang mit Agens- und Themaprädikaten gebracht: Agenseigenschaften weist ein Argument dann auf, wenn es Argument eines Agensprädikats ist; einer Entwicklung unterliegen können nur Argumente dynamischer Themaprädikate. Berücksichtigt man zusätzlich die Relationen, verteilen sich die typischen Agens- und Themaeigenschaften auf die Argumente wie unter (6) dargestellt. Da sich der Status des ersten Arguments bei typischen asymmetrischen Agensrelationen und und den untypischen symmetrischen Agensrelationen unterscheidet, werden beide getrennt aufgeführt und mit einem Index versehen. Die einzige bisher aufgetretene symmetrische Agensrelation ist POSS. Ich habe deshalb als Label für das erste Argument der symmetrischen Agensrelation 'Possessor' gewählt, da 'Agens' hier irreführend wäre. Dementsprechend wird das erste Argument der dynamischen symmetrischen Agensrelation als Rezipient bezeichnet.[1]

(6) a. Agensprädikate: Agens
    b. Themaprädikate: Thema
    c. dynamische Themaprädikate: inkrementelles Thema
    d. asymmetrische Agensrelation: Agens, (inkrementelles) Thema
    e. symmetrische Agensrelation: Possessor, Thema
    f. dynamische symmetrische Agensrelation: Rezipient, inkrement. Thema
    g. dynamische Themarelation: inkrementelles Thema, Thema

Damit die beiden Beobachtungen erfaßt werden können, muß einerseits gewährleistet sein, daß direkte Objekte nicht Argumente von Agensprädikaten sein können und andererseits, daß Subjekte transitiver Verben nicht Argumente von dynamischen Themaprädikaten sein können.

---

[1] Die Label 'Agens' und 'Thema' haben hier einen etwas anderen Status als in Ansätzen, die mit thematischen Rollen eine Identifizierung der Argumente vornehmen: Sie betreffen nur den Charakter der Eigenschaften, die ein semantisches Prädikat bei dem entsprechenden Argument anspricht. Die 'thematische Rolle' im traditionellen Sinn ergibt sich für ein Verbargument erst über die Summe der Eigenschaften, die ihm von den verschiedenen SF-Prädikaten zugesprochen wird. Daher können mehrere Argumente in einer Repräsentation Themaeigenschaften aufweisen, und auch ein einziges Argument sowohl Agens- als auch Themaeigenschaften, wenn es in verschiedenen Prädikaten vorkommt.

Die erste Beobachtung, daß direkte Objekte keine Agenseigenschaften haben, bedeutet für den Aufbau der Dekompositionsstruktur, daß Agensprädikate und asymmetrische Agensrelationen nicht an zweiter Stelle in einer Repräsentation stehen dürfen: Damit ein Argument als direktes Objekt realisiert wird, muß in der SF eine hierarchiehöhere Variable auftreten, die als Subjekt realisiert wird. Da weder das zweite Argument einer Agensrelation noch die Argumente von Themaprädikaten oder -relationen Agenseigenschaften aufweisen (vgl. (6)), könnte ein hierarchieniedrigeres Argument nur dann Agenseigenschaften haben, wenn es als Argument eines Agensprädikats oder als erstes Argument einer asymmetrischen Agensrelation auftritt, die auf ein hierarchiehöheres Prädikat folgt.

Wenn man Bedingung (2) berücksichtigt, kommen drei Strukturen in Frage, in denen das der Fall sein könnte: die, in der eine Agensrelation einem Prädikat folgt, das das zweite Argument der Agensrelation einbettet (7a), die, in der ein Argument, das als zweites Argument in einer Relation vorgekommen ist, im folgenden als Argument eines Agensprädikats auftritt (7b), und die, in der das zweite Argument einer in höchster Position auftretenden Relation als erstes Argument einer (asymmetrischen) Agensrelation auftritt (7c).[2] Dabei ist es irrelevant, ob es sich beim ersten Prädikat (Relation) um ein Agens- oder Themaprädikat handelt. Da diese Strukturen durch Bedingung (2) noch nicht ausgeschlossen sind, muß noch eine weitere Beschränkung gefunden werden, die das Auftreten von Agensprädikaten in nicht-hierarchiehöchster Position verbietet.

(7) a. $^{\S}\lambda y \quad \lambda x\ [\text{PRÄD}(x)\ \&\ \text{AGREL}_{\text{asym}}(y,x)]$
     Akk Nom

b. $^{\S}\lambda y \quad \lambda x\ [\text{REL}(x,y)\ \&\ \text{AGPRÄD}(y)]$
   Akk Nom

c. $^{\S}\lambda y\ \lambda x\ [\text{REL}(x,y)\ \&\ \text{AGREL}_{\text{asym}}(y,x)]$
   Akk Nom

Die zweite Beobachtung, daß Subjekte transitiver Verben nicht einer Entwicklung unterliegen können, kann so formuliert werden, daß nach einem dynamischen Themaprädikat in erster Position keine Relation mehr auftreten darf, die eine weitere, als direktes Objekt realisierbare Individuenvariable enthält (vgl. (8)): Bedingung (2) schließt auch hier aus, daß ein einstelliges Prädikat ein weiteres Individuenargument einführt, so daß nur über eine Relation ein Argument eingeführt werden könnte. Auch hier muß ein unabhängiger Grund gefunden werden, aus dem sich die Beschränkung ergibt.

---

[2] Im folgenden werden Agensprädikate und -relationen mit AGPRÄD bzw. AGREL$_{\text{asym}}$ und AGREL$_{\text{sym}}$ repräsentiert, dynamische Themaprädikate/-relationen mit BECOME (THPRÄD)/BECOME (THREL). PRÄD/REL steht für beliebige Prädikate/Relationen, THPRÄD/THREL für beliebige (statische oder dynamische) Themaprädikate/-relationen. In Beispiel (7) können PRÄD und REL also sowohl Agens- als auch als Themaprädikate/-relationen erfassen.

(8) a. λy λx (BECOME (THPRÄD(x)) & (REL(x,y)))
   Akk Nom

b. §λy λx (BECOME (THPRÄD(x)) & (REL(y,x)))
   Akk Nom

In Kapitel 1 wurde im Zusammenhang mit der asymmetrischen Interpretation der Konjunktion eine Annahme zum Aufbau von Dekompositionsstrukturen formuliert: Hierarchiehöhere Prädikate formulieren die Voraussetzungen für hierarchieniedrigere Prädikate, d.h. hierarchieniedrigere Prädikate müssen die von den höheren Prädikaten eingeführte Information weiter spezifizieren. Diese Bedingung soll jetzt noch einmal genauer daraufhin betrachtet werden, ob sich die beobachteten Beschränkungen damit ableiten lassen. Dazu ist es sinnvoll, die Variantenbildung von Verben zu berücksichtigen, da anhand möglicher und unmöglicher Varianten Schlüsse über die Interaktion der Dekompositionsprädikate gezogen werden können.

10.2.1. Verbvarianten als Diagnostik für den Aufbau von Dekompositionsstrukturen

Verben lassen sich aufgrund ihrer semantischen Information in Bedeutungsfeldern wie unter (9) anordnen.

(9) a. gehen, laufen, rennen, ...   (Eigenbewegung auf eine bestimmte Art)
    b. geben, bringen, schicken, ... (Objekttransfer auf eine bestimmte Art)
    c. nehmen, kaufen, stehlen, ... (Objektaneignung auf eine bestimmte Art)
    d. schieben, ziehen, werfen, ... (Objektbewegung auf eine bestimmte Art)

Die Einbindung der Verben in solche Felder läßt darauf schließen, daß es allgemeine Muster gibt, die für verschiedene Verben relevant sind, und daneben eine für das individuelle Verb typische Kernbedeutung. Für die lokalen Verben wurde diese spezifische Kernbedeutung als Lokalisierungs- bzw. Bewegungsmodus bezeichnet. Für die vier Verbtypen unter (9) lassen sich jeweils die Muster (=Templates) unter (10) ansetzen, wobei das Kernprädikat für die einzelnen Verben zu spezifizieren ist.[3]

(10) a. [KERN(x) & MOVE(x) & P(x)]
   b. [KERN(x,y) & BECOME (POSS(z,y))]
   c. [KERN(x,y) & BECOME (POSS(x,y))]
   d. [KERN(x,y) & MOVE(y) & P(y)]

Betrachtet man die Variantenbildung von Verben, so lassen sich trotz vieler Idiosynkrasien zwei Hauptstrategien identifizieren:

1. Eine Bedeutungsentleerung des verbspezifischen Kerns findet statt; das Template und die Argumentstruktur bleiben jedoch erhalten. Die Bedeutungsentleerung äußert sich darin, daß die Selektionsbeschränkungen des Verbs verloren gehen, so daß die spezifische Bedeutung des komplexen Ausdrucks erst über die Argumente eingebracht wird. Diese Strategie ist in ihrer extremsten Form bei den Funktionsverbgefügen zu beobachten ((11a) - (c), vgl. Steinitz 1990). Verwendungen, die etwas näher an der Basisbedeutung des Verbs liegen, sind unter (11d) und (e) aufgeführt: Hier hat lediglich eine Übertragung von einer konkreten, objektbezogenen Bedeutung auf eine abstraktere stattgefunden.

(11) a. Dieser Computer bringt mich zur Verzweiflung
   b. Die Kinder setzen das Osterfeuer in Brand
   c. Rays Traum ging in Erfüllung
   d. Der Pfarrer spendet seinen Schäfchen Trost
   e. Er drängt ihn zu einer Entscheidung

2. Bei der zweiten Strategie der Variantenbildung ist nicht das Template, sondern der Bedeutungskern zentral. Der Kern wird in andere Templates eingesetzt, so daß sich Änderungen in der Argumentstruktur ergeben (vgl. (12)).

---

[3] Ich verwende den Begriff 'Template' hier in einem anderen Sinne als in Kapitel 8 in Zusammenhang mit dem Resultativtemplate. Für eine lexikalisierte SF bezieht sich der Begriff Template auf den Teil der Information, den ein bestimmtes Verb mit einer Klasse von Verben teilt, und steht damit in Kontrast zur Kerninformation. Der Zusammenhang zwischen den beiden Verwendungen des Templatebegriffs besteht darin, daß die zur Variantenbildung verwendeten Templates Abstraktionen aus lexikalisiert vorliegenden Templates sind. Auch der Begriff der Kerninformation wird in zwei Bedeutungen verwendet: Zumeist ist die Information gemeint, durch die sich das Verb von den übrigen Verben derselben Klasse unterscheidet. Für Kerninformation in diesem Sinne verwende ich bei den lokalen Verben auch den Begriff 'Modusprädikat'. In bestimmten Zusammenhängen kann mit der Kerninformation eines Verbs aber auch der allen Varianten zugrundeliegende Bedeutungsbestandteil gemeint sein. Ein Verb, an dem diese zweite Verwendung illustriert werden kann, ist *schieben*: Hier entspricht die Kerninformation im engeren Sinne der Bedeutung von *drücken*, da *schieben* aber immer nur als Bewegungsverb auftritt, kann diese Modusinformation mit MOVE zusammen als die Kerninformation im weiteren Sinne bezeichnet werden.

(12) a. Als alle schon glaubten, daß die Gefahr vorbei sei, drückte er ab
    b. Das Auto quietscht um die Ecke
    c. Er frißt sich dick und rund
    d. Er zog seinen Hut

Unter diese zweite Strategie fallen Partikelverbbildungen, Bewegungsverbableitungen und Resultativbildungen, aber auch idiomatisierte Ableitungen wie unter (12d). Levin/Rapoport (1988) bezeichnen diesen zweiten Typ der Ableitung (bzw. die Fälle unter (12a) - (c)) als 'lexical subordination' und schlagen vor, eine Einbettung der Basisverbrepräsentation in ein Prädikatstemplate vorzunehmen. Diese Art der Analyse entspricht der Ableitung der Resultativkonstruktionen über ein Template, wie sie in Kapitel 8 vorgestellt wurde. Diese Ableitungsstrategie wirft die Frage auf, wodurch die Einbettbarkeit eines Bedeutungskerns in ein Template gesteuert ist, und ist damit zentral für die Untersuchung der Interaktion zwischen den Prädikaten. Um diese Frage zu beantworten, soll noch einmal die Bewegungsverbbildung als ein Fall der Variantenbildung durch Template-Einbettung betrachtet werden.

Maienborn (1992a) weist darauf hin, daß die Bewegungsverbbildung nicht mit beliebigen Verben möglich ist. Als relevantes Kriterium nennt sie, daß das Kernprädikat des Verbs auf eine essentielle Eigenschaft der Fortbewegung Bezug nehmen muß. Die Beispiele unter (13) zeigen Verben, die nicht als Bewegungsverben verwendbar sind (13a-c), und solche, die Bewegungsverbvarianten bilden können (13d,e).

(13) a. §Albert liest durch den Garten
    b. §Barbara ißt in ihr Zimmer
    c. §Karl-Heinz schwatzt durch die Uni
    d. Marco turnt über die Tische
    e. Erich wackelt über die Straße

Maienborn beobachtet, daß gerade Verben der Geräuschproduktion häufig herangezogen werden, um Bewegungsverben zu bilden, was auf einen Zusammenhang der Geräuschproduktion und der Fortbewegung schließen läßt. Exemplarisch ist das Beispiel unter (12b). Der Vergleich der Sätze unter (14b) und (d) zeigt nun aber, daß die Verträglichkeit von Kern und Template nicht nur vom Kern allein, sondern auch in Abhängigkeit vom realisierten Argument gesteuert sein kann: Obwohl die Verwendung des Basisverbs *jaulen* in (14c) ohne weiteren Kontext besser möglich ist als in (14a), ist gerade für diesen Referenten die Bewegungsverbvariante markiert.

(14) a. ?Das Motorrad jault
    b. Das Motorrad jault um die Ecke
    c. Der Welpe jault
    d. §Der Welpe jault unter das Bett

In Kapitel 8 wurde angenommen, daß die vom Kern ausgedrückte Information in einen Zusammenhang mit der Bewegungsinformation gebracht werden muß, damit die Konstruktionen möglich sind. Damit stellt sich die Frage, warum ein solcher Zusammenhang in (14b) hergestellt werden kann, in (14d) jedoch nicht. Daß *jaulen* für Fahrzeuge als Bewegungsmodus interpretiert werden kann, läßt sich damit begründen, daß hier die Geräuschproduktion als ein Nebenprodukt einer bestimmten Form der Bewegung verstanden werden kann: Das Motorrad fährt so schnell, daß der Motor dabei ein jaulendes Geräusch macht. Die Frage, warum eine Bewegungsverblesart in Zusammenhang mit dem Referenten in (14d) nicht möglich ist, hängt interessanterweise gerade mit der Akzeptabilität von (14c) zusammen: *jaulen* ist für Welpen eine mögliche Form der Geräuschproduktion, die ihnen als Gattung generell zur Verfügung steht. Relevant für die Interaktion zwischen Dekompositionsprädikaten ist nun, daß diese Form der Stimulusproduktion offensichtlich nicht mit der Bewegungsinformation kompatibel ist: Obwohl Welpen die Selektionsbedingungen der relevanten Prädikate erfüllen, ist das entsprechende Bewegungsverb nicht auf sie anwendbar, da die Geräuschproduktion nicht mit der Bewegung in Zusammenhang gebracht werden kann.

Das bedeutet, daß das durch die Template-Einbettung erzeugte Bewegungsverb nicht allein als eine Konjunktion der Prädikate JAUL(x) und MOVE(x) interpretiert werden kann. Eine solche Konjunktion könnte zwei unabhängige Eigenschaften eines Individuums zusammenfassen, die lediglich zufällig gleichzeitig auftreten. Die Beschränkung des Bewegungsverbs *jaulen* auf Fahrzeuge zeigt jedoch, daß die Komponenten auf die gleiche Eigenschaft bezogen sein müssen und daß nicht zwei unterschiedliche, parallel auftretende Eigenschaften eines Individuums zusammengefaßt werden können. Auch hier liegt also eine Forderung nach einer bestimmten Form von kausalem Zusammenhang vor.

Unter dieser Perspektive läßt sich die Bedingung, daß hierarchieniedrigere Prädikate die Information von höheren Prädikaten aufgreifen müssen, so verstehen, daß die höher eingebetteten Prädikate die Eigenschaften aktivieren, auf die die hierarchieniedrigeren dann ebenfalls bezogen sein müssen. Da *jaulen* für Fahrzeuge keine Eigenschaft ist, die sie optional aufweisen können, kann die Bewegungsverbrepräsentation nur so aufgebaut sein, daß MOVE die Eigenschaft vorgibt, in bezug auf die das Prädikat JAUL als eine für Fahrzeuge mögliche Eigenschaft interpretiert werden kann. Da *jaulen* für Welpen jedoch eine optionale Eigenschaft darstellt, gibt das Prädikat in diesem Kontext selbst die Eigenschaft vor, auf die mögliche Templateprädikate bezogen sein müssen. Auf diese Eigenschaft kann sich MOVE aber nicht beziehen.

Die Erweiterung von Verben der akustischen Stimulusproduktion zu Bewegungsverben stellt offensichtlich eine relativ komplexe Form der Variantenbildung dar, da Kernprädikat und Templateprädikat auf unterschiedliche Eigenschaften bezogen sind. Das Kernprädikat muß als Bewegungsmodus interpretiert werden, was nur dann möglich ist, wenn es nicht in seiner Grundbedeutung eine optionale Eigenschaft des Individuums erfaßt, auf das das Argument des abgeleiteten Verbs referiert. Bei Verben wie *turnen* dagegen, die in ihrer Kernbedeutung schon auf Körperbewegung Bezug nehmen, kann die Bewegungsverbbildung durch eine einfache Template-Einbettung vorgenommen werden. Anders als bei *jaulen* ist die Bewegungsverblesart von *turnen* auch mit allen NPs möglich, die die sortalen Anforderungen des Kernprädikats erfüllen, vgl. (15).

(15) a. Peter turnt über die Tische
     b. Der Schimpanse turnt durch seinen Käfig

Die unmarkierte Form der Bewegungsverbableitung kann demnach auf der Basis solcher Verben geschehen, die die für Fortbewegung relevante Eigenschaft (Beweglichkeit des Objekts) selbst schon aktivieren. Welche Eigenschaften durch ein semantisches Prädikat aktiviert werden, wird nicht auf der SF selbst, sondern durch die konzeptuelle Interpretation der Prädikate bestimmt. Insofern ist die Interaktion zwischen den Prädikaten als eine Art 'konzeptueller Filter' zu betrachten, der das Resultat der Kombination von Kern und Template auswertet: Ob sich durch die Kombination eine angemessene Prädikation ergibt, hängt nicht nur davon ab, ob der Referent die verschiedenen durch die Prädikate erfaßten Eigenschaften gleichzeitig aufweist, sondern davon, ob *eine* Eigenschaft des Referenten durch die Prädikatskombination sinnvoll beschrieben werden kann.

Nach diesen Beobachtungen zu abgeleiteten Verben kann konkretisiert werden, inwiefern hierarchieniedrigere Prädikate hierarchiehöhere spezifizieren: Sie führen nicht neue Eigenschaften in bezug auf ein Argument ein, sondern geben weitere Information über eine Eigenschaft, die schon durch das hierarchiehöhere Prädikat aktiviert wurde.

10.2.2. Die Spezifizierung aktivierter Eigenschaften als Beschränkung über Dekompositionsstrukturen

Aufgrund dieser Beobachtungen läßt sich die Bedingung für die Kombinierbarkeit eines semantischen Kernprädikats mit einem bestimmten Template folgendermaßen charakterisieren:

D1: (erste Version)
     Ein semantischer Kern kann mit einem Template kombiniert werden, wenn die Templateprädikate und der semantische Kern auf dieselbe Eigenschaft des Referenten des gemeinsamen Arguments bezogen werden können.

Im Fall von Template-Ableitungen, über die neue Individuenargumente eingeführt werden (wie bei den Resultativkonstruktionen), muß eine andere Bedingung gelten, da das Argument des Templateprädikats nicht Argument des Kernprädikats ist: Hier gilt die oben angeführte Bedingung, daß das neu eingeführte Argument konzeptuell vom Kernprädikat bereitgestellt wird und das Templateprädikat eine durch das Kernprädikat aktivierte Eigenschaft des neuen Arguments spezifiziert.

     Demnach ergeben sich für abgeleitete Strukturen zwei Strategien, die jeweils mit Zugriff auf die konzeptuelle Interpretation des Kernprädikats einhergehen: Im

Fall der Bewegungsverbableitungen wird die schon im Kernprädikat angelegte Information über die Objektbewegung als Ursache für Fortbewegung des Arguments interpretiert. Daraus ergibt sich eine Interpretation der Kernbedeutung als Bewegungsmodus. Im Fall der Resultativkonstruktionen wird die Kerninformation auf ein Individuum bezogen, das noch nicht in die Argumentstruktur des Verbs eingegangen ist; das Templateprädikat spezifiziert dann den Effekt der konkreten Handlung auf dieses Individuum. In beiden Fällen geht die Template-Einbettung damit einher, daß das Kernprädikat als Ursache für die durch das Template eingeführte Eigenschaft interpretiert wird, wobei diese Eigenschaft schon in der Information des Kernprädikats angelegt ist. Auch hier läßt sich die Notwendigkeit eines kausalen Zusammenhangs zwischen den Prädikaten erkennen.

Damit die Bedingung D1 auch die Einbettung in Resultativtemplates erfaßt, muß sie etwas verallgemeinert werden: Sie darf sich nicht auf ein gemeinsames Argument von Kernprädikat und Templateprädikat beziehen, sondern muß berücksichtigen, daß das Templateprädikat ein Argument einbetten kann, das nicht Argument des Kernprädikats ist.

D1: (zweite Version)
Ein semantischer Kern kann in ein Template eingesetzt werden, wenn der Kern eine Eigenschaft des Arguments des Templateprädikats aktivieren kann und das Templateprädikat diese Eigenschaft spezifiziert. Das Argument des Templateprädikats muß dabei nicht semantisches Argument des Kernprädikats sein.

Nimmt man an, daß diese Wohlgeformtheitsbedingung für abgeleitete Strukturen den Prinzipien folgen, die für lexikalisierte Strukturen gelten, dann kann eine entsprechende Bedingung für lexikalisierte Verben angesetzt werden. Da sowohl die Argumente als auch die Dekompositionsprädikate dieser Verben festgelegt sind, läßt sich die etwas striktere Bedingung unter D2 formulieren, die die Beschränkung in (2) befolgt.

D2: Die Dekompositionsstruktur von lexikalisierten Verben enthält nur solche Templateprädikate, die diejenigen Eigenschaften der semantischen Argumente weiter spezifizieren, die durch den hierarchiehöheren Kern aktiviert wurden.

Der Unterschied zwischen den Anforderungen an lexikalisierte und abgeleitete Verbstrukturen läßt sich am Vergleich eines Bewegungsverbs mit seiner normalen lokalen Bedeutung (16a) und mit einer abgeleiteten resultativen Bedeutung (16b) illustrieren.

(16) a. Sie laufen um den Park
     b. Sie laufen den Rasen platt

Das Modusprädikat von *laufen* (LAUF) beinhaltet in seiner konzeptuellen Interpretation eine gleichmäßig abwechselnde Bewegung der Beine (vgl. Kapitel 11).

Diese Information über die Körperbewegung legt die Eigenschaft der Basisbedeutung fest. Da die Beinbewegung als eine Serie von Kontakten zwischen dem bewegten Individuum und dem Untergrund zu konstruieren ist, wird einerseits Information über die Beweglichkeit des Objekts aktiviert, andererseits Information über eine Menge von Kontaktregionen. Demnach ist MOVE das Prädikat, das diese Information weiter spezifizieren kann, da es weitere Information über Bewegung und Kontaktregionen einbringt, indem es eine Wegstruktur aufbaut. Die Weg-PP spezifiziert schließlich den Verlauf des individuellen Weges. In der Resultativkonstruktion unter (16b) wird dagegen durch das Resultatsprädikat (ein Templateprädikat) eine Eigenschaft eines anderen Individuums eingebracht, für die zu prüfen ist, ob sie mit dem Kernprädikat LAUF kompatibel ist. Da LAUF die Kontaktrelation beinhaltet, wird tatsächlich eine Eigenschaft aktiviert, die durch *platt* spezifizierbar ist: Das Vorliegen eines Kontaktes ist die Voraussetzung für die physische Krafteinwirkung auf einen Körper, durch die eine Gestaltveränderung ausgelöst werden kann.

Mit der Annahme, daß der semantische Kern als hierarchiehöchstes Prädikat die Eigenschaften festlegt, über die die Templateprädikate weitere Information einbringen können, ergibt sich eine Art von Arbeitsteilung in bezug auf die Aufgaben, die die Dekompositionsprädikate erfüllen: Kernprädikate bestimmen, welche Eigenschaften der Argumente aktiviert werden, und legen damit die allgemeinen Selektionsbeschränkungen und die mögliche Klassenzugehörigkeit des Verbs fest, während die Templateprädikate die Information über die individuelle Ausprägung der aktivierten Eigenschaft beitragen. Das wird vor allem bei den prädikativen Komplementen deutlich: PPs, Partikel und APs in Resultativkonstruktionen bringen die spezifische Information ein, die für das betroffene Objekt in der jeweiligen Situation relevant ist. Der semantische Kern des Verbs bestimmt jedoch, welche Art von Information über das Argument überhaupt spezifizierbar ist.

Die Beobachtung, daß nur *ein* Resultatsprädikat möglich ist, so daß bei Bewegungsverben in Resultativkonstruktionen die Möglichkeit verlorengeht, eine Weg-PP zu realisieren, zeigt, daß nach der Spezifizierung einer Eigenschaft des Kernprädikats durch ein Templateprädikat alle weiteren Templateprädikate ebenfalls nur noch diese Eigenschaft spezifizieren können. Demnach trägt jedes Dekompositionsprädikat dazu bei, die spezifizierbare Information weiter einzuschränken. Daß, wie von Simpson (1983) beobachtet, Bewegungsverben nur in metaphorischer Verwendung in Resultativkonstruktionen auftreten, ist demnach darauf zurückzuführen, daß die Fortbewegungsinformation nicht mehr aktiviert ist, wenn durch ein Templateprädikat eine andere aktivierte Eigenschaft spezifiziert wurde. Umgekehrt kann bei spezifizierter Bewegung eine andere zuvor aktivierte Eigenschaft nicht mehr durch ein Resultatsprädikat aufgegriffen werden.

An dieser Stelle wird auch deutlich, warum unakkusative Verben nur Entwicklungsresultative zulassen, aber keine echten Resultativkonstruktionen. Unakkusative Verben beinhalten dynamische Themaprädikate, die die Veränderung einer Themaeigenschaft ihres Arguments erfassen, z.B. bei *schmelzen* die Änderung des Aggregatzustands, bei *wachsen* die Veränderung der Ausdehnung. Damit ist bei unakkusativen Verben nur eine einzige Eigenschaft aktiviert; sie sind nicht durch Dekompositionsprädikate spezifizierbar, die auf andere Eigenschaften bezogen sind. Die für Entwicklungsresultative typischen PPs spezifizieren die einzige aktivierte Eigenschaft, indem sie ihren Parameter über die Entwicklungsskala belegen und eine den Nachzustand betreffende Prädikation einführen.

Damit die Bedingungen (D1) und (D2) handhabbar werden, ist natürlich zu klären, welche Eigenschaften durch die Dekompositionsprädikate aktiviert werden. Prinzipiell sind diejenigen Eigenschaften des Referenten eines Arguments als von einem Prädikat aktiviert zu betrachten, die die sortalen Voraussetzungen bilden, die das Objekt erfüllen muß, damit das Prädikat anwendbar ist. Als Beispiel seien die Gestalt- und Lokalisierungseigenschaften genannt, die durch die Kontaktrelation aktiviert werden, da Kontakt nur zwischen zwei konkreten Objekten bestehen kann (Gestalt) und auf das räumliche Verhältnis zu einem anderen Objekt bezogen ist (Lokalisierung). Ein Perzeptionsverb wie *sehen* aktiviert bei seinem internen Argument die visuellen Eigenschaften, bei seinem externen Argument ein Cluster von Eigenschaften, die seinen Referenten u.a. als belebtes (da sehendes) Individuum charakterisieren. Bei den aktivierten Eigenschaften handelt es sich also offensichtlich um objektdefinierende Eigenschaften, d.h. Themaeigenschaften. Die Spezifizierung dieser Eigenschaften kann sowohl über entsprechende einstellige Themaprädikate erfolgen, als auch über Themarelationen, wenn die Spezifizierung in bezug auf ein anderes Individuum erfolgt. Unter (17) sind für einige zweistellige Dekompositionsprädikate die aktivierten Eigenschaften aufgeführt:

(17) a. *ziehen*:
ZIEH(x,y): (für x optionale) Kontaktrelation mit zu x hin gerichteter Krafteinwirkung auf y
aktiviert: - Gestalteigenschaften von y
- Lageeigenschaften von y
- physische Eigenschaften von x: Gestalt und Kraft

b. *nehmen*:
NEHM(x,y): (für x optionaler) Transfer von y hin zu x
aktiviert: - Zugehörigkeitseigenschaften von y
- Possessor-Eigenschaften von x

c. *essen*:
ESS(x,y): (für x optionale) Aufnahme eines Nahrungsmittels y
aktiviert: - Existenzauflösung von Nahrungsmittel y
- auf den Organismus bezogene Eigenschaften von x

d. *schneiden*:
SCHNEID(x,y): (für x optionale) Zerstörung der Integrität von y durch bestimmten Typ physischer Einwirkung von x
aktiviert: - Integrität von y
- physische Eigenschaften von x: verfügt über scharfes Objekt (bzw. Objektteil)

Die Charakterisierung der Relationen und der daraus aktivierten Eigenschaften sind provisorisch und müssen sicher noch geprüft werden. Dazu wäre vor allem eine Analyse der verschiedenen mit Nomen verbundenen Informationen und ihrer Interaktion nötig. Ich möchte trotzdem die hier angesetzten aktivierten Eigenschaften kurz motivieren.

Die neben den Dekompositionsprädikaten angegebenen Beschreibungen sind informelle Charakterisierungen der konzeptuellen Interpretation der semantischen Prädikate. Die aktivierten Eigenschaften ergeben sich aus dieser Interpretation. In (17a) ergibt sich die Aktivierung der Gestalteigenschaften aus der Kontaktrelation, die Aktivierung der Lageeigenschaften von y und die Aktivierung der physischen Krafteigenschaft von x aus der gerichteten Krafteinwirkung von x auf y. Im Fall von (17b) wird durch die Transferinformation in bezug auf beide Argumente die 'Zugehörigkeitsrelation' POSS aktiviert, für y aus der Perspektive des Possessums, für x aus der Perspektive des Possessors. Die relativ spezielle Bedeutung von *essen* in (17c) aktiviert in bezug auf x und y sortale Information; die 'Existenzzerstörung' von y ist auf die Gestalt- und Lokalisierungseigenschaften zu beziehen. In bezug auf x kann die Information, daß eine Nahrungsaufnahme stattfindet, als eine 'das körperliche Befinden betreffende' Information verstanden werden. Die in (17d) aktivierte Information über x, 'verfügt über scharfes Objekt' kann bei handelnden Individuen auf ein Instrument bezogen sein, bei Artefakten auf einen Objektteil.

10.2.3. Konsequenzen aus der Beschränkung der Dekompositionsstrukturen

Eine für den Aufbau von Dekompositionsstrukturen zentrale Konsequenz ergibt sich daraus, daß es sich bei den aktivierten Eigenschaften immer um objektdefinierende Eigenschaften handelt. Diese Tatsache ist eigentlich nicht überraschend, weil nur diese jederzeit angesprochen werden können. In Zusammenhang damit ergibt sich aber nun die Konsequenz, daß nur Themaprädikate als hierarchieniedrigere Prädikate in einer Dekompositionsstruktur auftreten können.

Die notwendigen Beschränkungen der Verbstrukturen ergeben sich nun relativ direkt: Da alle aktivierten Eigenschaften 'Themaeigenschaften' sind, können nur Prädikate, mit denen die Themaeigenschaften weiter spezifiziert werden können, als eingebettete Prädikate in einer Dekompositionsstruktur auftreten. Gerichtete Agensprädikate und -relationen bringen vor allem Information über den Agens ein und weisen demnach zuviel unabhängige Information auf, um als Weiterspezifizierung von Themaeigenschaften verstanden zu werden. Dabei spielt es keine Rolle, ob das Agensargument selbst mit dem zu spezifizierenden Argument identisch ist, oder, im Fall der Agensrelation, das zweite Argument. Im ersten Fall scheitert die Interpretation, weil Information über optionale Eigenschaften nicht die Spezifizierung von objektdefinierenden Eigenschaften leisten können und im zweiten Fall, weil über das zweite Argument einer asymmetrischen Agensrelation zu wenig Information vorliegt, als das sie schon aktivierte Eigenschaften weiter spezifizieren könnte. Daraus ergibt sich das Verbot der in (7) aufgeführten Strukturen (hier unter (18) wiederholt).

(18) a. $^\S \lambda y \quad \lambda x \; (\text{PRÄD}(x) \; \& \; \text{AGREL}_{asym}(y,x))$
    Akk Nom
    (Ag)

b. $^\S \lambda y \quad \lambda x \; [\text{REL}(x,y) \; \& \; \text{AGPRÄD}(y)]$
    Akk Nom
    (Ag)

c. $^\S \lambda y \; \lambda x \; [\text{REL}(x,y) \; \& \; \text{AGREL}_{asym}(y,x)]$
    Akk Nom
    (Ag)

An dieser Stelle ist anzumerken, daß das Verbot von Agensprädikaten in zweiter Position nicht immer gilt: Kausativkonstruktionen mit Interpretationen wie 'jemanden arbeiten lassen' sind in Sprachen mit morphologischer Kausativierung ein Typ von Beispielen für eingebettete Agensprädikate. Die hier eingeführten Beschränkungen betreffen den semantischen Aufbau von nicht abgeleiteten Verben.

Die zweite Beobachtung betrifft die Beschränkung des inkrementellen Themas auf die Position des (d-strukturellen) direkten Objekts. Unter (19) sind noch einmal die auszuschließenden Strukturen aufgeführt, wobei REL auch hier sowohl für Agens-, als auch für statische und dynamische Themarelationen steht.

(19) a. $^\S \lambda y \quad \lambda x \; [\text{BECOME} \; (\text{THPRÄD}(x)) \; \& \; (\text{REL}(x,y))]$
    Akk Nom

b. $^\S \lambda y \quad \lambda x \; [\text{BECOME} \; (\text{THPRÄD}(x)) \; \& \; (\text{REL}(y,x))]$
    Akk Nom

Die Fälle, die unter das Schema in (19a) fallen, können folgendermaßen ausgeschlossen werden:

Das Verbot einer Agensrelation als zweites Konjunkt ergibt sich daraus, daß eine optionale Eigenschaft von x keine Spezifizierung der Veränderung einer objektdefinierenden Eigenschaft sein kann. Ebensowenig kann eine statische objektdefinierende Eigenschaft (statische Themarelation) eine Veränderung spezifizieren. Eine dynamische Themarelation ist ausgeschlossen, weil sie voraussetzen würde, daß es einen offenen Parameter bei der durch das erste dynamische Themaprädikat bezeichneten Veränderung gibt. Da die einzige durch das erste Prädikat aktivierte Eigenschaft jedoch den Wechsel zwischen zwei objektdefinierenden Eigenschaften des Arguments thematisiert, ist unklar, wo noch offene Information vorliegen könnte. Als Beispiel mag das Verb *schmelzen* dienen: Thematisiert ist der Wechsel von fest zu flüssig, aktiviert ist demnach der Aggregatzustand. In bezug auf den Aggregatzustand liegen aber keine Variablen vor, die durch eine dynamische Relation spezifiziert weden könnten. Interessant ist in diesem Zusammenhang, daß Fälle wie unter (20) sehr wohl möglich sind:

(20) a. Das Flugzeug überfliegt die Wüste
    b. Peter durchläuft den Wald

Bei den Bewegungsverben, die mit (der konzeptuellen Interpretation von) MOVE über eine dynamische Themarelation verfügen, kann REL durch eine inkorporierte Präposition instantiiert werden, die sich an die von MOVE bestimmte Zeitstruktur des Verbs anbindet. In der Terminologie von Tenny (1987) mißt also das Subjekt das Ereignis aus, obwohl ein transitives Verb vorliegt. Hier zeigt sich, daß die Beobachtungen über die semantischen Eigenschaften von Argumentpositionen zu relativieren sind. Sie gelten nicht strikt genug, um Linkingregeln zu rechtfertigen, da sie nicht in allen Fällen den Argumentpositionen zugeordnet werden können. Um solche Fälle wie unter (20) zu erfassen, ist eine Ableitung über die relevanten semantischen Bedingungen notwendig. Berücksichtigt man die spezifische semantische und konzeptuelle Information der Bewegungsverben und der direktionalen Präpositionen, dann lassen sich die Beispiele unter (20) problemlos daraus ableiten, daß der in der Präpositionsbedeutung anzusetzende Wegparameter durch den von MOVE bereitgestellten Weg belegt wird (vgl. Kap. 3 und 4), so daß in der komplexen semantischen Struktur die Präpositionsinformation die Bewegungsinformation weiterspezifiziert.

Auch für das Schema in (19b) ist die Agensrelation ausgeschlossen, da sie keine Information über ihr Themaargument einbringen kann, das die Veränderung einer objektdefinierenen Eigenschaft weiter spezifiziert. Ebenso ist die statische Themarelation aus dem gleichen Grund wie bei (19a) ausgeschlossen. Unklar ist jedoch, warum die Spezifizierung durch eine dynamische symmetrische Agensrelation (vgl. (21)) verboten sein sollte:

(21) $\lambda y \, \lambda x \, [\text{BECOME}(\text{THPRÄD}(x)) \, \& \, \text{BEC}(\text{AGREL}_{\text{sym}}(y,x))]$
      Akk Nom

Anders als in dynamischen Themarelationen, wo das erste Argument der Relation dem Wechsel unterliegt, ist es bei dynamischen symmetrischen Agensrelationen das zweite, also das Argument, dessen Veränderung relevant ist. (21) erfaßt einen Fall, bei dem die durch das erste Prädikat ausgedrückte Veränderung von x eine Veränderung in bezug auf ein anderes Objekt y mitverursacht. Die symmetrische Agensrelation könnte in diesem Fall das Themaprädikat spezifizieren, falls in bezug auf das sich verändernde Objekt jeweils die gleiche Information vorliegt, durch die Relation aber zusätzlich der Effekt dieser Veränderung auf ein anderes Objekt als spezifizierende Information hinzukommt. Obwohl die Relation auch in diesem Fall über das Argument des ersten Prädikats keine neue Information einbringt, liefert die mit der Veränderung dieses Arguments assoziierte Information über das andere Argument der Relation eine weitere Spezifizierung. Es ist also zu prüfen, ob nicht doch Verben mit einer entsprechenden semantischen Struktur existieren.

Die (bisher) einzige symmetrische Agensrelation ist nach der Diskussion in Abschnitt 9.4.2. die Zugehörigkeitsrelation POSS(y,x). Während bei MOVE als dynamischer Variante von LOC das höhere Argument dasjenige ist, dessen objektdefinierende Eigenschaften sich verändern, liegen im Fall von POSS(y,x) für das höhere Argument keine objektdefinierenden Eigenschaften vor. Bei einer Einbettung unter BECOME betrifft die Veränderung der objektdefinierenden

Eigenschaften daher in diesen Fällen das niedrigere Argument. Zwar verändert sich aufgrund des Charakters der Relation damit automatisch auch die Possessor-Eigenschaft des höchsten Arguments, dabei handelt es sich aber nur um einen Effekt, der sich nicht in bezug auf den Status des Arguments im Nachzustand auswirkt.

Tatsächlich findet man Verben, für die die SF unter (21) sinnvoll erscheint. Allerdings haben diese Verben kein Akkusativ-Objekt, sondern ein Dativ-Objekt, wie (22) zeigt:

(22) a.   Mir wächst ein Bart
     b.   Mir kommt eine Idee
     c.   Mir fällt etwas ein

Interessant ist, daß das Auftreten des Dativs hier verhindert, daß die für transitive Verben typischen Verhältnisse verletzt werden, nach denen nur das niedrigere der direkten Argumente (also das direkte Objekt) einer Veränderung unterliegen kann, nicht das höhere. Der Dativ kennzeichnet hier das eigentlich niedrigere Argument als oblique und führt so zu einem zwar zweistelligen, aber doch intransitiven unakkusativen Verb.

Die Frage ist natürlich, wodurch der Dativ in diesen Strukturen ausgelöst wird. Eine mögliche Erklärung ließe sich aus dem Status der Argumente in den SF-Prädikaten und -Relationen ableiten. Man könnte annehmen, daß Argumente, über die optionale Eigenschaften prädiziert werden, als hierarchiehöher gelten als Argumente, über die nur objektdefinierende Eigenschaften prädiziert werden. Das ließe sich möglicherweise mit der Beobachtung in Zusammenhang bringen, daß Agensrelationen wesentlich häufiger sind als Agensprädikate. Die Markierung eines Arguments als oblique (über eine lexikalische Merkmalszuweisung von +lr an das eigentlich niedrigere Argument, die die Kasuszuweisung und seine relative Position in der Argumenthierarchie modifiziert, vgl. Joppen/Wunderlich 1994), trägt dann einer Verletzung dieser Hierarchie Rechnung.

Dann müßte man allerdings annehmen, daß auch in Sprachen, in denen die Einbettungstiefe der Argumente in die SF das zum Aufbau der Argumentstruktur relevante Kriterium ist, eine 'Belebtheitshierarchie' eine Nebenrolle bei der Festlegung der Argumentstruktur spielt. Daß eine solche Hierarchie generell beim Aufbau der Argumentstruktur eine Rolle spielen kann, zeigt die Betrachtung anderer Sprachen: So läßt sich das Kongruenzsystem der Inverssprachen als ein Effekt eines Linkingmechanismus analysieren, der auf die Belebtheitshierarchie zugreift (vgl. Fabri 1994). Für das Deutsche, dessen Linkingsystem strukturell organisiert ist, können sich anders als in Inverssprachen die sortalen Eigenschaften der NPs, die die Argumente sättigen, nicht niederschlagen. Lediglich die in der SF angelegten Verletzungen der Belebtheitshierarchie können zu entsprechenden Markierungen der Argumente führen. Allerdings wirkt sich bei den konzeptuell symmetrischen Relationen wie LOC und POSS die Belebtheitshierarchie indirekt auf die Argumentstruktur aus. Generell scheint stets die Relation mit dem auf der Belebtheitshierarchie höheren der beiden Referenten in höchster

Position als semantisches Primitiv lexikalisiert zu sein, worin sich der anthropozentrische Blickwinkel niederschlägt. Demnach könnte man Verletzungen der Belebtheitshierarchie erwarten, wenn diese in Konflikt mit einer gerichteten Relation zwischen einem 'weniger belebten' Agens und einem 'belebteren' Thema steht. Davon sind primär solche Verben betroffen, die eine Einwirkung eines (notwendigerweise) unbelebten Individuums auf ein (notwendigerweise) belebtes Individuum beinhalten, bei denen also die durch die Relation vorgegebene Argumentabfolge im Widerspruch zur Belebtheitshierarchie steht. Beispiele für diese Konstellation finden sich überwiegend unter den Kognitionsverben und 'Psych'-Verben, wo tatsächlich häufig eine nicht-kanonische Realisierung der Argumentstruktur vorliegt.

Festzuhalten bleibt, daß die angesetzten Beschränkungen für die SF zu den erwünschten Ergebnissen führen. Unerwünschte semantische Strukturen können ausgeschlossen werden, ohne daß ein stipulierter Zusammenhang zwischen Semantik und Syntax angesetzt werden muß. Die Struktur, die nach den bisherigen Annahmen nicht ausgeschlossen war, scheint tatsächlich lexikalisiert aufzutreten.

Die Beobachtungen über die Beschränkungen in bezug auf semantische Eigenschaften der Argumente sind also abzuschwächen: Es handelt sich nicht um Gesetzmäßigkeiten, sondern um allgemeine Regularitäten, denen durch semantisch motivierte Restriktionen besser Rechnung getragen werden kann als durch Linkingregeln. In dem hier vorgeschlagenen Rahmen lassen sich die Beobachtungen folgendermaßen ableiten:

- Die Beobachtung, daß hierarchieniedrigere Argumente nicht agentiv sein können, ergibt sich aus den charakteristischen Eigenschaften von Agens- und Themaprädikaten und der Bedingung, daß hierarchieniedrige Prädikate die durch hierarchiehöhere Prädikate eingeführte Information weiterspezifizieren.
- Die Beobachtung, daß das Subjekt nicht 'das Ereignis ausmessen' kann, ergibt sich daraus, daß die Möglichkeiten, ein (höchstes) dynamisches Themaprädikat zu spezifizieren, sehr beschränkt sind.

In diesem Zusammenhang lassen sich auch die zu beobachtenden Selektionsbeschränkungen bei Resultativkonstruktionen aus intransitiven Verben erklären: Da die durch die Template-Einbettung entstandene Struktur der Bedingung unter D1 unterliegt, muß für das neu eingeführte Individuenargument eine Eigenschaft identifiziert werden, die sowohl durch das Resultatsprädikat als auch durch den semantischen Kern (also das Basisverb) angesprochen ist. Da das neue Argument nicht semantisches Argument des Basisverbs ist, muß diese Information über die konzeptuelle Interpretation des Verbs zugänglich sein. Ist keine solche Information zugänglich, scheitert die Konstruktion. Die Beispiele unter (23) demonstrieren das an einigen Resultativkonstruktionen.

(23) a. Die Zuschauer stehen den Rasen platt
     b. Der Kanzler redet mich taub/?in Wut
     c. §Er haßt sie tot
     d. Er ißt den Teller leer

Das Resultatsprädikat in (23a) ist auf die Gestalteigenschaften seines Arguments bezogen. Um eine Veränderung der Gestalteigenschaft zu rechtfertigen, muß aus der Information des Verbs eine physische Einwirkung rekonstruierbar sein, durch die die Gestalteigenschaften aktiviert werden. Mit der Kontaktrelation liegt eine solche Einwirkung vor. Zu beachten ist, daß sich die Einwirkung tatsächlich nur auf den Untergrund beziehen kann, zu dem auch der Kontakt besteht (vgl. (24)):

(24) §Die Wartenden stehen die Wand speckig

Hier zeigt sich erneut, daß die Annahme von Carrier/Randall (1993), daß intransitive Verben keine Selektionsbeschränkungen an das direkte Objekt formulieren, nicht korrekt ist.

(23b) beinhaltet zwei unterschiedliche Resultatsprädikate, die unterschiedlich markiert sind: *taub* bezieht sich auf die auditiven Fähigkeiten eines Referenten; über *reden* ist das Vorliegen eines akustischen Signals zugänglich, das als Einwirkungsmittel des Agens auf das Thema interpretiert werden kann. Die markiertere Konstruktion mit dem Prädikat *in Wut* erfordert dagegen eine komplexere Interpretation. *in Wut* aktiviert hier den mentalen Zustand des Referenten, zu rekonstruieren ist nicht nur das akustische Signal, sondern die inhaltliche Information der Rede, über die eine mentale Veränderung ausgelöst werden kann.

Für (23c) kann nun gar keine Interpretation mehr gefunden werden: Die Information über die Emotion des Agens gegen ein Thema kann nicht in Zusammenhang mit den physischen Eigenschaften des Themas gebracht werden, die für *tot* relevant sind.

In (23d) liegt ein Beispiel vor, bei dem der Zusammenhang zwischen Agens und Thema über den Umweg des zweiten Arguments des Basisverbs zu konstruieren ist, da offensichtlich kein Zusammenhang zwischen der Nahrungsaufnahme eines Individuums und den räumlichen Eigenschaften eines anderen besteht. Unter (17c) wurde die Information über das zweite Argument von *essen* als 'Existenzauflösung von einem Nahrungsmittel' erfaßt. Die Festlegung auf ein Nahrungsmittel stellt den Bezug zu dem neuen Argument *Teller* her, die Existenzauflösung legitimiert die Wahl des Resultatsprädikats *leer*. Auch hier ist zu beachten, daß nicht beliebige Individuenargumente und Prädikate eingeführt werden können: Ist keine Beziehung zwischen dem internen Argument des Basisverbs und dem neuen Argument rekonstruierbar, scheitert die Konstruktion (vgl. (25)).

(25) a. §Er ißt das Theater leer
b. §Er ißt seinen Pullover schmutzig

Die in D1 formulierten Bedingungen, die die Dekompositionsprädikate auf die Spezifizierung einer Eigenschaft festlegen, reichen also bei der vorgenommenen Unterscheidung der Prädikatstypen aus, um die Beschränkungen zu erfassen, denen die verschiedenen Argumente unterliegen. Daß bei transitiven Verben generell die Eigenschaft der Thema-Argumente weiter spezifiziert wird, ergibt sich daraus, daß die Agensrelationen auf das Thema gerichtet sind und deshalb vor allem Eigenschaften des Thema-Arguments aktiviert werden. Die Resultativkonstruktionen mit Reflexivum zeigen jedoch, daß ebenso eine Eigenschaft des Agens weiter spezifizierbar ist.

Bei den bisher betrachteten Fällen handelt es sich immer um solche, in denen das Kernprädikat als hierarchiehöchstes anzusiedeln ist und die Templateprädikate hierarchieniedriger. Nun liegen bei den kausativen Verben semantische Strukturen vor, bei denen das Kernprädikat nicht das hierarchiehöchste Prädikat ist. Wie diese Strukturen in die bisherigen Überlegungen integriert werden können, soll im nächsten Abschnitt diskutiert werden.

10.3. Der Status von CAUSE

Die Bedingung, daß das Kernprädikat als hierarchiehöchstes Prädikat die Eigenschaften der Argumentreferenten bestimmt, die durch die hierarchieniedrigeren Templateprädikate spezifiziert werden können, nimmt einerseits Bezug auf die Reihenfolge der Dekompositionsprädikate und andererseits auf ihren Status als Kernprädikat oder Templateprädikat. Das Prädikat CAUSE führt ein Agensargument ein und muß deshalb das hierarchiehöchste Prädikat sein. Es ist aber als Templateprädikat zu betrachten, da es charakteristisch ist für die Klasse der inhärent kausativen Verben, vgl. (26).

(26) a. Er schmilzt das Eis
 b. Er bricht das Brot
 c. Er rollt den Ball
 d. CAUSE (x, THPRÄD(y))

Wenn CAUSE als hierarchiehöchstes Prädikat eine Information einbringt, die von den hierarchieniedrigeren Prädikaten weiter spezifiziert werden muß, dann ist die Bedingung D2 so zu verallgemeinern, daß nicht nur Kernprädikate, sondern alle hierarchiehöheren Prädikate Eigenschaften aktivieren, die durch die hierarchieniedrigeren spezifiziert werden müssen. Tatsächlich gibt es Evidenz, daß auch CAUSE beschränkend für die hierarchieniedrigeren Prädikate wirkt: CAUSE bettet ebenfalls nur Themaprädikate ein. Daß keine weitere inhaltliche Beschränkung in bezug auf die Prädikate vorliegt, läßt sich aus der völlig unspezifischen Bedeutung von CAUSE ableiten, die keine konkrete Objekteigenschaft aktiviert. Die Erklärung dafür, daß nur Themaprädikate im Skopus von CAUSE auftreten, ergibt sich von selbst, wenn man annimmt, daß CAUSE eine unspezifische Einwirkungsrelation kodiert, durch die beliebige objektdefinierende Eigenschaften des Themas aktiviert werden können. Allerdings stellt sich für diese Erklärung ein Problem durch den Typ der Argumente von CAUSE: Anders als die bisher betrachteten relationalen Dekompositionsprädikate beinhaltet CAUSE keine Beziehung zwischen zwei Individuenargumenten. Wenn aber keine Relation zwischen Individuen besteht, kann auch keine Eigenschaft eines Individuums aktiviert werden, die dann weiter zu spezifizieren ist. Indem CAUSE eine Relation zwischen einem Individuum und einer Proposition darstellt, fällt es aus dem Inventar der übrigen Dekompositionsrelationen heraus. Aus diesem Grund und um die oben gegebene Motivation für die Beschränkung der eingebetteten Prädikate auf Themaprädikate beizubehalten, wäre es wünschenswert, auch CAUSE als Relation zwischen Individuen zu konzipieren.

In Ansätzen, die sich an den philosophischen Überlegungen zum Phänomen der Kausalität orientieren, wird CAUSE generell als Relation zwischen Ereignissen oder Propositionen, die auf Ereignisse bezogen sind, repräsentiert. Wunderlich (1992a) argumentiert dafür, in der semantischen Repräsentation CAUSE als Relation zwischen einem Individuum und einem Ereignis anzusetzen, da sich die verursachende Situation sprachlich nur darin niederschlägt, daß ein Individuenargument eingeführt wird, das den Agens bezeichnet. Auch Wunderlich geht allerdings davon aus, daß konzeptuell eine Relation zwischen zwei Situationen anzusetzen ist. Die Vorstellung, daß CAUSE eine Relation zwischen Individuen ausdrücken könnte, erscheint zunächst ziemlich exotisch.

In die hier entwickelten Überlegungen zum Aufbau der Dekompositionsstruktur würde sich jedoch die Annahme einer unspezifizierten Agensrelation anstelle des Prädikats CAUSE gut einfügen. Eine solche Relation wäre als unspezifizierte Einwirkung eines Agens auf ein Thema zu interpretieren. Da keine spezifische Einwirkung festgelegt ist, können beliebige Themaprädikate eingebettet werden, die das Resultat einer Einwirkung spezifizieren können. Da konzeptuell ein kausaler Zusammenhang zwischen den Prädikaten herstellbar sein muß, kann die Interpretation der Relation im Kontext aus der Information über das Resultat ergänzt werden. Die Überlegung, CAUSE als Relation zwischen zwei Individuen zu interpretieren, darf natürlich nicht so verstanden werden, daß eine kausale Beziehung zwischen dem neu eingeführten Agensargument und dem in das Kernprädikat eingebetteten Thema-Argument angesetzt werden soll. Sie ist nur vor dem bisher ausgeführten Hintergrund zu verstehen, daß Dekompositionsstrukturen aus einander spezifizierenden Agens- und Themaprädikaten bestehen, die über die gemeinsamen Argumente in Beziehung zueinander stehen. Nach der Bedingung K2, die einen kausalen Zusammenhang zwischen Teilsituationen fordert, kann man die Einführung einer unspezifizierten Agensrelation anstelle von CAUSE so interpretieren, daß die verursachende Teilsituation als eine Relation zwischen zwei Individuen expliziert wird.

Aufgrund der unterschiedlichen Bedingungen für lexikalisierte und abgeleitete Strukturen besteht natürlich prinzipiell sowohl die Möglichkeit, eine Relation in der Dekompositionsstruktur anzusetzen, als auch die Möglichkeit anzunehmen, daß eine solche Relation lediglich konzeptuell rekonstruierbar sein muß. Demnach könnte man auch CAUSE in seiner alten Form beibehalten, und den Effekt, daß nur Themaprädikate eingebettet werden können, damit begründen, daß konzeptuell eine entsprechende Relation zwischen dem Agens und dem Argument des eingebetteten Prädikats hergestellt werden muß. Da die konzeptuelle Rekonstruierbarkeit einer solchen Relation bisher nur für abgeleitete Verben angesetzt wurde, entspricht diese erste Möglichkeit der Annahme, daß es sich um nichtlexikalisierte Ableitungen handelt. Im Deutschen sind die inhärent kausativen

Verben jedoch sehr beschränkt, was eher dagegen spricht, von einer produktiven Ableitung über Templates auszugehen.

Ein Argument dafür, das Prädikat CAUSE bei den inhärent kausativen Verben zugunsten einer unspezifizierten Agensrelation aufzugeben, könnte aus dem Unterschied zu den morphologischen und syntaktischen Kausativen gewonnen werden. Es ist häufig darauf hingewiesen worden, daß morphologische und syntaktische Kausative eine indirekte Verursachung beinhalten, d.h. der Causer wirkt hier nicht direkt auf ein Thema ein, sondern bringt entweder einen Agens des eingebetteten Verbs dazu, eine Handlung auszuführen, oder sorgt ohne selbst direkt einzuwirken dafür, daß eine Veränderung an einem Thema stattfindet. Inhärent kausative Verben beinhalten dagegen eine direkte Verursachung, bei der der Agens allein die Veränderung herbeiführt (vgl. z.B. Shibatani 1976b zum Japanischen und Koreanischen, Guerssel 1986 zum Berber). Hierin entsprechen sie den spezifizierten Agensrelationen. Die Beobachtung, daß bei indirekter Verursachung ein zweiter Agens beteiligt ist, während das bei direkter Verursachung ausgeschlossen ist, zeigt, daß morphologische und syntaktische Kausative, aber nicht inhärente Kausative die Bedingung verletzen, daß an einer Handlungssituation nur ein Agens beteiligt ist.[4] Wunderlich (1992a) und Joppen (1993) ziehen daraus für die Behandlung der verschiedenen Kausativkonstruktionen des Baskischen die Konsequenz, daß bei morphologischen und syntaktischen Kausativen eine unabhängige Situation eingebettet wird, die über einen weiteren Agens verfügen kann, während bei inhärenten Kausativen lediglich eine einzige, homogene Situation vorliegt, in der kein weiteres Agensargument erlaubt ist.

Die Alternative, für den zweiten Fall statt CAUSE eine unspezifizierte Agensrelation anzusetzen, erlaubt es, CAUSE generell für die Fälle zu reservieren, in denen eine unabhängige Teilsituation verursacht wird, und im Fall der inhärent kausativen Verben eine Repräsentation parallel zu den anderen agentiven Verben anzusetzen. Die unspezifizierte Agensrelation fügt sich als Templateprädikat in das Inventar der übrigen Prädikate ein, wenn man die Bedingung D2 wie unter D2′ umformuliert:

D2′: Die Dekompositionsstrukturen von Verben enthalten nur solche Dekompositionsprädikate, die die durch das jeweils hierachiehöhere Prädikat aktivierten Eigenschaften weiter spezifizieren.

Nach dieser allgemeinen Formulierung von D2 ist nur die hierarchische Reihenfolge der Prädikate ausschlaggebend dafür, ob ein Prädikat selber eine Eigenschaft aktivieren kann oder sie lediglich spezifiziert: Das hierarchiehöchste Prädikat aktiviert die relevanten Eigenschaften, die hierarchieniedrigeren spezifizieren sie.

---

[4] Eine Ausnahme stellen die kausativen Verwendungen der englischen Bewegungsverben dar:
    (i) I walked the dog   (ii) He jumped the horse
Diese Konstruktionen haben mit Kausativkonstruktionen gemeinsam, daß die Einwirkung auf den zweiten Agens indirekt ist, nicht wie bei anderen inhärenten Kausativen direkt. Ich gehe davon aus, daß es sich um Parallelbildungen nach dem Muster von *führen* handelt. Dafür spricht unter anderem die die begrenzte Produktivität.

Im Zusammenhang mit der Diskussion um den Status des Prädikats CAUSE ist auch die Repräsentation des in Kapitel 8 angesetzten Resultativtemplates noch einmal zu hinterfragen. In diesem Zusammenhang wurde eine Variante von CAUSE eingeführt, deren erstes Argument die Situationsvariable des Basisverbs und deren zweites Argument eine Proposition ist, die den Übergang in den Nachzustand erfaßt. Oben wurde gesagt, daß der kausale Zusammenhang zwischen den von der Dekompositionsstruktur erfaßten Vorgängen in der SF durch die Bedingung gewährleistet ist, daß alle Prädikate der Dekompositionsstruktur auf eine einzige Eigenschaft eines Arguments bezogen sind. Die Selektionsbedingungen in Resultativkonstruktionen haben gezeigt, daß das für Resultativkonstruktionen ebenso gilt wie für die übrigen Verben. Demnach ist die explizite Annahme eines Prädikats CAUSE nicht nötig, um zwischen den Dekompositionsprädikaten zu vermitteln, wenn die Bedingung D1 zum Aufbau von Dekompositionsstrukturen gilt. Statt dessen kann ein Resultativtemplate wie unter (27) angesetzt werden.

(27)   [verb](s) => [verb & BECOME (P(z))](s)

Ein solches Template hat den Vorteil, daß das in Kapitel 8 erwähnte Problem verschwindet, das sich im Zusammenhang mit der Situationsvariable ergibt, wenn man sie als erstes Argument von CAUSE ansetzt. Da dadurch die vom Basisverb bezeichnete Situation lediglich als verursachende Situation in die Verbstruktur eingeht, müßte ein neues referentielles Argument eingeführt werden, das die gesamte Situation umfaßt. Andernfalls wird die Information, daß ein Übergang in einen Nachzustand stattfindet, nicht vom referentiellen Argument erfaßt. Verzichtet man hier jedoch auf ein explizites Prädikat CAUSE, dann stellt die Resultativbildung wie die BV-Bildung eine Ableitung dar, bei der lediglich die SF des Verbs um weitere Information angereichert wird. Die erwünschte Interpretation, daß die im Basisverb kodierte Handlung das Resultat verursacht, ergibt sich aus der Bedingung D1 in Kombination mit K2.

Nach den in diesem Kapitel entwickelten Überlegungen zum Aufbau der Dekompositionsstruktur lassen sich also die drei unterschiedlichen Funktionen von CAUSE als
1. Relation zwischen einer Situation und einem Themaprädikat (Resultativkonstruktionen),
2. Relation zwischen einem Agens und einem Themaprädikat (inhärente, direkte Kausative) und
3. Relation zwischen einem Agens und einem Agensprädikat (morphologische und syntaktische indirekte Kausative)
auf den dritten Fall reduzieren. Bei den Resultativkonstruktionen reicht eine Konjunktion der Prädikate aus, bei den inhärenten Kausativen kann eine unspezifizierte Agensrelation MANIP angesetzt werden.

Für die kausativen Positionsverben wäre nach dieser Überlegung statt der in Kapitel 7 eingeführten und unter (28a) am Beispiel von *stellen* wiederholten Repräsentation mit dem Prädikat CAUSE die unter (28b) angegebene Repräsentation anzusetzen.

(28) a. λP λy λx [CAUSE (x, BECOME (STEH(y)) & P(y)))]
    b. λP λy λx [MANIP(x,y) & BECOME (STEH(y)) & P(y))]

Nachdem nun in diesem Kapitel ausführlich diskutiert wurde, welche Strukturen ausgeschlossen sind, ist nun noch zu zeigen, welche Strukturen möglich sind. Ich möchte das im nächsten Kapitel anhand der Bewegungsverben demonstrieren, die ein relativ breites Spektrum an Dekompositionsstrukturen abdecken. In diesem Zusammenhang soll dann auch die Ereignisstruktur diskutiert werden, die bisher vernachlässigt wurde.

11. Bewegungsverben: Der Aufbau der Ereignisstruktur

In die Klasse der Bewegungsverben fallen alle Verben, deren SF das Bewegungsprädikat MOVE enthält. Obwohl alle diese Verben damit die Fortbewegung eines Individuums kodieren, bestehen große Unterschiede in bezug auf die Modusinformation. Diese Unterschiede schlagen sich auch in der zeitlichen Interpretation der Verben nieder. Da MOVE als Prozeßprädikat für alle Bewegungsverben die gleiche zeitliche Interpretation bereitstellt, müssen Unterschiede in der Ereignisstruktur der Verben auf die zeitliche Information der Moduspräadikate, bzw. auf die Interaktion der zeitlichen Information von Bewegungs- und Modusprädikat zurückführbar sein. Damit bietet es sich an, anhand der Bewegungsverben die Bedingungen für die zeitliche Interpretation von Dekompositionsstrukturen zu untersuchen. Der nächste Abschnitt faßt zunächst noch einmal die dafür relevanten Annahmen zusammen.

11.1. Die zeitliche Interpretation von Dekompositionsstrukturen

Daß Verben nicht nur Beschränkungen in bezug auf die Eigenschaften ihrer Argumente unterliegen, sondern auch Beschränkungen, die die Ereignisstruktur betreffen, zeigt sich darin, daß die Anzahl der verschiedenen Situationstypen, auf die Verben referieren können, verhältnismäßig begrenzt ist, obwohl man sich auch hier komplexere Ereignisstrukturen vorstellen kann. Zwar ist das in der Vendler-Klassifikation zugrundegelegte Inventar an möglichen Aspektstrukturen vermutlich nicht ausreichend (vgl. die Analyse von Mori/Löbner/Micha (1992) zur Klassifikation der japanischen Verben, in der neun unterschiedliche Verbklassen in bezug auf ihre Aspektstruktur unterschieden werden, die zumindest teilweise auch für das Deutsche angesetzt werden können), trotzdem kann man von einer verhältnismäßig geringen Anzahl von Ereignisstrukturen ausgehen. Grimshaw (1990) nimmt sogar an, daß allen Verben eine universale Ereignisstruktur zugrunde liegt, die aus zwei Teilereignissen besteht, während Pustejovsky (1991a) atomare Ereignisse, Zustände, Prozesse und Übergänge zwischen Zuständen als mögliche Ereignistypen einführt.

Bei der Diskussion des Wegparameters in Kapitel 3 bin ich davon ausgegangen, daß die zeitliche Information ein Bestandteil der konzeptuellen Interpretation der Dekompositionspräadikate ist, so daß keine unabhängige Ebene der Ereignisstruktur anzusetzen ist. Diese Annahme steht in Kontrast zu anderen Ansätzen zur lexikalischen Semantik, wie z.B. dem von Pustejovsky (1991a). Pustejovsky geht davon aus, daß lexikalische Einheiten mit den oben aufgeführten primitiven Ereignistypen assoziiert sind, die durch Regeln zur Ereigniskomposition auf einer eigenen Repräsentationsebene miteinander kombiniert werden können. Verben weist Pustejovsky einen dieser Ereignistypen zu, Ausdrücke wie die wegbezogenen Präpositionen charakterisiert er als Funktionen, die einen bestimmten Ereignistyp auf einen anderen abbilden. Nach dieser Vorstellung wären direktionale

Weg-PPs in der Funktion als BV-Komplemente vom Typ ⟨P, E⟩, sie 'machen aus einem Prozeß ein Ereignis'. Problematisch für eine solche Festlegung ist allerdings, daß die Weg-PPs nicht nur auf Prozesse zugreifen können, sondern auch auf Entwicklungen und Zustandswechsel. Man müßte ihnen also verschiedene Typen zuweisen, je nachdem, mit welchem Verb sie kombiniert werden. Problematisch ist auch, daß die attributiven Verwendung von Weg-PPs so nicht erfaßt werden kann. Pustejovsky (1993b) schlägt zu diesem Zweck die generelle Annahme von *type shifting* vor, wobei die Typenanpassung durch den Kontext erzwungen wird. Damit wird allerdings nicht erfaßt, daß es die jeweilige semantische Strukturierung ist, die die Kombinatorik steuert, da das Spektrum an möglichen Typen postuliert werden muß.

Statt den einzelnen lexikalischen Einheiten primitive Ereignistypen zuzuordnen, nehme ich an, daß die zeitliche Information in der konzeptuellen Struktur, wie z.B. in Zusammenhang mit den kausativen Positionsverben in Kapitel 7 diskutiert, zugreifbar ist. Die Dekompositionsprädikate, die konzeptuell interpretiert werden, sind demnach die kleinsten semantischen Einheiten, die zeitliche Information tragen. Da Pustejovskys primitive Ereignistypen den für die Beschreibung der Agens- und Themaprädikate verwendeten Typen entsprechen, lassen diese sich aus mnemotechnischen Gründen als Etiketten für die Dekompositionsprädikate verwenden, die an die jeweils konzeptuell bereitstehende zeitliche Struktur erinnern. Ich werde deshalb im folgenden die Dekompositionsprädikate mit Kürzeln für solche Ereignistypen klassifizieren, ohne dabei jedoch anzunehmen, daß die von den einzelnen Prädikaten erfaßten Vorgänge automatisch den Status von unabhängigen Teilereignissen haben. Wie in Zusammenhang mit der Komposition von lokalen Verben und PPs diskutiert, gehe ich auch für die Interpretation der Ereignisstruktur von Verben davon aus, daß über die Identifizierung der konzeptuell bereitgestellten Bedeutungsbestandteile komplexe Strukturen aufgebaut werden können. Anders als Pustejovsky möchte ich deshalb keine Bildungsregeln für den Aufbau komplexer Ereignisse aus Teilereignissen aufstellen, sondern weiterhin von der Annahme ansetzen, daß sich die Menge der von Verben erfaßten Ereignisse mithilfe der generellen Beschränkungen der SF und eventuell spezifischerer Bedingungen zur zeitlichen Interaktion der Dekompositionsprädikate ableiten läßt.

Aufgrund der zeitlichen Eigenschaften von Agens- und Themaprädikaten steht eine relativ kleine Menge an Grundbestandteilen für die von Verben kodierten Ereignisstrukturen zur Verfügung. Natürlich ergeben sich in bezug auf Zustandswechsel/Entwicklungen und atomare Ereignisse noch feinere Unterteilungen: bei Zustandswechseln/Entwicklungen abhängig vom Status, den die sich verändernde Eigenschaft für das Argument hat, und von den spezifischen Eigenschaften der relevanten Skala; bei atomaren Ereignissen z.B. abhängig davon, ob das Ereignis aufgrund seiner Binnenstruktur wiederholbar ist oder nicht. Ich werde diese Feinheiten hier jedoch nicht berücksichtigen, da die Diskussion der Ereignisstruktur in diesem Kapitel lediglich das Ziel hat anzudeuten, wie sich aus den Informationen der einzelnen Dekompositionsprädikate die zeitliche Struktur des komplexen Ereignisses aufbauen läßt.

Da die von den Dekompositionsprädikaten kodierten Konzepte sich darin unterscheiden, ob und wie sie zeitlich strukturiert sind, ist davon auszugehen, daß unterschiedliche Mechanismen für den Aufbau der komplexen Ereignisstruktur aus den Informationen der Teilkomponenten herangezogen werden. Die Kombination der lokalen Verben mit den Weg-PPs ist ein Beispiel dafür, wie die Anbindung von Dekompositionsprädikaten ohne Zeitinformation an zeitlich strukturierte Prädikate durch die Identifizierung von Teilkomponenten, die in der Interpretation beider Prädikate eine Rolle spielen, erfolgt. Vermittelt über die Struktur der nicht-zeitlichen Bedeutungskomponenten kann so auch die Ereignisstruktur modifiziert werden.

Für die Kombination von zwei zeitlich strukturierten Prädikaten lassen die Überlegungen im letzten Kapitel zwei Möglichkeiten zu: Entweder die Prädikate bezeichnen zeitgleich vorliegende Vorgänge, die demnach zeitlich zu identifizieren sind, oder sie bezeichnen aufeinanderfolgende, kausal verbundene Vorgänge. Die Beschränkungen zum Aufbau der Dekompositionsstruktur legen für den zweiten Fall fest, welches der Prädikate das frühere Ereignis bezeichnet: Da hierarchieniedrigere Prädikate in einer Dekompositionsstruktur die von hierarchiehöheren Prädikaten eingeführte Information weiter spezifizieren müssen, kann man ableiten, daß hierarchieniedrigere Prädikate in bezug auf das höhere Prädikat als zeitgleich oder zeitlich nachgeordnet zu interpretieren sind. Würden sie zeitlich frühere Information einbringen, könnten sie die höheren Prädikate nicht spezifizieren.

Damit sollten drei Möglichkeiten zur zeitlichen Interpretation von Dekompositionsstrukturen identifizierbar sein:
- Die Vorgangszeit der Teilkomponenten wird identifiziert.
- Der vom tiefer eingebetteten Dekompositionsprädikat kodierte Vorgang wird dem vom höheren Prädikat kodierten nachgeordnet, wobei eine kausale Interpretation entsteht.
- Nicht zeitliche Komponenten, die in der konzeptuellen Interpretation eine Rolle spielen, werden identifiziert, wobei sich über diese Identifizierung auch eine zeitliche Anbindung ergibt.

Da die Anbindung zeitlich nicht spezifizierter Prädikate im Zusammenhang mit der Belegung des Wegparameters schon ausführlich diskutiert wurde, werde ich im folgenden nur die Fälle betrachten, bei denen beide Prädikate zeitlich spezifiziert sind. Obwohl den von den Dekompositionsprädikaten kodierten Vorgängen nicht von vornherein der Status von Teilsituationen der Gesamtsituationen zugewiesen werden soll, werden sich aus Gründen der terminologischen Einfachheit bei der Diskussion zum Aufbau der komplexen Struktur als Ereignisse oder Teilereignisse bezeichnen. Wenn also die Rede davon sein wird, daß zwei von Dekompositionsprädikaten kodierte (Teil-)Ereignisse zeitlich identifiziert werden, ergibt sich daraus für die vom Verb kodierte Situation nur *eine* Teilsituation, die durch die beiden Dekompositionsprädikate charakterisiert ist. Zur Bezeichnung der von den Dekompositionsprädikaten erfaßten, zeitlich unterschiedlich strukturierten Situationskomponenten werde ich die bisher verwendete Terminologie beibehalten: *Prozesse* (P) sind homogene Vorgänge, die im Gegensatz zu *Zustän-*

den (Z) eine dynamische Struktur aufweisen, da sie über monotone Abbildungen von der Zeit in eine (nicht begrenzte) Dimension konstruiert sind. Da die für Prozesse anzusetzenden Dimensionen nicht begrenzt sind, führen sie nicht zu einem Nachzustand. *Entwicklungen* (E) sind solche 'Prozesse', bei denen durch die begrenzte Dimension ein Ende der Situation und ein Nachzustand gegeben ist. Ein Spezialfall von Entwicklungen sind *Zustandswechsel*, die nur über eine zweiphasige Dimension verfügen. Ich werde sie im folgenden zusammen behandeln. Zu beachten ist, daß (im Gegensatz zur bisherigen Terminologie) Entwicklungen im folgenden immer als zeitlich durch das Erreichen eines Nachzustands begrenzt verstanden werden. Als *atomar* bezeichne ich solche Ereignisse, die zeitlich begrenzt sind und keine Veränderung beinhalten, die zu einem Nachzustand führt.

Wäre eine freie Kombination von Prädikaten, die die verschiedenen Vorgänge erfassen, möglich, dann müßte die Anzahl der von Verben erfaßten Ereignistypen wesentlich größer sein. Mit den in Kapitel 10 diskutierten Beschränkungen für die Verbsemantik läßt sich allerdings das Vorkommen einer ganzen Reihe von komplexen Ereignisstrukturen mit zeitlich aufeinander folgenden Teilsituationen von vornherein ausschließen. Zum Beispiel sind generell solche Ereignisstrukturen ausgeschlossen, in denen ein atomares Teilereignis auf ein beliebiges anderes Teilereignis folgt, da nur Agensprädikate eine atomare Struktur aufweisen können, diese aber nicht als zweites Konjunkt in der SF auftreten dürfen. Und da Entwicklungsprädikate (dynamische Themaprädikate) nur in bezug auf ihre Dimension weiter spezifizierbar sind, können sie generell nicht als Prädikate auftreten, die das erste von zwei Teilereignissen erfassen. Weitere Beschränkungen ergeben sich durch die Bedingung, daß aufeinander folgende Teilsituationen kausal verbunden sein müssen. Dadurch können alle Kombinationen von Teilereignissen ausgeschlossen werden, die keinen kausalen Zusammenhang erlauben. Das gilt z.B. für aufeinander folgende Zustände und Prozesse.

Die Berücksichtigung von allen in Kapitel 10 diskutierten Beschränkungen ergibt, daß alle Ereignisstrukturen mit zwei zeitlich aufeinanderfolgenden Teilereignissen ausgeschlossen sind, bei denen das erste Teilereignis kein Prädikat aufweist, das eine Einwirkung beinhaltet, deren Effekt dann im Folgeereignis spezifiziert wird. Damit bleiben nur zwei mögliche Strukturen für komplexe Ereignisse:

- ein atomares Ereignis, gefolgt von einem Prozeß (A > P)
- ein atomares Ereignis, gefolgt von einer Entwicklung (bzw. einem Zustandswechsel) (A > E)

Je ein Beispiel für eine entsprechende Repräsentation findet sich unter (1).

(1)   a.   [STOSS(x,y) & MOVE(y)]
     b.   [STOSS(x,y) & BECOME(KAPUTT(y))]

Wenn die in Kapitel 10 formulierten Beschränkungen korrekt sind, sollten sich nur diese beiden Fälle von komplexen Ereignisstrukturen ergeben, in denen zwei

Teilsituationen zeitlich aufeinander folgen. In allen Fällen, in denen die Dekompositionsprädikate andere zeitliche Strukturen kodieren, müßte demnach eine zeitliche Identifizierung der Vorgänge stattfinden.

Für die gleichzeitige Interpretation von Dekompositionsprädikaten lassen sich derartige Beschränkungen für die Kombination von Prädikaten mit bestimmten zeitlichen Interpretationen nicht so leicht identifizieren. Hier muß geprüft werden, unter welchen Bedingungen die zeitliche Identifizierung der von zwei Dekompositionsprädikaten bereitgestellten Strukturen möglich ist und welcher Typ von Teilereignis aus der Identifizierung resultiert. Die zeitliche Identifizierung selbst muß über die Dauer der relevanten Vorgänge stattfinden: $\tau(s_1) = \tau(s_2)$, (τ ist eine Funktion, die Situationen auf Zeiten abbildet, $\tau(s)$ die Ereigniszeit von s, vgl. Herweg 1990). Bei Ereignistypen, die nicht die gleichen 'Dauereigenschaften' haben, wie etwa Zustände und Prozesse im Gegensatz zu Zustandswechseln/Entwicklungen oder atomaren Ereignissen, ist bei einer möglichen Identifizierung zu prüfen, wessen zeitliche Eigenschaften an die des jeweils anderen Ereignistyps angepaßt werden. Ich gehe davon aus, daß hierbei, wie bei der Sättigung des Wegparameters, die Möglichkeit zur Identifizierung konzeptuell bereitgestellter Variablen zentral ist. In Anbetracht der Überlegungen in Abschnitt 10.3. ist zu erwarten, daß aufgrund solcher konzeptueller Information 'entschieden' wird, ob eine zeitliche Identifizierung oder eine kausale Beziehung anzusetzen ist.

Im folgenden soll bei der Betrachtung der Bewegungsverben darauf geachtet werden, welche für die Ereignisstruktur relevante Information von den Dekompositionsprädikaten kodiert wird und nach welchen Bedingungen der Aufbau der Ereignisstruktur stattfinden kann. Bei der Diskussion der intransitiven Bewegungsverben in Abschnitt 11.2. spielen die zeitlichen Eigenschaften der Verben allerdings zunächst eine untergeordnete Rolle. Stattdessen werden die Bedeutungsaspekte angesprochen, die für die Klassifikation der jeweiligen Verben eine Rolle spielen. Bei der Diskussion der intransitiven Verben, die die Art der Bewegung kodieren in Abschnitt 11.2.3. und der transitiven Verben in Abschnitt 11.3. steht jedoch die zeitliche Interpretation im Vordergrund.

11.2. Intransitive Bewegungsverben

Das für die Bewegungsverben charakteristische Dekompositionsprädikat MOVE(x) und seine konzeptuelle Interpretation als Funktion *move*: T -> R wurde schon in Kapitel 2 eingeführt. Da *move* als Abbildung aus der Zeit in den Raum festgelegt ist, beinhaltet es zeitliche Information, die, solange keine wegbezogene PP realisiert ist, eine Prozeßinterpretation ergibt, da das einzige Argument von MOVE keiner gerichteten Veränderung unterliegt. Erst durch die Anbindung der wegbezogenen Präpositionen an den von *move* aufgebauten Weg wird die räumliche Information spezifiziert, relativ zu der die gerichtete Veränderung der Lokalisierung des Arguments von MOVE zu erkennen ist. Wie in den Kapiteln 3 und 4 dargestellt, ergibt sich die zeitliche Begrenzung der Situation über die räumliche

Begrenzung des Weges durch die PP. Nach der oben verwendeten Charakterisierung erfaßt das allen Bewegungsverben gemeinsame Prädikat MOVE also eine Teilsituation mit der zeitlichen Struktur P.

Im Deutschen lassen sich drei Gruppen von intransitiven Bewegungsverben anhand ihrer Modusprädikate unterscheiden: (1) Solche, die den Verlauf des Weges charakterisieren (*steigen*), (2) solche, die das Lokalisierungsmedium spezifizieren (*fliegen*), und (3) solche, die die Art der Bewegung spezifizieren (*laufen*). Die drei Gruppen werden in den folgenden Abschnitten vorgestellt. Da die beiden ersten Klassen in ihrem Kernprädikat wenig zeitliche Struktur aufweisen, möchte ich sie hier nur kurz ansprechen.

11.2.1. Verben, die den Verlauf des Weges spezifizieren

Die Bewegungsverben, die den Verlauf des Weges spezifizieren, beinhalten lediglich eine Richtungsinformation und weisen daher keinen Bezug auf die Zeit zusätzlich zur Bewegungskomponente auf. In Zusammenhang mit diesen Verben ist allerdings zu klären, wie die Richtung des Weges durch ein Dekompositionsprädikat spezifiziert werden kann, wenn in der SF kein Wegargument vorliegt. Diese Frage betrifft neben *steigen* die Verben *sinken*, *fallen* und *kommen*. Um sie zu beantworten, sollen diejenigen Eigenschaften der richtungsspezifizierenden Verben etwas genauer betrachtet werden, die Aufschluß über das Modusprädikat geben.

Für die richtungsspezifizierenden Bewegungsverben ist keine sortale Beschränkung für das bewegte Objekt anzusetzen, wie die Beispiele unter (2) zeigen.

(2) a. Der Rauch steigt in den Himmel
    b. Gudrun steigt auf die Leiter
    c. Schwere Teile sinken nach unten
    d. Helgard sank tief in die Kissen
    e. Ich komme heute abend zu dir
    f. Das Flugzeug kommt in drei Stunden

Das spricht dafür, daß das Kernprädikat neben der Wegrichtung tatsächlich keine Information beinhaltet, die das Individuenargument spezifiziert. Die Interpretation des Individuenarguments als agentiv in (2b, d, e) ergibt sich lediglich aufgrund der Eigenschaften der realisierten NP. Die statischen Varianten der richtungsbezogenen Verben unter (3) zeigen weiterhin, daß die Richtungsinformation nicht an Fortbewegung gebunden ist, sondern sich auch auf die Gestalt des vom Argument bezeichneten Objekts beziehen kann.

(3) a. Der Weg steigt einen Kilometer an
    b. Die Klippen fallen zum Meer hin steil ab
    c. Paß auf, da kommt ein Nagel aus der Wand!

Wie bei der Kombination der PPs mit Nomen, die Wegobjekte bezeichnen, wird die Ausrichtung einer Objektachse des durch das Verbargument bezeichneten

Objekts festgelegt. Ich möchte deshalb annehmen, daß die richtungsspezifizierenden Verben wie die PPs in ihrem Kernprädikat einen Wegparameter beinhalten, der bei der Bewegungsverblesart über den konzeptuell von *move* aufgebauten Weg belegt wird. Bei der statischen Verwendung fehlt die Bewegungskomponente, hier ist nur die Information vorhanden, daß eine Objektachse des vom Argument bezeichneten Objekts die festgelegte Ausrichtung aufweist. Allerdings ist die statische Verwendung stets abhängig von der Perspektive eines Betrachters: Senkrecht ausgerichtete Objekte werden nur dann als ansteigend oder abfallend charakterisiert, wenn dem Verlauf der entsprechenden Achse über eine vom Betrachter ausgehende OBS-Achse eine Richtung zugewiesen wird. Wie dieser Bezug auf eine Betrachterachse in die Verbbedeutung zu integrieren ist, soll hier vernachlässigt werden.

Bei der Bewegungsverblesart von *sinken* und *steigen* ist die Richtung über die Vertikale des POR definiert, bei *kommen* wird sie über eine deiktische Fixierung des Ziels bestimmt (vgl. Fillmore 1966). Bei *fallen* besteht möglicherweise noch ein Kontrast zu *sinken* insofern, als hier das Fehlen eines unterstützenden Mediums relevant ist. Ich möchte dieser Frage hier aber nicht weiter nachgehen. Unter (4) sind die Repräsentationen für *steigen, sinken* und *kommen* angegeben. Der Index P am Dekompositionsprädikat MOVE gibt den Ereignistyp an, den das Prädikat einbringt. Die Repräsentation von *sinken* und *steigen* über VERT F und VERT F' ist parallel zu der von Lang (1991) vorgeschlagenen Repräsentation der Präpositionen *unter* und *über* gewählt, die ebenfalls eine Ausrichtung relativ zur Vertikalen beinhalten. Im Fall von *kommen* ist über die Festlegung der Richtung durch die origo schon eine Begrenzung des Weges vorgegeben, die aus der Prozeßinformation (P) eine Entwicklungsinformation (E) macht. Ich repräsentiere den durch die Kombination der Prädikate festgelegten Ereignistyp durch die tiefer gestellte Klammerung um die beiden Prädikate und den entsprechenden Index. Der Index ist jedoch nicht als Bestandteil der SF zu betrachten, sondern illustriert nur die konzeptuell kodierte zeitliche Struktur. Die Situationsvariable des Verbs, die im folgenden bei den Repräsentationen als Argument des Verbs angesetzt wird, ist sortal auf die durch den Index angegebene zeitliche Struktur festgelegt.

(4) a. *sinken:* $\lambda P \ \lambda x \ \lambda s \ [MOVE_P(x) \ \& \ VERT \ F \ (D(x)) \ \& \ P(x)](s)$
 b. *steigen:* $\lambda P \ \lambda x \ \lambda s \ [MOVE_P(x) \ \& \ VERT \ F' \ (D(x)) \ \& \ P(x)](s)$
 c. *kommen:* $\lambda P \ \lambda x \ \lambda s \ [\{MOVE_P(x) \ \& \ FIN(D(x))\ =\ origo\}_E \ \& \ P(x)](s)$

11.2.2. Verben, die das Lokalisierungsmedium spezifizieren

In die Gruppe der Verben, die das Lokalisierungsmedium spezifizieren, fallen neben den dynamischen Varianten der in Kapitel 6 diskutierten Verben *schweben* und *schwimmen* noch *fliegen* und *tauchen*. Im Fall von *fliegen* und *tauchen* möchte ich annehmen, daß die Moduskomponente tatsächlich das Lokalisierungsmedium spezifiziert und nicht die Unterstützungskomponente wie bei *schweben* und *schwimmen* (vgl. Abschnitt 6.1.). Als Evidenz kann das Scheitern der Spezifizierung einer entsprechenden Unterstützungskomponente gelten:

(5) a. Der Segelflieger schwebt auf einem günstigen Luftstrom
 b. Der Segelflieger gleitet auf einem günstigen Luftstrom
 c. *Der Segelflieger fliegt auf einem günstigen Luftstrom

Anders als *fliegen* ist *gleiten* unter (5b) unspezifiziert in bezug auf einen Untergrund. Die spezifische Information von *gleiten* läßt sich tentativ als 'Bewegung mit minimalem Reibungswiderstand' charakterisieren. Entsprechend ist auch die Verwendung möglich, bei der ein gasförmiger 'Untergrund' angesetzt wird. Da *fliegen* diese Interpretation nicht erlaubt, gehe ich davon aus, daß die relevante Information hier 'Bewegung im Medium Luft' ist. Der Kontrast zwischen *schwimmen* und *tauchen* kann dann ebenfalls so festgemacht werden, daß *schwimmen* die Unterstützung durch ein flüssiges Medium beinhaltet, *tauchen* dagegen die Lokalisierung in einem flüssigen Medium. Da MOVE Prozeßstruktur hat, während LOC ein Zustand (Z) ist, liegt hier ein Fall vor, in dem eine Teilsituation mit nicht strukturierter zeitlicher Information mit einer strukturierten Teilsituation zu identifizieren ist. Die Identifizierung selbst ist unproblematisch, da beide durativ sind: $\tau(Z) = \tau(P)$. Die Frage, welche Struktur die Gesamtsituation hat, kann aufgrund der Kombinierbarkeit mit wegbezogenen PPs beantwortet werden: Da nur Prozesse durch die Kombination mit entsprechenden PPs begrenzbar sind (vgl. (7)), hat sich offensichtlich die Prozeßinformation durchgesetzt.

(6) a. *fliegen*: $\lambda P\ \lambda x\ \lambda s\ [MOVE_P(x)\ \&\ LOC_Z(x, IN(LUFT))\ \&\ P(x)](s)$
 b. *tauchen*: $\lambda P\ \lambda x\ \lambda s\ [MOVE_P(x)\ \&\ LOC_Z(x, IN(FLÜSSIGKEIT))$
 $\&\ P(x)](s)$

(7) a. Peter Pan flog in 7 Stunden über den Kanal
 c. Brian tauchte in zehn Minuten unter dem Wrack durch

tauchen weist allerdings auch Verwendungen auf, die dafür sprechen, daß eher der Wechsel in ein flüssiges Medium als die Fortbewegung darin für die Modusinformation relevant ist. So ist die kausative Variante von *tauchen* auf diese Interpretation beschränkt (vgl. (8)).

(8) a. Er taucht seinen Löffel in den Tee
 b. *Er taucht den Löffel durch die Suppe

Da die durch (6b) repräsentierte Bewegungsverblesart von *tauchen* sortal auf Lebewesen beschränkt ist, deren üblicher Lebensraum außerhalb des Wasser liegt (vgl. (9)), ist sie vermutlich als abgeleitete Variante zu betrachten. Hierfür spricht auch die etymologische Verwandtschaft von *tauchen* mit *taufen* (vgl. Kluge 1989), die die kausativ/inchoative Variante als Basisform nahelegt.

(9) a. Die Touristen tauchen in der Bucht
    b. ??Fische tauchen in der Bucht
    c. Die Delphine springen in die Luft und tauchen wieder in die Wellen

Die Repräsentation unter (10) erfaßt die kausative und die inchoative Variante von *tauchen* (vgl. (8a) und (9c)). Die koindizierten Klammern in der SF und in der Argumentstruktur repräsentieren die Optionalität dieser Komponenten. Die Koindizierung gewährleistet, daß bei der Realisierung eines zusätzlichen Arguments die kausative Lesart zustande kommt.

(10) *tauchen*:
$\lambda P\ \lambda y\ (_\alpha \lambda x)\ \lambda s\ [(_\alpha MANIP\ (x,y)\ \&)\ BECOME\ ((LOC(y,\ IN\ (FLÜSSIKEIT))_E\ \&\ P(y))](s)$

Die unspezifizierte Relation MANIP ist hier nicht mit einem Zeitstrukturindex versehen. Wie MANIP zeitlich in die Situation einzubinden ist, wird in Zusammenhang mit den transitiven Bewegungsverben in Abschnitt 11.3. diskutiert.

Nachdem die ersten beiden Gruppen der intransitiven Bewegungsverben relativ kurz abgehandelt wurden, möchte ich mich der dritten Gruppe etwas ausführlicher widmen. Dabei soll allerdings nicht eine Analyse der einzelnen Verben im Vordergrund stehen, sondern anhand von zwei Verbtypen die zeitliche Information des Modusprädikats und ihre Interaktion mit der zeitlichen Information von MOVE genauer betrachtet werden.

11.2.3. Verben, die die Art der Bewegung spezifizieren

Die Verben, deren Modusprädikate die Art der Bewegung spezifizieren, lassen sich wiederum in drei Gruppen unterteilen:

1. Verben, die eine Bewegung bezeichnen, die spezifisch für eine bestimmte Objektgestalt ist;
2. Verben, die Bewegung mit Hilfe eines Instruments beinhalten; und
3. Verben, die die Körperbewegung spezifizieren, durch die die Fortbewegung erfolgt.

In die erste Gruppe gehören Verben wie *rollen*, *kugeln* und *eiern*, in die zweite Verben wie *fahren*, *rodeln*, *reiten*, *segeln* und *rudern*. Bei beiden Gruppen ist die Modusinformation nicht zeitlich spezifiziert, so daß ich sie hier nicht berücksichtigen möchte. Die Verben, anhand derer die zeitliche Interaktion der Dekompositionsprädikate untersucht werden soll, stammen aus der dritten Gruppe, die den Großteil der intransitiven Bewegungsverben des Deutschen umfaßt.

Die Verben dieser Gruppe sind sortal auf Lebewesen beschränkt, da sie auf die Fortbewegungsorgane Bezug nehmen: *gehen*, *laufen*, *rennen*, *traben*, *watscheln*, *springen*, *krabbeln*, *kriechen* etc. Der Modus beinhaltet die Information, daß Kontakt zwischen dem bewegten Objekt und einem Untergrund besteht; er spezifiziert die Körperteile, die in Kontakt mit dem Untergrund stehen (vgl. *kriechen* vs. *gehen*), und bei einigen der Verben auch die 'Durchlaufungsgeschwindigkeit' (vgl. Habel 1989). Die Durchlaufungsgeschwindigkeit betrifft die Ausdehnung der Distanzen, die von der Funktion *move* den Zeiteinheiten zugeordnet werden (vgl. *rennen* vs. *gehen*).

Die zeitliche Struktur der Moduspädikate besteht aus einer Folge atomarer Basiseinheiten, ist also nur oberhalb dieser Basiseinheiten homogen. Der hier zu betrachtende Unterschied in bezug auf die zeitliche Struktur ergibt sich aus dem Status der Modusatome für die Verben: Während die Modusinformation von *gehen, laufen, rennen* etc. bei Vorliegen eines einzigen Schritt-Atoms noch nicht erfüllt sein kann, ist das bei *springen* in einem entsprechenden Kontext möglich, wie die unterschiedlichen Interpretationen von (11a) und (b) zeigen.

(11) a. Jeanne rennt über das Blumenbeet
     b. Marco springt über das Blumenbeet

Da in (11b) der Weg mit einem einzigen Sprung zurückgelegt werden kann, in (a) jedoch nicht, ist anzunehmen, daß der Kontakt zwischen Bezugsobjekt und dem bewegten Objekt durch die Bedeutung von *rennen* erzwungen wird, während er bei *springen* ausgeschlossen wird. Da beide Verben das Bewegungsprädikat MOVE enthalten, kann sich der Unterschied nur aus der Moduskomponente ergeben bzw. aus der Beziehung, die zwischen der im Modus ausgedrückten Handlung und der Bewegungskomponente besteht.

Ich möchte hier keine detaillierte Analyse der Moduskomponenten vornehmen, sondern nur die Punkte ansprechen, in denen sich die Prädikatstypen unterscheiden. Im Fall von *gehen, laufen, rennen* ist die Information über den wechselnden Kontakt der Füße mit dem unterstützenden Untergrund verantwortlich dafür, daß durch einmaliges Lösen des Kontakts keine kleinste atomare Einheit des entsprechenden Modus identifiziert wird: Damit ein Wechsel stattfindet, muß jeder Fuß nach dem ersten Lösen des Kontaks mindestens einmal wieder aufgesetzt werden, so daß die Moduskomponente mindestens zwei Schritte voraussetzt. Wie MOVE weist die Moduskomponente von *gehen, laufen, rennen* etc. Prozeßstruktur auf. Die über den Modus eingebrachten Kontaktregionen sind mit den den Weg konstituierenden Regionen zu identifizieren. Erst über die von der Moduskomponente bereitgestellten Kontaktregionen werden die den Weg konstituierenden Regionen 'individuiert', so daß der Bewegung eine gewisse Körnigkeit zukommt. Hier ergibt sich ein Kontrast zu Verben wie *fahren* oder *fliegen*, die keine entsprechend strukturierten Moduskomponenten aufweisen. Ich erinnere in diesem Zusammenhang noch einmal an den Akzeptabilitätsunterschied, der sich dadurch in bezug auf die Kombination mit *auf der Stelle* ergibt: Im Fall der Verben mit 'körnigem Modus' kann die Folge der durch die Modusinformation bereitgestellten Kontaktregionen als die den 'Weg' konstituierenden Regionen identifiziert werden. Da mindestens zwei Regionen beteiligt sind, ist die Voraussetzung für eine Bewegungsinterpretation gegeben, auch wenn kein ausgedehnter Weg zurückgelegt wird. Bei *fahren* dagegen kann nur über *move* ein Weg aufgebaut werden, da die Moduskomponente keine Information über Regionen einführt, die mit denen des Weges identifizierbar wären.

Über die Identifizierung der Regionen ergibt sich auch die Identifizierung der zeitlichen Informationen der beiden Prädikate, so daß diesen Verben eine Prozeßstruktur zugewiesen werden kann. Dabei spezifiziert MOVE die Information des Modusprädikats, indem es eine Ordnung über die Regionen einführt, die für das Modusprädikat selbst keine Rolle spielt. Verben wie *laufen, gehen* etc. beinhalten demnach zwei Prozeßprädikate, deren zeitliche Identifizierung wieder zu einer Prozeßinterpretation führt.

Im Fall von *springen* beinhaltet das Kernprädikat die Information, daß ein Kontakt zum Untergrund gelöst wird und dann wieder zustandekommt. Eine Wechselinformation liegt nicht vor. Durch das einmalige Lösen und erneute Zustandekommen des Kontakts ist ein atomares Ereignis (ein Sprung) festgelegt. Da auch hier zwei Kontaktregionen vorliegen, kann eine Identifizierung mit den von MOVE bereitgestellten Regionen vorgenommen werden. Anders als bei *gehen, rennen* etc. liegen hier jedoch unterschiedliche zeitliche Strukturen vor. Die Moduskomponente kodiert ein atomares Ereignis, liefert also eine zeitlich begrenzte Struktur, während MOVE Prozeßinformation aufweist. Prinzipiell bestehen dadurch zwei Möglichkeiten der Interpretation bei Identifizierung der Zeitinformation: (1) Die beiden Kontaktregionen des Kernprädikats SPRING werden mit zwei Wegregionen identifiziert; damit ist die vom Kernprädikat vorgegebene Situation beendet und es ergibt sich eine atomare Struktur. (2) Die atomare Information des Kernprädikats wird iterativ interpretiert, so daß auch das Modusprädikat Prozeßstruktur aufweist; damit ergibt sich die gleiche zeitliche Struktur wie bei den anderen Bewegungsverben. Im ersten Fall kommt die Interpretation unter (11b) zustande, bei der kein Kontakt zum Bezugsobjekt besteht, im zweiten Fall ergibt sich die Interpretation, daß Kontakt zum Bezugsobjekt besteht, da bei der iterativen Interpretation von SPRING mehrere Kontaktregionen mit den wegkonstituierenden Regionen zu identifizieren sind. (12) gibt ein Beispiel für einen Kontext, in dem diese Interpretation ausgelöst wird.

(12)   Julius springt über die Felder

Ausschlaggebend dafür, welche zeitliche Struktur zustande kommt, ist offensichtlich auch hier die durch die PP eingebrachte Information. Wenn der durch die PP eingeführte Weg mit einem atomaren Sprungereignis zurückgelegt werden kann, kommt die entsprechende Interpretation zustande, sonst wird die Prozeßinterpretation gewählt. Das zeigt, daß bei der Identifizierung der zeitlichen Information von unterschiedlich strukturierten Dekompositionsprädikaten nicht unbedingt festgelegt werden kann, welche zeitliche Struktur dominieren wird. Beide Informationen stehen gleichberechtigt nebeneinander, erst der Kontext entscheidet welche Interpretation dominiert.

Darin, daß das atomare Kernprädikat bei *springen* unterspezifiziert bleibt in bezug auf eine einmalige oder eine repetetive Interpretation, entspricht es Verben wie *klopfen*, die ebenfalls auf ein atomares Ereignis oder eine nicht-begrenzte Folge (einen Cluster) von Ereignissen referieren können (vgl. Mori/Löbner/Micha 1992). Da die Verbindung zwischen den Dekompositionsprädikaten über die Identifizierung der räumlichen Information besteht, kann bei *springen* die zeitliche Struktur durch die Spezifizierung des Weges bestimmt werden. Umgekehrt dominiert die zeitliche Struktur des Kernprädikats, wenn keine Information über den Weg vorliegt: Ohne PP ist *springen* präferiert atomar zu interpretieren (vgl. (13a)). In (13a) liegt sogar noch eine dritte Interpretation von *springen* vor: Hier geht das Sprungereignis der Bewegung voraus, der Sprung besteht nur im Lösen des Kontakts, das die in der Verwendung ausgeblendete Bewegung verursacht. Diese Interpretation ergibt sich auch bei der Kombination mit einer Ursprungspräposition (vgl. (13b)). Demnach wird die Entscheidung, ob eine zeitliche Identifizierung der Komponenten stattfindet oder nicht, erst konzeptuell getroffen. Die verschiedenen Interpretationen von *springen* sprechen demnach dafür, die Kodierung von Teilsituationen nicht in die SF aufzunehmen, sondern die zeitliche Interpretation der semantische Strukturen erst auf der konzeptuellen Ebene unter Berücksichtigung der kontextuellen Information vorzunehmen.

(13) a. Der Tiger sprang
     b. Uschi sprang vom 10 Meter-Brett

Für die hier besprochenen Bewegungsverben werden die Repräsentationen unter (14) angesetzt. Die Dekompositionsprädikate sind aufgrund ihrer unterschiedlichen zeitlichen Struktur mit einem Index A bzw. P gekennzeichnet. Diese zeitliche Klassifizierung der Prädikate ergibt sich aufgrund ihrer konzeptuellen Interpretation. Für *gehen* ergibt sich demnach aufgrund der Information der Moduskomponente eine Prozeßinterpretation, während *springen* je nach Kontext Prozeßinterpretation oder atomare Interpretation aufweisen kann.

(14) a. *gehen:* $\lambda P\, \lambda x\, \lambda s\, [\text{GEH}_P(x)\, \&\, \text{MOVE}_P(x)\, \&\, P(x)](s)$
     b. *springen:* $\lambda P\, \lambda x\, \lambda s\, [\text{SPRING}_A(x)\, \&\, \text{MOVE}_P(x)\, \&\, P(x)](s)$

11.3. Transitive Bewegungsverben

Da transitive Bewegungsverben über zwei Individuenargumente verfügen, gibt es prinzipiell zwei Möglichkeiten in bezug darauf, welche Information das Modusprädikat kodiert. Im ersten Fall beschreibt der Modus die Art der Bewegung des Themas, während die Funktion des Agens nur darin besteht, diese Bewegung zu verursachen. Im zweiten Fall erfaßt der Modus, welche Handlung des Agens die Bewegung verursacht. Da bei den transitiven Bewegungsverben das Thema der Bewegung unterliegt, besteht die vom Modusprädikat erfaßte Handlung in der Art der Einwirkung des Agens auf das Thema, die zur Bewegung führt. Im ersten Fall entspricht der Aufbau der SF dem der kausativen Positionsverben, im zweiten dem der Resultativkonstruktionen. Ein Beispiel für die kausativen Bewegungsverben ist *rollen* unter (15a), ein Beispiel für die Verben, die die Art der Einwirkung spezifizieren, ist *schieben* unter (15b). Die Indizes für die Zeitstruktur der Prädikate sind hier noch nicht berücksichtigt.

(15) a. *rollen:* $\lambda P \lambda y \lambda x$ [MANIP (x,y) & ROLL(y) & MOVE(y) & P(y)]
 b. *schieben:* $\lambda P \lambda y \lambda x$ [SCHIEB (x,y) & MOVE(y) & P(y)]

Im Unterschied zu dem unspezifizierten MANIP kodiert SCHIEB eine spezifische Art der Einwirkung (vgl. 11.3.2.). Die Verben unter (15) unterscheiden sich also darin, daß bei *rollen* unter (15a) das Kernprädikat nur über das Thema prädiziert, während das Kernprädikat von *schieben* unter (15b) eine Relation zwischen Agens und Thema herstellt.

11.3.1. Kausative Bewegungsverben

Die Klasse der Verben, die die Art der Bewegung spezifizieren, umfaßt neben dem transitiven *rollen* und *kugeln* die kausative Variante von *sinken*, nämlich *senken*, sowie *heben*, das das kausative Gegenstück zu *steigen* ist.

Bei den kausativen Verben bewirkt die Einwirkung des Agens das Zustandekommen der Bewegung. Die Moduskomponente spezifiziert wie bei den entsprechenden intransitiven Verben lediglich die Richtung des Weges (*heben, senken*) oder die gestaltabhängige Körperbewegung, die mit der Fortbewegung einhergeht (*rollen, kugeln*). Auf welche Art die Einwirkung des Agens stattfindet, durch die der Vorgang kontrolliert wird, bleibt in der Verbbedeutung unberücksichtigt, so daß auch hier die unspezifizierte Agensrelation MANIP anzusetzen ist. Obwohl keine Information über die Art der Einwirkung besteht, ist die zeitliche Anbindung der Agenshandlung zumindest im Fall von *heben* und *senken* eindeutig: Der Agens muß während der gesamten Bewegung Kontrolle über die Bewegung haben. Diese zeitliche Anbindung ist aus der konzeptuellen Interpretation zu begründen: Im Fall von *heben* kann eine verursachte Bewegung nach oben aufgrund der Schwerkraft nur dann stattfinden, wenn der Agens kontinuierlich auf das Thema einwirkt. Im Fall von *senken* besteht der Kontrast zu *fallen lassen* gerade darin, daß die Bewegung nach unten durch einen Agens kontrolliert wird und nicht nur ein Effekt der Schwerkraft ist. Ob das Prädikat MANIP selbst zeitlich unterspezifiziert ist, weil die spezifische Einwirkung nur über konzeptuelle Information erschlossen werden kann, oder ob automatisch eine Identifizierung mit der zeitlichen Struktur des Kernprädikats stattfindet, kann hier nicht entschieden werden.

Bei *rollen* und *kugeln* ist die Notwendigkeit der permanenten Einwirkung weniger deutlich als bei *heben* und *senken*. Die Sprecherurteile unterscheiden sich bei der Frage, ob *rollen* beinhaltet, daß der Agens das Thema begleitet und konstant in Bewegung hält, oder ob z.B. für (16) auch die Interpretation möglich ist, daß ein einmaliger Impuls zur Bewegung des Themas führt.

(16)   Oblong Fitz Oblong rollt das Faß die Treppe runter

Die zeitliche Interpretation der Einwirkungskomponente ergibt sich hier also vermittelt durch die konzeptuelle Information des hierarchieniedrigeren Prädikats: Da die Bewegung des Themas nicht aus eigener Kraft erfolgen kann, wird im Defaultfall angenommen, daß die Einwirkung des Agens während der gesamten Bewegungszeit anhält, so daß die zeitlich unterspezifizierte Manipulationsrelation an das hierarchieniedrigere Prädikat angebunden wird. Liegt wie unter (16) ein Kontext vor, in dem ein Impuls die Bewegung auslösen könnte, kann auch diese Lesart zustande kommen, in diesem Fall kodiert MANIP ein atomares Ereignis, und wird als (verursachendes) zeitlich unabhängiges Teilereignis interpretiert.

Die Repräsentation der kausativen Bewegungsverben läßt sich durch das Schema unter (17) erfassen, wobei MOD jeweils durch das Kernprädikat des entsprechenden intransitiven Verbs zu ersetzen ist. Der Index S an dem Prädikat MANIP kodiert die unspezifizierte zeitliche Struktur, die konzeptuell festzulegen ist.

(17) $\lambda P\ \lambda y\ \lambda x\ \lambda s\ [\text{MANIP}_S(x,y)\ \&\ \text{MOVE}_P(y)\ \&\ \text{MOD}(y)\ \&\ P(y)](s)$

11.3.2. Transitive Bewegungsverben mit Einwirkungsrelation

Unter die transitiven Verben, die die Art der Einwirkung des Agens betreffen, fallen *ziehen, schieben, werfen* und *tragen* sowie Verben, die sich als Ableitungen aus transitiven Verben über das Resultativtemplate analysieren lassen (vgl. (18)).

(18)   a.   Er stößt die Flasche vom Tisch
        b.   Er schießt/tritt/schlägt den Ball ins Tor

Der Großteil der transitiven Bewegungsverben besteht aus solchen abgeleiteten Verben. Daß die Gruppe der Verben, die in ihrer Basislesart schon als Bewegungsverben zu betrachten sind, nicht sehr umfangreich ist, läßt sich daraus erklären, daß die Möglichkeiten der physischen Einwirkungen, die ein Objekt in Bewegung setzen können, begrenzt sind. Es muß sich jeweils um eine Krafteinwirkung handeln, die einen solchen Effekt auslösen kann. Die unter (18) aufgeführten Verben, die Bewegungslesarten ermöglichen, beinhalten eine solche physische Einwirkung auf ein Objekt, die als Auslöser einer Bewegung interpretiert werden kann.

Die Verben, die die Einwirkung auf das Thema spezifizieren, zerfallen wiederum in zwei Gruppen, die sich darin unterscheiden, ob die Einwirkung als Impuls oder konstant während der ganzen Situation erfolgt. In die erste Gruppe gehört *werfen* sowie die abgeleiteten Verben *stoßen, schießen* etc., in die zweite *schieben, ziehen* und *tragen*. Ich möchte im nächsten Abschnitt *ziehen* und *schieben* stellvertretend für die zweite Gruppe behandeln und dann auf *werfen* stellvertretend für die Verben der ersten Gruppe eingehen.

11.3.2.1. Einwirkung mit Zustandscharakter

schieben und *ziehen* lassen sich über ihre Modusinformation in ein ganzes Spektrum von Verben einordnen, die eine bestimmte Krafteinwirkung auf das Thema beinhalten. *schieben* teilt sich die Information der auf das Thema hin gerichteten Krafteinwirkung mit *drücken*, das ausschließlich diese Information enthält, und *stoßen*, das anders als *schieben* und *drücken* keine dauernde Einwirkung, sondern einen atomaren Impuls beinhaltet. Ebenfalls in diese Gruppe fallen *schlagen* und *treten*, die zusätzlich die Körperteile spezifizieren, mit denen die Einwirkung ausgeführt wird. *ziehen* läßt sich in eine Gruppe mit *zupfen*, *reißen* und *saugen* einordnen, wobei *zupfen* erneut eine atomare Einwirkung bezeichnet, *reißen* ebenfalls eine atomare, aber wesentlich kräftigere, und *saugen* eine kontinuierliche Einwirkung, die sortal auf nicht-feste Stoffe beschränkt ist. *schieben* ist ausschließlich auf die Bewegungslesart festgelegt, vermutlich wegen des konkurrierenden *drücken*, das in Kontexten, in denen die Einwirkung keine Bewegung zur Folge hat, zur Verfügung steht. *ziehen* läßt sich dagegen auch in Kontexten verwenden, in denen keine Bewegung zustandekommt.

(19) a. Gudrun drückte mit aller Kraft, aber der Schrank bewegte sich nicht
    b. ?Holger schob mit aller Kraft, aber der Schrank bewegte sich nicht
    c. Dagmar zog mit aller Kraft, aber der Schrank bewegte sich nicht

Das Vorliegen einer intransitiven Variante von *ziehen* (vgl. (20)) läßt aber darauf schließen, daß es sich bei *ziehen* trotzdem auch in der Basislesart um ein Bewegungsverb handelt.

(20)   Flüchtlingsströme ziehen durch Bosnien

(21) gibt einen Überblick über die unterschiedlichen Spezifizierungen des Kernprädikats bei den oben genannten Verben der physischen Einwirkung. FORCE- kodiert die zum Agens hin gerichtete Krafteinwirkung auf das Thema, FORCE+ die vom Agens weg gerichtete.

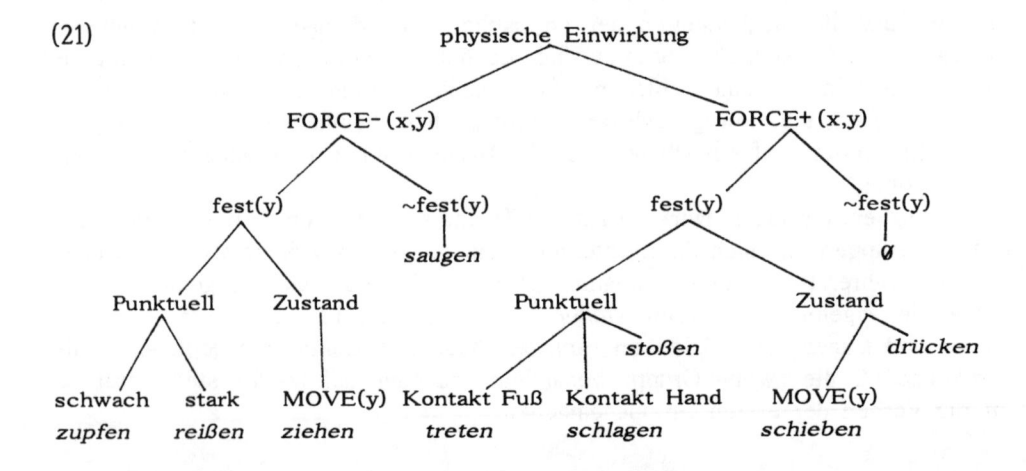

(21)
```
                          physische Einwirkung
                         /                    \
                  FORCE-(x,y)              FORCE+(x,y)
                  /        \                /        \
              fest(y)    ~fest(y)       fest(y)    ~fest(y)
              /  \          |            /   \         |
                          saugen                       ∅
       Punktuell  Zustand              Punktuell   Zustand
        /    \       |                  /     \       /
                                           stoßen       drücken
     schwach stark  MOVE(y)         Kontakt Fuß  Kontakt Hand  MOVE(y)
     zupfen  reißen  ziehen           treten      schlagen    schieben
```

Mit der Information der physischen Einwirkung beinhaltet die Agensrelation bei *ziehen* und *schieben* eine Information, aus der die Bewegung des Themas direkt abgeleitet werden kann, da die räumliche Veränderung auf diese Einwirkung zurückgeht. Für die Verben, die eine ähnliche Bedeutungskomponente aufweisen, kann die Einwirkung als die für die Resultativbildung notwendige Einwirkungsrelation identifiziert werden, so daß alle unter (21) aufgeführten Verben Resultativkonstruktionen mit Bewegungsinformation erlauben (vgl. (22)).

(22) a. Er saugt das Benzin aus dem Tank
b. Er reißt die Bücher aus dem Feuer
c. Er zupft die Flusen vom Pullover
d. Er stößt den Gefangenen in den Kerker
e. Er drückt seinen Gegner an die Wand

Die Präferenz der Ursprungs-PP in (22a) - (c) spiegelt die Richtungsinformation der Moduskomponente wider, bei der die Kraft auf den Agens hin gerichtet ist.

Bei *schieben* und *ziehen* muß die Einwirkung kontinuierlich während der gesamten Bewegungssituation bestehen. Trotzdem muß der Agens nicht an der Bewegung teilnehmen: Die Sätze unter (23) zeigen, daß nur die Einwirkungskomponente, aber nicht die Bewegungs- und Lokalisierungskomponente auf den Agens bezogen sind.

(23) a. Am Ufer stehend, zog er das Boot zu sich heran
b. In die Ecke gedrängt, schob er den kläffenden Hund mit einem Besen auf die Tür zu

Da sich bei nicht-realisierter PP Prozeßinterpretation ergibt (vgl. (24a)) und die Krafteinwirkung des Agens selbst nicht zeitlich strukturiert ist, kann man davon ausgehen, daß es sich bei der Modusrelation um ein Zustandsprädikat handelt. Wird eine PP realisiert, die die Bewegung des Themas begrenzt, ergibt sich eine zeitlich begrenzte Situation (24b).

(24) a. Er schob stundenlang/*in einer Stunde den Wagen
b. Er schob *stundenlang/in einer Stunde den Wagen zur Werkstatt

Wenn die Modusinformation Zustandscharakter hat, ergibt sich daraus, daß die Einwirkung konstant erfolgt, da FORCE als Zustandsprädikat permanenten Kontakt beinhalten muß. Würde der Kontakt gelöst, dann läge ein atomares Prädikat wie im Fall von *schubsen* vor. Aus (24b) läßt sich schließen, daß wie bei intransitiven Verben des Lokalisierungsmediums die stärker strukturierte Bewegungskomponente die zeitliche Struktur der Gesamtsituation festlegt, sobald Information über den Weg zur Verfügung steht. Die Zeitdauer der Einwirkung wird demnach auch hier nur mit der zeitlichen Dauer der Bewegung identifiziert. Als Repräsentation von *schieben* und *ziehen* sind die Strukturen unter (25) anzusetzen.

(25) a. *ziehen:* $\lambda P\ \lambda y\ \lambda x\ \lambda s\ [\text{FORCE-}_Z(x, y)\ \&\ \text{MOVE}_P(y)\ \&\ P(y)](s)$
     b. *schieben:* $\lambda P\ \lambda y\ \lambda x\ \lambda s\ [\text{FORCE+}_Z(x, y)\ \&\ \text{MOVE}_P(y)\ \&\ P(y)](s)$

Bei fast allen bisher betrachteten Verben ist damit die zeitliche Struktur der Bewegungskomponente relevant für die zeitliche Struktur der Gesamtsituation:
- Bei den Verben mit Zustands-Modus (*schwimmen, fliegen, schieben* und *ziehen*) wird die Dauer der Modushandlung mit der Dauer der Bewegungssituation identifiziert. In der Ereignisstruktur des Verbs dominiert die Prozeßstruktur von MOVE.
- Bei den intransitiven Bewegungsverben mit prozeßhafter Moduskomponente werden über die Identifizierung der Kontaktregionen mit den den Weg konstituierenden Regionen die zeitlichen Strukturen der Komponenten identifiziert. Erneut ergibt sich für für das Gesamtereignis Prozeßinterpretation.
- Bei *springen*, das ein atomares Moduspräaikat aufweist, führt entweder eine iterative Deutung der Moduskomponente zu einer Prozeßstruktur, die dann mit der Prozeßstruktur von MOVE identifiziert werden kann, oder es wird bei entsprechend kurzem Weg die Dauer der atomaren Modusinformation mit der Dauer der Bewegung identifiziert. Auch hier erfolgt die zeitliche Anbindung indirekt über die Identifizierung der Regionen. Wenn über die PP keine Regionen zur Verfügung gestellt werden, die Aufschluß darüber geben, wie die Identifizierung des atomaren Prädikats mit dem Prozeßprädikat zustandekommt, ergibt sich jedoch die Lesart, daß zwei aufeinanderfolgende Teilsituationen vorliegen.
- Im Fall des kausativen *rollen* ergibt sich ebenfalls die Interpretation, daß die Einwirkungszeit mit der Bewegungszeit übereinstimmt. Lediglich eine eindeutige Kontextinformation kann die Lesart auslösen, daß ein atomares erstes Teilereignis vor dem von MOVE bereitgestellten Prozeß anzusetzen ist.

(26) bietet einen Überblick über die verschiedenen Kombintionsmöglichkeiten der Prädikate und die zeitliche Interpretation der Gesamtsituation. Der Ereignistyp der Gesamtsituation wird dann entprechend der von der lokalen PP eingebrachten Information weiter modifiziert.

(26)

	Moduspräadikat	MOVE	Gesamtsituation
fliegen	FLIEG_Z	MOVE_P	P
gehen	GEH_P	MOVE_P	P
springen	$\text{SPRING}_{A/P}$	MOVE_P	A/P
schieben	FORCE+_Z	MOVE_P	P

In allen unter (26) aufgeführten Fällen ergibt sich die Gesamtsituationsstruktur über eine zeitliche Identifizierung von Bewegungs- und Modusinformation, und eventuell der Anbindung der PP-Information. Im folgenden Abschnitt wird *werfen* exemplarisch für die Verben der punktuellen Einwirkung betrachtet, bei denen aufgrund der Bedeutung des Moduspräadikats keine zeitliche Identifizierung stattfinden kann.

11.3.2.2. Punktuelle Einwirkung

Statt einer permanenten Einwirkung beinhaltet *werfen* lediglich einen Impuls, der die Bewegung des Themas zur Folge hat. Die durch die Agensrelation bezeichnete Handlung geht demnach der Bewegung voraus. Verben wie *werfen* sind deshalb nicht mit der von Pustejovsky (1991a) angesetzten Aufteilung komplexer Ereignisse in eine Prozeßphase und einen Nachzustand kompatibel. Stattdessen umfassen sie ein atomares Ereignis und einen darauf folgenden Prozeß, der durch eine PP begrenzt sein kann. Der atomare Impuls ist als ein Lösen des Kontakts zwischen Agens und Thema zu konstruieren, das durch eine spezifische Handlung des Agens ausgelöst wird. Diese Kerninformation von *werfen* wird in der Repräsentation in (27) durch das Dekompositionsprädikat WERF kodiert.

(27) $\lambda P \lambda y \lambda x \lambda s [WERF_A(x,y) \& MOVE_P(y) \& P(y)](s)$

Betrachtet man nun die zeitliche Struktur des Gesamtereignisses bei *werfen*, so zeigt sich, daß hier nicht die Bewegungskomponente die zeitliche Struktur bestimmt, sondern allein das atomare Agensprädikat. Anders als bei *springen* kann eine wegbezogene PP nicht zu einem zeitlich ausgedehnten, begrenzten Ereignis führen (vgl. (28a)). Die Zeitdauerangabe in (28a) kann lediglich auf ein wiederholtes Ausführen der Wurfhandlung bezogen sein, aber nicht auf die Dauer der Bewegung. Die Zeitrahmenangabe führt in keiner Interpretation zu einem akzeptablen Satz.

(28) a.   Er warf (§minutenlang/§in fünf Sekunden) den Ball auf den Boden der Schlucht
      b.   Er warf ($^{(§)}$minutenlang/§in fünf Sekunden) den Ball

Selbst wenn man die in der realen Welt gegebenen Umstände ignoriert und einen Agens ansetzt, der die Fähigkeit hat, einen Ball mit solcher Kraft zu werfen, daß dieser eine Stunde fliegt, kann die Dauer der Gesamtsituation nicht durch *in einer Stunde* aufgegriffen werden.

(29) §Der Gigant warf den Ball in einer Stunde über die Nordsee

Daß der Modus bei *werfen* nicht wie bei *springen* iterativ der Bewegung zugeordnet werden kann, ergibt sich daraus, daß die Modusinformation durch das Lösen des Kontakts eine Änderung der Beziehung zwischen Agens und Thema beinhaltet, die eine erneute Einwirkung des Agens unmöglich macht. Da umgekehrt die Bewegung des Themas erst aufgrund dieser Änderung der Beziehung zwischen Agens und Thema erfolgt, kann eine iterative Interpretation von *werfen* nur dann eine Iteration der Gesamtsituation beinhalten (also Lösen des Kontakts plus darauf folgende Bewegung), falls nach Abschluß der Bewegung die zur erneuten Einwirkung nötige Konfiguration gegeben ist. Was an der Inakzeptabilität des Beispiels unter (29) jedoch überrascht, ist, daß sich hier anscheinend die beiden zeitlichen Strukturen nicht zur Dauer des Gesamtereignis addieren: Wenn die Zeitrahmenangabe in (29) nicht möglich ist, bedeutet das, daß die Dauer der Bewegung nicht zugreifbar ist. Obwohl also aufgrund der Dekompositionsstruktur eine Ereignisstruktur vorliegen müßte, die ein atomares Ereignis und ein darauf folgendes Prozeß- oder Entwicklungsereignis umfaßt, deutet die Kombinatorik mit den Zeitadverbialen darauf hin, daß die Gesamtsituation den Ereignistyp A hat.

Damit ergibt sich ein Problem für die Annahme, daß die zeitliche Struktur der Verben sich aus der zeitlichen Struktur der einzelnen Dekompositionsprädikate aufbauen läßt. Wenn im Fall von *werfen* nur die atomare Impulskomponente die Ereignisstruktur bestimmt, müßte die Prozeßinformation von MOVE beim Situationsaufbau ignoriert werden. Die folgenden Beispiele zeigen, daß das Problem nicht auf *werfen* beschränkt ist, sondern sich bei allen Verben mit Impulseinwirkung ergibt:

(30) a. §Sie schossen die Rakete in fünf Tagen zum Mond
 b. §Sie schossen die Rakete tagelang durch den Weltraum
 c. §Er stieß die Steinlawine in zehn Minuten ins Tal

Da die Konstruktionen unter (30) über das Resultativ-Template abgeleitet sind, gibt es für diese Konstruktionen eine mögliche Erklärung: In der Repräsentation ist das Prozeßprädikat MOVE nicht enthalten, da sich bei der Einbettung des Basisverbs in das Resultativ-Template nur eine Repräsentation wie unter (31) ergeben kann:

(31) [STOSS (x,y) & BECOME (P(z)))]

Die Bewegungsinformation, die zur Anbindung der Weg-PP nötig ist, würde dann lediglich konzeptuell erschlossen. Fraglich ist aber, ob eine entsprechende semantische Struktur auch für *werfen* angesetzt werden kann. In diesem Fall müßte man annehmen, daß die Information, daß das Thema sich bewegt, nur konzeptuell aus der Einwirkungsrelation gewonnen wird. Da *werfen* anders als *stoßen* nicht ein Zustandekommen, sondern das Lösen eines Kontaktes beinhaltet, ist diese Überlegung nicht abwegig. Unklar ist allerdings, wie die Sättigung des Wegparameters von Präpositionen wie *durch* und *zu* erfolgen kann, wenn keine kontinuierliche Bewegungsinformation im Verb kodiert ist.

Es gibt aber auch andere Konstruktionen, bei denen die Kombination von Verben mit Zeitadverbialen bei genauerer Betrachtung zu Effekten führt, die es fraglich erscheinen lassen, ob Zeitadverbiale tatsächlich Zugriff auf die gesamte zeitliche Struktur der durch das Verb charakterisierten Situation haben. Im folgenden Abschnitt sollen solche Fälle diskutiert werden. Ich möchte aufgrund dieser Daten für *werfen* die Repräsentation unter (27) beibehalten und nach einer anderen Erklärung dafür suchen, daß die Kombination mit Zeitrahmenadverbialen nicht möglich ist.

11.4. Zeitadverbiale und Situationsstruktur

Im folgenden werden drei Zeitadverbiale daraufhin betrachtet, welche zeitlichen Strukturen sie messen und wo sich bei ihrer Kombinatorik mit Verben Diskrepanzen mit der angesetzten Verbrepräsentation ergeben: *x lang*, *für x Zeit* und *in x Zeit*.

Sowohl *x lang* als auch *für x Zeit* messen die Dauer von Zuständen (bzw. auch von unbegrenzten Prozessen im Fall von *x lang*). Während *für x Zeit* die Dauer von Resultatszuständen mißt, ist *x lang* beschränkt auf Zustände, die nicht Resultate eines spezifizierten Vorgangs sind, sondern selbst durch ein Verb positiv spezifiziert sind.[1] Da Nachzustände nur relativ zu vorausgehenden Situationen festgelegt sind, läßt sich der Unterschied daran festmachen, daß in der SF von *für x Zeit* auf eine Situation Bezug genommen wird, der ein Nachzustand zugewiesen wird, während *x lang* die Dauer einer Situation festlegt, der keine andere spezifizierte Situation vorausgeht. NZ(s, s') sei eine Relation mit der Interpretation "s' ist Nachzustand von s", T soll ein Zeitausdruck sein. (Zu einer etwas subtileren Repräsentation von Zeitadverbialen vgl. Krifka (1989), Herweg (1990).)

(32) a. *für T (Zeit)*: $\lambda T \lambda s [NZ(s,s') \& DAUER(s') \supset T]$
b. *T lang*: $\lambda T \lambda s [DAUER (s) \supset T]$

Während sowohl *für x Zeit* als auch *x lang* Zustände messen, also homogene Situationen, mißt das Zeitrahmenadverbial *in x Zeit* Entwicklungen, also Vorgänge, die eine Veränderung beinhalten, die zu einem bestimmten Abschluß führt. Die Repräsentation unter (33) ist in Anlehnung an den Vorschlag von Herweg (1990) formuliert. Die zeitliche Inklusion der Situationszeit in der relevanten Zeitspanne gewährleistet, daß nur begrenzte Situationen mit *in x Zeit* kombinierbar sind, da nur diese völlig in einem Zeitintervall eingeschlossen sein können. Ob s explizit auf Entwicklungen zu beschränken ist, damit die Anwendung auf atomare Verben ausgeschlossen ist, soll hier nicht diskutiert werden (vgl. dazu Herweg 1990).

(33) $\lambda T \lambda s [DAUER(s) \subset T]$

Entwicklungen werden durch dynamische Themaprädikate kodiert, so daß zu erwarten ist, daß Verben, bei denen das Themaprädikat die Zeitstruktur bestimmt, ein Zeitrahmenadverbial erlauben. Tatsächlich ist *in x Zeit* mit unakkusativen Verben

---

[1] Für manche Sprecher ist diese Aufgabenteilung von *x lang* und *für x Zeit* scheinbar nicht gegeben. Diese Sprecher akzeptieren auch die Sätze unter (i) und (iii) in der unter (ii) und (iv) angegebenen Interpretation.
  (i) §Er stellte die Kerze eine Nacht lang ins Fenster
  (ii) Er stellte die Kerze für eine Nacht ins Fenster
  (iii) §Die Kerze stand für drei Stunden im Fenster
  (iv) Die Kerze stand drei Stunden lang im Fenster

kombinierbar und auch mit denjenigen intransitiven und transitiven Bewegungsverben, deren Modusinformation an die Bewegungskomponente angebunden ist.

(34) a. Das Eis schmolz in einer Stunde
 b. Thomas fuhr in drei Stunden von Hamburg nach Köln
 c. Helgard schob in einer Stunde ihren Roller von der Schule nach Hause
 d. Sysiphus rollte den Stein in einem Tag den Berg hoch

Allerdings zeigen die Beispiele unter (35), daß ein Zeitrahmenadverbial nicht auf die Dauer eines Themaprädikats zugreifen kann, wenn das Prädikat in eine Handlung eingebettet ist, die als Impuls zu interpretieren ist.

(35) a. Das Haus brannte in drei Stunden vollständig nieder
 b. §Der Brandstifter brannte das Haus in drei Stunden vollständig nieder
 c. Der Tanker versank innerhalb einer Nacht
 d. §Die Rakete versenkte den Tanker innerhalb einer Nacht
 e. Das Kriegsschiff versenkte den Tanker innerhalb einer Nacht

Hier zeigt sich das gleiche Problem wie bei *werfen*: Das Verb bettet eine Komponente mit einer bestimmten zeitlichen Struktur ein, die aber nicht durch ein entsprechendes Zeitadverbial aufgegriffen werden kann.

Der Vergleich der Sätze unter (35d) und (e) zeigt, daß auch bei Verben, die nicht über eine zeitlich spezifizierte Agensrelation verfügen, das Zeitdaueradverbial nicht unbedingt auf die eingebettete Entwicklungsinformation zugreift, sondern nur die Zeit messen kann, die die Handlung des Agens in Anspruch nimmt. (35e) kann aufgrund des gewählten Agens so verstanden werden, daß die wiederholten Angriffe die ganze Nacht andauern. Somit ergibt sich eine repetitive Interpretation der Einwirkungshandlung, die mit der Entwicklungsinformation des eingebetteten Prädikats identifiziert werden kann. Da bei (35d) diese Interpretation nicht möglich ist, müßte das Zeitadverbial ausschließlich die Entwicklung des Themas spezifizieren, was jedoch nicht möglich ist. Die Entwicklungsinformation des Themas gibt zwar vor, wodurch die Dauer der Situation begrenzt wird, kann aber offensichtlich selbst nicht die gemessene Ereigniszeit zur Verfügung stellen, wenn die zeitliche Information des Agensprädikats nicht mit ihr übereinstimmt. Wie bei *werfen* wird bei den Verben, bei denen konzeptuell eine punktuelle Einwirkung konstruiert wird, der Zugriff auf die eingebettete Prozeß-/Entwicklungsinformation durch die mit der Agensrelation assoziierte Information blokkiert. Ob die Einwirkung punktuell oder kontinuierlich ist, ergibt sich dabei über die NP, die das Argument sättigt.

Während im Fall der Beispiele unter (35) ein Teil der Verbinformation nicht vom Zeitadverbial berücksichtigt werden kann, ergibt sich das Problem in bezug auf die Nachzustände umgekehrt: Hier kann ein Teil der Verbbedeutung zeitlich spezifiziert werden, der der Handlung, die die Situation charakterisiert, nicht mehr zuzurechnen ist. Die zeitliche Dauer von Nachzuständen wird durch das Zeitadverbial *für x Zeit* gemessen.

(36) a. Er ging für eine Stunde zu seiner Tante
b. Er stellte die Koffer für fünf Minuten in das Schließfach

Die Dauer von Bewegungssituationen umfaßt das Zeitintervall, in dem die Bewegung stattfindet. Mit der Lokalisierung an einem Ziel ist die Bewegung abgeschlossen. *für x Zeit* greift nun genau die Zeitspanne auf, die für die Lokalisierung anzusetzen ist, die auf die Bewegung folgt. Daß der Nachzustand tatsächlich aus der Gesamtsituationszeit herausfällt, zeigt sich daran, daß die Sätze unter (37) nicht während der Zeitspanne geäußert werden können, in der der Nachzustand erreicht ist und anhält, sondern nur während der Handlungszeit.

(37) a. Ich gehe gerade für eine Stunde zu meiner Tante.
§Eine halbe Stunde ist schon um.
b. Ich bin dabei, den Koffer für fünf Minuten in das Schließfach zu stellen.
§Drei Minuten sind schon um.

Damit stellt sich hier die Frage, in welcher Beziehung der Nachzustand zur Handlungssituation steht. Daß der Nachzustand prinzipiell in die vom Verb bezeichnete Situation integriert ist, läßt sich daraus schließen, daß der Agens der Situation den Nachzustand kontrollieren muß. Bei Verben, die die Auflösung der Kontrolle des Agens beinhalten (vgl. (38a, b)), ist *für x Zeit* ebensowenig möglich wie bei Verben, bei denen sich die Auflösung des Nachzustands nicht mit der Verbhandlung in Zusammenhang bringen läßt (vgl. (38c)). Bei irreversiblen Nachzuständen ist die Zeitdauerangabe nie möglich (vgl. (38d)).

(38) a. Er verlor seinen Schlüssel (*für fünf Tage)
b. Er stieß die Vase (*für fünf Minuten) vom Tisch
c. §Er malte für drei Jahre ein Bild[2]
d. §Er aß für eine Stunde ein Steak

Die Tatsache, daß der Agens den Nachzustand kontrollieren muß, damit ein *für*-Adverbial möglich ist, zeigt, daß der Nachzustand inhaltlich in die Situation eingebunden ist. Für die hier verwendeten Repräsentationen bedeutet das, daß in diesen Fällen ein entsprechendes Themaprädikat in der SF des Verbs vorhanden ist. Die Kontrolle ist über den kausalen Zusammenhang zwischen der Handlung des Agens und dem Zustandekommen des Nachzustands gewährleistet.

---

[2] Zu beachten ist, daß auch bei Verben, die keine Kontrolle über den Nachzustand beinhalten, ein *für*-Adverbial möglich ist, wenn die Konstruktion durch einen Benefizienten erweitert wird, vgl.:
(i) §Er baute für ein Jahr ein Haus
(ii) Er baute sich für ein Jahr ein Haus
Hier kann als Nachzustand eine Possessivrelation zwischen dem Benefizient und dem Thema angesetzt werden, über die der Agens Kontrolle hat. Daß es um die Kontrolle des Agens über den Nachzustand geht, kann man daraus schließen, daß ein anderer Benefizient nicht möglich ist:
(iii) §Er baute ihr für ein Jahr ein Haus

Auch inchoative Verben, die reversible Nachzustände beinhalten, erlauben ein
für-Adverbial, das die Dauer des durch die Entwicklung erreichten Zustands angibt (vgl. (39)). Demnach kann die Notwendigkeit der Kontrolle des Agens über
den Nchzustand bei den agentiven Verben vermutlich nur als ein Effekt aus
einer allgemeineren Bedingung betrachtet werden.

(39) a. Der See fror für einen Monat zu
   b. Der Bach schrumpfte für mehrere Wochen zu einem Rinnsal zusammen

Welchen Status die Beobachtungen über die Anbindung der Zeitadverbiale haben,
muß im Zusammenhang mit der Rolle der Situationsvariable geprüft werden. Da
Zeitadverbiale Adjunkte sind, muß ihr Argument über Θ-Identifizierung gesättigt
werden. Dabei kann es sich aufgrund der sortalen Beschränkung nur um Identifizierung mit dem referentiellen Argument des Verbs, also mit der Situationsvariable, handeln. Aus den Beobachtungen ergibt sich in bezug auf die Situationsvariable ein Dilemma: Um ihren Status als Referenzvermittler zu erfüllen, muß das
Verb die für den Referenten (die Situation) relevanten Informationen vollständig
enthalten. Das gilt insbesondere für die Information über die Entwicklung des
Thema-Arguments in den Beispielen unter (35). Andererseits liefern die Zeitadverbiale Evidenz, daß die entsprechende zeitliche Information nicht über die
Situationsvariable zugänglich ist. Wenn die Situationsvariable jedoch die zur Identifizierung der Referenten relevante Information aufweist, sollte diese Information
auch zugänglich sein.

Möglicherweise läßt sich dieses Dilemma damit erklären, daß bei den Verben referentielles und externes Argument auf verschiedene Individuen referieren.
Bei der einzigen Kategorie, die ebenfalls über ein referentielles und ein externes
Argument verfügt, dem Nomen, fällt das referentielle Argument mit dem externen
zusammen. Der Referent weist demnach die Eigenschaften auf, die ihm durch
die Dekompositionsprädikate zugewiesen werden. Diese Prädikate bestimmen
seine sortalen Eigenschaften, die wiederum von Modifikatoren spezifiziert werden
können. Die 'sortalen' Eigenschaften von Situationen setzten sich im Gegensatz
dazu nicht aus einer Reihe von Dekompositionsprädikaten zusammen, die über
die Situationsvariable selbst prädizieren, sondern aus Prädikaten, die die an der
Situation beteiligten Partizipanten in Beziehung zueinander setzen. Wie schon zu
Beginn von Kapitel 10 ausgeführt, sind nicht alle Partizipanten von Beginn der
Situation an auch an ihr beteiligt: Ein Rezipient wird z.B. erst mit dem Beginn
des Nachzustands an einer Transfersituation beteiligt, und ein Agens, der nur impulsartig auf das Thema einwirkt, ist an der weiteren Entwicklung der Situation
nicht beteiligt.

Da die interne zeitliche Struktur von Situationen über die unterschiedliche
Einbindung der Partizipanten bestimmt ist, ergibt sich, daß die Situation z.B. für
das Thema Entwicklungscharakter haben kann, für den Agens dagegen atomaren
Charakter. Ein Zeitadverbial, das über die Situationsvariable prädiziert, kann der
Gesamtsituation keiner der beiden zeitlichen Strukturen zusprechen, wenn sie auf
einen zeitlich heterogenen Komplex von Relationen zwischen den Partizipanten
referiert. Die Beobachtung, daß *in x Zeit* bei transitiven Bewegungsverben dann

anwendbar ist, wenn die Agensrelation an das Entwicklungsprädikat zeitlich angebunden ist, aber nicht, wenn eine punktuelle Einwirkung der Entwicklung vorausgeht, kann deshalb unter Berücksichtigung der Homogenitätspräsupposition von Löbner (1990) damit erklärt werden, daß das Situationsargument in bezug auf die Prädikation nur dann homogen ist, wenn alle Partizipanten, über die eine zeitliche Information vorliegt, während der gemessenen zeitlichen Phase in der Situation eine Rolle spielen. Da Homogenität des Arguments in bezug auf die prädizierte Eigenschaft vorliegen muß, ist bei Verben mit zeitlich nicht identifizierten Situationskomponenten die Anwendungsbedingung für das Prädikat nicht erfüllt. Damit ließe sich auch erklären, warum *für x Zeit* bei agentiven Verben nur möglich ist, wenn der Agens Kontrolle über den Nachzustand hat, während bei inchoativen Verben lediglich Reversibilität gewährleistet sein muß: Das einzige Argument von inchoativen Verben bezeichnet immer einen Partizipanten, der in den Nachzustand eingebunden ist, der Agens ist jedoch nur dann in den Nachzustand eingebunden, wenn er eine kontrollierende Funktion übernimmt.

Wenn diese Interpretation der Diskrepanz zwischen der zeitlichen Information der Dekompositionsprädikate und der Verwendbarkeit der Zeitadverbiale korrekt ist, dann liefern die Zeitadverbiale nur in den Fällen Aufschluß über die anzusetzenden Dekompositionsprädikate, in denen eine zeitliche Identifizierung der Dekompositionsprädikate möglich ist. Strukturen mit zeitlich nicht identifizierbaren Prädikaten sollten sich dementsprechend dadurch auszeichnen, daß sie mit keinem der für die zeitliche Struktur der Einzelkomponenten möglichen Zeitadverbiale angemessen interpretierbar sind. Für die kritischen Fälle unter (35) und für *werfen* wurde die Kombination mit *in x Zeit* zurückgewiesen. Wenn diese Verben tatsächlich eine atomar zu interpretierende Agensrelation und ein Entwicklungsprädikat beinhalten, sollte nach den angestellten Überlegungen auch die Kombination mit punktuellen Zeitangaben wie z.B. *um x Uhr* scheitern, die bei punktuellen Verben möglich ist. Tatsächlich zeigt sich bei den Sätzen unter (40), daß sich bei den Verben, die neben dem atomaren Prädikat ein Entwicklungsprädikat beinhalten, keine eindeutige Interpretation ergibt, sondern offen bleibt, ob die Zeitangabe auf die Handlungszeit oder auf den Abschluß der Entwicklung bezogen ist. Je größer die zeitliche Distanz zwischen Handlung und Abschluß der Entwicklung ist, desto schlechter ist die Konstruktion.

(40) a. Er warf mit dem Schlußgong den Ball über das ganze Feld ins Tor
     b. Die Rakete versenkte den Tanker um Punkt drei Uhr
     c.??Der Brandstifter brannte das Haus um Punkt drei Uhr vollständig nieder

Daß die Kombination mit einer punktuellen Zeitangabe akzeptabler ist als die mit einem Zeitrahmenadverbial, sofern die beiden Teilereignisse, auf die sich die Zeitangabe beziehen kann, dicht genug beieinander liegen, läßt sich damit begründen, daß in diesem Fall das ganze Ereignis als punktuell konzeptualisiert werden kann. Die Konzeptualisierung einer atomaren Einwirkungsrelation als Entwicklung ist dagegen nicht möglich.

Nach diesen Überlegungen können die in Abschnitt 11.1. aufgestellten Hypothesen zur zeitlichen Interpretation komplexer Dekompositionsstrukturen aufrechterhalten werden. Bei der Analyse der Bewegungsverben finden sich sowohl Belege für Strukturen, deren Prädikate zeitlich zu identifizieren sind, als auch für solche, deren Prädikate auf nacheinander stattfindende Teilsituationen bezogen sind. Die Entscheidung, welche Interpretation gewählt wird, wird gesteuert von der jeweiligen konzeptuellen Interpretation der Dekompositionsprädikate unter Berücksichtigung der kontextuell gegebenen Information. Wie durch die in Kapitel 10 formulierten Beschränkungen zu erwarten, finden sich unter den Verben mit nacheinander zu interpretierenden Teilsituationen nur solche, deren Agensrelation atomar ist.

Natürlich liefern die in Kapitel 9 angestellten Überlegungen zur zeitlichen Interpretation von Agens- und Themaprädikaten nur erste Anhaltspunkte, die weiter fundiert und angemessen ausgearbeitet werden müssen, damit sie für eine ernsthafte Analyse der zeitlichen Strukturen von Verben angemessen sind. Vor allem ist zu konkretisieren, wie die Identifizierung der Teilkomponenten stattfindet, über die die zeitliche Identifizierung vermittelt ist. Trotzdem denke ich, daß die hier skizzierte Analyse der zeitlichen Interpretation der Bewegungsverben Anhaltspunkte gibt, die als Basis für detailliertere Analysen dienen können.

12. Fazit und Ausblick

Ich habe in dieser Arbeit versucht, durch detaillierte Analysen der lokalen Verben und Präpositionen aufzuzeigen, welche Strategien beim Bedeutungsaufbau herangezogen werden müssen, damit die beobachtete Kombinatorik korrekt erfaßt werden kann. Dabei haben sich die Grundannahmen des Zwei-Stufen-Modells als fruchtbar erwiesen, da sie es ermöglichen, dem Spektrum an Kombinationsmöglichkeiten, das sich für einzelne Verben ergibt, gerecht zu werden, auch wenn es aufgrund der semantischen Klasseneigenschaften allein nicht vollständig vorhergesagt werden kann.

Ausgehend von Überlegungen zu wegbezogenen PPs mit Komplementstatus wurde die Hypothese, daß prädikative Komplemente die Verbinformation in bezug auf einen durch die Verbsemantik selbst offengelassenen Aspekt spezifizieren, mit dem generellen Aufbau der Dekompositionsstruktur von Verben in Zusammenhang gebracht. Dabei wurde die Interpretation der asymmetrischen Konjunktion, deren Vorderglied nach Bierwisch eine Voraussetzung für das Hinterglied darstellt, dahingehend eingeschränkt, daß hierarchieniedrigere Konjunkte nur Eigenschaften ihrer Argumente spezifizieren dürfen, die schon durch hierarchiehöhere Prädikate aktiviert sind.

Der für die Analyse der wegbezogenen Präpositionen eingeführte Wegparameter bildet die Grundlage für die späteren Überlegungen: Bei der Belegung des Wegparameters durch die jeweils konzeptuell bereitgestellte lokale Information entsprechend den Anforderungen der Präposition spielt die Identifizierung konzeptuell unspezifizierter Information eine wichtige Rolle. Diese Analyse erlaubt eine einheitliche Behandlung der Wegpräpositionen in bezug auf ihre Kombinatorik mit lokalen Verben und ihre attributive Verwendung, und dient als Vorbild für die Anbindung der Modusinformation an die Bewegungsinformation bei der Analyse der Bewegungsverben.

Über die lokalen Verben und ihre Kombinatorik hinaus gehen die Überlegungen zur Möglichkeit der Beschränkung von semantischen Dekompositionsstrukturen. Nach den in den letzten Kapiteln diskutierten Eigenschaften von Dekompositionsstrukturen haben sich dabei die folgenden Faktoren als relevant für den Aufbau von Verbbedeutungen erwiesen:

- Die konzeptuell motivierte Klassifizierung der Dekompositionsprädikate als Agens- oder Themaprädikate mit charakteristischen zeitlichen Strukturen,
- die Kombinationsmöglichkeiten der Prädikate, die über zwei Prinzipien gesteuert sind:
  (1) die Spezifizierung der aktivierten Eigenschaften durch hierarchieniedrigere Prädikate und
  (2) den notwendigen kausalen Zusammenhang zwischen Teilsituationen,
- die zeitliche Interpretation der komplexen Strukturen, die sich aus der konzeptuellen Interpretation der Dekompositionsprädikate ergibt.

Wenn sich die diskutierten Beschränkungen als haltbar erweisen, ermöglicht eine solche Analyse der Dekompositionsprädikate und ihrer Interaktion in komplexen Dekompositionsstrukturen den Verzicht auf die zusätzliche Annahme sowohl einer Hierarchie thematischer Rollen als auch einer zusätzlichen Ebene der Ereignisstruktur: Sowohl die thematischen Eigenschaften der Argumente als auch der zeitliche Aufbau der Situation lassen sich aus den konzeptuellen Eigenschaften der Dekompositionsprädikate und ihrer Kombinatorik ableiten.

Gleichzeitig liefert die Analyse einen Ansatzpunkt für eine Erklärung der relativ begrenzten Anzahl von attestierten Ereignisstrukturtypen und für die begrenzte Anzahl der Individuenargumente von Verben: Beides folgt aus den Bedingungen zum Aufbau von Verbstrukturen. Wenn lediglich die einmal eingeführte Information immer weiter spezifiziert werden darf, ergeben sich dadurch sowohl Beschränkungen für die charakterisierte Situation, als auch für die Partizipanten, die sinnvoll im Zusammenhang mit einer weiteren Spezifizierung eingeführt werden können.

In dem hier skizzierten Ansatz zum Aufbau von Dekompositionsstrukturen konnten natürlich nicht alle Punkte erschöpfend behandelt werden. Insbesondere bleiben noch Fragen in bezug auf die Rolle und die Repräsentation der konzeptuellen Information offen. In zukünftigen Untersuchungen zu klären, wie der für die Beschränkung der Verbsemantik zentrale Begriff der "Aktivierung von Eigenschaften" zu präzisieren ist. Da hier der Bezug auf sortale Information von Objekten relevant ist, ist dazu eine genauere Untersuchung zur Konzeptualisierung von Objekten und zur Nomensemantik notwendig. Diese Bereiche sind ebenfalls für weiterführende Überlegungen zu objektdefinierenden und optionalen Eigenschaften zentral. Hier sind konkretere Untersuchungen zur Organisation des relevanten konzeptuellen Wissens nötig. Obwohl vieles zu präzisieren bleibt, stellt die Arbeit einen meiner Ansicht nach notwendigen Versuch dar, dem Dekompositionsansatz die Möglichkeit zu nehmen, relativ willkürlich Teilbedeutungen zusammenzufassen, und eröffnet damit eine Möglichkeit, aufgrund von Beschränkungen Vorhersagen über prinzipiell mögliche Verbstrukturen zu machen. Da sich die Analyse ausschließlich auf das Deutsche stützt, bleibt natürlich an weiteren Sprachen zu prüfen, inwiefern ein Anspruch auf Universalität der Vorhersagen bestehen kann und in welchen Punkten Parametrisierungen vorliegen.

Insbesondere die Unterscheidung von Agens- und Themaprädikaten liefert ein weites Feld für weitergehende Untersuchungen. In diesem Zusammenhang sind die Daten zur Unergativ-/Unakkusativ-Klassifizierung in verschiedenen Sprachen daraufhin zu prüfen, ob die Unterscheidung der Prädikatstypen den Daten gerecht wird. Dabei ist der Einfluß anderer grammatischer Phänomene zu untersuchen, etwa ob das Verbinventar einer Sprache eher transitiv oder intransitiv organisiert ist. Aufschlußreich könnte auch eine Analyse der Medialkonstruktion sein, die, wie in Kapitel 9 angedeutet, ein Kandidat für die Ableitung von Themaprädikaten ist. Zu prüfen ist weiterhin, ob die Unterscheidung von Agens- und Themaprädikaten tatsächlich als Basis für die Klassifizierung der Verben in den Aktiv-Inaktiv-Sprachen wie z.B. Dakota herangezogen werden kann. Für die Überlegungen zum Aufbau von Dekompositionsstrukturen liefern möglicherweise Sprachen mit seriellen Verben Daten, die als Evidenz oder Gegenevidenz für die Kapitel 10 formulierten Beschränkungen herangezogen werden können.

Literatur

Abusch, D. (1986): Verbs of Change, Causation and Time. CSLI Report 86-50
Ackerman, F. (1992): Complex Predicates and Morphological Relatedness: Locative Alternation in Hungarian. - In: I. Sag, A. Szabolcsi (eds.) Lexical Matters. CSLI Lecture Notes No. 24, 55-83
Bach, E. (1986): The algebra of events. - In: Linguistic and Philosophy 9, 5-16
Baker, M., K. Johnson, I. Roberts (1989): Passive arguments raised. - In: Linguistic Inquiry 20, 219-252
Beeh, V. (1993): Arbeitsbericht aus dem Teilprojekt "Feldstrukturen im Lexikon". - Sonderforschungsbereich 282 "Theorie des Lexikons". Arbeits- und Ergebnisbericht. Düsseldorf, Wuppertal, 163-178
Beeh, V., A, Brosch, L.D. Schulz (1993): Adjektivische Felder. Manuskript. Universität Düsseldorf
Belletti, A., L. Rizzi (1988): Psych verbs and theta theory. - In: Natural Language and Linguistic Theory 6, 291-352
Bierwisch, M. (1982): Formal and lexical semantics. - In: Linguistische Berichte 80, 3-17
- (1983): Semantische und konzeptuelle Repräsentation lexikalischer Einheiten. - In: R. Ruzicka, W. Motsch (Hgg.) Untersuchungen zur Semantik. (Berlin: Akademie Verlag) (= Studia Grammatica 22) 61-99
- (1987a): Semantik der Graduierung. - In: M. Bierwisch, E. Lang (Hgg.) Grammatische und konzeptuelle Aspekte von Dimensionsadjektiven. (Berlin: Akademie Verlag) (= Studia Grammatica 26/27) 91-286
(1987b): Die Struktur thematischer Raster. - Handout zum Vortrag an der Universität Düsseldorf, 29.10.1987
(1988): On the Grammar of Local Prepositions. - In: M. Bierwisch, W. Motsch, I. Zimmermann (Hgg.) Syntax, Semantik und Lexikon. (Berlin: Akademie Verlag) (Studia Grammatica 29) 1-65
(1989a): Event Nominalizations: Proposals and Problems. - Linguistische Studien 194, ZISW der Akademie der Wissenschaften Berlin, 1-73
(1989b): Thematische Rollen und Dekomposition. - Kursunterlagen zur 3. DGfS-Sommerschule in Hamburg
(1990): Verbcluster Formation as a Morphological Process. - In: Yearbook of Morphology 3, 173-199
-, E. Lang (Hgg.) (1987a): Grammatische und konzeptuelle Aspekte von Dimensionsadjektiven. - Berlin: Akademie Verlag (= Studia Grammatica 26/27)
-,- (1987b): Etwas länger - viel tiefer - immer weiter: Epilog zum Dimensionsadjektiveprojekt. - In: M. Bierwisch, E. Lang (Hgg.) Grammatische und konzeptuelle Aspekte von Dimensionsadjektiven. (Berlin: Akademie Verlag) (= Studia Grammatica 26/27) 649-699
Borer, H. (1988): The Causative-inchoative alternation: A case study in parallel morphology. - In: The Linguistic Review 8, 119-158
Bresnan, J. (ed.)(1982): The Mental Representation of Grammatical Relations. - Cambridge, Mass.: MIT Press
Brinkmann, U. (1991): An analysis of verbs of motion. - Manuskript, Nijmegen
Burzio, L. (1986): Italian Syntax. - Dordrecht: Reidel
Carrier, J., J. Randall (1992): The Argument Structure and Syntactic Structure of Resultatives. - In: Linguistic Inquiry 23.2, 173-234
-,- (1993): From Conceptual Structure to Syntax: Projecting from Resultatives. - In: E. Reuland, W. Abraham (eds.) Lexical and Conceptual Structure. (Dordrecht: Kluwer) (=Knowledge of Language, Vol. III.) 119-142
Carstensen, K.-U. (1988): Aspekte der Semantik räumlicher Ausdrücke: Achsen, Wege, Seiten und ähnliches. - Manuskript, Hamburg

Chierchia, G. (1983): The Syntax and Semantics of Infinitivals and Gerunds. - Doctoral Dissertation, University of Massachusetts, Amherst
- (1985): Formal Semantics and the Grammar of Predication. - In: Linguistic Inquiry 16.3, 417-443
- (1989): Structured Meanings, Thematic Roles and Control. - In: G. Chierchia, B. H. Partee, R. Turner (eds.) Properties, Types and Meaning. Vol. II: Semantic Issues. Dordrecht: Reidel) 131-166

Cleland, C.E. (1987): Change, Process and Events. - CSLI Report

Comrie, B. (1975): Causatives and Universal Grammar. - In: Transactions of the Philosophical Society, 1-32

Condoravdi, C. (1989): The middle: Where semantics and morphology meet. - In: MIT Working Papers in Linguistics 11, 16-30

Culicover, P.W., W.K. Wilkins (1984): Locality in Linguistic Theory. - New York: Academic Press

Davidson, D. (1967): The logical form of action sentences. - In: Essays on Actions and Events (1980). New York: Oxford University Press

Davies, W.D. (1986): Choctaw Verb Agreement an Universal Grammar. - Dordrecht: Reidel

Doron, E., M. Rappaport Hovav (1991): Affectedness and Externalization. - In: North Eastern Linguistic Society 21, 81-94

Dowty, D. (1972): On the Syntax and Semantics of the Atomic Predicate CAUSE. - In: Papers from the 8th regional meeting of the Chicago Linguistic Society, April 14-16, 1972
- (1979): Word Meaning and Montague Grammar. - Dordrecht: Reidel
- (1989): On the semantic content of the notion of "thematic role". - In: G. Chierchia, B.H. Partee, R. Turner (eds.) Properties, Types and Meaning. Vol. II: Semantic Issues. Dordrecht: Reidel
- (1991): Thematic Proto-Roles and Argument Selection. - In: Language 67, 547-619

Fabri, R. (1993): Kongruenz und die Grammatik des Maltesischen. - Tübingen: Niemeyer
- (1994): The invers morphology of Plains Cree (Algonquian). - Manuskript, Universität Düsseldorf

Fanselow, G. (1992): Ergative Verben. - In: L. Hoffmann (Hgg.) Deutsche Syntax: Ansichten und Aussichten. Berlin, New York: de Gruyter, 276-303

Fassi Fehri, A. (1987): Anti-Causatives in Arabic, Causativity and Affectedness. - Lexicon Project Working Papers 15, Cambridge, Mass.: MIT Center for Cognitive Science

Fillmore, Ch. (1966): Deictic categories in the semantics of come. - In: Foundations of Language 2, 219-227
- (1970): The grammar of hitting and breaking. - In: R. Jacobs, P. Rosenbaum (eds.) Readings in English Transformational Grammar. (Ginn and Company: Waltham, Mass.) 120-133

Fukui, N., M. Speas (1986): Specifiers and projection. - In: N. Fukui, T.R. Rapoport, E. Sagey (eds.) Papers in Theoretical Linguistics. MIT Working Papers in Linguistics 8

Galton, A. (1984): The Logic of Aspect. An axiomatic approach. - Oxford: Clarendon Press

Goldberg, A. (1991): A semantic account of resultatives. - In: Linguistic Analysis 21, 66-96

Grewendorf, G. (1989): Ergativität im Deutschen. - Dordrecht: Reidel

Grimshaw, J. (1988): Adjuncts and argument structure. - Lexicon Project Working Papers 21 und Center for Cognitive Science Working Papers 36, MIT
- (1990): Argument Structure. - Linguistic Inquiry Monographs, Cambrigde, Mass.: MIT Press

Gropen, J., S. Pinker, M. Hollander, R. Goldberg, R. Wilson (1989): The learnability and acquisition of the dative alternation in English. - In: Language 65.1, 203-257

Gropen, J., S. Pinker, M. Hollander (1991): Affectedness and direct objects: The role of lexical semantics in the acquisition of verb argument structure. - In: Cognition 41, 153-195
Gruber, J. (1976): Lexical structures in syntax and semantics. - Amsterdam: North Holland
Guerssel, M. (1986): On Berber verbs of change: A study of transitivity alternations. - Lexicon Project Working Papers 9, Cambridge, Mass.: MIT Center for Cognitive Science
Habel, C. (1989): zwischen-Bericht. - In: C. Habel, M. Herweg, K. Rehkämper (Hgg.) Raumkonzepte in Verstehensprozessen. Interdisziplinäre Beiträge zu Sprache und Raum. (Tübingen: Niemeyer) 37-69
-, S. Pribbenow (1988): Gebietskonstituierende Prozesse. - Lilog-Report 18
Hale, K., Keyser, J. (1987): A view from the Middle. - Lexicon Project Working Papers 10, Center for Cognitive Science, MIT Cambridge, Mass.
Halliday, M.A.K. (1967) Notes on transitivity and theme in English. Part I. - In: Journal of Linguistics 3, 37-81
Haspelmath, M. (1992): More on the typology of inchoative/causative verb alternations. - Erscheint in: B. Comrie et. al. (ed.): Causatives and Transitivity. Amsterdam: Benjamins
Haumann, D. (1992): Lexikalische Argumentstruktur und Θ-Rollen englischer Lokalpräpositionen. - Arbeiten des Sonderforschungsbereichs 282 "Theorie des Lexikons", Nr. 15, Düsseldorf
Herskovits, A. (1985): Semantics and pragmatics of locative expressions. - In: Cognitive Science 9, 341-347
- (1986): Language and Spatial cognition. - Cambridge: Cambridge University Press
Herweg, M. (1988): Zur Semantik einiger lokativen Präpositionen des Deutschen. Überlegungen zur Theorie der lexikalischen Semantik am Beispiel von *in, an, bei* und *auf*. - Lilog-Report 21
- (1989): Ansätze zu einer semantischen Beschreibung topologischer Präpositionen. - In: C. Habel, M. Herweg, K. Rehkämper (Hgg.) Raumkonzepte in Verstehensprozessen. Interdisziplinäre Beiträge zu Sprache und Raum. Tübingen: Niemeyer, 99-127
- (1990): Zeitaspekte. Die Bedeutung von Tempus, Aspekt und temporalen Konjunktionen. - Wiesbaden: Deutscher Universitäts Verlag
Higginbotham, J. (1985): On Semantics. - In: Linguistic Inquiry 16.4, 547-593
Hoekstra, T. (1988): Small Clause Results. - In: Lingua 74, 101-139
- (1992): Aspect and Theta Theory. - In: I.M. Roca (Hgg.) Thematic Structure. Its Role in Grammar. Berlin, New York: Foris, 145-174
Hoekstra, T., R. Mulder (1990): Unergatives as copular verbs: locational and existential predication. - In: The Linguistic Review 7, 1-79
Hopper, P. J., S.A. Thompson (1980): Transitivity in language and discourse. - In: Language 56, 251-299
Jackendoff, R. (1983): Semantics and Cognition. - Cambridge, Mass. MIT Press
- (1987): The status of thematic relations in linguistic theory. - In: Linguistic Inquiry 18.3, 369-411
- (1990): Semantic Structures. - Linguistic Inquiry Monograph 19, Cambridge, Mass.: MIT Press
Jacobs, J. (1991a): Focus Ambiguities. - In: Journal of Semantics 8; 1-36
- (1991b): Bewegung als Valenztransfer. - Arbeiten des Sonderforschungsbereichs 282 "Theorie des Lexikons", Nr. 1, Düsseldorf
- (1992): Integration. - Arbeiten des Sonderforschungsbereichs 282 "Theorie des Lexikons", Nr. 13
Jäger, G. (1992): Diskurs-Verknüpfung und der Stadien-Individuen-Kontrast. - Magisterarbeit, Leipzig
Joppen, S. (1993): Kausativ im Baskischen. - Arbeiten des Sonderforschungsbereichs 282 "Theorie des Lexikons", Nr. 45, Düsseldorf

Joppen, S., D. Wunderlich (1994): Argument linking in Basque. Manuskript, Universität Düsseldorf
Kaufmann, I. (1989): Direktionale Präpositionen. - In: C. Habel, M. Herweg, K. Rehkämper (Hgg.) Raumkonzepte in Verstehensprozessen. Interdisziplinäre Beiträge zu Sprache und Raum. (Tübingen: Niemeyer) 128-149
- (1990): *durch* - Semantische und konzeptuelle Aspekte. - In: Kognitionswissenschaft 1, 15-26
- (1991): Semantik der wegbezogenen Präpositionen des Deutschen. - Arbeiten des Sonderforschungsbereichs 282 "Theorie des Lexikons", Nr. 8, Düsseldorf
- (1994a) Positionsverben und Richtung. - Ersch. in: Kognitionswissenschaft. Sonderband 'Räume'
- (1994b) Was ist ein (un-)mögliches Verb? Agens- und Themaprädikate und der Aufbau der Semantischen Form. - Arbeitsbericht des SFB 282 "Theorie des Lexikons", Nr. 58
- (1994c) What is an (im-)possible verb? - Restrictions on Semantic Form and concequences for argument structure. To appear in: Proceedings of the Workshop 'Semantisches und konzeptuelles Wissen', Berlin, 21.-23.4.1994. (Arbeitspapiere des SFB 340 "Grundlagen der Computerlinguistik")
- (1994d) Agent and Theme Predicates and the unergative-unaccusative distinction. - Manuskript, Universität Düsseldorf
Keyser, S.J., T. Roeper (1984): On the Middle and Ergative Constructions in English. - In: Linguistic Inquiry 15. 381-416
Killmer, A. (1992): Logische Räume. - Arbeiten des Sonderforschungsbereichs 282 "Theorie des Lexikons", Nr. 11, Düsseldorf
Kiparsky, P. (1989a): Agreement and Linking Theory. - Manuskript, Stanford
- (1989b): Morphosyntax. - Kursunterlagen 3. DGfS-Sommerschule, Hamburg
- (1992): Structural Case. - Manuskript, Stanford
Klein, W. (1990): Raumausdrücke. - In: Linguistische Berichte 132, 77-114
Kluge, F. (1989): Etymologisches Wörterbuch der deutschen Sprache. Berlin: de Gruyter
Kornai, A., G. Pullum (1990): The X-bar theory of phrase structure. - In: Language 66, 24-55
Krifka, M. (1989): Nominalreferenz und Zeitkonstitution. Zur Semantik von Massentermen, Pluraltermen und Aspektklassen. - München: Fink
Lang, E. (1987): Semantik der Dimensionsbezeichnungen räumlicher Objekte. - In: Bierwisch, M., E. Lang (Hgg.)(1987): Grammatische und konzeptuelle Aspekte von Dimensionsadjektiven. (Berlin: Akademie Verlag) (= Studia Grammatica 26/27) 287-458
- (1988): Objektschemata und räumliche Konfigurationen. - Papier zum DfG-Projekt "Räumliche Lokalisierung", Düsseldorf
- (1989): Primärer Orientierungsraum und Inhärentes Proportionsschema: Interagierende Kategorisierungsraster bei der Konzeptualisierung räumlicher Objekte. - In: C. Habel, M. Herweg, K. Rehkämper (Hgg.) Raumkonzepte in Verstehensprozessen. Interdisziplinäre Beiträge zu Sprache und Raum. (Tübingen: Niemeyer) 150-173
- (1990): Primary Percepual Space and Inherent Proportion Schema: Two interacting categorization grids underlying the conceptualization of spatial objects. - In: Journal of Semantics 7, 121-191
- (1991): A two-level approach to projective prepositions (German *über, unter, vor, hinten, rechts*. - In: G. Rauh (Hg.) Approaches to Prepositions. (Tübingen: Narr)
-, K.-U. Carstensen (1989): OSKAR - A PROLOG Program for Modelling Dimensional Designation and Positional Variation of Objects in Space. - IWBS Report 109
Larson, R. (1988): On the double object construction. - In: Linguistic Inquiry 18. 335-391

Lenerz, J., D. Wunderlich (1993): Arbeitsbericht aus dem Teilprojekt "Derivation und lexikalische Semantik". Sonderforschungsbereich 282 "Theorie des Lexikons". Arbeits- und Ergebnisbericht. Düsseldorf, Wuppertal, 129-148
Levelt, W., Schneider, D., Hoenkamp, E. (1976): Struktur und Gebrauch von Bewegungsverben. - In: LiLi 23/24, 131-153
Levin, B., T.R. Rapoport (1988): Lexical Subordination. In: CLS 24
Levin, B., M. Rappaport (1988): Non-event er-Nominals: A Probe into Argument Structure. In: Linguistics 26, 1067-1083
-,- (1989a): An approach to unaccusative mismatches.- In: NELS, 314-329
-,- (1989b): The lexical semantics of verbs of motion: The perspective from unaccusativity. - Erscheint in: I. Roca (Hgg.): Thematic Structure: Its Role in Grammar. (Berlin: de Gruyter)
-,- (1991): Wipe the state clean: A lexical semantic exploration. - In: Cognition 41, 123-151
-,- (1994): A preliminary analysis of causative verbs in English. - In: Lingua 92. 35-72
Lewis, D. (1973): Causation. - In: The Journal of Philosophy 70, 556-567
Löbner, S. (1988): Ansätze zu einer integralen semantischen Theorie von Tempus, Aspekt und Aktionsart. - In: V. Ehrich, H. Vater (Hgg.) Temporalsemantik. Beiträge zur Linguistik der Zeitreferenz. (Tübingen: Niemeyer) 163-191
- (1990): Wahr neben Falsch: Duale Operatoren als die Quantoren natürlicher Sprache. - Tübingen: Niemeyer
Maienborn, C. (1989a): Semantische und konzeptuelle Aspekte der Bedeutungskonstitution: Verbalphrasen der Bewegung und Lage. - Magisterarbeit, Hamburg
- (1989b): Bewegungs- und Positionsverben: Zur Fakultativität des lokalen Arguments. In: K. Wagner (Hgg.): Akten des 24. Linguistischen Kolloquiums. (Tübingen: Niemeyer)
- (1990): Position und Bewegung: Zur Semantik lokaler Verben. IWBS Report 138. Stuttgart: IBM Deutschland GmbH
- (1992a): Kompakte Strukturen: direktionale PPn und nicht-lokale Verben. - Erscheint in: S. Felix, C. Habel, G. Rickheit (Hgg.): Arbeiten des Schwerpunktprogamms "Kognitive Linguistik", Westdeutscher Verlag
- (1992b): Zur Verarbeitung lokaler Adjunkte. Erscheint in: G. Görz (Hgg.): Tagungsband KONVENS 92, Berlin: Springer
- (1993) Situation und Lokation. Zur Bedeutung lokaler Adjunkte von Verbalprojektionen. Dissertation, Universität Hamburg
Marantz, A. (1984): On the Nature of Grammatical Relations. - (= Linguistic Inquiry Monograph 10) Cambridge, Mass.: MIT Press
McConnell-Ginet, S. (1982): Adverbs and Logical Form: A linguistically realistic theory. - In: Language 58, 144-184
Miller, G.A., Johnson-Laird, P.N. (1976): Language and Perception. - Cambridge, London, Melbourne: Cambridge University Press
Mithun, M. (1991): Active/Agentive Case Marking and its Motivations. - In: Language 67.3, 510-546
Mori, Y., S. Löbner, K. Micha (1992): Aspektuelle Verbklassen im Japanischen. - In: Zeitschrift für Sprachwissenschaft 11, 216-279
Napoli, D.J. (1992): Secondary resultative predicate in Italian. - In: Journal of Linguistics 28, 53-90
Ortmann, A. (1994): Possessorkongruenz. - Magisterarbeit, Universität Düsseldorf
Ostler, N. (1979): A Theory of Case Linking and Agreement. - Bloomington: IULC
Perlmutter, D. (1978): Impersonal passives and the unaccusative hypothesis. - In: J. Jaeger et al. (ed.) Proceedings of the Fourth Annual Meeting of the Berkeley Linguistic Society, Berkeley, University of California, 157-189
Pinker, S. (1989): Learnability and Cognition. - Cambridge, Mass.: MIT Press
Pustejovsky, J. (1991a): The Syntax of Event Structure. - In: Cognition 41, 47-81
- (1991b): The Generative Lexicon. - In: Computational Linguistics 17.4, 409-441

- (1993a)(ed.): Semantics and the Lexicon. (Dordrecht: Kluwer Academic Publ.)
- (1993b): Type Coercion and Lexical Selection. - In: J. Pustejovsky (ed.): Semantics and the Lexicon. (Dordrecht: Kluwer Academic Publ.)

Pütz, H. (1975): Über die Syntax der Pronominalform "es" im modernen Deutsch. - Tübingen: Narr

Randall, J. (1983): A lexical approach to causatives. - In: Journal of Ling. Research 2/3, 77-109

Rappaport. M., M. Laughren & B. Levin (1987): Levels of Lexical Representation. - Lexicon Project Working Paper 20, MIT

Rappaport, M., B. Levin (1988): What to do with theta roles. - In: W. Wilkins (ed.): Syntax and Semantics. Vol. 21: Thematic Relations. (New York: Academic Press)

Rappaport Hovav, M., B. Levin (1992): "-er" Nominals: Implications for the theory of argument structure. - In: E. Wehrli, T. Stowell (eds.): Syntax and Semantics. Vol. 24: Syntax and the Lexicon. (New York: Academic Press)

-,- (1991): Classifying single argument verbs. - Vortrag beim Workshop on Lexical Specification and Lexical Insertion. Universität Utrecht, 9-11. Dez. 1991

Rauh, G. (1991) (Hg.): Approaches to prepositions. - Tübingen: Narr

Roca, I.M. (1992): Thematic Structure. Its Role in Grammar. - Berlin, New York: Foris

Rosen, C. (1984): The interface between semantic roles and initial grammatical relations. - In: D. Perlmutter, C. Rosen (eds.) Studies in Relational Grammar. (Chicago: Chicago University Press) 38-77

Rothstein, S. D. (1985): The syntactic forms of predication. - PhD Dissertation. Reproduced by the IULC, Bloomington

Sanfillipo, A. (1991): Thematic and Aspectual Information in Verb Semantics. - Ms., Computer Laboratory, University of Cambridge

Sasse, H-J. (1987): The thetic/categorial distinction revisited. - In: Linguistics 25, 511-580

Schröder, J. (1986): Lexikon deutscher Präpositionen. - Leipzig: Verlag Enzyklopädie

Shibatani, M. (ed.)(1976a) Syntax and Semantics. Vol. 6: The Grammar of Causative Constructions. - New York: Academic Press

- (1976b): The grammar of causative constructions: A conspectus. In: M. Shibatani (ed.) Syntax and Semantics. Vol. 6: The Grammar of Causative Constructions. (New York: Academic Press) 1-40

Simpson, J. (1983): Resultatives. - In: L. Levin, M. Rappaport, A. Zaenen (Hgg.) Papers in Lexical Functional Grammar. IULC, Bloomington, 143-157

Smith, C.C. (1970): Jesperson's 'MOVE and CHANGE' Class and Causative Verbs in English. - In: M.A. Jazanyery, E.C. Palome, W. Winter (Hgg.) Linguistics and Literary Studies in Honor of Archibold A. Hill, Vol. 2. (The Hague: Mouton) 101-109

Speas, M. (1990): Phrase Structure in Natural Language. - Dordrecht: Kluwer

Stechow, A. von, D. Wunderlich (Hgg.) (1991): Semantik/Semantics. - Ein internationales Handbuch der zeitgenössischen Forschung. Berlin, New York: de Gruyter

Steinitz, R. (1977): Zur Semantik und Syntax durativer, inchoativer und kausativer Verben. - In: Untersuchungen zur deutschen Grammatik I, Linguistische Studien des ZISW der AdW der DDR, 135

- (1990): Prädikative, Modifikation und Adverbiale. - In: A. Steube (Hg.): Syntaktischen Repräsentationen mit leeren Kategorien oder Proformen und ihre semantische Interpretation. Linguistische Studien, Reihe A, 206, Berlin
- (1992): "Modern": Argumentstruktur, "Traditionell": Valenz - Versuch eines Brückenschlages. - In: Linguistische Berichte 137, 33-44

Stiebels, B. (1991) Präpositionsinkorporierung und das Problem der Partikelverben im Deutschen. - Magisterarbeit, Universität Düsseldorf

- (1992): Präfixverben mit *er-*. - Ms., Düsseldorf
- (1993): Präfixverben mit *ent-*. - Ms., Düsseldorf

-, D. Wunderlich (1992): A lexical account of complex verbs. - Arbeiten des SFB 282 "Theorie des Lexikons" Nr. 30, Düsseldorf

Talmy, L (1985): Lexicalization Patterns: Semantic Structure in Lexical Forms. - In: T. Shopen (ed.): Language Typology and Syntactic Description. Vol. II. Grammatical Categories and the Lexicon. (Cambridge: CUP)
Tenny, C. (1987): Grammaticalizing Aspect and Affectedness. - PhD. Dissertation, MIT
- (1992): The Aspectual Interface Hypothesis. - In: I. Sag, A. Szabolcsi (eds.) Lexical Matters. CSLI Lecture Notes No. 24
Tsunoda T. (1981): Split case-marking patterns in verb-types and tense/aspect/mood. - In: Linguistics 19, 385-438.
- (1985): Remarks on transitivity. - In: Journal of Linguistics 21, 385-396
Uhmann, S. (1991): Fokusphonologie. Eine Analyse deutscher Intonationskonturen im Rahmen der nichtlinearen Phonologie. - Tübingen: Niemeyer
Urbas, M. (1993): Numeruskongruenz und Numeruskonflikte in Kopulasätzen. - Arbeiten des SFB 282 "Theorie des Lexikons" Nr. 38, Düsseldorf
Van Valin, R.D. (1987): The unaccusative hypothesis vs. lexical semantics: Syntactic vs. semantic approaches to verb classification. - In: Proceedings of the Seventh Annual Meeting of the North East Linguistic Society GLSA, University of Massachusetts, Amherst, 641-661
- (1990): Semantic parameters of split intransitivity. In: Language 66, 221-260
Vendler, Z. (1957) Verbs and times. - In: Philosophical Review 66
- (1967): Linguistics in Philosophy. - Ithaca, New York: Cornell University Press
- (1984) Adverbs of action. - In: D. Testen, V. Mishra, J. Drogo (eds.): Lexical Semantics. Papers from the Parasession of the Chicago Linguistic Society 1984
Verkuyl, H.J. (1989): Aspectual classes and aspectual composition.- In: Linguistics and Philosophy 12, 39-94
- (1986): Nondurative closure of events. - In: Groenendijk et. al. (eds.): Studies in Discourse Representation Theory and the Theory of Generalized Quantifiers. (Dordrecht: Foris) 87-113
Verkuyl, H., J. Zwarts (1992): Time and space in conceptual and logical semantics: The notion of path. - In: Linguistics 30, 483-511
Wegener, H. (1991): Der Dativ: ein struktureller Kasus. - In: G. Fanselow, S. Felix (Hgg.) Struktur und Merkmale syntaktischer Kategorien. (Tübingen: Niemeyer)
Wilkins, W.(ed.)(1988): Syntax and Semantics. Vol. 21: Thematic Relations. - New York: Academic Press
Williams, E. (1980): Predication. - In: Linguistic Inquiry 11.1, 203-239
- (1981): Argument structure and morphology. - In: Linguistic Review 1.1, 81-114
- (1989): The anaphoric nature of theta-roles. - In: Linguistic Inquiry 20, 3. 425-456
Winkler, S. (1991): Subjektprominenz und sekundäre Prädikation. Arbeitspapiere des SFB 340 "Grundlagen der Computerlinguistik" Nr. 18
- (1993): Focus projection and argument structure of resultatives. - Ersch. in: OTS Working Papers Series, University of Utrecht
Wunderlich, D. (1982): Sprache und Raum. - In: Studium Linguistik. Teil 1: 12, 1982, 1-19, Teil 2: 13, 1982
- (1985a): Raumkonzepte. Zur Semantik der lokalen Präpositionen. In: Th. Ballmer, R. Posner (Hgg.) Nach-Chomskyanische Linguistik. Neuere Arbeiten von Berliner Linguisten. - Berlin: de Gruyter, 340-351
- (1985b): Über die Argumente des Verbs. - In: Linguistische Berichte 97, 183-227
- (1986a): Zur Syntax der Präpositionalphrase im Deutschen. - In: Zeitschrift für Sprachwissenschaft 3, 65-99
- (1986b): Gast und Gastgeber. - Kolloquiumsvortrag, Universität Düsseldorf, 5.6.86
- (1987a): Partizipien im Deutschen. - In: Linguistische Berichte 111, 345-366
- (1987b): An investigation in lexical composition: The case of German be-verbs. - In: Linguistics 25, 283-331
- (1988): Räumliche Konzepte, Region, Strecke, Richtung und Weg. - Ms. Universität Düsseldorf

- (1989): Diathesen. - Ersch. in: J. Jacobs, A.v. Stechow, T. Vennemann (Hgg.) Syntax - Ein internationales Handbuch zeitgenössischer Forschung. Band 1. Berlin: de Gruyter
- (1991a): How do prepositional phrases fit into compositional syntax and semantics? - In: Linguistics 29, 591-621
- (1991b): Bedeutung und Gebrauch. - In: A. von Stechow, D. Wunderlich (Hgg.) Semantik - Ein internationales Handbuch der zeitgenössischen Forschung. Berlin, New York: de Gruyter
- (1992a): CAUSE and the structure of verbs. - Arbeiten des Sonderforschungsbereichs 282 "Theorie des Lexikons" Nr. 36, Düsseldorf
- (1992b): Towards a lexicon-based theory of agreement. - Arbeiten des SFB 282 "Theorie des Lexikons" Nr. 20, Düsseldorf
- (1993a): On German *um*: Semantic and conceptual aspects. - In: Linguistics 31, 111-133.
- (1993b): Arbeitsbericht aus dem Teilprojekt "Verbbedeutungen". - Teilbereich II. Sonderforschungsbereich 282 "Theorie des Lexikons". Arbeits- und Ergebnisbericht. Düsseldorf, Wuppertal, 199-124
-, M. Herweg (1986): Lokale und Direktionale. - Manuskript. Universität Düsseldorf
-, M. Herweg (1991): Lokale und Direktionale. - In: A. von Stechow, D. Wunderlich (Hgg.) Semantik - Ein internationales Handbuch der zeitgenössischen Forschung (Berlin, New York: de Gruyter)
-, I. Kaufmann (1990): Lokale Verben und Präpositionen - semantische und konzeptuelle Aspekte. - In: S. Felix, S. Kanngießer, G. Rickheit (Hgg.) Sprache und Wissen. (Opladen: Westdeutscher Verlag) 223-252

Zaenen, A. (1993): Unaccusativity in Dutch. - In: J. Pustejovsky (ed.) Semantics and the Lexicon. (Dordrecht: Kluwer) 129-161

Zwarts, J. (1991): External arguments. Vortrag beim Workshop on Lexical Specification and Lexical Insertion. - Universität Utrecht, 9-11. Dez. 1991
- (1992): External arguments of spatial prepositions. - Vortrag im Kolloquium des SFB 282, 13. Okt. 1992, Bergische Universität und Gesamthochschule Wuppertal